安徽省体育教育专业教学团队资助项目
项目编号：2015jxtd017

大学公共体育
"个性化"改革的完善研究

王建涛　著

上海三联书店

前　　言

健康的生活方式是影响健康的重要因素。健康的生活方式多半形成于青少年时代，而体育课程的学习在健康生活方式的塑造与形成过程中发挥着重要的作用。然而，相关的研究显示国内大学生虽然经历义务教育、高中教育和大学教育十多年的公共体育课程学习，但大部分学生离校前并没有真正掌握 1—2 项运动技能，锻炼态度不积极，良好的锻炼习惯也没有形成。

为解决这些问题，上海市教委提出小学体育"兴趣化"、初中体育"多项化"、高中体育"专项化"、大学公共体育"个性化"的改革主张。上海市教委的体育改革思路与近年来国家颁布的学校体育改革文件精神是一脉相承的，都坚持提高技能与培养兴趣的相互促进，即遵循教育和体育规律，注重因材施教，以兴趣引导学生快乐参与，然后重视运动技能培养，通过逐步提高学生的运动技能水平，培养其专项运动兴趣和终身锻炼习惯。

调查显示，大学公共体育"个性化"改革在专项体育课环节存在过分重视专项体育实践而忽视专项体育理论的问题，本文对在专项体育实践中如何渗透专项体育理论知识进行了研究，意在完善大学公共体育"个性化"改革。大学公共体育"个性化"改革的完善研究包括大学公共体育"个性化"教学中增加运动原理性知识的必要性论证、可行性分析和有效性检验三个部分。

首先，论证在大学公共体育"个性化"教学中增加运动原理性知识的必要性，意在揭示大学公共体育"个性化"教学存在的问题与矛盾，激发高校体育师对这些问题与矛盾的反思和研究,从而推动和深化高校公共体育教学改革。其次,分析在大学公共体育"个性化"教学中增加运动原理性知识的可行性,提出增加运动原理性知识的教学策略,有助于为高校公共体育教学改革提供经验借鉴。最后,检验在大学公共体育"个性化"教学中增加运动原理性知识的有效性,验证在大学公共体育"个性化"教学中增加运动原理性知识与大学生体育知识丰富、运动技能提高以及锻炼态度改善的关系,对丰富高校公共体育教学理论和促进大学生的体质健康具有一定的理论意义和现实意义。

感谢导师邵斌教授和师母章悦老师四年来对我在学业上的悉心指导和生活上的大力帮助!本人所取得的进步离不开导师和师母的关心与激励!在此表示衷心的感谢!感谢上海体育学院吴瑛教授、丁海勇教授、唐炎教授、张庆文教授、吴贻刚教授、舒盛芳教授、韩冬教授、司虎克教授、王红英教授、王丽娟教授、马海峰教授、李安民教授、王兴教授、刘志民教授、张宏杰教授、龚波教授、刘阳教授、美国陈昂教授、北京体育大学张予南教授、高留红副教授、上海大学柏慧敏教授、程杰教授、杨小明副教授在研究过程中提出的宝贵修改意见!在此表示衷心的感谢!感谢上海大学体育学院魏磊副院长、秦文宏副院长、沈何为主任、孙岩主任、张秀萍副教授、许汸老师、胡吉老师、吕彪老师、林建华老师以及广西师范大学刘小明副教授对教学实验的指导与帮助!感谢华东师范大学刘雨老师、同济大学李汲霞老师、上海师范大学王秀会老师、上海应用技术学院杨德洪老师在问卷调查过程中的帮助和支持!感谢每一位提供帮助的高校体育教师和大学生,没有他们的积极配合,本研究很难完成。感谢家人、同学、同事和师兄弟对我学业的大力支持!最后,感谢上海三联书店提出的宝贵修改意见!

限于本人能力和学识,本书难免存在疏漏之处,欢迎广大读者批评指正!

王建涛
2019 年 1 月 3 日于淮北师范大学

目 录

1 绪论
   1.1 选题背景 ……………………………………………… *1*
   1.2 选题依据 ……………………………………………… *3*
   1.3 研究目的和意义 ……………………………………… *5*
   1.4 "运动原理性知识"的界定 …………………………… *6*

2 文献综述
   2.1 体育健康教育研究的争论 …………………………… *10*
   2.2 "健康教育"思路的提出 ……………………………… *19*
   2.3 "健康教育"思路的理论基础 ………………………… *19*
   2.4 体育课程内容设置的争论 …………………………… *20*
   2.5 体育课程最值得教与学的内容 ……………………… *22*
   2.6 运动技能研究的文献回顾 …………………………… *23*
   2.7 体育理论知识教学研究的文献回顾 ………………… *46*

3 研究设计
   3.1 研究思路 ……………………………………………… *49*
   3.2 研究方法 ……………………………………………… *50*
   3.3 结构安排 ……………………………………………… *51*

4 增加运动原理性知识的必要性论证
- 4.1 体育知识教学现状的调查 ·········· 53
- 4.2 增加运动原理性知识的缘起 ·········· 56
- 4.3 运动原理性知识的归属与划分 ·········· 59
- 4.4 增加运动原理性知识的课例 ·········· 68

5 增加运动原理性知识的可行性分析
- 5.1 课程模式与教学模式 ·········· 72
- 5.2 教学策略分析 ·········· 96
- 5.3 增加运动原理性知识的策略 ·········· 101
- 5.4 增加运动原理性知识策略的理论基础 ·········· 105
- 5.5 增加运动原理性知识的案例 ·········· 114

6 增加运动原理性知识的有效性检验
- 6.1 实验目的 ·········· 132
- 6.2 实验假设 ·········· 132
- 6.3 实验方法 ·········· 133
- 6.4 预实验结果 ·········· 142
- 6.5 预实验结论 ·········· 169
- 6.6 正式实验结果 ·········· 172
- 6.7 正式实验结论 ·········· 201

7 研究结论、创新、局限和建议
- 7.1 研究结论 ·········· 203
- 7.2 研究创新 ·········· 206
- 7.3 研究局限 ·········· 206
- 7.4 研究建议 ·········· 207

参考文献 ·········· 229

1 绪 论

1.1 选题背景

近年来体质监测数据显示,国内青少年的体质健康水平仍在下滑[1],并且肥胖、近视[2]、高血压、糖尿病、颈椎病等现代"文明病"呈现低龄化的发展趋势。造成这一现象的原因是多方面的,其中生活方式的不健康是造成这种现象的重要原因。健康的生活方式多半形成于青少年时代,而体育课程的学习在健康生活方式的塑造与形成过程中发挥着重要的作用[3]。

高校体育课程是青少年学生接受学校体育教育的最后阶段,也是他们体育观念、体育习惯和体育能力形成的最后阶段。在这个阶段的体育教育水平,很大程度上决定他们的生活方式和健康状况,决定他们能否为祖国健康工作50年。因此,高校体育课程改革应该着力促使青少年学生形成健康的生活方式,为其离开学校之后实现终身体育奠定良好的基础。

然而,相关的研究[4]显示国内大学生虽然经历义务教育、高中教育和大学教育十多年的公共体育课程学习,但大部分学生离校前并没有真

---

[1] 教育部.义务教育体育与健康课程标准(2011年版)[S].2011:1.
[2] 马北北.国民体质监测显示我国青少年体能连续10年整体下降[N].中青在线-中国青年报,2010—03—30.
[3] 汪晓赞等.国际视域下当代体育课程模式的发展向度与脉络解析[J].体育科学,2014,34(11):5.
[4] 董文梅等.从体育教学的视角研究运动技能学习过程规律[J].体育学刊,2008,15(11):75.

正掌握1—2项运动技能,锻炼态度不积极,良好的锻炼习惯也没有形成。为解决这些问题,切实提高大学生的运动技能,改善大学生的锻炼态度和锻炼习惯,上海大学于2009年率先提出大学公共体育"个性化"的主张,并于2011年在上海大学开始试验,经过六年的试验,取得了积极的教育效果。2016年上海市教委进一步扩大大学公共体育"个性化"改革试点,大学公共体育"个性化"改革试点学校和培育学校增至16所。

所谓大学公共体育"个性化"是指在公共体育教育过程中,根据不同层次学生的兴趣、不同个体的特点和实际发展的需要,引导学生以兴趣为主导,以专业选择的态度选择体育专项学习,并以此作为自己体育上的"专业",通过分层分类课程模块设置,以专项等级评价为学习目标,努力实现学生从专项普修到技理擅长的推进,为终身体育打下扎实基础,同时要求教师以专业的精神和手段进行教学,赋予普通大学生更多体育专业人才培养的内涵和元素,使普通大学生在体育方面成为一名业余的"专业者"[①]。

个性是一个人不同于他人的特质。个性化教育就是培养学生不同于他人特质的教育。大学公共体育"个性化"的目标是让普通大学生在感兴趣的运动项目上形成自身的运动特长,在运动技能掌握和锻炼行为养成方面具有非一般大众化的特点。大学公共体育"个性化"是对普通大学生在体育学习上要实现或达到的目标状态的描述,要实现这一目标需要"专项化"、"专业化"或"准专业化"的教学内容和手段作为支撑。

大学公共体育"个性化"改革的思路与近年来国家颁布的学校体育改革文件精神是一脉相承的,都坚持提高技能与培养兴趣的相互促进[②],即遵循教育和体育规律,注重因材施教,以兴趣引导学生快乐参与,然后重视运动技能培养,通过逐步提高学生的运动技能水平,培养其专项运动兴趣和终身锻炼习惯。大学公共体育"个性化"改革的倡导者[③]认为,

---

① 上海市重大委托课题.以专项技能培养为主导的大学公共体育"个性化"教育教学改革的理论与实践研究.2017:2.
② 国务院办公厅.关于强化学校体育促进学生身心健康全面发展的意见(27号文件)[S].2016:1.
③ 杨小明,邵斌,柏慧敏,程杰.大学"公共体育专业化"教学理论改革与实践探索——以上海大学为例[J].武汉体育学院学报,2016,50(1):64—65.

大学公共体育任意选修课虽然注重兴趣引导，但是让学生每个学期选择一个运动项目学习，存在不同运动项目之间关联性不强、学习时间过短、系统性不强、循序渐进不够等问题，难以有效提高大学生的专项运动技能，难以培养大学生持久的专项运动兴趣和终身锻炼习惯，因而他们主张让学生在喜爱的运动项目上进行更长时间地、系统地、分层次地学习技战术，提高1项运动技能为其终身体育打下能力和习惯基础。

在课程安排上，大学公共体育"个性化"改革是在体育基础课和专项基础课的基础上通过设置专项体育课和专项运动课来提高大学生的1项运动技能为其终身体育打下能力基础的。调查显示在专项体育课环节存在过分重视专项体育实践而忽视专项体育理论的问题，专项体育理论对专项体育实践的指导作用难以发挥，这不利于实现大学公共体育"个性化"改革提出的"从专项普修到技理擅长的推进，为终身体育打下基础"。对于这一问题，《全国普通高等学校体育课程教学指导纲要》指出要重视理论与实践相结合，在运动实践教学中要注意渗透相关理论知识，运用多种形式和手段，扩大学生的知识面，提高学生的认知能力。专项体育理论与专项体育实践如何结合？如何在专项体育实践中渗透专项体育理论知识？应该渗透哪些专项体育理论知识？值得深入研究。

从运动技能形成的规律来看，大学公共体育"个性化"改革延长大学生学习运动技能的时间固然重要，在大学公共体育"个性化"教学中增加"运动原理性知识"同样重要。为什么要在大学公共体育"个性化"教学中增加运动原理性知识？选题依据如下。

1.2 选 题 依 据

（1）增加运动原理性知识有可能提高大学生的运动技能

运动技能是大学生促进体质健康的重要手段。促使大学生掌握1项运动技能是大学公共体育"个性化"改革的重要目标。心理学理论认为，技能的提高要以知识的掌握为基础，能力的提高要以知识和技能的掌握为基础,能力的提高又进一步促进知识和技能的掌握[1]。因而运动技能的提高要以技战术知识的掌握为基础,运动能力的提高要以技战术知识和运动技能的掌握为基础。在大学公共体育"个性化"教学中增加运动原理性知识有助于促进学生深刻理解教师讲解的动作要领,有助于学生模仿和再现教师示范的动作做法。因而在大学公共体育"个性化"教学中增加运动原理性知识有助于促进学生深刻而全面地掌握技战术知识,根据知识、技能和能力的辩证关系,学生深刻而全面地掌握技战术知识会有可能促进学生运动技能和运动能力的提高和保持。

(2) 增加运动原理性知识有可能改善大学生的锻炼态度

锻炼态度是影响大学生锻炼行为的重要因素。培养大学生积极的锻炼态度是大学公共体育"个性化"改革的目标之一。锻炼态度是个体对锻炼所持有的稳定的心理倾向,这种心理倾向蕴含着个体对锻炼的主观评价以及由此产生的锻炼行为倾向性,表现为对锻炼的认知、情感和意向三个方面。改善大学生的锻炼态度首先应提高大学生的锻炼认知,当前大学生锻炼态度消极的原因之一可能是大学生对锻炼的认知不高造成的,而加大知识干预的广度和深度有可能提高大学生的锻炼认知。认知心理学强调知识在认知发展中的重要性[2],因而在大学公共体育"个性化"教学中加大知识干预的广度和深度有可能提高大学生的锻炼认知,进而改善大学生的锻炼态度。

(3) 增加运动原理性知识有可能改善大学生的锻炼行为

良好的锻炼行为是学生促进体质健康的必要条件。促使大学生形成良好的锻炼行为是大学公共体育的目标之一。认知评价理论认为,事件的控制性和信息性影响人的自我决策感和能力感,人的自我决策感和能力感的变化影响人的内部动机,人的内部动机对行为具有决定

---

[1] 冀先礼.心理学[M].北京:中国书籍出版社,2013:195—207.
[2] 郑全全.社会认知心理学[M].杭州:浙江教育出版社,2008:9—10.

性作用。认知评价理论揭示了事件的控制性和信息性、自我决策感和能力感以及内部动机三者之间的规律[①]。在大学公共体育"个性化"教学中增加运动原理性知识能够增加教学内容的信息性,根据认知评价理论,增加教学内容的信息性有助于增强学生的能力感,学生能力感的增强有助于增强学生的内部动机,学生内部动机的增强有可能改善学生的锻炼行为。自我效能是指对能否完成任务的自信心、期望和潜能认识。自我效能理论认为效能信息影响效能期望,效能期望影响着人的行为模式和思维模式[①]。自我效能理论揭示了效能信息、效能期望、行为及思维模式三类因素之间的规律。在大学公共体育"个性化"教学中增加运动原理性知识能够提供给学生更多的效能信息,根据自我效能理论,效能信息的增加有助于增强学生的效能期望,学生效能期望的增强有可能改善学生的锻炼行为。

总之,以心理学相关理论为基础,在大学公共体育"个性化"教学中增加运动原理性知识有助于提高大学生的运动技能、改善大学生的锻炼态度和锻炼行为,但通过类比和归纳推理得出的结论具有或然性,因而增加运动原理性知识对大学公共体育"个性化"教学效果的影响还需要进一步实践检验。

1.3 研究目的和意义

(1) 研究目的

大学公共体育"个性化"改革的完善研究包括大学公共体育"个性化"教学中增加运动原理性知识的必要性论证、可行性分析和有效性检验三个部分。

首先,大学公共体育"个性化"教学中增加运动原理性知识的必要性论证是为了查证大学公共体育"个性化"教学是否存在知识干预的广度和深度不够的问题。

[①] 黄希庭,张力为,毛志雄.运动心理学[M].华东师范大学出版社,2003:23—49.

其次，大学公共体育"个性化"教学中增加运动原理性知识的可行性分析是为了提供问题解决的策略。

第三，大学公共体育"个性化"教学中增加运动原理性知识的有效性检验是为了检验增加运动原理性知识的有效性。

（2）研究意义

第一，论证在大学公共体育"个性化"教学中增加运动原理性知识的必要性，有助于揭示大学公共体育"个性化"教学存在的问题与矛盾，有助于激发高校体育师对这些问题与矛盾的反思和研究，从而推动和深化高校公共体育教学改革。

第二，分析在大学公共体育"个性化"教学中增加运动原理性知识的可行性，提出增加运动原理性知识的教学策略，有助于为高校公共体育教学改革提供经验借鉴。

第三，检验在大学公共体育"个性化"教学中增加运动原理性知识的有效性，验证在大学公共体育"个性化"教学中增加运动原理性知识与大学生体育知识丰富、运动技能提高以及锻炼态度改善的关系，对丰富高校公共体育教学理论和促进大学生的体质健康具有重要的理论意义和现实意义。

1.4 "运动原理性知识"的界定

大学公共体育"个性化"改革是以系统技战术知识架构课程内容来培养大学生掌握 1 项运动技能为其终身体育打下能力基础的。技战术知识是人体在运动过程中掌握和有效完成专门动作的方法性和策略性知识。技战术知识既具有程序性知识的操作性特征，也具有陈述性知识的理论性特征。在大学公共体育"个性化"教学中教师主要是通过示范动作做法和讲解动作要领来向学生传授操作性知识的，对动作做法或动作要领深层的技术原理、战术原理以及体能发展的原理等知识虽然有所涉及但不充分。本文将动作做法或动作要领深层的技术原理、战术原理以及体能发展的原理等知识概括为"运动原理性知识"。

"运动原理性知识"是指与操作性知识（动作做法或动作要领）密切相关的反映科学运动的规律性知识。技术原理性知识举例如下：例如与单杠屈伸上动作要领密切相关的摆动技术原理，即重力矩与重力、重力臂之间的关系；再如与篮球后转身运球动作要领密切相关的转动技术原理，即线速度与转动半径、转动角速度之间的关系。战术原理性知识举例如下：例如与篮球交叉步突破、同侧步突破动作要领密切相关的战术原理，即声东击西，声东击西是三十六计中的一计，在谋略学中属进攻战术，有丰富的内涵和实践应用；再如篮球传切配合中传球后切入前的假动作移动以及掩护配合中接球后的假动作移动也是上述战术原理的体现。体能原理性知识举例如下：例如与立定跳远动作要领密切相关的生理学原理，即牵张反射原理；与立定跳远相关的力量概念与分类，以及发展不同力量的训练学方法；与立定跳远练习后恢复相关的生理学、营养学知识，如不同能量代谢练习的恢复规律以及为维持人体酸碱平衡的酸性食物与碱性食物的选择等。再如与1000米跑动作要领密切相关的动作与呼吸技术原理，即线速度与转动半径、角速度之间的关系以及被动吸气的气压平衡原理；与1000米跑相关的耐力概念与分类，以及发展不同耐力的训练学方法；与1000米跑恢复相关的生理学、营养学原理，如红细胞内外渗透压平衡、溶血与饮水的关系。心理原理性知识举例：例如与学生学习动机和锻炼态度、练习自信心密切相关的心理学原理，如事件的信息性与能力感、内部动机、行为之间关系，知识与锻炼认知、锻炼态度之间的关系，效能信息与期望、自信心、行为之间的关系，等等。

本文将上述举例中的重力矩与重力、重力臂之间的关系；线速度与转动半径、转动角速度之间的关系；谋略学中的声东击西；牵张反射原理；力量概念与分类，以及发展不同力量的训练学方法；不同能量代谢练习的恢复规律以及为维持人体酸碱平衡的酸性食物与碱性食物的选择；被动吸气的气压平衡原理；耐力概念与分类，以及发展不同耐力的训练学方法；红细胞内外渗透压平衡、溶血与饮水的关系；事件的信息性与能力感、内部动机、行为之间关系，知识与锻炼认知、锻炼态度之间的关系,效能信息与期望、自信心、行为之间的关系等知识概括为"运动原理性知识"。"运动原理性知识"反映了科学运动的本质和规律,并且与操作性知识(教师示范的动作做法和讲解的动作要领)密切相关。根据运动原理性知识的概念分层分类体系,见 4.3,分析认为运动原理性知识具有非物质性、科学性、理论性和运动专指性特征。在大学公共体育"个性化"教学中增加"运动原理性知识"有助于学生深刻理解操作性知识(教师示范的动作做法和讲解的动作要领),有助于学生对所学内容知其然并知其所以然,因而增加"运动原理性知识"有可能提高大学公共体育"个性化"教学的效果或效率。

2 文 献 综 述

广义教育是指影响人身心发展的社会实践活动①。健康教育是以人的健康促进为目的的实践活动②。健康教育可分为家庭健康教育、社区健康教育和学校健康教育③。本文主要综述学校健康教育的研究,即综述学校健康教育不同研究思路的历史背景、现状及发展方向。学校是进行健康教育的理想场所④,因而利用学校进行健康教育在国内外备受重视。

为贯彻《中共中央国务院关于深化教育改革全面推进素质教育决定》的精神,进一步深化学校体育教学改革,教育部相继推出了义务教育、高中和高校体育与健康课程教学指导纲要,与以往的指导纲要不同,这些纲要以"健康第一"为指导思想提出了五大领域目标,但实现领域目标的相应内容并不明确,因而引起了大量关于体育健康教育的研究,这些研究对纲要的落实起到了积极的推动作用,但在体育教育与健康教育之间的关系上呈现出很多方面的争论,在一定程度上不利于学校公共体育内容改革的深入。因此,综述不同的体育健康教育研究思路,明确体育教育与健康教育之间的关系至关重要。

---

① 王道俊,王汉澜.教育学[M].北京:人民教育出版社,1989:161.
② 杨廷忠,郑建中.健康教育理论与方法[M].浙江大学出版社,2004:39.
③ 任杰等.青少年体育健康教育模式的构建与干预策略[J].体育科学,2012,32(9):31—36.
④ 刘仁盛."健康促进"新理念与体育健康教育关系论析[J].体育与科学,2004,25(2):78—80.

2.1 体育健康教育研究的争论

第一,借鉴美国健康教育课程设置的经验,有些学者认为健康教育课程应独立开设[1],在国内体育课程中进行健康教育不具备条件[2]。他们认为目前国内体育教师达不到健康教育师资的专业标准,体育课程解决不了学生的健康问题。美国有成熟的健康教育专业、专门的制度和认证机构,保障培养出合格的健康教育师资[3],而国内体育教育专业培养的师资不具备健康教育的能力。因而健康教育课程在体育课程中开设,一方面不会取得预期的健康教育效果,另一方面会改变体育课程的性质[4]。

健康教育是以促进人的健康为目的的实践活动。体育课程是健康教育的载体或形式之一,健康教育也可以在心理课程、卫生课程和思想品德课程中进行,当然也可以在独立开设的健康教育课程中进行。因而担任健康教育课程的教师可以是体育专业培养的教师,也可以是心理专业、医学护理专业、思想政治专业、健康教育专业培养的教师。每个专业都有自身的特点,专业特点决定了专业人员的能力,专业人员的能力决定了专业人员能解决某一领域的问题。

体育课程是以身体练习为主、促进学生健康为主要目的的必修课程[5],体育课程不是解决学生所有健康问题为目的的必修课程。"健康促进"与"健康解决"是两个不同的概念。影响健康的因素是很多的,比如遗传、环境、营养、生活习惯等等。体育活动只是影响人体健康的因

---

[1] 孙雷.美国基于国家标准的学校健康教育课程改革及启示[J].体育与科学,2006,27(5):90—93.
[2] 沈建华等.体育课程作为学校健康教育主要载体的思考[J].上海体育学院学报,2011,35(4):84—87.
[3] 钱健.中、美、日三国基础教育阶段学校健康教育课程的比较研究[J].西安体育学院学报,2008,25(2):122.
[4] 史曙生.新一轮体育课程改革"健康教育化"倾向剖析[J].北京体育大学学报,2006,29(5):667.
[5] 教育部.义务教育体育与健康课程标准(2011年版)[S].2011:1.

素之一,体育课程确实不能解决学生所有的健康问题,但是体育课程可以促进学生的健康,所以体育课程以健康促进为价值取向是可以的。但体育课程如何促进学生的健康?

在健康促进思想的指导下,首先应设置合理的、具体的、可评价的体育课程目标,然后根据目标确定课程内容,但目前《纲要》给出的五大领域目标存在很多问题,例如《纲要》根据对"健康"内涵的理解把体育课程目标分为身体健康、心理健康和社会适应目标,这些目标设置显得过难,不具体且无法评价,因而不利于《纲要》的实施。另外身体健康、心理健康和社会适应目标处于指导思想层面,运动参与目标处于行为层面,而运动技能目标处于手段层面,三者的内在逻辑关系不明确,作为体育课程目标放在同一个层次是否合适值得深入研究。

第二,为满足中小学健康教育课程开设对健康教育师资的需求,国内有些学校在体育教育专业术科课程中进行健康教育实验[①]。20世纪80年代至90年代,"三维"健康观逐渐被人们接受,国内中小学教育开始重视健康教育课程的开设,健康教育课程的开设需要健康教育师资,而当时国内健康教育师资匮乏。为解决健康教育师资匮乏的问题,考虑到体育与卫生教育的密切关系,很多学校由体育教师承担健康教育课程的任务,但是体育教师的健康教育能力存在欠缺。

体育教育专业是培养中小学体育师资力量为主的专业,其术科课程与运动相关学科的分离不利于培养体育教育专业人才的健康教育能力。基于这种考虑,国内有些高校[2]在体育教育专业术科课程中加强运动相关学科知识的教学,以提高体育教育专业人才在体育教学中运用运动科学知识的能力。这些教学实验结合体育的特点,加强术科课程与运动人体科学相关学科的融合,来培养体育教育专业人才的健康教育能力,其实验思路值得借鉴。

---

① 李祥,梁俊雄"体育与健康教育融为一体"是体育专业改革的方向[J].高教探索,1998,(4):79—80.

但是,对于体育教育专业人才健康教育能力的培养,近年来有些学者认为体育教育专业应另开设健康教育课程[①],有些学者认为体育教育专业应另构建健康教育课程体系[②],还有些学者认为体育专业应另开设健康教育专业[③]。从体育教育专业的本质出发,体育教育专业培养的人才应具备较强的教育能力、运动能力以及运用运动科学知识的能力,以指导学生科学的运动,通过指导学生科学的运动来促进学生的健康[④]。体育教育专业培养人才的这三种能力是通过教育类课程、术科类课程以及运动人体科学类课程来实现的。要提高体育教育专业人才的健康教育能力,完善运动人体科学类课程[⑤]及其与教育类课程、术科类课程的融合,要比另开设健康教育课程或另构建健康教育课程体系或另开设健康教育专业更具有可行性和现实意义。

一方面,由于专业培养总学时的限制,另开设健康教育课程或另构建健康教育课程体系或另开设健康教育专业,容易导致专业培养课时被挤占、被平均化;另一方面,另开设健康教育课程或另构建健康教育课程体系或另开设健康教育专业,增加体育专业无关或相关度不高的心理学、医学、护理学等专业内容,容易导致体育教育专业的"去专业化"。

第三,借鉴日本健康教育课程设置的经验,有些学者认为体育理论课程中应加强健康教育。日本把健康教育结合在体育课程中作为必修课开设,称为保健体育,另外还有独立开设的养护教育课。保健体育由保健体育教师担任,养护教育由养护教师担任。保健体育教师与养护教师培养课程的侧重点不同,保健体育教师的培养课程是以体育技

[①] 孟祥立等.健康教育背景下体育教师素质的重构[J].教学与管理,2008:38—39.
[②] 孙雷.美国基于国家标准的学校健康教育课程改革及启示[J].体育与科学,2006,27(5):92.
[③] 闫万军,张武军等.高等院校体育专业学生健康教育能力培养现状与对策[J].河北师范大学学报(自然科学版),2006,30(4):490—493.
[④] 王建涛,戴俊.体育教师职前教育专业化发展的取向研究[J].首都体育学院学报,2016,28(1):50—53.
[⑤] 蒋明朗,樊西宁.体育和健康教育专业融合的几点思考[J].西安体育学院学报,2005,22(6):108—110.

及相关的理论为主,目的是保证教会学生安全、健康的从事体育活动;养护教师的培养课程则是以护理学和卫生学为主,目的是保证教会学生安全、健康的生活和生存①。日本的保健体育课程包括体育科和保健科两部分,但两者的地位相对独立,各占一定的学时比例。因而借鉴日本保健体育课程开设的经验,国内有些学者建议体育课程的理论部分应增加课时,内容应加强保健教育。

体育课程理论部分课时的增加,势必会减少实践课的课时。通常在国内体育课中理论课时占总学时的比例是很小的,甚至一堂实践课中也要求遵循"精讲多练"的原则,即要求课中教师讲解要精练,用时要少,以增加学生的练习时间。所以体育课程通常被认为是以身体练习为主的课程。体育课程的性质决定了体育课要有一定的负荷,但负荷量应该是多少、负荷强度应该是多少以及练习密度应该是多少才不会改变体育课的性质,目前没有统一的标准。国内中小学在上世纪80年代进行过体育教育与健康教育相结合的实验②,本世纪初又将体育课程改为体育与健康课程,2016年国务院办公厅颁布的第27号文件《关于强化学校体育促进学生身心健康全面发展的意见》中强调,体育教学要加强健康知识的教育,切实提高教学水平。这些改革尝试和鼓励在体育课程中增加健康知识,取得了一定的积极效果,但无论增加体育课理论部分的课时,还是在实践课中增加运动相关学科的知识都可能会导致学生运动量的变化,这种变化是否会引起体育课程性质的变化应引起注意。

第四,基于对"健康"内涵和体育功能的认识,国内有些学者认为体育课程中应加强心理健康教育③,有些学者认为应加强社会适应教育④,还有些学者认为应加强道德素质教育⑤,其中倡导加强心

---

① 钱健.中、美、日三国基础教育阶段学校健康教育课程的比较研究[J].西安体育学院学报,2008,25(2):122.
② 陶骆定.论学校体育中的健康教育[J].上海体育学院学报,2003,27(6):142—143.
③ 杨磊.以人为本发挥体育的健康教育职能[J].上海体育学院学报,2003,27(6):103—104.
④ 张彦强等.学校体育是健康教育的主要途径[J].体育文化导刊,2002(5):61.
⑤ 刘来鸿.健康教育与综合素质[J].体育文化导刊,2002(3):74—75.

理健康教育的研究较多。根据世界卫生组织的观点,"健康"不仅仅指身体没有疾病,而是指身体、心理、社会适应和道德素质的完好状态[①]。因而有些学者认为,体育课程既然确立"健康第一"为指导思想,从全面发展的角度,不仅要关注学生的身体健康教育,而且应该重视学生的心理健康、社会适应和道德素质教育。另外由于当前青少年的心理问题、心理障碍、心理疾病呈现增多的趋势,而体育具有改善心理状态的功能,所以很多学者认为体育课程中要加强心理健康教育。

心理课程同体育课程一样,同样可以作为健康教育的课程载体或形式。那为什么不在心理课程中加强心理健康教育,而要在体育课程中加强心理健康教育?心理问题、心理障碍、心理疾病应该由心理专业人员通过心理课程来解决,当然心理课程的实施也可以结合体育的手段或形式来进行,如心理拓展训练[②]。体育教师的专业能力决定了其不能跨专业解决心理方面的问题。影响学生健康的因素很多,这些因素与很多专业的知识有关,体育教师具备的专业知识主要能解决学生科学运动的问题。科学的运动有助于学生健康水平的保持和提高,因而体育课程应集中解决学生运动的科学性上,而不应集中在学生现有不健康问题的解决上。如前所述,根据"健康"内涵演绎出的体育课程目标,如身体健康目标、心理健康目标、社会适应目标和道德素质目标,具有模糊性和不可评价性,这些目标不可作为体育课程的直接目标。体育课程的直接目标应该是明确的、具体的、可评价的,而不是模糊的、不可评价的,体育课程的直接目标是什么值得深入分析和研究。

第五,为培养中小学生的健康技能和健康意识,美国有些学者进行了概念体育的理论论证和实践检验。概念体育起源于20世纪中期的"学科结构运动"[③],旨在提高体育教育学科地位的"学科结构运动",整

---

① 黄敬亨,邢育健.健康教育学[M].上海:复旦大学出版社,2007:1—3.
② 温志宏.心理拓展训练在中学心理健康教育中的价值与作用[J].教学与管理,2009:51—52.
③ Conant J B. The American High School Today[M]. New York: McGraw-Hill,1956:6.

合运动科学相关学科的知识将其发展成结构完备的系统课程内容。在此基础上,1981年罗森和普拉赛克[①]首次提出了概念体育,并编写了概念体育教材,旨在加强高校体育学科与中小学体育教育之间的联系,激发学生对概念体育的兴趣。早期概念体育的提出是从教育者的角度编写和推广概念体育教材,这一做法的动机受到质疑,实际效果并不理想[②]。

从学习者的角度,近年来美国学者对概念体育进行了深入研究。他们认为体育课程最值得教的内容是指导锻炼实践的学科概念,用身心结合的方式培养学生的健康意识和锻炼习惯[③]。概念体育在不降低体育课活动量的前提下将体育学科概念融入到体育活动中,其理论依据充分,教学实验严谨,值得学习,但他们认为以运动项目架构体育课程是不合理的,也是不现实的,值得深入思考和研究。从概念体育的理论论证和实验研究可以看出,未来健康教育研究表现出以下趋势。

一是理论研究的心理学化。现代心理学对人脑活动机制的揭示,认知心理学对人脑信息选择和加工活动的研究,发生认识论对个体认识过程的概括,以及心理测量工具的研制等,对体育教学实践产生了深刻的影响,也给体育健康教育研究带来了契机。因此运用心理学领域的研究成果论证分析健康教育的科学性是未来发展的趋势。

二是实证研究的科技化。随着现代科学技术的发展,新的科技革命给体育教育研究带来了新的机遇,促进研究者们利用新的技术去研究学校体育中存在的问题。国外健康教育研究越来越重视引进现代科学技术的新成果,如现代计算机、能量监测仪、遥测心率仪等科学仪器在教学研究中的应用。因此为与国际接轨,提高研究结果的可信度和可比性,充分利用现代科技的最新成果检验健康教育的有效性是未来

---

① Lawson H A, Placek J H. Physical Education in the Secondary Schools: Curricular Alternatives[M]. Bo-ston:Allyn and Bacon,1981:7—9.
② Placek J H. A Conceptually-Based Physical Physical Education Program [J]. Journal of Physical Educat-ion, Recreation & Dance, 1983, 54(7):27—28.
③ 丁海勇,李有强. 美国"以课程为中心"的概念体育理论及其发展[J]. 上海体育学院学报,2011,35(6):86.

发展的趋势。

第六,为培养国内中小学生的运动技能和运动意识,国内有些学者结合中国学校的实际进行了"概念体育"的教学实验①。2010年中美两国的科研人员展开合作,实质性引入概念体育理念。经过三年左右的理论研究和教学实验研究,在上海市15所初中产生了积极的教育效果,学生体质健康水平、知识掌握程度、技能水平均得到了一定程度的改善。概念体育所秉持的教育理念和研究方法已经逐渐被接受,成为上海市初中体育课程改革的重要指南。

这一研究与美国概念体育的相同之处在于都监测和控制了体育课的运动负荷,都是确保在不降低体育课活动量的前提下将体育学科概念融入到体育活动中。不同之处在于这一研究并没有放弃提高学生运动技能的目标,而是增加运动科学知识强化学生的运动技能。这一研究紧密结合中国的国情继承和发展概念体育的思想具有积极的示范意义。

一方面,从美国特定的教育和社会背景来看,概念体育的主张具有一定合理性。与国内相比,美国学生运动技能提高的途径相对多元,体育课程之外的体育社团、俱乐部、联赛组织管理等相对成熟,在这一背景下概念体育以健康知识架构体育课程内容并将其融入到游戏活动中是符合美国国情的。而中国的国情是学生的运动技能需要提高,并且国内学生运动技能提高的主要途径是体育课程,因而国内增加健康知识的体育课程内容改革不应弱化学生运动技能的提高。提高学生的运动技能是国内体育课程要解决的主要矛盾,仅仅将学科概念融入到游戏活动中并不适合中国的国情。因此,上述研究抓住了国内体育课程要解决的主要矛盾,继承并发展了美国概念体育的思想具有积极的示范意义。

另一方面,这一研究对正确认识义务教育体育与健康课程改革具有一定的启示作用。2001年教育部颁布了《中小学体育与健康课程标准》,2011年教育部又对此做了修订,颁布了《义务教育体育与健康课程标准》。从内容上看,增加的健康知识过于宽泛,凡是能促进学生健

---

① 平杰等.课题:我国现代化城市学校体育课程设计关键技术研究.2013.

康的知识都加入到体育课程中,如交通安全、戒烟、戒酒、戒毒、疾病预防、性知识等等①。从理论上讲,学生掌握的健康知识越多越好,但毕竟体育课程的课时有限,体育教师的健康教育能力有限,过多地增加与体育相关度不高的健康知识,不仅会增加体育教师的负担,降低课程实施的可行性,而且更重要的是影响体育课程主要任务的完成,因此在体育课程中增加健康知识应该有所取舍。所以上述研究对如何实现体育教育与健康教育的结合具有重要的借鉴价值。

但是从上海市初中体育教学大纲可以看出,上海市初中体育课程实行的是"多样化"教学,即每个学期进行多个运动项目的教学,每个运动项目是按单元进行几次课的连续教学,这种课程安排学生掌握的运动技能只是初级水平。众所周知,运动技能的形成要经过粗略掌握、改进提高和熟练运用三个阶段,在运动技能形成过程的哪个阶段增加健康知识更有助于促进学生运动技能的提高值得深入研究。

第七,强化学生运动技能的教学改革。为解决选项课存在的问题,切实提高学生的运动技能,上海市教委进行了两个方向的体育教学改革:一是倡导大学公共体育"个性化";二是倡导高中体育"专项化"。为促使大学生运动技能的提高和运动习惯的养成,1992年教育部颁布的《全国普通高等学校体育课程教学指导纲要》要求各高校在二年级开设选项课。选项课改革打破了之前大学生体育学习内容"多而全"的局面,促使高校公共体育向"专项化"的方向发展。选项课改革一方面能够兼顾大学生的体育兴趣爱好,另一方面有助于大学生在喜爱的运动项目上进行系统而深入的学习,有助于大学生掌握1—2项运动技能,为终身体育打下能力基础。

但大学公共体育选项课改革让学生每个学期选择一个运动项目学习,仍然存在不同运动项目之间关联性不强、学习时间过短、系统性不强、循序渐进不够等问题,难以有效提高学生的运动技能②。为此,

---

① 教育部.义务教育体育与健康课程标准(2001年版)[S].2001:1.
② 杨小明,邵斌,柏慧敏,程杰.大学"公共体育专业化"教学理论改革与实践探索——以上海大学为例[J].武汉体育学院学报,2016,50(1):64—65.

2011年上海大学率先实施大学公共体育"专业化"(后改为"个性化")改革。2012年上海市开始在17所高中进行高中体育"专项化"的教学改革试点。改革的结果显示,公共体育"个性化"和"专项化"改革深受广大学生的欢迎,学生的运动技能有很大程度的提高,取得了积极的教育效果。在此基础上,2015年上海市进一步扩大教学改革试点,"专项化"教学改革增至34所高中,并扩大大学公共体育"个性化"教学改革试点,2016年上海市大学公共体育"个性化"改革试点学校和培育学校增至16所。

公共体育"个性化"和"专项化"改革延长了学生专项学习的时间,重点培养学生的专项运动兴趣,提高学生的专项运动技能为其终身体育奠定能力基础。在价值取向上,公共体育"个性化"和"专项化"改革与美国概念体育的最终目的是一致的,都是为了促进学生的健康,追求健康的阶段效应和长远效应,在指导思想上两者并不矛盾。但在内容层面和目标层面存在差异,公共体育"个性化"和"专项化"改革是以系统技战术知识架构课程内容,重点培养学生的运动技能和运动意识,提高学生的运动能力和运动行为;而美国概念体育则是以健康知识架构课程内容,重点培养学生的健康技能和健康意识,提高学生的健康能力和健康行为。

公共体育"个性化"和"专项化"改革是以促进学生健康为目的的教育改革,那问题是技战术知识属不属于健康知识?运动技能属不属于健康技能?运动能力属不属于健康能力?运动意识属不属于健康意识?运动行为属不属于健康行为?中国前国家教委体卫司副司长曲宗湖认为,学校体育教育与健康教育的结合是今后学校体育整体改革的发展方向[①]。笔者认为,学校体育教育要想实现促进学生健康的目标,首先应从理论上弄清体育教育与健康教育的关系,解决体育教育与健康教育的分歧。体育教育与健康教育的分歧说明当前的健康教育理论已经不能概括健康教育实践的发展,并在一定程度上阻碍了学校体育改革的深入,因而需要提出新的"健康教育"思路,论证其科学性以促进

---

① 曲宗湖,尚大光.谈谈学校体育与健康教育[J].中国学校体育,1997(6).

学校体育的发展。

2.2 "健康教育"思路的提出

学生健康水平的保持与提高,其自身的"健康能力"和"健康行为"是必要条件,学生"健康能力"和"健康行为"的改变取决于学生"健康技能"和"健康意识"的增强,因而学校健康教育的直接目标应该是培养学生的"健康技能"和"健康意识",学校健康教育的内容应是"健康知识"。选择"健康知识"作为干预措施的理论依据如下。

2.3 "健康教育"思路的理论基础

(1) 心理学基础

心理学理论认为,技能水平的提高要以知识的掌握为基础,能力水平的提高要以知识和技能的掌握为基础,能力水平的提高又进一步促进知识和技能的掌握[①]。因而"健康技能"水平的提高要以"健康知识"的掌握为基础,"健康能力"水平的提高要以"健康知识"和"健康技能"的掌握为基础。根据知识、技能和能力之间的辩证关系,要培养大学生的"健康技能"和"健康能力",应选择"健康知识"作为干预措施。

(2) 认知心理学基础

认知心理学主要研究人的认知过程,如注意、知觉、表象、记忆、思维和言语等高级心理过程。与行为心理学相反,认知心理学注重研究那些不能观察的内部机制和过程。作为人类行为基础的内部心理过

---

① 冀先礼.心理学[M].北京:中国书籍出版社,2013:195—207.

程,由于不能直接观察,只能通过不同信息的输入,观察输出的变化,来推断人类行为的内部心理机制①。所以认知心理学强调知识(信息输入)的作用,认为知识是决定人类行为的主要因素。因此,要改变学生的"健康行为","健康知识"的学习是至关重要的。

(3) 健康教育学基础

知信行模型是健康教育学中一种行为干预模型。知信行模型认为,行为受多种因素的影响,如知识、价值观、情绪、情感、信念、态度、环境等,其中知识是重要的影响因素,知识影响信念和态度,信念和态度影响行为②。所以健康教育学理论认为,学校健康教育的内容应该是"健康知识",学生只有在理解和掌握"健康知识"的基础上树立健康信念和态度,才可能导致"健康行为"的改变。

这一思路反过来就是,通过"健康知识"的干预,培养学生的"健康技能"和"健康意识"。学生"健康技能"和"健康意识"的增强,会促使学生"健康能力"和"健康行为"的改变,促使学生形成健康的生活方式,进而促进学生的身心健康。

2.4 体育课程内容设置的争论

(1) 概念体育的主张

概念体育的研究者认为,运动技能的提高与健康行为改变的关系在理论上并不明确;运动技能的学习与健康行为之间的正相关关系,目前也没有被选项课改革的实践所证实。因此他们认为以运动项目架构体育课程是不合理的,也是不现实的,他们拿篮球跳投动作应用举例,一个新手从初学到会在比赛中熟练应用需要约1300小时的培训时间,一个新手在任何一项体育项目上要想达到

---

① 梁宁建. 当代认知心理学[M]. 上海:上海教育出版社,2003:182—227.
② 杨廷忠,郑建中. 健康教育理论与方法[M]. 浙江大学出版社,2004:39.

专家水平,需要约 10000 小时,因而他们认为目前的体育课时远远不够①。所以,概念体育的研究者提出体育课程最值得教与学的内容是健康知识,这是他们倡导概念体育的重要原因,由此可见,概念体育所指的健康知识是指狭义的健康知识,不包括系统的技战术知识。

健康知识的上位概念是知识,知识是人类社会历史经验的概括和总结。知识与行为之间的正相关关系,存在这样的理论,见认知心理学。认知心理学认为知识对行为具有决定作用,所以,通过类比和演绎推理可以从理论上推出,健康知识对健康行为具有决定作用。因而概念体育的研究者从理论上论证健康知识决定健康行为这一命题是很容易的。

(2) 公共体育"专项化"、"个性化"改革的主张

但问题是运动技能的提高与健康行为之间的正相关关系,能不能从理论上论证?这一问题关系到高校公共体育"专项化"、"个性化"改革的理论依据是否充分的问题,笔者认为可以从理论上论证。心理学理论认为,技能的提高要以知识的掌握为基础②。因此,运动技能的提高要以技战术知识的掌握为基础。而技战术知识的上位概念是知识。如果说知识对行为起决定作用,那么比技战术知识高一层次的运动技能,甚至更高一层次的运动能力,对运动行为也具有决定作用。

因此,以系统的技战术知识安排体育课程内容,通过提高大学生的运动技能来改变大学生的运动行为,是有理论依据的。身体动作与技术密不可分,战术是技术的运用③。所以,以身体练习为主要手段的体育课程不应排除系统的技战术知识,代之以其它知识为主要内容。由此可见,公共体育"专项化"、"个性化"改革以系统技战术知识安排课程内容提高学生的运动技能和运动能力抓住了体育课程的主要矛盾,具有一定的科学性。

---

① 丁海勇,李有强.美国"以课程为中心"的概念体育理论及其发展[J].上海体育学院学报,2011,35(6):86.
② 冀先礼.心理学[M].北京:中国书籍出版社,2013:195—207.
③ 田麦久.运动训练学[M].北京:人民体育出版社,2000.

学生掌握了1—2项运动技能,运动能力提高了,可以依此为手段参与运动促进身心健康,当然也可以依此为手段参与训练取得比赛成绩。因此,运动技能可以归属于广义"健康技能"、运动能力可以归属于广义"健康能力"、运动意识可以归属于广义"健康意识"、运动行为可以归属于广义"健康行为"。

(3)"健康教育"思路的主张

"健康教育"思路中的"健康知识"是指与健康有关的广义知识,包括系统的技战术知识,与概念体育所指的健康知识有所不同。笔者认为,随着健康教育实践的发展,健康知识的定义也应该与时俱进,因而扩大了健康知识的范围,提出"健康知识"的概念。认为明确技战术知识与"健康知识"之间的关系,把技战术知识纳入到"健康知识"的范畴,有利于从理论上解决技战术知识与健康知识的对立,有利于在实践中避免体育课程内容设置的"去专项化"倾向。因此,"健康知识"的定义和划分是"健康教育"思路的逻辑起点,与概念体育的逻辑起点是不同的。

课程内容是落实教育理念的依托,因而学校课程内容的改革是学校健康教育改革的关键。概念体育主张以健康知识架构公共体育课程内容,而公共体育"专项化"、"个性化"改革主张以系统技战术知识架构公共体育课程内容。笔者认为,公共体育课程只是学校健康教育的载体或形式之一,不是学校健康教育的唯一载体或形式,因而健康知识不应该取代系统技战术知识成为公共体育课程的主要内容。公共体育"专项化"、"个性化"改革以系统技战术知识架构课程内容,重点培养学生的运动技能和运动意识,提高学生的运动能力,改善学生的运动行为,这一改革本身可以归属于广义"健康教育"的范畴。

2.5 体育课程最值得教与学的内容

相关的研究显示,国内大学生虽然经历义务教育、高中教育和大学教育十多年的公共体育课程学习,但大部分学生并没有掌握1—2项运动技能,锻炼态度不积极,也没有形成良好的锻炼习惯。高校公共体育选项课改革打破了学生体育学习内容"多而全"的局面,使学生集中学习几个运动项目,虽然在一定程度上有助于学生运动技能的提高,但是正如概念体育认为的那样,运动技能的提高是一个长期系统的过程,高校公共体育选项课改革让大学生学习几个运动项目,显然课时不够,不利于实质性地提高学生的运动技能。

与概念体育的做法不同,上海市教委并没有倡导公共体育课程放弃提高学生的运动技能转向健康教育,而是完善选项课改革提倡高中体育"专项化",大学公共体育"个性化",延长学生学习运动技能的时间。笔者认为,延长学生学习运动技能的时间固然重要,在大学公共体育"个性化"教学中增加运动原理性知识同样重要。为什么要在大学公共体育"个性化"教学中增加运动原理性知识?如何增加?以及增加的有效性如何?需要进一步的论证、分析和检验。在论证、分析和检验在大学公共体育"个性化"教学中增加运动原理性知识的必要性、可行性和有效性之前,了解国内外运动技能的研究现状是十分必要的。

2.6 运动技能研究的文献回顾

20世纪50年代国外运动技能研究开始蓬勃发展。施密特(Schmidt)的实验性研究为运动技能学的发展奠定了基础。保罗·菲兹(Paul Fitts)的动作速度与准确性权衡研究为我们认识运动技能作出了贡献。富莱施曼(Fleishman E. A.)在运动技能的应用方面做了大量的工作[①]。20世纪70年代以后对运动技能调控机制的研究开始增多,主要是从系统论、控制论、信息论、耗散结构论、突变论、协同论以及神经生理学视角进行研究。20世纪70年代杰克·亚当斯(Jack Adams)提出了闭环控制系统学说。20世纪80年代里查德 A. 施密特(Richard A. Schmidt)提出了开环控制系统学说[1]。

---

① 杨锡让.实用运动技能学[M].北京:高等教育出版社,2004:10.

国内《运动技能习得的系统理论及教学运用研究》一文,运用系统科学对运动技能系统演变过程的调控机制进行了研究[39]。《运动技能表现认识论探索》一文,运用系统论揭示运动技能形成和演变的一般规律特征[40]。《运动技能学习和控制的两个基本理论及其比较》一文,通过阐述闭合环路-开放环路和运动反应图系理论来解释运动技能形成的机制[41]。《掌握运动技能前馈控制规律在体育教师培训中的重要性》一文,指出了前馈控制中干扰信息对运动技能形成的重要性[42]。《运动技能形成过程新论》一文,运用耗散结构理论解释运动技能形成的过程[43]。《运动技能形成过程中的突变性分析》一文,运用突变理论解释运动技能形成过程的特点[44]。《运动技能形成的神经生理机制新探》一文,认为运动技能的形成是主体目标导向下泛脑网络自主重组构的过程[45]。《运动技能学习的神经生理基础》一文,认为运动技能的形成是由突触可塑向特定方向发展的不可逆的有序化过程[46]。《人类运动技能学习的脑机制》一文,分析了大脑各区域的活动在运动技能学习过程中的作用[47]。《ACTN3基因多态性与运动技能的发展》一文,对基因与各种身体素质的相关性进行了研究,认为ACTN3是一个与肌肉爆发力有关的基因[48]。《运动技能水平对罚篮预测过程中运动皮层兴奋性的影响》一文,探讨了不同运动水平的运动员在罚篮视频预测过程中预测能力与运动皮层兴奋性之间的关系[49]。

近年来,从认知心理学和教学的角度对运动技能的研究开始增多,认知心理学视角的研究如认知负荷研究、注意焦点研究、知觉运动技能研究、内隐认知研究、默会认知研究、顿悟研究、运动技能迁移研究、运动技能与锻炼态度和锻炼行为之间关系的研究、运动技能与自我设限和自我效能感之间关系的研究等。认知心理学视角的研究综述如下。

(1) 认知负荷研究

认知负荷理论认为,学习复杂任务时认知负荷增加是由于记忆资源分配不足引起,记忆资源分配不足是由于记忆需要同时加工多个信息源引起[①]。当认知负荷超出了工作记忆的承受能力,学习任务失败。该理论认为降低外部认知负荷、调控内部负荷和优化关联负荷有助于提高学习效果。国外的认知负荷研究显示,图式的构建和图式运行的自动化可以降低认知负荷来提高复杂技能的学习效果[②]。增加关联认知负荷有助于提高复杂技能的学习效果[③]。文本附以图片的讲授形式比纯文本的讲授有助于学习效果的保持和迁移[④]。

国内《基于认知负荷理论的教学设计对运动技能学习影响的研究》一文,认为增加学习者的自我解释和附以图示的技术讲解对运动技能学习产生积极的影响,传统讲解附图示结合传统练习附自我解释将有助于运动技能的学习和保持[50]。《基于认知负荷理论的教学设计对运动技能两侧性迁移的影响》一文,认为采用示范指导型教授方式和增加学习者练习的自我解释有助于促进运动技能的学习、迁移和迁移后绩效的保持[51]。《认知负荷调控对不同复杂程度运动技能学习的影响》一文,研究显示降低外部认知负荷、调控内部认知负荷、优化关联性认知负荷有助于促进复杂运动技能的学习、保持和迁移,而优化关联性认知负荷有助于促进简单运动技能的学习、保持与迁移[52]。

认知负荷研究表明,降低外部认知负荷、调控内部认知负荷和优化关联认知负荷有助于复杂运动技能的学习、保持和迁移,其原因可能是:降低外部认知负荷使记忆指向关键信息,记忆需要加工的信息源减少,记忆资源分配充足,导致有助于复杂运动技能的学习;调控内部认知负荷给学习者一定的思考空间,增加学习者的自我解释,促使意义识记,导致有助于复杂运动技能的保持;优化关联认知负荷增加运动相关

---

① Chandler P, Sweller J. Cognitive load theory and the format of instruction [J]. Cognition and Instructi-on, 1991;8(4),293—332.
② Sweller J etc. Cognitive architecture and instructional design[J]. Educational Psychology Review, 1998,10(3):251—296.
③ Jeroen J. G etc. Cognitive load theory in health professional education: Design principles and strategie-s[J]. medical Education, 2010,44:91.
④ Mayer R. E. Principles for reducing extraneous procesing in multimedia learning: Coherenc, signaling, redundancy, spatial, contiguity and temporal contiguity principles[M]. Cambridge, MA: Cambridge univers-ity Press, 2005:197—200.

知识,扩大学习者的知识面,优化增加知识与关键信息的联系,导致有助于复杂运动技能的迁移。认知负荷研究对体育教学组织和内容的改革具有一定的指导意义,"精讲多练"是体育教学的重要原则,教师"精讲"的动作要领虽然有助于学生记忆指向关键信息,降低外部认知负荷,但教师如果缺少深刻的解释,不能优化关联认知负荷,会导致学生对动作要领深层的技战术原理难以深刻理解,在教师"多练"的严密组织下,学生缺少思考问题的空间,会导致学生内部认知负荷难以调控,不利于复杂运动技能的学习。

(2) 注意焦点研究

注意是一种有限的资源[1],把这种资源集中到运动技能完成的结果上还是练习者本身上更有利于运动技能的表现。动作限制假说[2][3]认为,对高水平运动员而言外部注意焦点指导更有利于其动作表现,对初学者而言内部注意焦点指导不利于其动作表现[4][5][6]。国内元分析研究显示,外部注意焦点指导优于内部注意焦点指导,不同注意焦点指导的效果量受研究设计和参与者类型的影响不显著,而实验任务特别是平衡任务学习中,外部注意焦点指导的优势更为明显[7]。

对这一假说可能的心理解释是较差的表现和学习效果是由于自我评价和调节干扰了自动控制系统,而自我评价和调节是由内部注意焦

---

[1] Magill R A,主编.张忠秋等译.运动技能学习与控制[M].北京:中国轻工业出版社,2005.

[2] Wulf G, Hoss M, Prinz W. Instructions for motor learning: differential effects of internal versus exter-nal focus of attention[J]. Journal of Motor Behavior, 1998, 30(2):169—179.

[3] Wulf G,Weigelt C. Instructions about physical principles in learning a complex motor skill: To tell or not to tell[J]. Research Quarterly for Exercise and Sport,1997, 68(4):362—367.

[4] Perkins-Ceccato N, Passmore S R, Lee T D. Effects of focus of attention depend on golfers' skill[J]. Journal of Sorts Sciences,2003,21(8):593—600.

[5] Wulf G, Su J. An external focus of attention enhances golf shot accuracy in beginners and experts[J]. Research Quarterly for Exercise and Sport, 2007, 78:384—389.

[6] Wulf G, McNevin N, Shea C H. The automaticity of complex motor skill learning as a function of a-ttentional focus[J]. The Quarterly Journal of Experimental Psychology, 2001, 54(4):1143—1154.

[7] 谭嘉辉等.注意焦点对运动技能学习影响的元分析研究[J].北京体育大学学报,2012,35(4):80—88.

点指导引起的,内部注意焦点指导易使练习者产生自我意识或自我注意。外部注意焦点指导不会产生自我评价和调节,因而不会干扰自动控制系统,从而不会导致较差的表现[1]。

这一假说得到了大量的实验支持[2][3][4][5],由于这些实验主要集中于闭合式运动技能学习任务,如平衡技能,所以国内学者在开放式运动技能中验证这一假说的真实性,研究结果表明外部注意焦点指导有助于促进高水平运动员开放式运动技能的动作表现,而内部注意焦点指导则阻碍其动作表现[6],但国内的研究结果表明,对于初学者而言内部注意焦点指导比外部注意焦点指导更有助于初学者学习开放式运动技能[7]。

国内开放式运动技能的研究结果表明,在运动技能形成过程的粗略掌握阶段,应指导练习者将注意资源集中到练习者的动作本身上,而在运动技能形成过程的熟练运用阶段,应指导练习者将注意资源集中到动作的结果上,在运动技能形成过程的改进提高阶段,应将注意资源集中到动作结果上还是练习者本身上值得深入研究。

(3) 知觉运动技能研究

知觉运动技能(perceptual motor skill)是指个体根据环境和对手动作呈现的线索进行反应的能力[8],最早由 Schmidt 和 Wrisberg 提出,

---

[1] 谭嘉辉等.注意焦点对运动技能学习影响的元分析研究[J].北京体育大学学报,2012,35(4):80—88.

[2] Shea C H, Wulf G. Enhancing motor learning through external focus instructions and feedback [J]. Hu-man Movement Science,1999,18:553—571.

[3] Wulf G et al. The learning advantages of an external focus of attention in golf[J]. Research Quarterly for Exercise and Sport,1999,70(2):120—126.

[4] Wulf G, Su J. An external focus of attention enhances golf shot accuracy in beginners and experts[J]. Research Quarterly for Exercise and Sport,2007,78:384—389.

[5] Perkins-Ceccato N et al. Effects of focus of attention depend on golfers' skill [J]. Journal of Sports Sciences,2003,21(8):593—600.

[6] 黄竹杭等.运用外部注意焦点提高高水平选手开放式运动技能学习效率的实验研究[J].北京体育大学学报,2012,35(7):108—112.

[7] 黄竹杭等.运用内部注意焦点促进初学者掌握开放式运动技能学习的研究[J].广州体育学院学报,2012,32(3):100—104.

[8] 章建成.知觉运动技能的训练与评价[J].体育科学,2005,8:1.

知觉运动技能既含有认知成分又含有动作成分①。知觉运动技能训练始于20世纪60年代，Haskins的研究显示训练后网球运动员发球的方向判断反应时降低②，在此基础上day的研究显示训练后网球运动员的落地判断准确性提高，Burrughs的研究显示录像知觉训练后棒球运动员的预判能力有所提高③。20世纪90年代后知觉运动技能的研究开始增多，Christina的研究使用录像提高足球运动员反应的准确性，Abernethy的研究显示网球运动员在进行预期与知识结合的训练后预判水平好于对照组④。Singer的研究显示采用知觉训练与提示相结合的方法后羽毛球运动员的反应速度和准确性提高⑤。Williams等人对足球罚球动作的预判能力进行了系列研究⑥。

国内《知觉运动技能评价过程中运动员反应速度的适宜评价指标研究》一文，认为专业羽毛球运动员的知觉运动技能与手反应时相关性低，脚反应时能更有效的评价运动员的知觉运动技能水平[58]。《知觉运动技能的训练与评价》一文，认为评价优秀运动员的知觉运动技能采用脚反应时比手反应时更准确[59]。《乒乓球运动员反应时与运动技能水平关系的探讨》一文，认为优秀运动员对随机信息进行加工并做出反应时与常人的反应时趋于一致[60]。《知觉运动技能训练的国外研究进展》一文，认为视知觉硬件不是影响运动员知觉运动技能水平的显著指标，而线索利用、编码与回忆、视觉寻求策略、期望与预期能力等因素是影响运动员知觉运动技能水平的重要因素[61]。《高水平运动技能训练

---

① Schimidt R. A, Wrisberg C. A. Motor I_earniy and Performame [M]. Champaign, IL, Human Kinetics, 2000,6—7.
② Haskins M. J. Development of a response-recognition training film in tennis[J]. Perceptual and Motor Skill, 1965,(21):207—211.
③ Burroughs W. A. Visual simulation training of baseball batters[J]. International Journal of Sport Psych-ology, 1984,(15):117—126.
④ Abernethy B. Expertise and the Perception of kinematic and situational probability information [J]. Per-ception, 2001,(30):233—252.
⑤ Singer R. N. et al. Training mental quickness in beginning /intermediate tennis players[J]. The Sports Psychology, 1994,(8):305—318.
⑥ Williams A. M. et al. Declarative knowledge in sport: a by-product of experience of a characteristic of expertise? [J]. Journal of Sport and Exercise Psychology, 1995, 17(3):259—275.

中的运动知觉心理训练取向》一文,认为正确的运动知觉是运动反应的前提,专门化知觉训练是运动技能训练方法的取向[62]。《表象训练对田径分立运动技能学习与保持的实效性研究》一文,研究表明运用表象训练可以促进田径分立运动技能的形成与保持[63]。《羽毛球运动员专项知觉运动技能训练的绩效研究》一文,认为专项知觉训练可以提高高水平羽毛球运动员的判断准确率,基于专项情境的知觉技能训练对羽毛球运动员的影响主要表现在判断的准确性上而不是反应速度上,进行情境决策时出现了明显的速度-准确率权衡现象[64]。《我国优秀赛艇运动员专项知觉运动技能概念模型的构建与检验》一文,研制了赛艇运动员专项知觉运动技能评价量表[65]。《田径运动技能节奏的时间知觉与时间估计》一文,探讨了田径运动技能中时距、时序和时间估计对节奏的影响[66]。

(4) 内隐认知研究

内隐学习是指没有意识努力的情况下获得刺激环境复杂信息的学习过程①,由 A. S. Reber 提出,而外显学习是受意识控制和需要注意资源的学习过程。国外的相关研究显示,内隐学习具有自动性②、抽象性③、概括性④、理解性⑤和抗干扰性⑥等特点。国内《运动技能获得中的内隐学习本质研究》一文,认为内隐学习具有自动性、强健性和抗干

---

① Reber A. S. Implicit Learning of Artificial Grammars[J]. Verbal Learning Verbal Behavior, 1967, 77:317—327.
② Reber P. J, Spuire L. R. Encapsulation of Implicit and Explicit Memory in Sequence Learning [J]. Cogni-tive Neurosience,1998,10:248—263.
③ O'brien-Malone A, Maybery M. Implicit and Explicit Mental Processes[M]. Mahwah, NJ: Erlbaum, 1998:37—56.
④ Maybery, Murray, O'brien-Malone et al. Implicit and Automatic Processes in Cognitive Development[c]. KIRSNER, Implicit and Explicit Mental Processes. Mahwah, NJ:Erlbaum, 1998: 149—170.
⑤ Knowlton B. J, Squire L. R. The Information Acquired during Artificial Grammar Learning[J]. Exper Psy-chol: Learn, Memory Cognition, 1994, 20:79—91.
⑥ Seamon J. G, Marsh R. L. Critical Importance of Exposure Duration for Affective Discrimination of Stimuli. That are not Recognized[J]. Exper Psychol: Learn,Memonry cognition, 1984, 10: 465—469.

扰性的特征[67]。《运动技能内隐认知抗干扰性与抗应激性的试验研究》一文,认为内隐认知在分心和紧张压力条件下具有抗干扰性和抗应激性特征[68]。

对内隐认知的范畴尚存在争议,有的研究认为内隐认知包括内隐知觉、内隐记忆、内隐加工和内隐提取等形式①。国内《运动技能获得中的内隐学习本质研究》一文,认为内隐学习包括无意识地学习、储存和提取[67],但《运动技能内隐性学习的痕迹假说》一文,认为运动技能内隐性学习与运动技能学习自动化是有区别的,认为内隐性学习是无意识或自动化的学习过程,而运动技能学习的自动化是外显性学习不断积累达到地熟练阶段,是指无意识状态下完成动作的阶段[69],可见该文认为提取阶段不属于内隐认知范畴。

早期运动技能内隐学习的研究②③是通过测量遗忘病人运动技能的学习效果来证明内隐学习存在的,认为遗忘病人不能回忆起刚刚发生的事,也能表现出与正常人相同的运动技能学习效果,认为这能证明内隐学习的存在。但是遗忘病人不能回忆起刚刚发生的事,并不一定能完全证明遗忘病人在学习运动技能时不受意识控制和不需要注意资源。

国外相关研究采用轨迹追踪任务④和系列反应时任务⑤证明正常人的运动技能可以无意识地内隐习得。国内早期内隐学习研究是从神经生理学的角度进行研究,如《运动技能的内隐学习与脑潜能开发》一文,认为运动员脑潜能开发不仅在于创造条件使内隐学习与外显学习相互转化,更在于着手开发儿童时期运动技能的内隐学习水平以促进脑功能模块的构建[70]。近年来的研究视角更为多元,如《运动技能获

---

① 范文杰,王晓玲.运动技能获得中内隐认知与外显认知的相互作用研究进展[J].天津体育学院学报,2009,24(5):388.
② Milner B, Corkin S, Teuber H L. Further Analysis of Hippocampus Amnesic Syndrome: 14 Year Follow-up Study of HM[M]. Neuropsychologia, 1968, 6: 215—234.
③ Tranel Damasio A R, Damasio H, Brandt J P. Sensory Motor Skill Learning in Amnesia: Additional Evidence for the Neural Basis of Non-declarative Memory[J]. Learn Memory. 1994. 1: 165—179.
④ Pew R W. Levels of Analysis in Motor Control[J]. Brain Res, 1974,71:393—400.
⑤ Nissen M J, Knopman D S, Schacter D L. Neuro Chemical Dissociation of Memory Systems [J]. Neur-ology, 1987, 37:789—944.

得中的内隐学习本质研究》一文,对运动技能内隐学习的现象学特征、生理基础和心理机制进行了研究[67]。

对于运动技能的学习和保持效果,国外相关研究显示内隐学习与外显学习一样①,甚至在某些条件下优于外显学习②。国内《运动技能获得中内隐认知与外显认知的相互作用研究进展》一文,认为两种认知模式的协同化有助于复杂运动技能的学习,即先内隐认知后再外显认知可使技能学习效果达到最好[71]。《运动技能内隐认知与外显认知协同化研究》一文,认为学习复杂运动技能应先进行内隐认知再进行外显认知,晚一点介入外显认知绩效最好[72]。《双任务中内隐运动技能学习对提高保持成绩的作用》一文,认为内隐学习是一个改善运动技能长期记忆的有效手段,与外显学习相比,它在练习中占用较少的认知资源[73]。《长时内隐与外显教学对运动技能掌握效果的实验》一文,考察了长时内隐与外显教学对运动技能掌握的效果[74]。《不同水平的大学生运动员运动技能内隐学习能力的比较研究》一文,采用轨迹追踪任务实验对乒乓球和健美操大学生运动员内隐学习和保持的技能等级和性别差异进行了研究[75]。

(5) 默会认知研究

波兰尼(Polanyi)认为人类通过"外显"和"内隐"两种形式获得知识,1958年他提出默会知识,默会知识是指无法言传或表达不清楚的一类知识③。波兰尼通过改造格式塔心理学的知觉论,阐述了默会认识的结构,采用辅助意识解释认识的默会性④。Nonaka 和 Konno 关于默会知识的定义与波兰尼相似,强调默会知识无法言传的特征⑤。

---

① Magill R A, Clark R. Implicit Versus Explicit Learning of Pursuit Tracking Patterns[R]. Paper Presente-d at the Annual Meeting of the North American Society for the Psychology of Sport and Physical Activity, Denver, CO. 1997.
② Ammons R B, Farr R G. Longer Term Retention of Perceptual Motor Skills[J]. Exper Psychol, 1958, 55: 318—328.
③ Nonaka I, Konno N. The Concept of "Ba": Building a foundation for knowledge creation[J]. California Management Rev. 1998. 40(3):40—55.
④ 戚欢欢,张建华. 运动技能的默会性与默会认识研究[J]. 山东体育学院学报,2016,32(2): 103—107.
⑤ Polanyi M. Personal knowledge[M]. London: Houtledge and Kegan Paul, 1958.

运动技能的默会性是指不能用语言充分表达的知识属性[4]。《运动技能的默会性与默会认识研究》一文,认为教师难以指导学生纠正错误动作的原因在于体育教学中的讲解和示范存在局限性,体育教学中的讲解不能完全表达和传递运动技能中的默会知识,体育教学中的示范也不能使学生完全理解动作内部的默会知识,因而该文认为在提高动作质量阶段教师应向学习者深入讲解动作的原理[76],但该文采用波兰尼的辅助意识解释运动技能的默会性导致运动技能的默会性定义不清。辅助意识是指阈下意识或没有意识到的状态,其内容是感知觉没有具体觉察到的内容,感知觉没有具体觉察到的内容十分广泛,完成动作时动作原理可能是学生没有具体觉察到内容,但动作原理性知识可以用语言表达。不能用语言充分表达的知识到底是指动作做法深层的运动原理性知识还是指完成动作时没有意识到的内容以及两者的关系需要进一步明确。运动技能的默会性定义采用否定的形式,不符合定义规则,定义太过模糊。

(6) 顿悟研究

顿悟是学习过程中突然获得问题答案的心理现象①。运动技能学习顿悟是指练习者突然领悟到动作要点,从不会到会的质的改变。相关的研究显示,学习者的能力和努力影响顿悟的发生②,另外反馈对顿悟的发生也起到重要的作用③。顿悟解释模型将顿悟解释为内部驱动和外部驱动效应的作用④。

《运动技能学习效率的顿悟解释模型探索》一文,认为运动技能学习效率的提升可以通过顿悟的机制来解释,认为关键信息对于运动技能学习的顿悟很重要,学习反馈与顿悟存在着互动关系[77],这说明关

---

① Jones G. Testing two cognitive theories of insight[J]. J Exper Psych Learn,2003,29(5):1017—1027.
② Seidler R D. Multiple motor learning experiences enhance motor adaptability[J]. J Cognit Neur,2004,16(1):65—73.
③ 杨锡让.实用运动技能学[M].北京:高等教育出版社.2004.
④ 吕慧青,王进.运动技能学习效率的顿悟解释模型[J].体育科学,2014,34(4):30—40.

键信息的反馈在运动技能学习过程中至关重要,关键信息是指什么以及如何反馈值得深入研究。《运动技能学习效率的顿悟解释模型验证》一文,研究结果表明顿悟和反馈有助于学习成绩的提高,但两者之间不存在交互效应,学习能力有助于顿悟的发生,而反馈仅在学习初期与学习能力发生关联,主观努力无论在学习初期还是在学习后期都有助于顿悟的发生[78]。

这一模型的内部驱动与外部驱动效应划分与常识存在出入,主观努力的变化既可能来自外部的动机激励,也可能来自学习者自身能力的驱动,动机理论认为学习者自我决策感和能力感的增强与学习者内部动机的增强相关,因而主观努力的效应可以归属内部驱动效应。另外反馈既可以来自外部的反馈,也可以来自内部的反馈,该模型将反馈独立于内部驱动效应和外部驱动效应之外值得深入思考。

(7) 运动技能迁移研究

迁移是指将已获得的知识经验应用到新的学习情境中。体育学习中将已掌握运动技能对新学习运动技能产生积极影响的迁移称为正迁移,将已掌握运动技能对新学习运动技能产生消极影响的迁移称为负迁移①。科学地利用迁移规律有助于提高教学效能,《论运动技能迁移原理在高校体操教学中的运用》[79]、《运动技能的迁移在健美操教学中的应用》[80]、《对舞蹈与艺术体操运动技能迁移的研究》[81]和《体育教学中的运动技能迁移》[82]四篇论文对如何在体育教学中运用迁移规律提高教学效果进行了研究。学生已有的与科学概念相悖的概念被称为前概念②,学生的前概念对教学效果具有重要的影响,《记忆与经验如何成为运动技能学习与展示者的障碍》一文,认为之前的运动记忆和教学经验是运动技能学习者和展示者的障碍,对初学者而言之前的运动记忆和经验是指已经形成的错误动力定型,对高水平运动员而言之前

---

① 陈亮.运动技能的迁移在健美操教学中的应用[J].广州体育学院学报,2008,28:57—59.
② 咸蕊,董素静.初中生化学前概念研究综述[J].北京教育学院学报(自然科学版),2006,1(5):31.

的运动记忆和经验是指过分关注之前成功或失败的结果[84]。

运动技能的两侧性迁移是指学习者一侧肢体掌握运动技能后,对侧肢体所表现出来地学习和掌握同一运动技能的能力①。《运动技能两侧性迁移认知事件相关电位实验研究》一文,应用认知事件相关电位对迁移的机制进行了研究[85]。两侧性迁移由 Bryant 提出,相关研究显示两侧技能迁移对学习成功至关重要②③。很多运动项目如篮球、足球需要运动员两侧肢体均衡发展。为促进运动员两侧肢体运动技能的均衡发展,先练习优势侧肢体还是先练习非优势侧肢体学术界存在争议,有的研究认为应先练习优势侧肢体④,有的研究认为应先练习非优势侧肢体⑤⑥⑦。《基于认知负荷理论的教学设计对运动技能两侧性迁移的影响》一文先练习优势侧肢体,认为降低外部认知负荷和优化关联认知负荷有助于促进非优势侧肢体运动技能的学习、迁移和迁移后绩效的保持[86]。

(8) 运动技能与锻炼态度和锻炼行为之间关系的研究

锻炼态度是个体对锻炼活动的喜爱或讨厌的评价性反应,锻炼态度形成于锻炼实践,包括锻炼认知、锻炼情感和锻炼意向三个方面⑧。行为是指受思想支配的外表活动。锻炼行为是指受锻炼思想支配的锻炼活动。

---

① 梁波,何敏学.基于认知负荷理论的教学设计对运动技能两侧性迁移的影响[J].武汉体育学院学报,2014,48(11):74.
② Nobuyuki lnui. Latcralization of Bilateral Transfer of Visuomotor information in Right-Handers and Le-ft-Handers[J]. Journal of Motor Behavior,2005,37(4):275.
③ Sameer Kumar and Manas K. Mandal. Bilateral transfers of skill in left-and right-handers[J]. Laterality, 2005,10(4):337.
④ Parlow S. E, Kinsbourne M. Asymmetrical transfer of training between hands: Implications for interhe-mispheric communication in normal brain[J]. Brain and Cognition,1989,11:98—113.
⑤ Shahzad Tahmasebi Boroujeni, Mehdi Shahbazi. The Study of Bilateral Transfer of Badminton Short Service Skill of Dominant Hand to Non-Dominant Hand and Vice Versa[J]. Procedia Social and Behaviora-l Sciences,2011,(15):3129.
⑥ Taylor H. G, Heilman K. M. Left-hemisphere motor dominance in right-handers[J]. Cortex,1980,(16):587—603.
⑦ Hicks R. E. Asymmetry of bilateral transfer[J]. American Journal of Psychology,1974,(87):667—674.
⑧ 黄希庭,张力为,毛志雄.运动心理学[M].华东师范大学出版社,2003:23—49.

态度与行为之间的关系是心理学中的研究热点,有合理行动理论、计划行为理论和态度-行为九因素模型。20 世纪 70 年代美国学者 M. Fishbein 和 I. Ajzen 提出合理行动理论[①], Ajzen 在合理行动理论的基础上引入了感知行为控制变量将其发展为计划行为理论[②], 引入感知行为控制变量后该模型对于习惯性行为或者自动性行为的解释力得到了增强。国内学者毛荣健等人在合理行动理论和计划行动理论的基础上提出锻炼态度-行为的九因素模型并编制了锻炼态度量表。

青少年锻炼态度-行为九因素模型认为,行为受行为意向影响,行为意向受行为态度影响,行为态度受行为习惯、目标态度、行为认知、情感体验、主观标准的共同影响。行为习惯、行为态度和行为控制感直接影响行为。行为态度是对自己进行锻炼行动的评价;目标态度是对锻炼的评价;行为认知是对锻炼导致某种结果的认知;行为习惯是指锻炼的自动化程度;行为意向是指多大程度上愿意进行锻炼;情感体验是指对锻炼的情绪体验;行为控制感是指对锻炼的自主控制能力;主观标准是指受到他人的影响[③]。

《体育课程内容对普通大学生锻炼态度的影响实验研究》一文,研究显示分层设置体育显性课程内容对改善大学生的锻炼态度优于常规选项课程[88]。《普通高校大学生运动技能形成与体育锻炼习惯的相关性调查研究》一文,认为学生运动技能的形成与体育锻炼习惯的养成息息相关[89]。《运动技能学习与锻炼习惯关系刍议》一文,认为运动技能教学对学生体育锻炼习惯的养成具有重要作用[90]。

(9) 运动技能与自我设限和自我效能感之间关系的研究

自我设限是表现失常时所采用的保护性策略[④]。运动技能展示能够

---

① Fishbein M, Ajzen I. Belief, Attitude, Intention an Behavior, an Introduction to theory and research[M]. Mas-s: Addison-Wesley, 1975: 1—56.
② Ajzen I. The theory of planned behavior[J]. Organizational behavior and human decision processes, 1991, 50(2): 179—211.
③ 黄希庭,张力为,毛志雄. 运动心理学[M]. 华东师范大学出版社, 2003: 23—49.
④ Ommundsen Y. Self-Handicapping Related to Task and Performance-Approach and Avoidance Goals in Physical Education [J]. Journal of Applied Sport Psychology, 2004, 16: 183—197.

给学生带来自我表现的机会但也会带来心理压力,由此可能产生自我设限,学生的学习动力易受高自我设限倾向的影响。自尊与自我设限关系密切,当自尊受到威胁时,机体会采用一些保护策略,自我设限是其中之一[①]。身体自尊是整体自尊的一个维度,在身体练习中身体自尊与自我设限的关系可能更为密切[②],国外的研究显示被试在公开场合有自我表现倾向并且低自尊的学生易采用宣称式的自我设限策略[③]。体育运动能够改善学生的身体自尊已被证实,考虑到身体自尊与自我设限的密切关系,不同类型的运动技能学习会否影响学生的自我设限?国内的研究结果表明开放式运动技能对自我设限的干预效果显著优于闭锁式运动技能,但这一结果是否会受学生原有技能水平的影响需要进一步研究[④]。

自我效能是指对能否完成任务的自信心、期望和潜能认识。自我效能理论认为效能信息决定着效能期望,效能期望进而影响着人的行为模式和思维模式[⑤]。如《体育学习方式对不同运动技能水平大学生身体自我效能感的影响》一文,研究显示学习方式和运动技能水平具有主效应,两者具有交互作用,自主学习对具有一定技能基础的学生影响效果最好[93]。

从教学视角的研究主要集中于运动技能教学的价值取向研究、运动技能教学的影响因素研究、运动技能分类研究、运动技能教学的策略研究和运动技能教学效果的评价研究几个方面。

(10) 运动技能教学的价值取向研究

目前对于运动技能教学的价值取向存在分歧。教师教育领域,《高

---

① 孙青,张力为.别对我期望太高:运动领域中的自我设限[J].心理科学进展,2006,14(6):956—960.
② Shavelson R J, Hubner J J, Stanton G C. Validation ofConst Ructs Interpretations[J]. Review of Educat-ional Research,1976,46:407—441.
③ Martin A J, Marsh H W, Debus R L. Self-Handicapping and Defensive Pessimism:A Model of Self-P-rotection froma Longitudinal Perspective [J]. Contemporary Educational Psychology,2003,28:15—19.
④ 殷晓旺.运动技能干预对大学生身体自尊、自我设限的影响[J].上海体育学院学报,2012,36(6):76—79.
⑤ 黄希庭,张力为,毛志雄.运动心理学[M].华东师范大学出版社,2003:23—49.

校俱乐部型体育教学对教师运动技能要求的研究》一文,认为俱乐部型教学模式对教师的运动技能提出了新的要求[94],因而需要提高教师运动技能掌握的质量和数量。《论体育教师专业运动技能取向的超越》一文,认为体育教育专业传统的运动技能取向已无法适应学校体育发展的需要,体育教师如何教的知识和能力应该成为体育教师专业化发展的致力点[95]。《论体育教育专业学生运动技能学习的理性回归》一文,提出运动技能在体育教育专业的教学中应该理性回归本位[96]。公共体育领域,《论体育课程中运动技能形成的深层价值及指导意义》一文,认为体育课程深层的价值取向是发展认识能力和形成情感体验,表层价值取向是外显的行为变化[97]。《从心理学视角论体育与健康课程运动技能目标的价值定位》一文,认为有人提出淡化运动技能的原因是运动技能的知识观念未被确立[98]。《协调运动技能学习与运动乐趣体验关系的思考》一文,认为动技能学习与运动乐趣体验是对立统一的关系[99]。《运动技能初步形成阶段运动指导的方法论考察》一文,认为目标技能的选择不能超过学生的最近发展区[100]。

(11) 运动技能教学的影响因素研究

如《田径技术教学中学生产生错误动作的原因及运动技能能力提高的干扰因素》一文,认为静态与动态概念不清、运动负荷强度过大、心理定向错误和基本运动能力差是导致错误动作产生的原因和运动技能提高的干扰因素[101]。《体育师范生运动技能学习策略现状及提高途径的研究》一文,研究表明学业成绩优秀组的运动技能学习策略水平高于学业成绩普通组[102]。《大学生运动技能学习能力培养的实证研究》一文,认为应培养学生学习技能的方法策略,提高学生学习技能的能力[103]。《运动技能学习困难大学生身心相关的对比研究》一文,研究表明大学生运动技能学习困难与其身心健康水平的相关具有显著性[104]。《运动技能的决定因素:遗传、系统训练与环境》一文,认为只有遗传基因、系统训练和环境等达到完美的结合才有助于运动技能的发展[105]。《影响体育专业学生运动技能形成的路径分析》一文,研究表明原有身体素质与运动技能掌握的程度相关度高,学习策略在开放性运动技能的作用比混合性运动技能大[106]。《影响篮球运动技能形成的因素探讨》一文,分析了导致学生篮球技能学习过程中错误动作产生的原因[107]。《肌肉自身紧张度对运动技能形成的影响》一文,研究认为在保证运动连续性的条件下最大限度地增强与运动相关的肌肉自身紧张度可以加速运动技能的获得[108]。《从社会学习理论看高校体育社团对大学生运动技能的相关影响》一文,对高校体育社团对大学生运动技能的影响进行了研究[109]。《影响运动技能学习的内部因素研究》一文,对影响运动技能学习的主要内部因素进行了研究[110]。《运动智力因素对专项运动技能训练活动的影响》一文,研究了不同专项运动智力的共性与个性特点[111]。《跳远运动技能学习效率可控性研究》一文,认为跑跳速度链失衡是影响跳远运动技能形成的主要因素[112]。

(12) 运动技能分类研究

如《运动技能形成的科学分类研究》一文,认为人类条件反射和动物条件反射是不同的,动物条件反射不能解释人类的行为,由运动生理学解释运动技能的形成是学科分类上的错误[113]。《对运动技能进行分类的新视角及运动技能"会能度"的调查》一文,根据"会能度"将运动技能划分为三类[114]。《体育学理之探究—关于运动技能教学原理的研究》一文,指出体育学理是指学与教的规律,认为体育教学实践中诸多问题存在的根源在于体育教学中运动技能学习规律与教学规律理论的"苍白",以运动技能的分类研究为切入点,探索基于"会能度"分类的教学规律[115]。《从体育教学的视角研究运动技能学习过程规律》一文,探讨了基于会能度分类的运动技能学习规律[116]。对运动技能分类的研究有助于科学地确定教学内容和选择教学方法,但学理是指学之道理,即为什么要学习。体育学理应指为什么要学习体育,而将体育学理解释为教学规律未免有些牵强,该文实际研究了基于"会能度"分类的运动技能教学规律,属于"教理",而不应该属于"学理"。

《运动技能学习理论在田径跳跃类项目教学训练中的应用和启示》一文,探讨了田径跳跃类项目的技能分类和学习阶段模型的应用范围[117]。《从心理学视角论体育与健康课程运动技能目标的价值定位》一文,将运动技能分为基础、专门和专项运动技能三类[118]。《广义进化视角下的运动技能教学原理与建立运动项目分群教学论的构想》一文,运用机械论和整体系统论思维方法构建了不同运动项目分群教学的理论[119]。《从运动技能与日常动作技能比较分析的视角解析运动技能难易度》一文,认为将运动技能和与之相似的日常生活中的动作技能进行运动学比较分析是解析运动技能难易度的重要方法[120]。《开放式运动技能学习之道——王晋教授访谈录》一文,谈到基于反应时和无反应时的运动技能分类方法[121]。

(13) 运动技能教学的策略研究

教学手段层面的研究。如《艺术体操转体的多种运动技能及系列训练仪器的研制》一文,研制了艺术体操转体的专用训练仪[122]。《多通道信息反馈教学法对运动技能学习效果的定量研究》一文,研究显示多通道信息反馈有助于提高运动技能的学习效果[123]。《探析视频融合技术在运动技能学习中的应用》一文,认为视频融合技术有助于提供丰富的反馈信息和推进体育技能学习兴趣化、娱乐化和科技化[124]。

教学方法层面的研究,主要集中于示范的方式、信息的反馈、练习的分配和练习的变异性等方面。示范方式研究。观察学习又称替代学习、无尝试学习是指学习者仅仅通过观察他人的行为及其结果就能学会某种复杂行为的学习方式①。运动技能观察学习的习得内容尚存争议,有的研究认为观察学习习得的是运动程序②,以描述动作为目标习得的是运动程序③,有的研究认为观察学习习得的是运动参数④,还有

---

① 百度百科.观察学习[BD/OL].[2017—2—14]. http://baike.baidu.com.
② Al-abood S A, et al. Effects of manipulating relative and absolute motion information during observat-ional learning of an aiming task[J]. J Sport Sci, 2001,19(7):507—520.
③ Badets A, et al. Intention in motor learning through observation[J]. Q J Experimental Psychol, 2006, 59(2):377—386.
④ Black C B,et al. Can observational practice facilitateerror recognition and movement reproduction? [J]. ReS Q Eke Sport, 2000, 71(4):331—339.

的研究认为观察学习既能习得运动程序也能习得运动参数[1],以操作动作为目标习得的是运动程序和参数[2]。相关的研究显示自控观察学习优于他控观察学习[3],减少示范者的结果反馈有助于提高观察学习的效果[4],观察学习优于表象练习[5]。对于学习型示范与熟练型示范的效果目前的研究结果并不一致,有的研究认为熟练型示范有助于运动技能学习[6],有的研究认为学习型示范有助于运动技能学习[7],还有的研究显示两种示范的效果无显著性差异[8]。国内《学习型示范和熟练型示范对运动技能观察学习的影响》一文增加了学习效果的保持和迁移测试,研究显示学习型示范观察学习组与熟练型示范观察学习组之间的保持测试没有显著性差异;学习型示范观察学习组迁移测试绩效显著好于熟练型示范观察学习组[125]。通过观察的方式获得教师示范的信息是学生学习运动技能的途径之一,教师可以通过录像示范也可以通过现场示范向学生传递示范信息。《录像示范和现场示范对运动技能观察学习的影响》一文,研究显示录像示范和现场示范对受试操作保持和迁移绩效没有显著性差异[126]。该文认为现场示范提供三维信息,信息量大,易造成初学者认知负荷加大,而录像示范提供二维信息,信息量相对小,可以使学习者的注意焦点指向关键信息,降低认知负荷,但实际教学中注意焦点指向与教

---

[1] Hayes, S J, et al. Scaling a motor skill through observation and practice[J]. J Motor Behavior 2006, 38(5):357—366.
[2] Badets A, et al. Intention in motor learning through observation[J]. Q J Experimental Psychol, 2006, 59(2):377—386.
[3] Wulf G. et al. Self-controlled obser observational practice enhances learning[J]. Res Q Exe Sport, 2005,76(1):107—111.
[4] Bruechert L. et al. Reduced knowledge of results frequency enhances error detection[J]. Res Q EKe S-port, 2003, 74(4):467—472.
[5] Ram N, et al. A comparison of modeling and imagery in the acquisition and retention of motor skills[J]. J Sport Sci, 2007, 25(5):587—597.
[6] Lumsdaine A A. Student Response in Programmed Instruction[M]. Washington, DC: National Academ-y Sci, 1961.
[7] Adams J A. Use of the model's knowledge of results to increasethe observer's performance[J]. J Hum-an Movement Stud, 1986,12:89—98.
[8] Mccullagh P, Meyer K N. Learning versus correct models: influence of model type on the learning of a free—weight squat lift [J]. Res Q Exe Sport, 1997, 68: 56—61.

师的讲解指导密切相关。现场示范虽然提供的信息量大,但如果教师的讲解精练准确,也可能使学习者的注意焦点指向关键信息,降低认知负荷,因而应考虑教师讲解的内容和注意焦点指向对运动技能观察学习的影响。

信息反馈研究。反馈对运动技能的控制和学习至关重要,研究反馈对运动技能学习的影响是国内外研究的热点。反馈是受控部分发出信息对控制部分活动的影响[1]。追加反馈是指外部根据受控部分发出的信息对控制部分活动施加的影响。根据反馈信息的来源追加反馈可分为结果反馈和表现反馈。结果反馈是指反馈信息来源于动作的结果,表现反馈是指反馈信息来源于动作表现[2]。追加反馈的频率、时机等是国外反馈研究的主要领域。对于结果反馈与表现反馈的作用国外的研究结果并不一致,有的研究认为结果反馈与表现反馈的作用是同等的[3],有研究认为结果反馈优于表现反馈,有的研究认为频繁的结果反馈存在正效应和负效应[4]。正效应是指信息反馈能够纠正和改进动作操作,负效应是指信息反馈干扰保持的信息加工过程。国内学者研究[5]了不同相对频率的视觉表现反馈对运动技能学习效果的影响,研究显示学习阶段高频率视觉表现反馈组的绩效优于低频率组;3分钟保留阶段视觉高频率表现反馈组的绩效优于低频率组;48小时保留阶段视觉高频率表现反馈组的绩效与低频率组无显著性差异。结果反馈的时机影响运动技能学习的效果。早期的信息加工观点认为,学习者会用结果反馈的信息验证对先前操作正确性的估计,进而形成后续的决策。如果没有及时地提供结果

---

[1] 全国体育院校教材委员会审定. 运动生理学[M]. 人民体育出版社,2002:241—242.
[2] Gentile A. M. et al. Exercise and sport science review[M]. Santa Barbara. CA: Journal Publishing Affili-ates,1976:138—156.
[3] Salmoni A W et al. Knowledge of resultsand motor learning: a revlew and critical reappraisal [J]. Psy-chological Bulletin,1984(95):355—386.
[4] Guadagnoli, Holcomb&Davis. The efficacy of video feedbackfor learning the golf swing[J]. Journal of Sports Sciences2002(20):615—622.
[5] 刘晓茹,夏忠梁. 不同相对频率的视觉表现反馈对运动技能学习效果影响的实验研究[J]. 武汉体育学院学报,2007,41(9):45—48.

反馈,学习者就无法判断先前操作的正确性,进而无法后续的决策,因此而影响运动技能的学习效果[①]。然而有的研究通过采用缩短结果反馈延迟间隔技术证实过早地提供结果反馈不利于运动技能的学习,该研究假设缩短结果反馈延迟间隔影响学习者自发的信息加工过程[②]。双任务研究范式是通过比较次任务对主任务操作绩效的影响来探讨信息加工的资源和容量[③],借鉴这一范式,《练习间插入活动对运动技能学习的影响》一文,研究了练习间插入自身操作错误和相似操作错误的评估活动对运动技能学习效果的影响[130]。《主观估计错误活动、结果反馈时机与运动技能的学习》一文,认为练习后从事主观估计错误活动并及时给予结果反馈有助于运动技能的保持[131]。也有的研究认为延迟结果反馈对运动技能学习的影响视情况而论,近年来的研究表明任务性质、技能水平、年龄等因素会影响结果反馈对运动技能学习效果的影响。《任务性质、结果反馈时机与运动技能的学习》一文,研究显示在封闭性运动技能学习中延迟结果反馈更有利,而即刻结果反馈有利于开放性运动技能的学习[132]。

练习分配研究。三元交互作用理论认为个体、任务和环境相互独立和作用共同影响学习的效果[④]。任务的性质和复杂程度是影响学习效果的重要因素。封闭性运动技能的操作环境具有相对稳定和可预测等特点,开放性运动技能的操作环境具有易变化和不可预测等特点,两种不同性质的运动技能对学习者的认知加工影响是不同的[⑤]。根据任务的难易,任务可分为简单任务和复杂任务。复杂任务的信息判断、反

---

① Adams J. A. A closed-loop theory of motor learning[J]. Journal of Motor Behavior, 1971, 3(2):111—149.
② Swinnen S P et al. Information feedback for skill acquisition: instantaneous knowledge of results degr-ades learning [J]. Journal of Experimental Psychology: Learning, Memory&Cognition, 1989,16:706—716.
③ Schmidt R A, Lee T D. Motor Control and Learning: A behavioral emphasis[M]. Champaign, IL Hum-an Kinetics, 1999: 411—421.
④ Bandura A. Social Foundations of Thought and Action: ASocial Cognitive Theory[M]. Englewood Cliff-s, NJ:Prentice-Hall,1986.
⑤ Schmidt R A, Lee T D. Motor Control and Learning: A Behavioral Emphasis[M]. Champaign, IL: Hu-man Kinetics,1999.

应选择和反应程序较复杂。相关的研究显示结果反馈的时机[①]和频率[②]影响复杂任务的认知加工,观察学习的时间量也会影响复杂任务的认知加工。国外的研究显示50%观察学习+50%身体练习优于100%身体练习的学习效果。国内《任务性质、观察学习和身体练习比例对运动技能学习的影响》一文,比较了同一任务性质和不同任务性质下观察练习比例对运动技能学习效果的影响[134]。《观察和练习比例、任务复杂程度对运动技能学习的影响》一文,研究显示50%的观察学习有助于复杂运动技能的学习[135]。《分散练习和集中练习对运动技能学习效果影响的研究》一文采用元分析研究表明分散练习整体上优于集中练习,但保持阶段练习间隔优于单元间隔[136]。

练习变异性研究。提高动作练习情境的变异性可以提高动作适应新环境的能力。练习特异性假说认为动作练习情境应该与未来动作操作的情境保持一致[③]。练习变异性假说认为动作练习情境应该与未来动作操作的情境不一致[④]。大量的研究[⑤]支持练习变异性假说,但有些研究[⑥]不支持。特异练习与变异练习对运动技能学习的影响可能因任务性质和技能水平的不同而变化。《变异练习与特异练习对不同性质网球运动技能学习的影响》一文,研究显示3.0技术等级受试者特异性练习优于变异性练习,4.0技术等级变异性练习优于特异性练习[137]。

教学模式、原则层面的研究。如《不同学段男生足球运动技能习得过程的教学实验研究》一文,研究认为分解-完整-分解策略对足球基本技术的掌握有一定的促进作用,完整-分解-完整策略对培养实战能力和

---

① Salmoni A. W. et al. Knowledge of results and motor learning: A review and critical reappraisal [J]. P-sychological Bulletin,1984,95(4):355—386.
② 金亚虹等.国外运动学习中追加反馈的研究现状[J].心理科学,2002(6):719—733.
③ Tremblay L, Proteau L. specificity of practice:the ofpowerlifting[J]. Research Quarterly for Exercise an-d Sport,1998,69:284—289.
④ Moxley S E. Schema: The variability of practice hypothesis[J]. Journal of Motor Behavior,1979,11:65—71.
⑤ Schmidt R A. A schema theory of discrete motor skill learning[J]. Psychological Review,1975,82:225—265.
⑥ Latash M I et al. Motor control strategies revealed in the structure of motor variability[J]. Exercise a-nd Sport Science Review,2002,20:28—32.

战术意识方面效果明显[138]。《开放式与闭锁式运动技能教学方法的比较研究》一文,认为领会式教学方法有助于学生掌握两个项目的运动技能及其基本战术意识的形成[139]。《论新体育课程中运动技能教什么和如何教的问题》一文对运动技能的选择和教法原则进行了研究[140]。《对运动技能学习分类层次的研究》一文,提出各层次学习心理模式并与行为主义和认知学习理论联系起来[141]。《健康教育背景下运动技能与体育教学模式研究》一文,认为选用适宜的分组形式或结合几种分组形式来开展运动技能教学效果最佳[142]。《开放式运动技能学习原理及其在篮球教学中的应用》一文,认为"去情境"特征的运动技能学习不利于提高开放式运动技能的学习效果[143]。《学习理论研究进展与不同性质运动技能的学习原理探析》一文,建立了闭锁式与开放式运动技能的学习原理与过程模式,并对三种学习理论的内涵及其与运动技能学习的关系进行了剖析[144]。《2011年版体育与健康课程标准理念下运动技能教学策略探讨》一文,倡导分层递进和自主发展教学策略[145]。

(14) 运动技能教学效果的评价研究

Keetch 等人对运动技能迁移效果的评价进行了研究①。Bond 等人对青少年运动技能评价的工具进行了研究②。Olrich 指出基础运动技能评价的重要性,提出运用过程评价、同行评价、技术评价和课程分配评价等方式③。Everhart 研究了运动技能处方的评价④。Dhondt E 等人对运动技能的影响因素进行了研究,认为运动技能与体质指数密切相关⑤。

---

① Keetch M K et al. Especial Skills: Their Emergence With Massive Amounts of Practice[J]. Journal of Experimental Psychology: Human Perception and Performance, 2005, 31(5): 970—978.
② Bond C et al. The development of Manchester Motor Skills Assessment(MMSA): An Initial E-valuation[J]. Educational Psychology in Practice, 2007, 23(4): 363—379.
③ Olrich W T. Assessing fundamental motor skills in the elementary school setting: Issues[J]. Journal o-f Physical education, Recreation&Dance, 2002, 73(7): 26—34.
④ Everhart B. Assessing motor and sport skill performance: Two practical procedures[J]. Journal of Physi-cal Education, Recreation&Dance, 1996, 67(6): 49—51.
⑤ DHondt E et al. Relationship between Motor Skill and Body Mass Index in 5to10 Years old Children[J]. Adapted Physical Activity Quarterly, 2009, 26(1): 21—37.

Nilges-Charles 运用过程评价、相互评价和结果评价对不同阶段的体操课程内容评价进行了研究①。

国内《运动技能测评的几种主要方法及其应用》一文,介绍了运动技能评价的几种方法[146]。《试论体育教学中运动技能评价标准个体化的意义及实施要领》一文,论证了运动技能评价标准个体化的意义和可行性[147]。《自主学习环境下运动技能的自我评价方法研究》一文,设计与检验了运动技术的计算机评价系统[148]。《不同运动技能职业运动员人力资本价值测度模式的探讨》一文,构建了一套评价不同运动技能职业运动员的人力资本价值测度模式[149]。《不同类型运动技能保持特征的比较研究》一文,对不同组织水平动作技能的保持特征进行了研究[150]。《体育、艺术2+1项目实验中球类运动技能评价存在的问题与对策》一文,提出了运动技能评价的改革对策[151]。《运动技能学习中人类本能与文化规范关系刍议》一文,构建了运动技能教学训练评价的体系框架[152]。《高职生职业运动技能评价研究》一文,对高职院校学生职业运动技能评价的特点、原则和内容进行了研究[153]。《对学校基础运动技能群掌握度评价状况分析》一文,检测了城市、县城、农村学生基础运动技能群掌握程度的差异[154]。《制定运动技能学习质量标准需要考虑的几个问题》一文,提出了学生运动技能学习质量评价的建议[155]。《对我国体育课程运动技能评价规则的破与立》一文,认为义务教育阶段体育课程目标应以个体内差异评价取代统一的达成度评价[156]。

从运动技能研究的成果可以看出,多视角的研究丰富了运动技能教学的理论,加深了人们对运动技能形成规律的认识,实验研究在很多方面也取得了积极的效果,但当前大部分学生没有真正掌握 1-2 项运动技能,锻炼态度不积极,良好的锻炼习惯没有形成这一现状没有根本改变。知识干预的广度和深度不够可能是造成这一现象的原因,对于加大知识干预的广度和深度对大学公共体育"个性化"教学效果的影响这一命题,相关的研究较少,值得深入研究。

---

① Nilges-Charles M L. Assessing skill in educational gymnastics[J]. Journal of Physical Education Recre-ation& Dance, 2008, 79(3):41—51.

2.7 体育理论知识教学研究的文献回顾

目前国内学者对体育理论知识教学的重要性是肯定的[①],但也有学者认为体育理论虽然对体育实践具有指导意义,但体育理论对体育实践的作用并不是直接的、具体的、对应的关系[②]。有学者认为教学信息的有效容量、教学方法的组合与优化、教学设备的技术含量以及教学主体的素质等因素影响普通高校体育理论教学的效果[③]。

目前国内学者认为高校公共体育理论教学主要存在以下问题:重技术轻理论[④]、对理论教育的价值认识不足、重视程度不够;理论教育目的不明确[⑤]、教学时数不足、教学内容选择片面[⑥]、陈旧[⑦]、随意[1]、不系统、与实践脱节[⑧]、教学形式单一、方法手段落后[6][1]、授课形式随机性大[8];学生对于理论学习缺乏兴趣、不重视、态度消极;理论教学质量低下[⑨]等。

对这些问题很多学者提出了对策,如增加理论教学时数、加强理论教材建设[9]、构建和开发理论教学核心内容体系[6][⑩]、加强理论与实践的结合、提高理论应用能力[1][⑪]、更新教学方法和手段、举办知识讲座、建立网络课堂[⑫]、开设选修课[⑬]、提高理论考核比例[1]、借鉴国外大学体

---

① 曾吉等.我国普通高校体育理论课教学调查分析[J].体育学刊,2007,14(1):95.
② 方新普.体育理论与体育实践相互作用的再认识[J].天津体育学院学报,2007,22(2):146.
③ 齐允峰.普通高校体育理论课教学成效主因素探析[J].武汉体育学院学报,2002,36(4):119.
④ 张珂等.普通高校个性化体育理论课程开发实践研究[J].成都体育学院学报,2010,36(12):87.
⑤ 张惠芳等.大学生体育理论学习与体育实践能力的培养——评《大学体育理论与实践》.
⑥ 毛晓荣."阳光体育运动"背景下的高校体育理论课教学改革[J].武汉体育学院学报,2008,42(5):97.
⑦ 高军等.对我国高校公共体育理论课教学的调查与分析[J].北京体育大学学报,2003,26(1):92.
⑧ 杨辉.高校体育的困境与出路[J].体育学刊,2014,21(4):71.
⑨ 陆永庆,寿文华.高校体育理论教学的重要性与措施[J].上海体育学院学报,2000,24(1):82.
⑩ 李春荣等.构建普通高校体育理论课程教学体系的研究[J].北京体育大学学报,2014,37(2):96.
⑪ 户进菊.美国大学体育理论教学模式及其启示[J].体育文化导刊,2015,11(4):163.
⑫ 高亮.学分制下普通高校体育理论课教学的思考[J].北京体育大学学报,2004,27(4):519.
⑬ 薛雨平.高校开设体育理论知识选修课可行性与实施方案[J].天津体育学院学报,1996,(5):73—75.

育理论教学的经验等[7]。但也有学者对增加理论课时存在不同的观点,认为当前盲目增加体育理论课教学时数依据不足,并会带来一系列新问题①。

因而有学者②认为应将体育理论知识渗透于体育教学中以提高学生的体育理论知识水平,并对渗透的意义、时机、要求和注意事项进行了阐述。该研究对如何加强理论与实践的结合具有一定的借鉴意义,但还存在一些不足。从研究目的上来看,上述研究并不是专门针对提高学生的运动技能、改善学生锻炼态度和锻炼行为的研究。从研究方法上来看,上述研究属于教学经验总结而不是教学实验。从干预内容上来看,虽然是结合体育教学实际渗透体育理论知识,但是缺少对两者之间关系的分析,增加的知识过于宽泛。从研究控制上来看,缺少对体育课负荷的监控,增加体育理论知识是否会降低体育课的负荷,是否会改变体育课程的性质,没有监控和说明。从教学效果上来看,没有设置对照组,没有测试实验组与对照组教学效果的差异。

为提高学生的技术、战术和身体素质,很多学者也认为应该在体育实践课中增加体育理论知识,例如有学者③认为在单杠支撑后回环教学中很多教师止于动作要领的讲解,缺少完成动作力学机制的讲解,该文认为让学生明白动作要领深层的力学机制有助于学生克服动作学习过程中的易犯错误,顺利完成动作。再如有学者④认为通过案例教学让学生理解战术原理和概念有助于引导学生将学到的篮球战术知识运用到实战中去,有助于提高学生的战术识别能力、设计能力和战术思维能力,有助于提高学生的学习兴趣和主动性。另外,有学者⑤认为传授健身理论和运动处方的制作原则和方法有助于提高学生的身体素质和自觉锻炼能力。上述研究成果为本研究提供了有力支撑,说明在大学

---

① 张勇等.普通高校增加体育理论课教学的反思[J].成都体育学院学报,2002,28(4):33.
② 安娜等.体育理论知识渗透于体育教学之中[J].西安体育学院学报,2000,17:145—146.
③ 杜金玲等.试论单杠支撑后回环的教学[J].沈阳体育学院学报,1999,(2):73.
④ 杨洪志等.案例教学在篮球专选课战术教学中的实验研究[J].北京体育大学学报,2013,36(7):106—107.
⑤ 马铮等.北京高校体育课实行运动处方教学的实验研究[J].中国青年政治学院学报,2006,(6):41—44.

公共体育"个性化"教学中增加运动原理性知识有可能提高教学效果或教学效率。

　　从高校公共体育理论教学研究的成果可以看出,目前高校公共体育理论教学还存在很多问题,突出表现在公共体育理论与公共体育实践脱节,理论对实践的指导作用不强,在一定程度上影响了课程目标的实现。尽管很多学者提出应加强公共体育理论教学,提高公共体育理论对大学生运动实践的实际指导,但公共体育理论与公共体育实践如何结合？应该选择哪些体育理论知识？如何在公共体育实践中渗透体育理论知识？其有效性如何？相关的实验研究较少,这些方面值得深入研究。

3 研究设计

3.1 研究思路

按提出问题、明确问题、提出假设和检验假设[①]的思路进行研究,设计如下。

首先,提出问题。分析大学公共体育"个性化"改革的目的及其教学中存在的不足,以心理学相关理论为基础,提出在大学公共体育"个性化"教学中应增加运动原理性知识。

其次,明确问题。查证和归因大学公共体育"个性化"教学内容是否存在问题,阐述增加运动原理性知识的缘起,明确运动原理性知识的内涵和外延。

再次,提出假设。在大学公共体育"个性化"教学中增加运动原理性知识有助于丰富大学生的体育知识,提高大学生的运动技能和改善大学生的锻炼态度。

最后,检验假设。分析大学公共体育"个性化"教学中增加运动原理性知识的可行性,进行教学实验检验增加运动原理性知识的效果。

---

① 冀先礼.心理学[M].北京:中国书籍出版社,2013:195—207.

3.2 研究方法

(1) 文献研究法

从上海体育学院图书馆资源库查阅期刊论文600余篇,查阅博硕论文30余篇,查阅书籍10余部。从百度资源库查阅文献10余篇,查阅法规文件10余部,共引用300余篇文献,上述文献为本研究奠定了基础。

(2) 问卷调查法

高校公共体育课程与教学现状采用问卷调查,见附录1。调查目的是了解高校体育教师对公共体育课程设置的看法。调查对象是上海大学、同济大学、华东师范大学、上海师范大学和上海应用技术学院的公共体育教师,调查时间是2015年4月—6月。调查工具为高校公共体育课程与教学现状调查问卷。问卷涉及目标、内容、教法和评价四个方面,问卷效度咨询过上海大学柏慧敏教授、程杰教授、魏磊副教授、秦文宏副教授、杨小明副教授、张秀萍副教授以及北京体育大学张予南教授和高留红副教授,根据专家的意见对问题和答案的设置进行了反复修改,重测信度 $r=0.818(P=0.000<0.01)$。发放问卷80份,回收75份,有效问卷71份。

学生体育知识的掌握情况通过体育知识试题测试,见附录1测验一、二、三。该试题是关于锻炼原则和益处的理论知识试题。试题是从一个由更大的学生样本($n=870$)(Ding et al.,2011)验证的试题库选择。样本试题涉及运动生理学、运动解剖学、运动营养学、运动训练学等学科知识。Morrow, Jackson, Disch and Mood(2005)报告,难度指数在45—55%之间、区分度指数在57%以上的试题被选择以保证高的信效度[①]。

[①] Morrow JR, Jackson AW, Disch JG, Mood DP(2005). Measurement and evaluation in human performance. 3rd ed. Champaign, IL: Human Kinetics.

(3) 教学实验法

采用不相等实验组、控制组前测后测设计[①]，基本模式如下。

O_1　　X　　O_2
....
O_1　　　　O_2

上述模式包括实验组和对照组，接受实验处理 X 的为实验组，没有接受实验处理 X 的为对照组。虚线表示不能随机选择和分配实验组和对照组，且两组样本量也不对等。具体内容见 6.3 实验方法部分。

(4) 数理统计法

描述统计：输出的统计量包括均数、标准差、方差、样本量、百分比、组数、频数、均数、平均秩次、秩和等。推断统计：符合正态性条件使用配对 t 检验和(方差齐性检验)独立样本 t 检验，不符合正态性条件使用 Wilcoxon 检验和 Mann-whitey U 检验。

3.3 结构安排

第一部分　绪论
　　阐述为什么要研究。
第二部分　文献综述
　　综述前人研究的成果。
第三部分　研究设计
　　阐述怎样研究。
第四部分　增加运动原理性知识的必要性论证
　　查证和归因大学公共体育"个性化"教学内容是否存在问题，阐述增加运动原理性知识的缘起，明确运动原理性知识的内涵和外延，阐述

[①] 张力为.体育科学研究方法[M].高等教育出版社,2002:157—158.

实验学校选择的缘由、实验学校公共体育课程的安排及增加运动原理性知识的步骤和举例。

第五部分　增加运动原理性知识的可行性分析

分析传统体育教学策略和 5E 教学策略的特点和适用条件，提出并论证在大学公共体育"个性化"教学中增加运动原理性知识的策略，并以该策略为框架设计教案。

第六部分　增加运动原理性知识的有效性检验

检验实验方案的可行性和有效性。

第七部分　研究结论、创新、局限和建议

总结研究成果和存在的问题并给出建议。

4 增加运动原理性知识的必要性论证

通过综述体育健康教育研究的思路,认为公共体育课程只是学校健康教育的载体或形式之一,不是学校健康教育的唯一载体或形式,因而健康知识不应该取代系统技战术知识成为公共体育课程的主要内容。在了解国内外运动技能研究现状和高校公共体育理论教学现状的基础上,认为大学公共体育"个性化"改革延长学生学习运动技能的时间固然重要,在大学公共体育"个性化"教学中增加运动原理性知识同样重要。为什么要在大学公共体育"个性化"教学中增加运动原理性知识?论证如下。

4.1 体育知识教学现状的调查

大学公共体育"个性化"教学内容存在问题是本文研究的前提,因而对大学公共体育"个性化"教学内容是否存在问题的查证和归因是本文研究的首要任务。在大学公共体育"个性化"教学中需要增加运动原理性知识,依据如下。

(1) 专项体育课程分科设置的缺陷

从上海大学公共体育教学大纲[①]可以看出,大学公共体育"个性

---

① 上海大学体育学院.公共体育教学大纲[S].2008.

化"教学是以运动项目为载体分项目设置课程的,每个项目是以系统的技战术架构课程内容的,这种课程设置的优点是能够体现运动项目内在的逻辑性和简约性,有助于学生系统地学习操作性知识,但是这种课程设置难以避免分科课程的缺陷,分科课程又称学科课程,分科课程是各学科相互分离,彼此孤立地设置课程①。学科之间融合不够,知识面窄是这种课程的缺陷。分科课程割裂了知识之间的联系,容易阻碍学生认知的发展,不利于学生运动技能的提高。因此,大学公共体育"个性化"教学内容的设置应以后现代课程理念为指导加大知识干预的广度和深度,提高教学的科学性,以弥补分科课程的缺陷。

(2) 专项理论课时比例低并且与实践课分离的缺陷

大学公共体育"个性化"改革是在体育基础课和专项基础课的基础上通过设置专项体育课来提高大学生的1项运动技能为其终身体育打下能力基础的。从上海大学公共体育教学计划②可以看出,专项理论课在专项体育课中所占的课时比例是很低的,并且理论课通常是期末在教室而不是在运动场上进行的③。技术理论与技术实践在时间和空间上的分离不利于提高学生的运动技能,原因在于这种课程安排使得学生在技术实践课中产生的错误细节不能及时得到深刻的技术理论指导,教师往往是通过强调正确的动作要领给予纠正,学生未必真正理解动作要领深层的原理而仅仅是机械地模仿教师的示范动作。学生机械地模仿教师的示范动作没有深刻理解动作要领深层的技战术原理,暂时建立的动力定型就不稳固,随着空间和时间的变化很容易遗忘退化,即使期末在教室里进行技术理论的总结指导,改进的效果也不明显,因而在专项体育课中加强技术理论与技术实践的结合是十分必要的。

---

① 王道俊,王汉澜.教育学[M].北京:人民教育出版社,1989:161.
② 上海大学体育学院.公共体育教学进度表[S].2008.
③ Historical Perspective and Current Status of the Physical Education Graduation Requirement at American 4-Year Colleges and Universities[J]. Physical Education, Recreation and Dance,83(4):503—512.

(3) 高校体育教师对公共体育课程内容设置的看法

表 4-1 高校体育教师对公共体育课程内容设置看法的调查结果(N=71)

	完全不赞同	不赞同	比较不赞同	说不清	比较赞同	赞同	完全赞同
知识干预的广度和深度不够	0%	14.1%	8.5%	12.7%	33.8%	22.5%	8.5%

表4-1是高校体育教师对公共体育课程内容设置是否存在知识干预的广度和深度不够看法的调查结果,统计结果显示"比较赞同"、"赞同"和"完全赞同"的累积百分比达到64.8%,"不赞同"和"比较不赞同"的累积百分比是22.6%,这说明大部分高校体育教师对公共体育课程内容设置存在知识干预的广度和深度不够这一观点是认同的。长期以来高校体育课程内容是先于课堂教学预设和准备的。教师不是课程内容的主体设计者,只是课程内容的被动执行者。因而在传统课程观的影响下高校公共体育课程内容是相对封闭的课程体系。这一课程理念和课程体系不利于学生认知的发展,因而高校公共体育课程内容应以后现代课程理念为指导,以课程课程生成性系统观和生成性评价标准等课程设计理念为核心加大知识干预的广度和深度。从国家层面看,2002年教育部颁布的《纲要》体现课程管理的"放开"和"开放"思想,倾向于给学校、教师和学生更多的自主权,这为高校公共体育课程内容的改革提供了政策支持。

(4) 学生体育理论知识掌握情况的测验

测验目的是了解学生体育理论知识的掌握情况。测验对象是上海大学二年级学生,测试时间是2015年9月。测试工具是三个难度递增的试题,见附录测验一、测验二和测验三。该试题是关于锻炼原则和益处的体育理论知识试题,试题是从一个由更大的学生样本(n=870)(Ding et al.,2011)验证的试题库选择。样本试题涉及运动生理学、运动解剖学、运动营养学、运动训练学等学科知识。Morrow,Jackson,Disch and Mood(2005)报告,难度指数在45—55%之间、区分度指数在57％以上的试题被选择以保证高的信效度[1]。三个试题进行一次性测试,发放试题169份,回收165份,有效160份。测试结果如下。

表4-2 学生体育理论知识掌握情况的测验结果(N=160)

	标准误	偏度	峰度	标准差	最小值	最大值	均数(总分)	平均正确率
测验一	0.2712	−0.912	0.790	3.43044	5	23	16.3250(24)	68.02％
测验二	0.2915	−0.555	−0.185	3.68768	2	18	11.1313(20)	55.66％
测验三	0.2870	−0.395	−0.641	3.63006	3	21	12.8938(25)	51.58％

表4-2是学生体育理论知识掌握情况的测验结果。标准误反映了抽样误差的大小,标准误越小表示抽样误差越小。偏度和峰度反映了数据的分布情况,偏度和峰度越接近0,说明数据越接近正态分布。标准差、最小值和最大值反映了数据的离散程度,从最小值和最大值来看,学生的体育理论知识掌握程度差异较大。平均数和平均正确率反映了数据的集中趋势,平均正确率＝一组学生的平均得分/试题的总分×100％,平均正确率能够反映一组学生体育理论知识的平均掌握程度。表4-2显示测验一、测验二和测验三的平均正确率分别为68.02％、55.66％和51.58％,这说明学生对体育学科的基础知识掌握并不理想,还有很大的提升空间,因而在大学公共体育"个性化"教学中加大知识干预的广度和深度是必要的。

但体育实践课程之外的体育理论知识多而广泛,在有限的课时条件下,在体育实践课中增加知识应该有所取舍。为提高大学生的运动技能、改善大学生的锻炼态度和锻炼行为,在大学公共体育"个性化"教学中增加运动原理性知识是必要的。

4.2 增加运动原理性知识的缘起

知识是人类历史经验的概括和总结[2]。知识有多种分类方式,如

---

[1] Morrow JR, Jackson AW, Disch JG, Mood DP(2005). Measurement and evaluation in human performance. 3rd ed. Champaign, IL: Human Kinetics.
[2] 冀先礼.心理学[M].北京:中国书籍出版社,2013:195—207.

抽象知识和具体知识、复杂知识和简单知识、隐性知识和显性知识、共有知识和独有知识等分类方式①。认知心理学将知识分为广义知识和狭义知识，将广义知识分为陈述性知识和程序性知识。陈述性知识是以符号、概念、命题等形式描述客观事物的特征及其关系的知识。程序性知识是指关于解决做什么和如何做的操作性知识②。认知心理学将运动技能归属于程序性知识，认为运动技能是关于做什么和如何做的操作性知识。心理学理论认为，技能的提高要以知识的掌握为基础③，因而运动技能的提高要以技战术知识的掌握为基础。

技战术知识是人体在运动过程中掌握和有效完成专门动作的方法性和策略性知识。笔者认为认知心理学将技能类知识归属于程序性知识并不准确，事实上技战术知识既具有程序性知识的操作性特征，也具有陈述性知识的理论性特征，如教师示范的动作做法和讲解的动作要领是指示学生做什么和如何做的操作性知识，但动作做法或动作要领深层的技战术原理则是反映技战术本质和规律的理论性知识。

本文将动作做法或动作要领深层的技术原理、战术原理以及体能发展的原理等知识概括为"运动原理性知识"。原理是对规律的诠释，规律是现象之间必然的、本质的、稳定的和反复出现的客观联系。原理是反映自然科学和社会科学中具有普遍意义的规律。运动原理是对运动规律的诠释，是运动现象之间必然的、本质的、稳定的和反复出现的客观联系。

"运动原理性知识"是指与操作性知识密切相关的反映科学运动的规律性知识，既包括自然科学的规律性知识，也包括人文社会科学的规律性知识。这些知识是从运动实践中概括得出的、其正确性是经过运动实践检验的、并对运动实践具有指导意义的知识，如技术教学中为提高动作完成效果而传授的物理学规律性知识、战术教学中为提高战术效果而传授的谋略学规律性知识，以及体能教学中为发展体能而传授的训练学、生理学、营养学、康复学等规律性知识，等等。

---

① 张兵.关系、网络与知识流动[M].北京：中国社会科学出版社，2014.
② 梁宁建.当代认知心理学[M].上海：上海教育出版社，2003：182—227.
③ 冀先礼.心理学[M].北京：中国书籍出版社，2013：195—207.

"运动原理性知识"归属于陈述性知识,是陈述性知识中与操作性知识(如教师示范的动作做法和讲解的动作要领)密切相关的知识。动作要领是对动作做法的概括,是完成动作的关键信息。确定和提炼动作要领的依据是运动的相关原理,例如单杠中经直角悬垂摆动屈伸上动作,屈和伸的时机选择及动作要领是完成该动作的关键信息,其依据是摆动技术原理。重力矩是人体绕握点摆动的原因,在下摆阶段重力矩起到加速摆动的作用,在上摆阶段重力矩起到阻碍摆动的作用。重力矩是重力与重力臂的乘积,重力臂是重心到握点的垂直距离。在摆动的过程中重力是始终不变的,重力矩的变化是由重力臂的变化引起的。因而要想完成屈伸上动作,屈的时机选择和要领要保证重力臂最大。在最远处屈能使重力矩最大,回(下)摆阶段摆动速度才会快。摆动速度快,才容易由悬垂变为支撑。伸的时机要选择在上摆的初始阶段,以减小重力臂,使上摆过程中重力矩的阻碍作用减小。

　　运动原理性知识对运动实践具有普遍的指导意义,上述的摆动技术原理不仅可用于指导单杠屈伸上动作教学,而且可以用于指导其它摆动类动作教学,例如单杠的骑撑前回环、骑撑后回环、后倒挂膝上、挂膝回环等。另外,摆动技术原理对于双杠的挂臂和支撑摆动、吊环的悬垂摆荡以及鞍马的支撑挥摆等动作教学同样具有重要的指导意义。

　　再如篮球投篮动作要领的确定也需要根据投篮的技术原理确定,即通过分析篮球运行的轨迹来确定出手的角度、方向和力量大小等。另外,篮球的移动动作、运球动作、传接球等动作的要领同样也需要根据物理学的规律来确定。

　　同样战术配合要领的确定也要依据战术原理,例如篮球进攻战术配合——传切配合的要领之一要求进攻队员切入前要做逼真的假动作移动诱使防守队员重心移动。进攻队员利用假动作移动诱使防守队员重心移动是依据谋略学中的"声东击西"。在篮球攻守平衡或相持阶段,进攻队员往往通过假动作传球、假动作投篮或假动作移动来诱使防守队员重心移动或抬高,即通过欺骗防守队员来突破,以打破攻守平衡。

　　在体能教学中让学生掌握体能发展的原理性知识至关重要,例如让学生学会如何施加负荷以及如何恢复是学生课后进行科学锻炼的前提。学生如果没有学会如何施加负荷以及如何恢复,学生课后的锻炼也就不会科学,健康促进的目标也就难以实现,因而训练学、生理学、营养学、康复学等规律性知识的传授至关重要,例如在力量练习过程中教师应传授力量的概念与分类,以及如何发展不同类型的力量,即发展不同类型的力量,负荷强度和负荷量应该多大,负荷间隔应该多长,有多少种练习形式以及练习后如何恢复等知识。通过力量练习应让学生系统地掌握以上知识,否则学生只是被动地接受了教师的负荷安排,而没有真正学会锻炼的方法。

调查显示,在大学公共体育"个性化"教学中,教师主要是通过示范动作做法和讲解动作要领来向学生传授操作性知识的,对动作做法或动作要领深层的技术原理、战术原理以及体能发展的原理等知识虽然有所涉及但不充分。根据动作要领与运动原理性知识的密切关系,在大学公共体育"个性化"教学中增加运动原理性知识将有助于学生深刻理解教师讲解的动作要领,有助于学生模仿和再现教师示范的动作做法,因而在大学公共体育"个性化"教学中增加运动原理性知识有助于促进学生深刻而全面地掌握技战术知识,根据知识、技能和能力的辩证关系,学生深刻而全面地掌握技战术知识会有可能促进学生运动技能和运动能力的提高和保持。

4.3 运动原理性知识的归属与划分

运动原理性知识的本质属性应该从运动原理性知识的概念分层分类体系中确定。本质是一元的还是多元的目前存在争论。笔者认为本质是多元的并且多元本质是分层次的[①],这一论断的理论依据如下。

(1) 本质多元论与层次论的逻辑学基础

在逻辑学中,定义的逻辑形式为:被定义项=种差+邻近的属概

---

① 王建涛,邵斌等.体操本质多元论与层次论[J].北京体育大学学报,2015,38(5):39.

念。其中"种差"即内涵,是指该事物区别其它事物的本质属性,所谓本质属性是指与其它事物相比较得出的主要区别[1]。

根据这一理论,确定本质的方法是分析、抽象、概括和比较法。如何比较？首先应明确比较的对象,如果比较对象不明确,何谈本质？由于确定运动原理性知识本质的比较对象是多元的,而且是分层次的。因此,运动原理性知识的本质是多元的而且是分层次的。

从逻辑学理论可以看出,确定本质涉及三个方面的问题：一是要概括出同类事物的共同特征。二是概括出同类事物的共同特征后,要与其它事物比较才能确定哪些共同特征能成为本质。三是要明确"邻近的属概念",因为"邻近的属概念"决定比较的范围,即论域。这一过程运用的逻辑学方法是分析、抽象、概括和比较。

如何确定更高一层的本质——"邻近的属概念"？"邻近的属概念"是被定义项和外部比较对象"共同特征"的概括,这一"共同特征"能否成为本质也要考虑同层的"比较对象"。"邻近的属概念"与同层的"比较对象"又同属于更高一层"属概念",是更高一层"属概念"下不同对象的比较。这一过程同样是运用分析、抽象、概括和比较的逻辑学方法,此方法的"螺旋式"运用便会产生概念的层次性,概念层次性是主体认识水平的反映。

(2) 本质多元论与层次论的哲学基础

概念层次性是主体认识水平的反映,也是客观事物层次性的反映。任何事物都作为类的个体或属的种而存在,事物本质的层次关系是指属种关系,而不是整体与部分的关系。由于类或属的内容随着分类标准的变化而变化,所以属种的区分具有相对性,属种关系的层次具有多样性。但是如果分类标准既定,则类或属的内容就是稳定的,在这个前提下可以考察事物本质的层次性[2][3]。

如何构建运动原理性知识的概念分层分类体系？列宁在《唯物主

---

[1] 徐锦中.逻辑学[M].天津：天津大学出版社,2001：38—39.
[2] 李达.唯物辩证法大纲[M].武汉：武汉大学出版社,2007：25—408.
[3] 杨世宏,刘冠军.本质层次性研究的哲学方法论意义[J].淮阴师范学院学报,2002(3)：295.

义和经验批判主义》一书中指出:从物质到感觉和思维,与从感觉和思维到物质,这是认识论上两条根本对立的路线。前者是唯物论的路线,后者是唯心论的路线。①

"运动原理性知识的概念分层分类体系"的构建应遵循"从物质到感觉和思维"的唯物主义路线,运用分析、综合、抽象、比较、概括等逻辑学方法构建,而不是按"从感觉和思维到物质"的唯心主义路线先验预设,即不是按自上而下的演绎路线,而是按自下而上的归纳路线构建的。

列宁在《哲学笔记》中写道,在《资本论》中,逻辑学、辩证法和唯物论的认识论,"不必要三个词,它们是同一个东西"。①在方法论上,列宁关于逻辑学、辩证法和唯物主义认识论的同一性指示,对今天正确认识运动原理性知识的本质仍然具有重要的指导意义。因此,运动原理性知识的本质认识的方法论应以科学的世界观为指导,坚持辩证唯物主义认识论与逻辑学方法的统一。概念分层理论正是主体这一认识过程的概括。

(3) 概念分层理论

概念分层定义为从低层概念的集合到他们所对应的更高一层概念的影射。这种影射将概念的集合以偏序的方式组织,例如,树(分层及分类的)、网格、有向图等②。

一个概念分层可以在一个属性域上或一个属性域的集合上定义。假设一个分层 H 是定义在域的集合 $D_1, \cdots, D_k$ 上,其中不同的概念层次组成了一个分层。概念分层通常从一般到特殊的顺序以偏序的形式排列。最一般的概念是空描述(null description,以保留字 ANY 表示);最特殊的概念对应着数据库中属性的具体值。正式定义如下:

$$H_l: D_1 \times \cdots \times D_k \rightarrow H_{l-1} \rightarrow \cdots \rightarrow H_0$$

其中 H_l 代表最原始的概念集;H_{l-1} 代表比 H_l 更高一层的概念;依次类推,H_0 是最高一层的分层,可能只含有最一般的概念"ANY"③。

以概念分层理论为指导,建立运动原理性知识的概念分层分类体系,见图 4-1。

---

① 李达.唯物辩证法大纲[M].武汉:武汉学出版社,2007:25—408.
② 王建涛,邵斌等.体操本质多元论与层次论[J].北京体育大学学报,2015,38(5):39.
③ 刁树民,于忠清.概念分层在人口普查数据中的应用[J].现代电子技术,2006:47—48.

(4) 运动原理性知识的概念分层分类体系

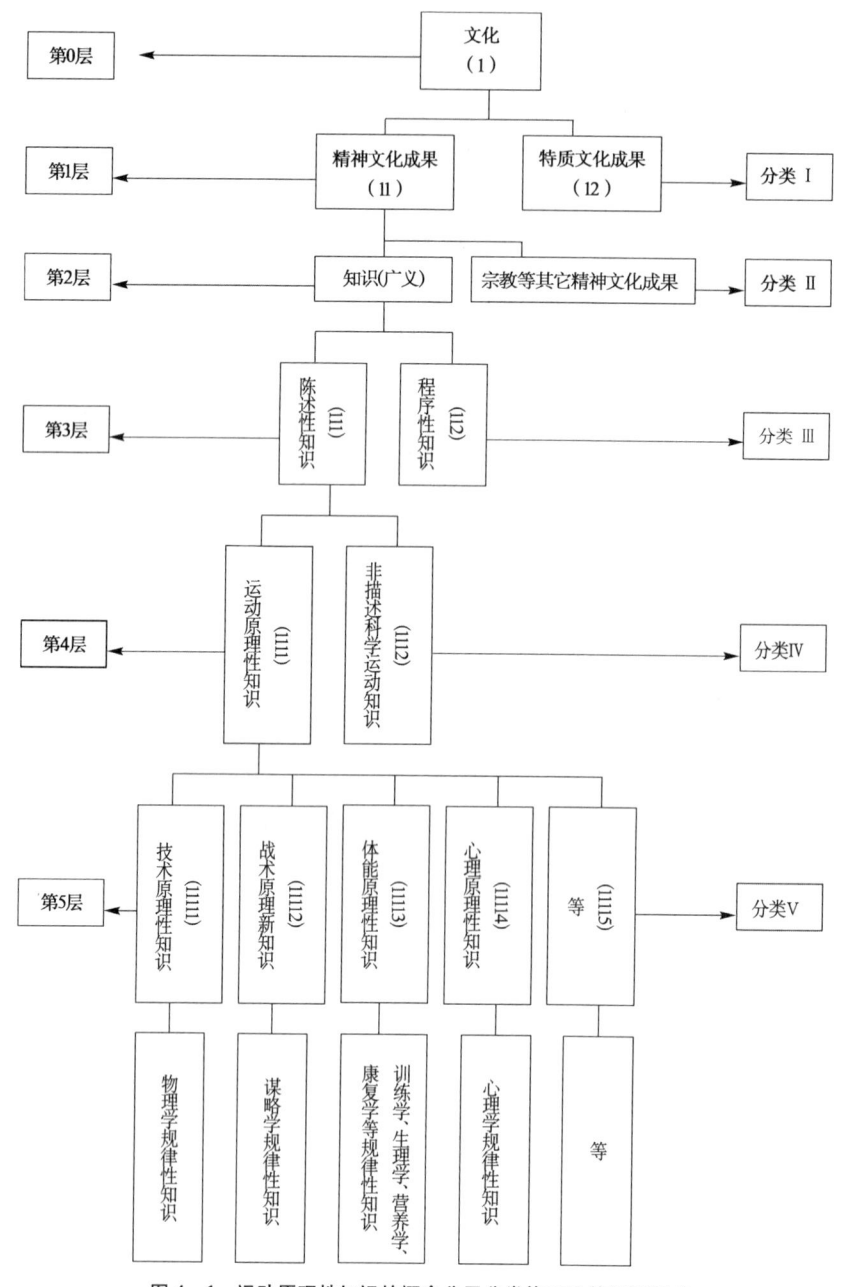

图 4-1 运动原理性知识的概念分层分类体系及其逻辑形式

建立运动原理性知识的概念分层分类体系与明确运动原理性知识的内涵是辩证统一的,是一个问题的两个方面。因为建立运动原理性知识的概念分层分类体系要用到比较的方法,要找出知识之间的相同点以及不同点。在这一过程中,通过分析、抽象、概括出运动原理性知识的共同点以区别其它知识,亦即明确运动原理性知识内涵的过程。但在定义表述时,因其逻辑形式是"种差＋邻近的属概念",这表明被定义项必须有归属分类,否则无法确定比较的范围、对象和层次,因而无法进行科学地定义,也就无法确定运动原理性知识的本质。

图4－1显示,运动原理性知识具有陈述性知识、知识、精神文化成果、文化的属性,不同层次之间是属种关系,而不是整体与部分的关系。根据运动原理性知识的概念分层分类体系,可以明确每一层的"邻近的属概念",即明确论域,为认识运动原理性知识的本质提供同一性前提。

(5) 运动原理性知识的"四层本质"

根据运动原理性知识的概念分层分类体系(图4－1),提出运动原理性知识的"四层本质",即本体本质、一般本质、特殊本质和个别本质,并分别给出每层本质对应的定义逻辑形式:

第一层本质,即本体本质:运动原理性知识＝种差Ⅰ＋文化。

第二层本质,即一般本质:运动原理性知识＝种差Ⅱ＋精神文化成果。

第三层本质,即特殊本质:运动原理性知识＝种差Ⅲ＋知识。

第四层本质,即个别本质:运动原理性知识＝种差Ⅳ＋陈述性知识。

本体本质与一般本质、一般本质与特殊本质、特殊本质与个别本质之间是全异关系,见图4－1。运动原理性知识的概念分层分类体系的逻辑形式显示,"四个层次"的本质是互相区别的,不存在包含于关系。这与哲学里的范畴(一般与个别、共性与个性)既有联系,又有区别。

联系在于:一般本质属于共性,是共性中的一个部分;特殊本质属于个性,是个性中的一个部分。共性与个性之间是包含于关系,共性存在于个性之中,是个性的一个部分。那为什么一般本质与特殊本质之间不是包含于关系呢?

原因在于确定本质要考虑同层的比较对象,一般本质是共性中与同层的比较对象相互区别的那个部分;特殊本质是个性中与同层的比较对象相互区别的那个部分,见图4-1。所以,一般本质与特殊本质之间是全异关系,与哲学里的范畴(一般与个别、共性与个性)是有区别的。

广义本体论,是指一切实在的最终本性,这种本性需要通过认识论而得到认识①。本文本体本质是指运动原理性知识存在的最终本性,这种本性是指最终归属下同层比较对象之间的主要区别。

按本体本质、一般本质、特殊本质和个别本质的探讨如下:

(6) 按本体本质的探讨

第一层本质,即本体本质:运动原理性知识=种差Ⅰ+文化。

要明确运动原理性知识的最终本性,按照本体论,首先要明确运动原理性知识的最终归属及这一归属下的比较对象。东西方辞书及百科中都认为,文化是人类在社会历史发展过程中所创造的物质财富和精神财富的总和②。运动原理性知识显然应归属于文化范畴,具体应归属于精神文化范畴,是人类在社会历史发展过程中所创造的精神文化成果。从唯物主义的角度来看,精神文化成果是人类对自然、社会及心理等客体积极的能动的反映,这种反映是以非物质文化的形态存在的精神领域的创造活动及其结晶,如科学、宗教、迷信、直觉、经验、艺术、语言、文字、风俗、道德、法律、制度、技能等。因而运动原理性知识具有非物质形态的特性,其表现形式是无形的。这与物质文化成果有着本质的区别,物质文化成果是有形的现实存在的,如交通、建筑、饮食、服饰、生产工具、城市乡村等等。因此,运动原理性知识是人类创造的非

---

① 李达.唯物辩证法大纲[M].武汉:武汉大学出版社,2007:25—408.
② 中国社会科学院语言研究所词典编辑室编.现代汉语词典[M].北京:商务印书馆,2014.

物质形态(精神)文化。

(7) 按一般本质的探讨

第二层本质,即一般本质:运动原理性知识＝种差Ⅱ＋精神文化成果。

运动原理性知识的第二层本质是指运动原理性知识的科学性,这一层本质是运动原理性知识作为知识与其它精神文化成果如宗教、迷信、直觉、经验等相比较而言的。知识与宗教、迷信、直觉、经验等同属精神文化成果,它们的共同特征是非物质性,它们的不同点在于知识具有科学性的特征。"知识"的"知"字从矢从口。矢指射箭,口指说话。矢与口联合起来表示说话像射箭,说对话像箭中靶心。因而知识的本义是指说的很准,一语中的。不知或未知就是指话没有说准,就好像射箭没有击中靶心。箭有没有射准,可以由报靶员证实;话有没有说准,可以由实践检验。"知识"的"识"字,繁体字从言从戠。"戠"字从音从戈,《说文解字》称此字的字义已因师承中断而阙如。从字形来看,"戠"字从音从戈,指古代军队的方阵操练。"音"指教官口令声,"戈"指参加操演军人的武器。因而"戠"字本义就是在教官口令指挥下士兵持武器进行的团体操练,这种操练主要进行的是队列队形变换。因此"识"的本义是用语言描述图案的形状和细节,引申义为区别、辨别,例如识字①。古希腊的哲学家柏拉图认为,一条陈述能称得上是知识必须满足三个条件,它一定是被验证过的,正确的,而且是被人们相信的,这也是科学与非科学的区分标准②。运动原理是对运动规律的诠释,是运动现象之间必然的、本质的、稳定的和反复出现的客观联系。运动原理性知识是从运动实践中概括得出的、其正确性是经过运动实践检验的、并对运动实践具有指导意义的知识,因而科学性是运动原理性知识的一般本质。因此,运动原理性知识是具有科学性特征的精神文化成果。

---

① 许慎.说文解字[M].北京:中华书局,1963.
② 百度百科.知识[BD/OL].[2015—5—3] http://baike.baidu.com/.

(8) 按特殊本质的探讨

第三层本质,即特殊本质:运动原理性知识＝种差Ⅲ＋知识。

运动原理性知识的第三层本质是指运动原理性知识作为陈述性知识与程序性知识的主要区别。陈述性知识与程序性知识同属于知识(广义),都具有科学性的特征。不同点在于陈述性知识是一种描述性知识,这类知识是个体通过有意识地提取线索能够直接加以回忆和用语言进行直接陈述,主要用来说明事物的特征和关系,主要用来回答事物"是什么"、"怎么样"的问题,以命题及其命题网络来表征,这类知识是一种静态的理论性知识,其激活是输入信息的再现。而程序性知识是一种操作性知识,是指个体没有有意识提取线索,只能借助某种作业形式间接推论其存在的知识,程序性知识是一套办事的操作步骤,这类知识主要用来回答"怎么想"、"怎么做"的问题,主要以产生式和产生式系统表征,用来解决做什么和怎么做的问题,这类知识是一种动态的操作性知识,其激活是信息的变形和操作[①]。因而根据个体反映活动形式的不同,与程序性知识相比较,运动原理性知识具有陈述性知识的理论性特征。因此,运动原理性知识是具有理论性特征的知识。

(9) 按个别本质的探讨

第四层本质,即个别本质:运动原理性知识＝种差Ⅳ＋陈述性知识。

运动原理性知识与其它非描述科学运动的知识同属于陈述性知识,都具有理论性的特征。运动原理性知识的第四层本质是指运动原理性知识与其它非描述科学运动知识的区别。与其它非描述科学运动知识相比较而言,运动原理性知识具有运动的专指性。运动原理性知识是反映运动的规律性知识,具体是指反映科学运动的规律性知识。提高运动效果或运动效率是人类的价值取向。只有科学运

---

① 梁宁建.当代认知心理学[M].上海:上海教育出版社,2003:182—227.

动才有助于提高运动效果或运动效率。人类在探索科学运动的过程中积累了丰富的经验,运动原理性知识是人类关于科学运动经验的概括和总结。对公共体育教学而言,应从陈述性知识中选择运动原理性知识作为教学增加内容,以提高体育教学的效率和科学性,而不是增加非描述科学运动的知识。因此,运动原理性知识是反映科学运动的陈述性知识。

总之,把握运动原理性知识四层本质的统一有助于深刻和全面认识运动原理性知识的属性,有助于明确公共体育教学内容改革的方向。

(10) 运动原理性知识的划分

由于类或属的内容随着分类标准的变化而变化,所以类或属的内容划分具有相对性和多样性。按研究领域的不同,运动原理性知识可分为人文科学的运动原理性知识、社会科学的运动原理性知识和自然科学的运动原理性知识。

按不同的学科划分,运动原理性知识可分为运动生理学的运动原理性知识、运动生物力学的运动原理性知识、运动生物化学的运动原理性知识、运动训练学的运动原理性知识、运动营养学的运动原理性知识、康复学的运动原理性知识等等。

按体育教学的价值取向划分,运动原理性知识可分为发展技术的运动原理性知识、发展战术的运动原理性知识、发展体能的运动原理性知识、发展心理能力的运动原理性知识、发展运动智能的运动原理性知识等。发展技术的运动原理性知识又可划分物理学、生物学、心理学、社会学等运动原理性知识。

按攻防性质划分,发展战术的运动原理性知识可划分为进攻性运动原理性知识、防守性运动原理性知识和相持性运动原理性知识;按参加战术行动的人数划分,发展战术的运动原理性知识可划分为发展个人战术的运动原理性知识、发展小组战术的运动原理性知识、发展全队战术的运动原理性知识等;按战术的表现特点划分,发展战术的运动原理性知识可划分为阵形战术原理性知识、体力分配战术原理性知识、参赛目的战术原理性知识、心理战术原理性知识等。

发展体能的运动原理性知识又可划分为发展身体形态的运动原理性知识、发展身体机能的运动原理性知识、发展身体素质的运动原理性知识等。发展身体形态的运动原理性知识可分为运动解剖学、运动美学等运动原理性知识。发展身体机能的运动原理性知识可分为运动生理学、运动医学等运动原理性知识。发展身体素质的运动原理性知识可分为运动训练学、运动营养学、运动康复学等运动原理性知识。

按心理能力与专项需要的关系,发展心理能力的运动原理性知识可分为发展一般心理能力的运动原理性知识和发展专项心理能力的运动原理性知识。按训练与比赛的关系,发展心理能力的运动原理性知识可分为发展训练期心理能力的运动原理性知识和发展比赛期心理能力的运动原理性知识。发展比赛期心理能力的运动原理性知识又可分为发展赛前、赛中和赛后心理能力的运动原理性知识。

按运动智能与专项需要的关系,发展运动智能的运动原理性知识可分为发展一般智能的运动原理性知识和发展专项运动智能的运动原理性知识。发展一般智能的运动原理性知识可分为发展观察力、记忆力、思维能力、想象力等方面的运动原理性知识。等等。

4.4 增加运动原理性知识的课例

(1) 实验学校的选择

上海大学作为全国率先实施大学公共体育"个性化"改革的学校,有着较好的实验环境,经过六年的改革,积累了丰富的管理和教学经验,因此选择上海大学作为实验学校具有代表性。

(2) 上海大学公共体育课程的安排

上海大学的学年安排是借鉴国外的做法实行的是小学期制,每个学年分秋季学期、冬季学期和春季学期三个小学期,每个小学期安排10周的课程。公共体育课程设置体育基础课、专项基础课、专项体育课和专项运动课四个环节。

1) 体育基础课

在第一学年秋季学期安排体育基础课。体育基础课内容统一为体育理论、体质健康评价、游泳和定向越野。开设体育基础课的目的是让学生了解上海大学体育教育的理念、学生自身的体质健康状况及评价方法,培养学生的运动兴趣,提高学生的游泳技能和耐力素质。

2) 专项基础课

在第一学年冬季学期和春季学期安排专项基础课。开设专项基础课的目的是让学生在运动项目的体验中培养专项运动兴趣,为以后选择一个适合自己长期学习和锻炼的项目做准备。

3) 专项体育课

在第二学年安排3个小学期的专项体育课。开设专项体育课的目的是让学生在喜爱的运动项目上进行更长时间地、系统地、分层次地学习技战术,提高学生1项运动技能为其终身体育打下能力基础。

4) 专项运动课

针对已经完成专项体育课学习并有继续学习愿望的大学生,在课外活动中组织学生以专项体育社团为载体进行专项运动,进一步提高其专项运动能力。

以上海大学公共体育篮球专项体育课为例,在篮球技术、战术和体能教学中增加运动原理性知识,步骤如下。

(3) 增加运动原理性知识的步骤

首先合理安排技术、战术和体能内容的层次;其次深入挖掘技术、战术和体能要领深层的运动生物力学、运动学、训练学、生理学、营养学、康复保健学等相关学科的知识;再次选择有助于提高技术、战术和体能教学科学性或者对学生健康促进具有实效性的运动原理性知识;最后在教学计划中构建运动原理性知识与技术、战术和体能要领对应的内容体系。教学计划改进如下,增加的具体内容举例见5.4。

(4) 篮球专项体育课教学计划的改进

表 4-3 男生篮球专项教学计划(秋季学期)

周次	技术、战术和体能内容	增加运动原理性知识
一	1. 技术测试 2. 战术测试 3. 填写体育知识问卷和锻炼态度量表	
二	1. 学习投篮、运球 2. 学习传切配合 3. 力量素质(立定跳远)	1. 探讨动作要领深层的相关原理 2. 探讨进攻与防守要领的原因 3. 探讨发展力量素质的练习方法
三	1. 学习原地单手肩上投篮 2. 学习掩护配合 3. 速度素质	1. 探讨动作要领深层的相关原理 2. 探讨进攻与防守要领的原因 3. 探讨发展速度素质的练习方法
四	1. 学习传接球 2. 学习突分配合 3. 耐力素质	1. 探讨动作要领深层的相关原理 2. 探讨进攻与防守要领的原因 3. 探讨发展耐力素质的练习方法
五	1. 学习后转身运球 2. 学习策应配合 3. 柔韧素质	1. 探讨动作要领深层的相关原理 2. 探讨进攻与防守要领的原因 3. 探讨发展柔韧素质的练习方法
六	1. 学习运球上篮 2. 介绍挤过、穿过和绕过配合 3. 灵敏素质	1. 探讨动作要领深层的相关原理 2. 探讨进攻与防守要领的原因 3. 探讨发展灵敏素质的练习方法
七	1. 学习跳起单手肩上投篮 2. 介绍夹击和关门配合 3. 立定跳远练习	1. 探讨动作要领深层的相关原理 2. 探讨进攻与防守要领的原因 3. 探讨动作要领深层的相关原理
八	1. 复习半场运球上篮 2. 介绍补防和换防配合 3. 立定跳远练习	1. 探讨动作要领深层的相关原理 2. 探讨进攻与防守要领的原因 3. 探讨动作要领深层的相关原理
九	1. 自选项目练习: (1) 原地单手肩上投篮 (2) 半场运球上篮 2. 必考项目练习:全场教学比赛 3. 立定跳远测试	1. 探讨动作要领深层的相关原理 2. 探讨进攻与防守要领的原因 3. 探讨动作要领深层的相关原理
十	1. 技术测试 2. 战术测试 3. 填写体育知识问卷和锻炼态度量表	

表 4-4 男生篮球专项教学计划（冬季学期）

周次	技术、战术和体能内容	增加运动原理性知识
一	1. 技术测试 2. 战术测试 3. 填写体育知识问卷和锻炼态度量表	
二	1. 学习投篮（1分钟限制区外投篮） 2. 复习传切配合 3. 力量素质	1. 探讨动作要领深层的相关原理 2. 探讨进攻与防守要领的原因 3. 探讨发展力量素质的练习方法
三	1. 学习运球上篮、后转身运球 2. 复习掩护配合 3. 耐力素质（1000米跑）	1. 探讨动作要领深层的相关原理 2. 探讨进攻与防守要领的原因 3. 探讨发展速度素质的练习方法
四	1. 学习传接球（练习四角传接球） 2. 复习突分配合 3. 速度素质	1. 探讨动作要领深层的相关原理 2. 探讨进攻与防守要领的原因 3. 探讨发展耐力素质的练习方法
五	1. 学习抢篮板球 2. 复习策应配合 3. 柔韧素质	1. 探讨动作要领深层的相关原理 2. 探讨进攻与防守要领的原因 3. 探讨发展柔韧素质的练习方法
六	1. 学习三人"∞"字行进间传接球上篮 2. 学习快攻战术 3. 灵敏素质	1. 探讨动作要领深层的相关原理 2. 探讨进攻与防守要领的原因 3. 探讨发展灵敏素质的练习方法
七	1. 复习快攻战术 2. 教学比赛 3. 素质（1000米跑）	1. 探讨动作要领深层的相关原理 2. 探讨进攻与防守要领的原因 3. 探讨动作要领深层的相关原理
八	1. 自选项目练习： （1）1分钟限制区外投篮 （2）"∞"字运球上篮。 2. 必考项目练习：全场教学比赛 3. 素质（1000米跑）	1. 探讨动作要领深层的相关原理 2. 探讨进攻与防守要领的原因 3. 探讨动作要领深层的相关原理
九	1. 自选项目练习： （1）1分钟限制区外投篮 （2）"∞"字运球上篮 2. 必考项目练习：全场教学比赛 3. 素质测试（1000米跑）	1. 探讨动作要领深层的相关原理 2. 探讨进攻与防守要领的原因 3. 探讨动作要领深层的相关原理
十	1. 技术测试 2. 战术测试 3. 填写体育知识问卷和锻炼态度量表	

5 增加运动原理性知识的可行性分析

传统的理论课通常是期末在教室而不是在运动场上进行的,笔者认为技术理论与技术实践在时间和空间上的分离不利于提高学生的运动技能,因而需要在大学公共体育"个性化"教学中加强技术理论与技术实践的结合。将运动原理性知识融入到实践课中需要对现有的教学策略进行改进,教学策略是教学中教师运用多种途径或手段进行教学的方案集合。教学策略是一种宏观层面的解决问题的方法。有的学者将宏观层面解决问题的方法称为课程模式或教学模式[1]。

5.1 课程模式与教学模式

(1) 模式

模式一词的英文是 model,model 还译为模型、范式、典型等。一般指被研究对象在理论上的逻辑框架,是经验与理论之间的一种可操作性的知识系统,是再现现实的一种理论性的简化结构[2]。有学者认为,模式是通过对特定问题及问题本身特征分析的基础上,依据某种原理推演或者从实践归纳和总结出来的,由思想和理念、目标和方法、活动和策略、结构和操作程序所构成,一般通过数学、图

---

[1] 毛振明,陈海波.体育教学方法理论与研究案例[M].北京:人民体育出版社:2006:10.
[2] 百度百科.课程[BD/OL].[2014—12—29]. http://baike.baidu.com.

形或文字的方式,以一种简洁的形式再现,具有相对稳定结构的问题解决系统[1]。

从以上定义可以看出,模式具有以下四个特征,一是指向性和目的性;二是理论性;三是直观性;四是可操作性。指向性和目的性是指模式总是为解决一定的问题而构建的,构建模式有明确的价值取向,这种价值取向体现在教育理念、教育思想和教育目标中。理论性是指通过模式解决问题和模式构建本身需要有一定的理论基础,需要进行理论论证。直观性是指模式的体系结构具有简约性特点。可操作性是指模式的运行程序具有可行性特点。

(2) 课程模式

国外"课程"一词是从拉丁语"Currere"一词派生出来的,意为跑道(Racecourse)。根据这个词源,最常见的课程定义是学习的进程(Course of study),简称学程[2]。课程一词在现代汉语中的习惯用法,一般指学校里教学科目的总称或者学生功课的进程。但是它的含义并不是十分确定的[3]。李秉德在《教学论》一书中认为,课程就是课堂教学、课外学习以及自学活动的内容纲要和目标体系,是教学和学生各种学习活动的总体规划及其过程。近代学校兴起以来,课程有广义和狭义之分,广义指为了实现学校培养目标而规定的所有学科的总和,或指学生在教师指导下各种活动的总和。如中学课程,小学课程。狭义指某一门学科。如数学课程,历史课程、体育课程等[2]。本文研究狭义课程。

关于课程模式国内尚无统一的定义。如有学者将课程模式理解为课程类型[3]。有学者认为,课程模式是按照一定课程设计理论和一定学校的性质任务建立的、具有基本课程结构和特定育人功能的、用在特定条件下课程设置转换的组织形式[4];也有学者提出,课程模式是典型

---

[1] 王道俊,王汉澜.教育学[M].北京:人民教育出版社,1989:156.
[2] 李秉德.教学论[M].北京:人民教育出版社,2001:164—167.
[3] 顾明远.教育大辞典[M].上海:上海教育出版社 1990:264.
[4] 郭晓明.关于课程模式的理论探讨[J].课程·教材·教法,2001(2).

的以简约的方式表达的课程范式,这种课程范式具有特定的课程结构和特定的课程功能,与某类特定的教育条件相适应①。另有学者认为,课程模式是按照一定的课程思想和理论以及学生的年龄特征和学科发展状况,对课程目标、课程内容、课程结构、课程实施、课程评价作出简要概括,为教学实践提供一种可选择的形式系统①。《教育大辞典》将课程模式理解为课程发展模式和课程理论模式,即在课程发展中根据某种思想或理论,选择和组织教学内容、教学方法、教学管理手段以及制定教学评价原则而形成的一种形式系统,用以表明课程理论研究的地位、范围和功能②。

根据模式和以上定义,笔者将课程模式定义为:在课程思想的指导下,为实现课程目标,以相关理论为基础的关于课程内容的选择和编制的运行系统。它是由课程思想、课程目标、课程内容、课程结构、课程实施与课程评价等基本要素构成。

(3) 教学模式

"教学"一词在英文中有很多词可以表达,如 teach, learn, instruct 以及 teach and learn。教学是教师的教和学生的学所组成的一种人类特有的人才培养活动②。最先将"模式"一词引入到教学领域,并加以系统研究的人是美国的乔伊斯(B. Joyce)和韦尔(M. Weil)。他们认为教学模式是构成课程和作业、选择教材、提示教师活动的一种范式或计划③。中国教育大词典指出,教学模式是反映特定教学理论逻辑轮廓,为完成某种教学任务相对稳定而具体的教学活动结构④。有学者认为,教学模式是设计、组织和调控教学活动的一整套方法体系⑤。也有学者指出,教学模式是按照一定原理设计的一种具有相应结构和功能的教学活动的模型和策略⑥。另有学者认

---

① 纪国和,张作岭.关于课程模式与教学模式关系的思考[J].教育探索,2005,(12).
② 百度百科.教学模式[BD/OL].[2014—12—29]. http://baike.baidu.com.
③ 百度百科.教学[BD/OL].[2014—12—29]. http://baike.baidu.com.
④ 唐月琴.体育教学模式的概念及分类研究[J].新课程学习(社会综合),2010,(1).
⑤ 葛冰.体育教学模式的整体优化研究[D].东北师范大学,2007.
⑥ 陈天石.学校体育的改革与发展[M].福州:福建师范大学体育系,2000.4

为,教学模式是在一定的教育目标及教学理论指导下,依据学生的身心发展特点,对教学目标、教学内容、教学结构、教学手段方法、教学评价等因素进行简约概括而形成的相对稳定的指导教学实践的教学行为系统。

关于教学模式目前没有统一的定义。根据模式和以上定义,笔者将教学模式定义为:在教学思想的指导下,为实现教学目标,以相关理论为基础的关于教学内容如何教与学的运行系统。它是由教学思想、教学目标、教学内容、教学方式与教学评价等基本要素构成。

(4) 课程模式与教学模式的关系

现代课程理论之父拉尔夫·泰勒认为,任何课程与教学设计都必须回答以下四个问题,即为什么教或学? 教或学什么? 怎样教或学? 怎样评价教或学的效果? 这四个问题构成了课程与教学目标、课程与教学内容、课程与教学组织和课程与教学评价。这四个方面是课程与教学设计的永恒范畴,也被认为是课程与教学设计的步骤。

从泰勒的观点以及课程与教学的定义可以看出,课程模式与教学模式的侧重点有所不同。课程模式侧重于"为什么教或学"和"教或学什么"两个方面,主要体现在课程理念的表述和课程内容的选择和编制上;而教学模式侧重于"怎样教或学"和"怎样评价教或学的效果"两个方面,主要体现在单元和课堂教学组织和评价上。从层次上看,课程模式处于宏观层次,教学模式处于微观层次。从目标、内容、组织和评价等方面来看,课程模式与教学模式又存在密切的联系。因此有学者认为,课程模式与教学模式是相互融合和渗透的[①]。

综上所述,课程模式和教学模式是模式的下位概念,都具有模式的共同特征,即指向性和目的性、理论性、直观性和可操作性。课程模式与教学模式虽然存在密切的联系,但两者的侧重点不同。课程模式侧重于"为什么教或学"和"教或学什么"两个方面。课程模式是指在课程思想的指导下,为实现课程目标,以相关理论为基础的关于

---

① 纪国和,张作岭.关于课程模式与教学模式关系的思考[J].教育探索,2005,(12).

课程内容的选择和编制的运行系统。教学模式侧重于"怎样教或学"和"怎样评价教或学的效果"两个方面。教学模式是指在教学思想的指导下,为实现教学目标,以相关理论为基础的关于教学内容如何教与学的运行系统。

(5) 国外体育课程模式

如前所述,课程模式是指在课程思想的指导下,为实现课程目标,以相关理论为基础的关于课程内容的选择和编制的运行系统。课程模式侧重于"为什么教或学"和"教或学什么"两个方面,即侧重于课程目标和课程内容两个方面。

课程内容的选择和编制应与课程目标相吻合,课程目标是课程内容选择和编制的依据。课程目标是课程价值取向的具体化,课程价值取向体现在课程理念和课程思想中,对整个课程设置具有统摄作用。根据课程价值取向的不同,国外体育课程模可以分为以下几类。

1) 社会本位取向模式

社会本位价值取向主张体育课程的目标应根据社会需要来确定,提倡把受教育者培养成符合社会准则的公民,使受教育者高度社会化。例如:

个人和社会责任模式。课程思想:源自20世纪70年代Hellison出版的《人文性体育教育》[1]一书。在这本著作中作者阐述了如何将具有人文属性的目标和方法应用到体育教育和体育活动方式上,如何通过体育教育来提高人们的道德修养,如自我控制、勤奋和自我引导等个人品性,以及与人相处方面的尊重、顾忌他人感受和助人为乐等社会性品性。课程目标:注重培养学生的个人责任和社会责任[2][3]。分为五个

---

[1] HELLISON D. Humanistic Physical Education[M]. Englewood Cliffs, New Jersey: Prentice-Hall, Inc, 1973.
[2] HELLISON D. Goals and Strategies for Teaching Physical Education [M]. Champaign, IL: Human Kinetics, 1985.
[3] HELLISON D. Teaching Responsibility through Physical Activity[M]. 2nd ed. Champaign, IL: Human Kinetics, 2003.

责任水平,即尊重、参与和努力、自我引导、顾及并帮助他人、将经验由体育馆迁移到生活中。Walsh 对个人与社会责任模式进行了拓展,他将学生五个责任水平的发展分为三个发展阶段,即发展责任、促进自我引导学习、培养同辈领导[1]。为了帮助教师们在实际教学中灵活运用个人与社会责任模式,Watson 和 Clocksin 提出了能够指导教师进行责任教学的四个主题目标,即师生关系、一体化、迁移和授权[2]。对这些能够引导创设责任氛围的主题目标,教师一旦将其铭记在心,就能够通过任何课程活动来促进学生个人和社会责任的发展。课程效果:经过30余年的发展,个人和社会责任课程与教学模式已经由最初仅仅对芝加哥中心城区的贫穷、暴力、吸毒环境中的高危青少年进行干预,拓展到更为广泛的目标人群和实施环境中,从美国走向世界,从城市里的高危青少年走向运动队,从校外活动和夏令营走向正规的学校体育课程[3]。

合作学习课程模式。课程思想:合作学习课程模式以学习者为中心,被认为是一种能够针对不同年龄段学生而教授不同内容的课程模式[4]。在该模式中,学生在有组织的小型异质类团体中掌握学科内容知识[5],同时还要帮助同伴进行学习[6]。目标:学生通过个体和团体的学习结果来实现技能、认知和情感3大学习领域的个人发展、相互交流和任务掌握,从而最终探索人类进行身体活动的社会文化意义[7]。课

---

[1] WALSH D. Helping youth in underserved communities envision possible futures:an extension of the teaching personal and social responsibility model[J]. Res Q Exe Sport,2008,79(2):209—221.
[2] WATSON D, CLOCKSIN B. Using Physical Activity and Sport to Teach Personal and Social Responsibility[M]. Champaign, IL:Human Kinetics,2013.
[3] WRIGHT P M,BURTONS. Implementation and outcomes ofa responsibility-based physical activity program integrated into an intact high school physical education class[J]. J Teach Phys Edu. 2008. 27,138—14.
[4] COHEN E G. Restructuring the classroom: Conditions for productive small groups[J]. Rev Edu Res,1994,64(1):1—35.
[5] DYSON B, LINEHAN N R, HASTIE P A. The ecology of cooperative learning in elementary physical education classes[J]. J Teach Phys Edu,2010,29(2):113—130.
[6] CASEY A, DYSON B. The implementation of models-based practice in physical education through action research[J]. Eur Phys Edu Rev,2009,15(2):175—199.
[7] DYSON B,CASEY A. Cooperative Learning in Physical Education:A Research-based Approach[M]. London:Routledge,2012.

程内容：包括5大要素，即积极的相互依赖①、个人责任②、面对面的相互促进、人际关系和小团体交往技能、团队事务处理③。效果：与其他学科相比，合作学习课程模式在体育学科领域的效果更加突出。众多研究表明，该模式能够有效地促进学生的体育学习积极性、社会交往技能、课堂探究氛围、甚至文化课成绩等④。当然，也有研究者指出，在体育教育普遍不受重视的今天，该模式仍然处在学校政策的边缘⑤。

冒险教育模式。课程思想：冒险教育模式是一套以体验教育为主而进行的探索、冒险、体验、合作等活动，并以杜威"做中学"为指导理念所实施的课程与教学模式⑥。课程目标：通过塑造体验性的情境，将个人和团队置于陌生和新奇的环境下，设定任务目标和递增性的挑战难度，通过创设团队分工合作的机会来激发问题解决方案，让让参与者在达成目标后体验到个人和团队的成就感⑦。课程内容：冒险教育的一个重要的基本模型是冒险波浪。该模型是一个三段式的体验性学习循环，将冒险教育的教学分为计划、活动、反思三个阶段⑧。课程效果：尽管冒险教育模式发展迅速，但是否应该将该模式纳入到学校课程体系中当时还存在不少的争议⑨。1971年，Project Adventure(PA)获得美国联邦教育办公室的资助⑩。1974年，美国联邦教育办公室帮助PA

---

① JOHNSON D W, JOHNSON R T. Toward a cooperative effort: A response to slavin[J]. Edu Lead, 1989, 46(7): 80.
② LUND J. Assessment and accountability in secondary physical education[J]. Quest, 1992, (44): 352—360.
③ KOLB D. Experiential learning[J]. Englewood Cliffs, NJ: Prentice Hall. 1984.
④ METZLER M. Instructional Models for Physical Education [M]. 3rd ed. Scottsdale, Arizona: Halcomb Hathaway, 2011.
⑤ 汪晓赞, 尹志华, 李有强等. 国际视域下当代体育课程模式的发展向度与脉络解析[J]. 体育科学, 2014, 34(11): 10.
⑥ PRIEST S. Adventure Edcuation[M]. State College PA: Venture. 1990. 113—117.
⑦ LUCKNER J L, NADLER R S. Processing the Experience: Strategies to Enhance and Generalize Learning[M]. 2nd ed. Dubuque, IA: Kendall/Hunt, 1990.
⑧ SCHOEL J, PROUTY D, RADCLIFFE P. Islands of Healing: A Guide to Adventure Based Counseling[M]. Hamilton, MA: Project Adventure, 1988.
⑨ DARST P W. ARMSTRONG G P. Outdoor Adventure Activities for School and Recreation Programs[M]. Prospect Heights, IL: Waveland Press, 1991.
⑩ LATESS D R. Physical education and outdoor adventure: Do they belong together[J]. J Phys Edu, Recrea Dance, 1986, 57: 64—65.

项目向全国推广。20世纪90年代,PA项目开始在新西兰、日本等国家推广,并逐渐在世界范围内流行起来。

另外,还有和平运动课程模式和户外教育课程模式。

2) 技战术本位取向模式

技术本位价值取向主张体育课程的目标应根据运动项目的内容确定,应根据运动技能和能力发展的规律培养受教育者的技能和能力。例如:

动作教育模式。课程思想:兴起于19世纪中期至20世纪初中期法国音乐家Francois Delsarte的应用美学理论。虽然Delsarte的初衷是用动作来表现音乐表演中的情绪变化,但他对动作的分析很大程度上促进了人们对体操的认识[1]。Rudolf von Laban将情感性的动作与功能性的动作区分开来,Laban则辨别了功能性的动作的四个基本因素,即重量、空间、时间和流动,他也因此被称为动作教育的开创者[2]。20世纪60年代至80年代,动作教育的支持者们开始尝试采用这一理论来教授体育课程,将其引入到学校教育体系中。课程目标:主要教授那些基本的、能够为今后复杂动作做准备的技能主题。课程内容:美国宾夕法尼亚州立大学Graham教授所提出的动作分析框架,分为技能主题和动作概念,并利用这一框架为主导思想设计了小学阶段的体育课程。技能主题分为三类:自发运动技能,如走、跑、跳等;非操控性运动技能,如转、平衡、伸展等;操控性运动技能,如投、接、踢等。动作概念也分为三类:空间意识,如位置、方向、路径等;努力程度,如时间、力量、速度等;关系,如身体各部位之间的关系、人和器材之间的关系、人和人之间的关系等。动作概念需要从幼儿园和小学的低年级逐渐地过渡到技能主题学习中。技能主题的掌握需经历前控制阶段、控制阶段、应用阶段和熟练阶段四个发展水平。课程效果:动作技能学习是融多学科知识

---

[1] BROWN M C,SOMMER B K. Movement Education:Its Evolution and a Modern Approach [M]. Reading, MA:Addison Wesley,1969.
[2] KAREN A,JENNIFER M B. Teaching Movement EducationFoundations for Active Lilestyles [M]. Champaign,IL:Human Kinetics Publishers,2010.

的教育过程,因而动作教育模式能成为提高学生综合体育能力的课程模式[1]。

战术性游戏模式。课程思想:20世纪80年代Bunker和Thorp提出了"理解性游戏教学",理解性游戏课程主张要首先发展学生对体育游戏的战术理解,在此基础上进行技战术实践,由此来提高学生们在体育游戏的表现[2]。主张将教学的重心由以技术为焦点的高度结构化的课程,转移到以学生为中心的战术课程。课程目标:体育游戏教学的目的是让学生能够在游戏的战术环境中恰如其分地使用技术[3]。课程内容:分为六个阶段:即游戏比赛、游戏欣赏、战术意识、恰当决策、技术施展、比赛实施。典型的战术游戏教学包含四个部分:首先,学生们要一起进行经过修改的、强调战术问题的游戏;其次,精心设计问题,发展学生的战术意识;再次,进行情境模拟,让学生练习可以用来解决战术性问题的技术和动作;最后,进行原汁原味的比赛,为学生提供在实战中施展技战术的机会。

另外,还有技能主题取向课程模式和领会教学游戏模式。

3) 平衡取向模式

平衡取向具有社会本位模式和技术本位模式的特点。例如:

运动教育模式。课程思想:运动教育模式由美国体育课程专家Siedentop创立。Siedentop发现传统的体育教学最大的问题是孤立的技术教学脱离了运动的真实情境,那些赋予体育以文化、仪式、传统价值的因素被忽略掉了[4]。Siedentop认为游戏可以更好的阐释体育的意义和潜能,运动是游戏的一种形式,在相对成熟的社会中,人们会更多地参与游戏和体育文化中[5]。课程目标:运动教育模式的主要目标是培养能够胜任的、有一定运动知识、极具热情的运动参与者[6]。课程

---

[1] GRAHAM G,HOLT S,PARKER,M. Children Moving:A Reflective Approach to Teaching Physical Education[M]. 9th ed. New York:McGraw-Hill, 2013.
[2] BUNKER D,THORPE R. A model for the teaching of games in secondary schools[J]. Bulletin Phys Edu,1982,18(1):58.
[3] GRIFFIN L L,MITCHELL S A, OSLIN J L. Teaching Sport Concepts and Skills: A Tactical Games Approach[M]. Champaign,IL:Human Kinetics,1997.
[4] SIEDENTOP D. Sport Education:Quality PE Through Positive Sport Experience[M]. Champain, IL: Human Kinetics 1994.
[5] SIEDENTOP D. Sport education:A retrospective[J]. J Teach Phys Edu,2002,(2):409—418.
[6] 高航,吴铁桥.试论运动教育模式的历史渊源[J].首都体育学院学报,2005,17(1):36—38.

内容:首先,采用赛季的方式来安排体育活动,将传统的 4—6 课时的教学单元延长至 18—20 课时,让学生完整地感受运动经验。第二,建立长期稳定的小型运动队,培养学生的团队意识。第三,强调采用正式的竞赛形式,可根据人数、规则和器材适当修改比赛形式,如三对三、四对四等,以激励学生的参与热情和动机。第四,整个赛季过程中学生要承担裁判、记分员、教练、计时员等角色,并妥善保存运动成绩记录,以便成为今后考核学生表现的重要参考。第五,赛季以总决赛的方式结束,模拟足球世界杯、棒球世界大赛的方式,将比赛的气氛推向最高潮。第六,强调营造运动的欢庆氛围,充分发挥运动队名称、服装选择、宣传口号、观众气氛的重要作用。课程效果:这一模式推广到新西兰、澳大利亚、英国、中国等国家。大量的研究表明,运动教育模式不但能够提高学生运动技能的学习,培养学生的社会交往能力,还能够提高学生的学习动机。时至今日,经过 20 多年的发展,运动教育模式已经成为最有国际影响力的体育课程模式之一。

  动力体育课程模式。课程思想:动力体育课程模式是多元活动课程模式的典型代表,不仅仅只是侧重于使用那些单一的体育活动,而是聚焦于各种体育活动之间的平衡运用,比如简单的游戏、需要复杂运动技能的活动项目等[1]。课程内容:主要包含 4 大类教学元素,即体适能、节奏性活动、身体管理、视觉—触觉协调性活动。1 节标准的动力体育课程持续 30min,包括 4 个部分,即 2—3 min 的导入型活动、7—8 min 的体适能发展、15—20min 的核心教学内容以及最后 5—7min 的游戏活动[2]。课程效果:Prusak[3] 等人的研究表明,在美国,那些对体育课程有着完善的支持系统的学区,动力体育课程的实施非常成功。目前动力体育课程模式特点使得该课程模式受到越来越多的研究者和

---

[1] METZLER M. Instructional Models for Physical Education[M]. 2nd ed. Scottsdale, AZ: Holcomb Hathaway, 2006.
[2] PANGRAZI R P, BEIGHLE A. Dynamic Physical Education for Elementary School Children [M]. 17th ed. San Francisco, CA: Pearson Education, 2012.
[3] PRUSAK K. PENNINGTON T. GRASER S V, vt al. Systematic success in physical education: the east valley phenomenon[J]. J Teach Phys Edu, 2010, 29:85—106.

体育教师的青睐,成为了著名的体育课程模式。

4) 健康本位取向模式

健康本位价值取向主张体育课程的目标应根据人的生活需要来确定,提倡培养受教育者的健康技能和健康意识,促使受教育者形成健康的生活方式。例如:

体适能教育模式。课程思想:体适能教育模式的发展程很大程度上受到政治、运动机能学和流行病学研究的影响。20世纪50年代Kraus和Hirschland发表了一份体适能报告,催生了美国体适能与运动总统委员会这一专门组织[①]。20世纪60—70年代的运动机能学从学术研究的层面推动了体适能教育的发展。20世纪90年的研究发现,中等强度的身体活动对获得健康益处更为有效,这促使传统体适能范式的转变[②]。学校体适能模式有SPARK体育、PE for Life体育、Take10体育等[③]。课程目标:这些模式都强调发展身体积极的生活方式,将中高强度的身体活动量作为重要的衡量指标,教师的责任是促进学生在校内外的身体活动水平。课程内容:SPARK体育是近年来影响力较大的一种体适能课程模式。最初的SPARK体育包含三个部分:用于提高学生体育课内身体活动量的体育课程;用于促进学生校外身体活动的自我管理项目;用于保证教学效果、实现预期目标的教师培训项目。效果:SPARK体育项目实施过程中,项目团队发表了一大批高质量的研究成果,展示了该项目在促进学生健康、体育技能、学业成绩、学习兴趣方面的积极成效。SPARK体育已经发展为覆盖幼儿园体育项目、小学体育项目、中学体育项目、校外体育项目、教师培训项目和基于学校的多方健康干预项目等多层次、多领域的学校体育课程模式。

---

① HANS K. RUTH P H. Minimum muscular fitness tests in school children[J]. Res Q Exe Sport,1954,(25):178—188.
② PATE R R,PRATT M,BLAIR S N,et al. Physical activity and public health:A recommendation from the Centers for Disease Control and Prevention and the American College ol Sports Medicine[J] Am Med Associat,1995,273(5):402—407.
③ NATIONAL ASSOCIATION FOR SPORT AND PHYSICAL EDUCATION. Moving into the Future:National Standards for Physical Education[M]. 2nd ed. Reston,VA:Author,2004.

概念体育课程模式[①]。课程思想：概念体育认为最值得教的是具有教育意义的体育课，即教给学生体育学科概念并用以指导体育锻炼的实践，用身心结合的体育课培养学生体育运动的概念和体育锻炼的习惯，培养学生成为懂体育知识的运动者，其理论基础是认知心理学和建构主义。课程目标：采用教给中小学生融生物医学、社会心理学和文化人文等一整套学科知识的方法，来达成培养健康生活方式的目的。课程内容：在知识层面，这一课程提供了界定缜密的为运动科学家所验证的健康相关知识，知识内容以螺旋上升的方式进行组织，许多重要的概念和原则在不同年级中反复学习和提及。课程效果：概念体育从提出至今已经历30余年的发展历程，取得了积极的教育效果，现已成为美国主流的体育课程模式，其开发的教材成为许多地区的体育教科书。自2010以来，中国学者与美国学校体育的科研人员展开合作，实质性引入概念体育理念。经过三年左右的理论研究和实验研究，概念体育在上海的15所实验学校产生了积极的效果，学生体质健康水平、知识掌握程度、技能水平均得到了一定程度的改善。概念体育所秉持的基本概念和健康知识能够影响体育行为的理念，已经逐渐被接受，成为上海市学校体育课程实践中的重要指南。

另外，还有终生健康课程模式。

(6) 国内体育课程模式

如前所述，课程模式是指在课程思想的指导下，为实现课程目标，以相关理论为基础的关于课程内容的选择和编制的运行系统。课程模式侧重于"为什么教或学"和"教或学什么"两个方面，即侧重于课程目标和课程内容两个方面。课程内容的选择和编制应与课程目标相吻合，课程目标是课程内容选择和编制的依据。课程目标是课程价值取向的具体化，课程价值取向体现在课程理念和课程思想中，对课程内容的设置具有统摄作用。

[①] 丁海勇,李有强. 美国"以课程为中心"的概念体育理论及其发展[J]. 上海体育学院学报,2011,35(6):87.

1) 国内学校体育思想的发展

新中国成立后,学校体育思想的发展大致经历了以下四个阶段。新中国成立至文革末期,受苏联社会主义教育思想的影响,体育的政治色彩浓重,重视竞技,人成为训练的"工具",这一时期体育的目的与手段本末倒置。改革开放初期,"体质教育"思想主张体育的目的是增强人的体质,运动技术是手段而不是目的。虽然"体质教育"思想对体育功能和目标的认识不全面,但指出体育的目的是"人",而不是运动技术,这一点具有重要的意义。继"体质教育"思想之后,出现多种体育思想共存的局面。近年来,随着人们对体育功能与目标认识的深入,最终确立"健康第一"、"终身体育"为学校体育的指导思想[①]。

2) 国内高校体育课程内容的变化

虽然课程思想对课程内容的设置具有统摄作用,但两者并不是一一对应的关系。新中国成立后,高校体育课程内容的发展变化如下。

1956年—1961年,《一般高等学校体育课教学大纲》[②]规定课程内容包括基本教材和补充教材。1961年—1979年,《高等学校普通体育课教材纲要》[③]规定课程内容为基本教材和选用教材。基本教材以田径、体操和武术为主,基本教材增加武术。选用教材所占比例有所增加,由各高校根据实际情况自行选用,课程管理的灵活性增加。1979年—1992年,《高等学校普通体育课教学大纲》[④]规定课程内容为基本教材和选用教材。基本教材以田径、体操、球类、武术、游泳为主,基本教材增加球类和游泳。选用教材所占比例有所减少,由各校按照规定课时数自行安排。

1992年之前,课程内容均是由专家或教育者制定,学生没有选择学习内容的权利。1992年—2002年,《全国普通高等学校体育课程教学指导纲要》[⑤]对体育必修课作了明确规定,一年级开设基础课,二年

---

① 周登嵩.学校体育学[M].人民体育出版社,2005:21.
② 中华人民共和国高等教育部.一般高等学校体育课教学大纲[S].1956.
③ 高等学校体育教材编辑组.高等学校普通体育课教材纲要[S].1961.
④ 中华人民共和国教育部.高等学校普通体育课教学大纲[S].1979.
⑤ 中华人民共和国教育委员会.全国普通高等学校体育课程教学指导纲要[S].1992.

级开设选项课。这一阶段基础课内容由教育者制定,选项课学生具有选择权。2002年以后,教育部颁布的《全国普通高等学校体育课程教学指导纲要》①提出了五大领域目标,即运动参与、运动技能、身体健康、心理健康和社会适应,但对课程内容不做规定,同时倡导高校公共体育实行"三自主"课程管理模式。高校公共体育课程管理是由高度统一向统一性与灵活性相结合的方向发展。"领域目标"统领课程内容的课程管理思想倾向于给学校、教师和学生更大的课程内容选择权。

（7）小结

对比国内外体育课程模式可以看出,国外体育课程模式呈现出多元化的发展趋势,而国内体育课程模式则相对单一,这与中外不同的文化背景和教育制度有关。从中外体育教育价值取向的发展来看,国内外都是由社会本位和技术本位向健康本位的方向发展。在课程指导思想上,目前《纲要》提出的体育课程改革指导思想与美国概念体育课程的指导思想是一致的,都是为了促进学生的健康,追求健康的阶段效应与长远效应。

但是国内体育课程内容是由"多而全"向"专项化"的方向发展。国内公共体育专项化改革的思路是在学生兴趣选项的基础上,让学生系统地学习技战术,提高专项运动技能和能力为终身体育打下基础。因而公共体育专项化改革的倡导者认为体育课程应该让学生掌握一两运动技能,体育课程最值得教与学的内容是系统的技战术。

而美国概念体育课程的思路是通过健康知识（狭义）的干预,培养学生的健康技能和健康意识,改变学生的健康行为,促使学生形成健康的生活方式。因而概念体育的倡导者认为体育课程最值得教与学的内容是健康知识,即体育相关知识。其理论基础是健康教育学、认知心理学等理论。从理论层面上看,概念体育课程内容选择和编制的理论依据充分,值得国内借鉴和学习。

相比之下,国内体育课程内容选择和编制的理论依据模糊,运动技能

---

① 中华人民共和国教育部.全国普通高等学校体育课程教学指导纲要[S].2002.

的提高与健康行为改变的关系在理论上并不明确。竞技项目的教材化不够,教学内容等同于训练内容。从实践层面看,针对国内运动技能培养过程中的弊端,强调健康知识(狭义)的传播是必要的,但是在国内高校公共体育专项化背景下,如何处理技战术知识与健康知识(狭义)之间的关系?如何选择和编制技战术知识和健康知识(狭义)?值得进一步深入研究。

如前所述,教学模式是指在教学思想的指导下,为实现教学目标,以相关理论为基础的关于教学内容教与学的运行系统。教学模式侧重于"怎样教或学"和"怎样评价教或学的效果"两个方面。了解教学模式的发展历史有助于借鉴和吸收历史上优秀教学模式的精华,有助于加深对当代各种新教学模式的理解,有助于把握教学模式未来发展的趋势。

(8) 国外教学模式的发展

1) 20世纪50年代以前教学模式的发展

20世纪50年代以前,虽然没有形成系统完整的教学模式,但在中外教学实践和教学思想中,很早就有了教学模式的雏形。按师生在教学中的地位,可以分为两类。

① 突出教师主导性的教学模式

古代教学的典型模式就是传授式,其结构是"讲—听—读—记—练"[1]。其特点是教师灌输知识,学生被动机械地接受知识,学生是靠机械的重复进行学习。到了17世纪,夸美纽斯[2]提出应当把讲解、质疑、问答、练习统一于课堂教学中,并把观察等直观活动纳入教学活动体系之中,首次提出了以"感知—记忆—理解—判断"为程序结构的教学模式。19世纪,赫尔巴特[3]从统觉论出发,认为学生在学习的过程中,只有当新经验与已经构成心理统觉团中的概念发生联系时,才能真正掌握知识。他提出了"明了—联合—系统—方法"的四阶段教学模式。后来他的学生莱因又将其改造为"预备—提示—联合—总结—应

---

[1] 百度百科.传授式教学[BD/OL].[2014—12—29]. http://baike.baidu.com.
[2] 百度百科.夸美纽斯[BD/OL].[2014—12—29]. http://baike.baidu.com.
[3] 百度百科.赫尔巴特[BD/OL].[2014—12—29]. http://baike.baidu.com.

用"的五阶段教学模式。

② 突出学生主体性的教学模式

在19世纪20年代,以赫尔巴特为代表的传统的教学模式受到了挑战,杜威[①]提出了"以儿童为中心"的"做中学"为基础的实用主义教学模式。这一模式的基本程序是"创设情境-确定问题-占有资料-提出假设-检验假设"。

2) 20世纪50年代以后教学模式的发展

系统完整的教学模式是从近代教育学形成独立体系开始的,"教学模式"这一概念与理论在20世纪50年代以后才出现。随着科学技术的发展以及现代心理学和思维科学对人脑活动机制的揭示,教育领域出现了许多新的思想和理论,催生了许多新的教学模式。按理论依据的不同,可以分为五大族类。

① 行为修正模式

行为修正模式主要依据行为主义学习理论,强调环境刺激对学习者行为结果的影响。如斯金纳的操作性条件作用和强化理论、班杜拉的观察模仿学习和行为矫正理论等[②]。特别适用于知识技能训练。例如传递接受模式,该模式源于赫尔巴特的四段教学法,后来由前苏联凯洛夫等人进行改造传入中国。其基本教学程序是:复习旧课-激发学习动机-讲授新课-巩固练习-检查评价-间隔性复习。其理论基础是行为心理学,尤其受斯金纳操作性条件反射的训练心理学的影响,强调控制学习者的行为达到预定的目标[③]。

② 社会互动模式

社会互动模式主要依据角色理论、社会交换、个体间互动等理论,强调教师与学生、学生与学生的相互影响和社会联系。特别适用于培养人际交往沟通能力[④]。例如合作学习模式[⑤],该模式是一种通过小组

---

① 百度百科.杜威[BD/OL].[2014—12—29].http://baike.baidu.com.
② 百度文库.行为修正模式[BD/OL].[2014—12—29].http://wenku.baidu.com.
③ 百度百科.传递接受模式[BD/OL].[2014—12—29].http://baike.baidu.com.
④ 百度百科.社会互动[BD/OL].[2014—12—29].http://baike.baidu.com.
⑤ 百度文库.合作学习模式[BD/OL].[2014—12—29].http://wenku.baidu.com.

形式组织学生进行学习的一种策略,小组取得的成绩与个体的表现是紧密联系的。约翰逊(D. W. Johnson,1989)认为合作式学习必须具备五大要素:个体积极的相互依靠、个体有直接的交流、个体必须都掌握给小组的材料、个体具备协作技巧和群体策略③。

③ 个性培养模式

个性培养模式主要依据个别化教学的理论与人本主义的教学思想,强调个人在教学中的主观能动性,坚持个别化教学。适用于个性发展、求异思维、培养独立学习和解决问题的能力。例如:

自学-辅导模式:是在教师的指导下自己独立进行学习的模式。其教学基本程序是:自学-讨论-启发-总结-练习巩固。其理论基础是:从人本主义出发,注意发挥学生的主体性,以培养学生的学习能力为目标①。

发现教学模式:发现式学习是培养学生探索知识、发现知识为主要目标的一种教学模。这种模式最根本的地方在于让学生像科学家的发现一样来体验知识产生的过程。布鲁纳(J. S. Bruner)认为发现式教学法有四个优点:提高学生对知识的保持;教学中提供便于学生解决问题的信息,可增加学生的智慧潜能;通过发现可以激励学生的内在动机,引发其对知识的兴趣;学生获得了解决问题的技能;根据许多心理学家对这种教学模式的研究,它更适合于低年级的教学,但在课堂上运用太费时间,又难以掌握②。

探究性教学模式③:以问题解决为中心的,注重学生的独立活动,着眼于学生的思维能力的培养。其基本程序是:问题-假设-推理-验证-总结-提高。其理论基础是皮亚杰和布鲁纳的建构主义的理论,注重学生的前认知,注重体验式教学,培养学生的探究和思维能力。

研讨教学模式:是以解决问题为中心的教学方式,通过由教师创设问题情境,然后师生共同查找资料,研究、讨论、实践、探索,提出解决问题办法的方式,使学生掌握知识和技能。理论基础是:通过认识过程去

---

① 百度文库.自学辅导模式[BD/OL].[2014—12—29]. http://baike.baidu.com.
② 百度文库.发现教学模式[BD/OL].[2014—12—29]. http://wenku.baidu.com.
③ 百度文库.探究性教学模式[BD/OL].[2014—12—29]. http://baike.baidu.com.

掌握认知结构,即让学生掌握学习方法,具有独立研讨问题的心理准备和心理负载能力,能够逐步离开教师这根"拐杖"独立"行走",从"学会"走向"会学"①。

④ 信息加工模式

信息加工模式主要依据认知主义的信息加工理论,把教学看作是一种创造性的信息加工过程。用于提高逻辑思维、批判思维能力。例如:

巴特勒学习模式:是20世纪70年代美国教育心理学家巴特勒提出的,其基本教学程序是:设置情境-激发动机-组织教学-应用新知-检测评价-巩固练习-拓展与迁移。其理论基础是信息加工理论②。

加涅模式:加涅的学习层级论主要适用于智慧技能的学习。基本程序:按照电脑加工信息的步骤:环境-接受器-登记-编码-反应器执行监控-效应-环境,他提出九步教学法:引起注意;告知目标;刺激回忆先决条件;呈现刺激材料;提供学习指导;引发业绩;提供业绩正确程度反馈;评价;增强保持与迁移。加涅认为学习这九个阶段可分为三个部分,即准备、操作和迁移三个部分。其理论基础信息加工理论。加涅把人的学习过程等同于电脑对信息的加工处理,在他的学习理论中要点是:注意、选择性知觉、复诵、语义编码、提取、反应组织、反馈③。

概念获得模式:目标是使学习者通过体验所学概念的形成过程来培养他们的思维能力。其基本程序是:教师选择和界定一个概念—教师确定概念的属性-教师准备选择肯定和否定的例子-将学生导入概念化过程-呈现例子-学生概括并定义-提供更多的例-进一步研讨并形成正确概念-概念的运用与拓展。该模式主要反映了认知心理学的观点,强调学习是认知结构的组织与重组的观点。其理论基础是:布鲁纳、古德诺和奥斯汀的思维研究理论④。

范例教学模式:是德国教育实践家M·瓦根舍因提出来的,比较适合原理、规律性的知识。其基本程序是:阐明"个"案-范例性阐明

---

① 百度百科.研讨式教学[BD/OL].[2014—12—29].http://baike.baidu.com.
② 百度百科.巴特勒学习教学[BD/OL].[2014—12—29].http://baike.baidu.com.
③ 百度百科.加涅的学习理论[BD/OL].[2014—12—29].http://wenku.baidu.com.
④ 百度百科.概念获得模式[BD/OL].[2014—12—29].http://baike.baidu.com.

"类"案-范例性地掌握规律原理-掌握规律原理的方法论意义-规律原理运用训练。其理论基础是:遵循人的认知规律:从个别到一般,从具体到抽象的过程[①]。

奥苏贝尔模式:美国著名教育心理学家奥苏贝尔着重强调概括性强、清晰牢固、具有可辨别性和可利用性的认知结构在学习过程中的作用,并把建立学习者对教材清晰牢固的认知结构作为教学的主要任务[②]。其基本程序:提出先行组织者-逐步分化-综合贯通。其着重强调认知结构的地位,围绕着认知结构提出的上位学习、下位学习、相关类属学习、并列结合学习和创造学习等几种学习类型,为新旧知识是如何组织的提供了一条较有说服力的解释。理论基础是奥苏贝尔的有意义学习理论。奥苏贝尔不仅正确地指出通过"发现学习"和"接受学习"均可实现有意义学习,而且还对如何在这两种教学方式下具体实现有意义学习的教学策略进行了研究,特别是对"传递接受"教学方式下的教学策略作了更为深入的探索,并取得了成为教学论领域一座丰碑的出色成果-"先行组织者"教学策略。先行组织者(advance organizer)是先于学习任务本身呈现的一种引导性材料,它要比原学习任务本身有更高的抽象、概括和包容水平,并且能清晰地与认知结构中原有的观念和新的学习任务关联。另外他还注意到影响学习过程的另一重要因素即情感因素的作用,并在这方面提出了独到的见解。

⑤ 建构主义模式

建构主义模式主要依据建构主义学习理论,强调学习者以自己的方式通过别人的帮助,建构对事物的理解。特别适用于"劣构"领域和高级知识的学习以及培养科学研究精神。

现象分析模式[③]:注重培养学生的分析和综合能力。其基本教学程序是:出示现象-解释现象的形成原因-现象的结果分析-解决方法分析。其理论基础:主要基于建构主义的认知理论,非常注意学生利用自

---

① 百度百科.范例教学法[BD/OL].[2014—12—29].http://baike.baidu.com.
② 百度百科.奥苏贝尔[BD/OL].[2014—12—29].http://baike.baidu.com.
③ 百度百科.教学模式[BD/OL].[2014—12—29].http://baike.baidu.com.

己的先前经验对问题进行解释。

抛锚式教学[①]:要求建立在有感染力的真实事件或真实问题的基础上。由于抛锚式教学要以真实事例或问题为基础(作为"锚"),所以有时也被称为"实例式教学"或"基于问题的教学"或"情境性教学"。其基本程序:创设情境-确定问题-自主学习-协作学习-效果评价。其理论基础是建构主义。

Atkin-Karplus学习环教学模式:在20世纪50年代后期到60年代早期,物理学家卡普拉斯和阿特金在"科学课程改进研究"(Science Curriculum Improvement Study,SCIS)的教师用书中提出了由"初步探究"、"概念引入"和"概念应用"3个环节构成的Atkin-Karplus学习环教学模式[②]。

5E教学模式:20世纪80年代,美国生物科学课程研究(biological science curriculum study,BSCS)在Atkin-Karplus学习环教学模式的基础上,进一步提出了5E教学模式,包括5个教学环节,即参与(engage)、探究(explore)、解释(explain)、精致(elaborate)和评价(evaluate)。其中"参与"和"评价"是新增的2个环节,而"探究"、"解释"和"精致"则与原来的"初步探究"、"概念引入"和"概念应用"相对应。理论基础是建构主义理论和概念转变理论[②]。

(9) 国内体育教学模式的种类

1) 技能-训练模式

技能掌握式体育教学模式也经常被称为"传统体育教学模式"[③],是遵循运动技能掌握的规律性来安排教学过程。有学者认为,以运动技能传授为主,身体锻炼为辅的体育教学模式比较典型,具有广泛的代表性[③]。教学程序:在体育教学中多以教师先示范,再讲解动作要领,学生按照教师要求的步骤去练习,然后教师再去纠正学生的错误动作。传统体

---

① 百度百科.抛锚式教学[BD/OL].[2014—12—29].http://baike.baidu.com.
② 王健,李秀菊.5E教学模式的内涵及其对我国理科教育的启示[J].生物学通报,2012,47(3):39—40.
③ 毛振明.关于体育教学模式的研究[J].广州体育学院学报.2000,20(4):45—48.

育教学模式的优点是有助于学生掌握技战术,发展学生的体能。注重外显的、可测量的技战术和体能变化是该模式评价的特点。虽然这一模式有助于学生系统地学习运动技能,有助于教师提高"教"的效率,但不利于调动学生"学"的积极性。

注重在教学中进行身体锻炼的体育教学模式也经常被称为"课课练教学模式"①②,是从八十年代初盛行起来的教学模式,重视通过体育教学进行身体锻炼,谋求学生的体质增强的教学思想指导下的教学模式,强调按人体活动和技能变化规律来考虑教学过程。教学程序:教学的单元设计也是以某一项运动技能学习为主线,与前述的第一种模式相似,然后根据所教运动技术的特点组织相应的一套身体素质练习作为锻炼身体的内容,在每一节课的后半部分,加进一个"身体锻炼"的环节,要求锻炼的内容与运动学习的内容相对应,追求身体的全面锻炼,多采用循环练习法和游戏练习法等。

2) 合作互动模式

小群体体育教学模式也有时被称为"小集团教学模式",是注重学生主体性的教学模式,受合作学习模式影响。其基本思想是试图通过体育教学中的集体因素和学生间交流的社会性作用,通过学生的互帮互学来提高学生的学习主动性,提高学习的质量,并达到对学生社会性培养的作用。要指出的是小群体学习的模式与以往为提高教学效率和进行区别对待的分组教学是有根本区别的。这种教学模式是充分考虑了体育教学中的集体形成和人际交流的规律性来设计教学过程的。教学程序:小群体教学模式虽也形式多样,但一般在单元的开始都有一个分组和形成集体的过程。在这个过程中,重要的是使小组具有一定的凝聚力和各自的学习目标;在单元的前半段,一般是以教师指导性较强的小组学习为主,在单元的后半段,一般则以学生主体性较强的小组学习形式为主,此时教师主要起指导和参谋的作用;单元的前半段以学习活动为主,单元的后半段则以练习和交流活动为主;在单元结束时,一

---

① 吴键,毛振明.关于体育教学模式若干问题的研究[C].北京:人民教育出版社,1999:315.
② 百度百科.小群体体育教学模式[BD/OL].[2014—12—29].http://baike.baidu.com.

般有小组间比赛,小组总结,全班总结等步骤。

3) 调动学习积极性的模式

注重发挥学生主动性的体育教学模式是一个概念比较宽泛且类型多样的一类教学模式,"主动性教学"、"自主式教学"、"自练式教学"、"学导式教学"等大概都属这类教学模式①。这类教学模式都主张尊重学生的自主性和自发性,强调给学生以自主学习的空间和机会,使强制性的死板的教学转变为生动活泼的教学,从而提高体育教学质量,培养学生的学习积极性和主动精神。教学程序:由于激发学生主动的途径和方法很多,因此"主动性"教学模式过程也较多,但它们的共同特点是都有一个可以让学生发挥主动性的教学环节。有的是让学生根据教学内容进行准备活动,有的让学生在一定程度上自选学习方法和进度,有的让学生进行自主的相互评价等等,当然根据教学对象和教学条件这些环节可长可短,形式也可以灵活多样,多采用的方法有小组学习、自练和使用学习卡片等。

注重让学生体验运动乐趣的体育教学模式也经常被称为"快乐体育教学模式"②,是在国内外的"快乐体育"思想下形成的教学模式。其教学思想是主张让学生很好地掌握运动技能和进行身体锻炼的同时,也让学生体验到运动的乐趣,并通过对运动乐趣的体验逐步形成学生终生参加体育实践的志向和习惯。理论基础是:遵循运动情感变化规律来设计的。教学程序:由于运动的乐趣来源于多个方面,因此使学生体验乐趣的教学途径也比较多样,类似的教学模式也比较多。但其教学过程的共同特点是具有一个或几个体验运动乐趣的环节,有时这些环节互相连接,层层递进,使学生能体验到运动、学习、挑战、交流和创造的多种乐趣。这类教学模式多采用游戏法、挑战性练习法、集体性比赛法、小群体学习法等教学方法。

选择制式体育教学模式③主张通过让学生对学习内容、学习进度、学习参考材料、学习伙伴、学习难度等因素进行一定程度的自选自定,

---

① 百度百科.学导式教学法[BD/OL].[2014—12—29].http://baike.baidu.com.
② 百度文库.快乐体育教学模式[BD/OL].[2014—12—29].http://wenku.baidu.com.
③ 毛振明.关于体育教学模式的研究[J].广州体育学院学报.2000,20(4):45—48.

调动学生的学习积极性和主动性,在一定程度上满足学生在学习中的不同需求,并在自主性、自立性较强的学习过程中形成学生的学习能力的教学模式。教学程序:其教学过程结构会根据可选内容的不同有一定的差异,在单元的规模上也会有较大的变化:有让学生选择不同学习内容的特大单元,也有只让学生选择学习难度和进度的常规单元,课中多以"同一课题小组"进行学习为主,教师轮回进行教学和指导,这种教学模式适应有一定学习基础的高年级学生。

注重让学生体验成功的体育教学模式也经常被称为"成功体育教学模式"[①],是近年来在国内"成功体育"教学思想下开始逐步形成的教学模式。在国外,如日本和澳大利亚都有类似的体育思想和相近的教学模式,是一种主要面向学习有困难的学生,主张让每个学生都能体验运动学习乐趣,积累小的成功体验为大的成功,以形成学生从事体育运动的志向和学习自信心的教学模式。该教学指导思想有如下特点:主张让学生多体验成功但不否认过程中的失败;既强调竞争的作用也重视协同的作用;主张将相对的评价与绝对评价结合起来;主张营造温暖的集体学习氛围;强调既懂又会的学习效果。教学程序:在单元的前期和后期都有一个经过改造过的练习方法或比赛方法。这些方法多采用"让位"、"相对评价"等手段将练习和比赛变成一个使技能好坏的同学都能参加和享受成功乐趣的活动。通过这些环节使每个同学都有一个针对自己条件的努力目标,帮助学生建立起学习自信心,最大限度地激发学生的学习积极性。

4) 认知发展模式

发现式体育教学模式[①]也被称为"问题解决式教学模式"或"创造式教学模式"等,是主张通过体育教学,使学生既懂又会,并使学生通过学习掌握运动的原理,掌握灵活的运动学习方法,提高体育教学"智育"因素,这种理性的教学为终生体育服务的教学模式,主要遵循在体育教学中学生认知的规律来考虑教学过程。教学程序:这种教学模式在设计时,先将运动教材中有关原理和知识进行归纳和整理,组成"课题串"

---

① 毛振明.关于体育教学模式的研究[J].广州体育学院学报.2000,20(4):45—48.

和"问题串",每个问题都有其验证、讨论和归纳的方法,然后将几个大的问题分别放在各节课中;课的教学过程一般有问题提出、验证学习、集体讨论、归纳问题、得出结论等几个学习阶段,运动的学习和练习则紧密地穿插其中,多采用提问、设疑、讨论等教学方法。

领会教学式体育教学模式[①][47]是由英国学者嘉宾等在80年代提出的一种改造球类教学的教学过程结构,是试图通过从整体开始学习(领会)的新教程,改变以往只追求技能,甚至是枝节的技能,而忽视了学生对整个运动项目的认知和对运动特点的把握的缺陷,以提高球类教学质量的教学模式。教学程序:主要体现在单元的教学改造上,表现在从过去的"由局部和分解开始学习到整体学习"变为"由整体学习到局部学习再到整体学习"。

5) 情景建构模式

情景和模仿式体育教学模式[①]也经常被称为"情景教学模式"、"形象教学模式"等,适用于小学低、中年级学生,利用低年级学生热衷模仿、想像力丰富、形象思维占主导的年龄特点,进行生动活泼和富有教育意义的教学模式,主要遵循幼儿认识和情感变化的规律来考虑教学过程。教学程序:教学的内容多是一组身体练习,小单元较多,在课的教学过程中一般有一个"情景设定",或由一个情景来贯穿整个单元和课的教学过程,如"夏令营"、"唐僧取经"、"小八路送情报"等,让学生学习和练习用情节串联起来的各种运动,多采用讲故事、情景诱导、保护与帮助的方法。

(10) 小结

从国外教学模式的发展可以看出,教学模式构建的理论依据充分、教学模式构建注重融合借鉴和实证检验是国外教学模式构建的特点。教学模式发展日益多样化、教学模式日益突出学生的主体性和认知发展、实证研究条件日益现代化是国外教学模式发展的趋势。从国外教学模式的分类可以看出,每类教学模式都有不同的功能和适用范围,每

[①] 毛振明.关于体育教学模式的研究[J].广州体育学院学报.2000,20(4):45—48.

种教学模式都有其优点和局限,没有万能的和普适的教学模式。因此在构建教学模式时,应了解国外教学模式的现状和发展趋势,应结合国内的实际情况发展教学模式。在选用教学模式时,应注意与教学目标相契合,应根据教学内容的不同选用适合的教学模式。

从国内体育教学模式的发展可以看出,一些国内学者认识到技能-训练模式的弊端,开始借鉴国外教学模式的成功经验尝试一些新的教学模式,这对推进国内体育教学改革起到了积极的作用,但这些新模式的研究也存在很多问题,表现为理论基础薄弱、构建方法不明确、实证研究缺乏、功能夸大效果虚空等。

笔者认为将宏观层面解决问题的方法称为概括为教学策略比较合适,原因在于模式是指事物的标准样式,概括为教学模式有将教学方法标准化、格式化的倾向。教育学理论认为,教学有法,但无定法。策略是指计策、计谋或谋略,将宏观层面解决问题的方法概括为教学策略更能体现教学方法的灵活性。教学策略是影响教学内容实施的重要因素,因而选择适合的教学策略至关重要。

5.2 教学策略分析

(1) 传统体育教学策略

以运动技能传授为主的、素质训练为辅的体育教学策略比较典型,具有广泛的代表性[1],很多教师都自觉或不自觉的使用这种策略,因而也被称为传统体育教学策略[2]。传统体育教学策略的基本教学程序是:示范-精讲-多练-检查评价-间隔复习。其理论基础是行为主义心理学,行为主义心理学强调控制学习者的行为达到预定的目标,强调环境刺激对学习者行为结果的影响[3]。

---

[1] 毛振明.关于体育教学模式的研究[J].广州体育学院学报,2000,20(4):45—48.
[2] 吴键,毛振明.关于体育教学模式若干问题的研究[C].北京:人民教育出版社,1999:315.
[3] 百度百科.教学模式[BD/OL].[2014—12—29].http://baike.baidu.com.

近年来,以行为主义心理学为基础的传统体育教学策略广受批评。从教学主体来看,学生在教师严密的教学组织下缺乏思考问题的空间,其主体性难以发挥。从教学方法来看,这种策略偏重于教师的传授,忽略学生的探究发现。从教学内容上来看,这种策略偏重重复练习,忽略技术背后深层原理的指导[1][2][3]。为此,国内有些学者提出了一些新的教学策略,如小群体合作教学策略、快乐体育教学策略、成功体育教学策略、发现式体育教学策略、领会式体育教学策略以及情景教学策略等[4]。这些策略虽然没有成为主流的教学策略,但对教学方法的发展起到了一定的作用。

(2) 5E 教学策略

国外概念体育的研究者认为,体育课程过分注重改变学生的行为和训练学生的身体,体育教学蕴含的知识属性、学习者的主体属性和体育的学科属性受到忽视,因而他们在中小学体育健康教育中倡导采用 5E 教学策略,即参与-探究-解释-深加工-评价[5]。5E 教学策略是美国生物学课程研究会(BSCS)在 Atkin-Karplus 学习环教学策略的基础上开发的一种建构主义教学策略。

20 世纪 50—60 年代,美国进行了小学科学教育课程改革。物理学家卡普鲁斯(Karplus)主持了科学课程改进研究(SCIS),并开发出了 SCIS 课程。Atkin 融入了 Karplus 的科学教育思想,认为教师需要为学生提供一定的时间,让他们运用先前概念来探索新的科学概念,然后再由教师分析相应的观点,引入科学概念,并最终使学生构建科学概念[6]。基于这一教学理念,提出了包括"初步探究"、"概念引入"和"概

---

[1] 雷继红,贾进社.我国高校体育教学模式现状及其发展趋势[J].西安体育学院学报,2006,23(3):109—110.
[2] 刘志敏,蒋建森.罗杰斯的人本主义学习观对我国体育教学的启示[J].武汉体育学院学报,2002,36(4):116—117.
[3] 冯天瑾,吴婷.试论现代教学论思想在体育教学中的运用[J].教育与职业,2009(24):96.
[4] 毛振明.关于体育教学模式的研究[J].广州体育学院学报,2000,20(4):45—48.
[5] Chen A, Martin R, Sun H, et al. Is in-Class Physical Activity at Risk in Constructivist Physical Educ-ation? [J]. Res Q Exerc Sport,2007,78(5):500—509.
[6] 王健,李秀菊.5E教学模式的内涵及其对我国理科教育的启示[J].生物学通报,2012,47(3):39—41.

念应用"3个环节的学习环教学策略。

BSCS的5E教学策略继承了SCIS课程的学习环教学策略的研究成果,将"初步探究"、"概念引入"和"概念应用"更名为"探究"、"解释"和"深加工"在5E教学策略中保留下来,但也对SCIS课程的学习环教学策略进行了改进,BSCS认为有必要在学习环教学策略的前后增加"参与"和"评价"环节。增加"参与"环节主要是创设问题情境。增加"评价"环节主要是通过新的活动检查学生的理解和能力。5E教学策略的理论基础是建构主义理论和概念转变理论。建构主义理论强调学生的主体性、探究发现和知识的意义建构[①]。概念转变理论是试图理解和解释先前概念是如何转变为科学概念的理论[②]。由此可见,5E教学策略更注重突出学生的主体性和认知发展。国外突出学生主体性的教学策略还有自学-辅导策略、发现教学策略、合作学习策略等。国外突出学生认知发展的教学策略还有巴特勒学习策略、加涅策略、概念获得策略、范例教学策略、奥苏贝尔策略、现象分析策略等。

(3) 传统体育教学策略与5E教学策略的分歧

以行为主义心理学为基础的传统体育教学策略与以建构主义理论和概念转变理论为基础的5E教学策略分歧主要集中在两个方面:一是传授式教学与发现式教学的分歧;二是注重技能提高与注重认知发展的分歧。

"传授式教学"是指所学知识的全部内容都是以确定的方式被教师传递给学生。"发现式教学"是指学生要通过自己的发现将学习内容纳入认知结构而不是由教师直接传授。美国著名的教育心理学家奥苏贝尔[③]认为,"传授式教学"和"发现式教学"均可实现"有意义的学习"。他认为学生实现有意义的学习体现在新概念是否与学生原有认知结构

---

① 王永锋,何克抗.建构主义学习环境的国际前沿研究述评[J].中国电化教育,2008,(3):8—15.
② 吴娴等.概念转变理论及其发展述评[J].心理科学进展,2008,16(6):880—886.
③ 陈琦,刘儒德.当代教育心理学[M].北京师范大学出版社,2007.

中的概念发生联系。是否发生这种联系是区分"意义学习"与"机械学习"的关键,因而区分"意义学习"与"机械学习"的关键不在于师生的主体性上,而关键在于是否促进学生的认知发展上。

德国的教育学家赫尔巴特[①]也持相同的观点,他认为学生真正地掌握知识体现在新经验是否与学生原心理统觉团中的概念发生联系。因此,"传授式教学"完全可以实现有意义的学习,"发现式教学"也可能导致机械学习。根据奥苏贝尔的观点,传统体育教学策略的主要问题是学生在身体活动过程中没有伴随认知水平的提高,或者是学生的认知水平提高不多,而仅仅是简单地模仿了教师的示范动作,没有做到知其然并知其所以然,造成了"机械学习"。

但传统体育教学策略也有其自身优点,传统体育教学策略的重要原则是"精讲多练","精讲多练"有助于学生运动技能的提高,这在运动技能的初学阶段是必要的。运动技能的本质是复杂的、连锁的、本体感受性的运动条件反射[②]。运动条件反射的形成,是在非条件反射的基础上,通过视觉、听觉、触觉、本体感觉等感觉系统与条件刺激多次结合,在大脑皮质建立的复杂神经联系。其中本体感觉的传入冲动在运动技能的形成过程中起着重要的作用,没有这种传入冲动,条件刺激就得不到强化,条件反射就不能形成,运动技能就不能掌握。因此要增加本体感觉的传入冲动就需要"多练",所以在运动技能的初学阶段强调"精讲多练"是必要的。

但"精讲"的要领是对动作做法的概括,这些概括往往浓缩精练,虽然直观易于操作但缺少深度。如果教师缺少详细的解释以及师生之间缺少深刻的探讨,过于追求"多练",可能会导致"机械学习",即新的概念与学生的前概念没有发生实质性的联系,表现为学生只是被动地执行了教师的指令,而没有深刻理解运动的相关原理。从认知发展的角度来看,"精讲多练"又不利于学生认知的发展。

可见,在体育课程中提高学生的运动技能与促进学生的认知发

[①] 易忠兵.基于统觉理论的抽象概念激趣[J].复印报刊资料:中学物理教与学,2009(2):21—23.
[②] 全国体育院校教材委员会审定.运动生理学[M].人民体育出版社,2002:469—470.

展是一对矛盾。为促使"意义学习"的产生，促进学生认知的发展，在运动技能的改进提高阶段有必要适当地减少练习的时间，练习时间的减少必然会引起学生运动量的减少。学生运动量减少多少不会改变体育课程的性质，目前没有统一的标准。现有的运动免疫研究[①]显示，小负荷的运动对人体的免疫能力影响不大；中等负荷的运动有助于提高人体的免疫能力；大负荷的运动会导致人体的免疫能力下降。可见，体育课程以中等负荷为主有助于促进学生的健康，追求大负荷并不可取。

体育课程以中等负荷为主给促进学生的认知发展提供了可能，以大负荷为主的体育教学没有多少富余的时间发展学生的认知。在运动技能的改进提高阶段适当地降低运动负荷，促进学生认知的发展，提高体育教学的科学性，对学生运动技能的提高也是有益的。因此，在运动技能的改进提高阶段适当地减少练习的时间有助于实现学生的认知发展与技能提高的统一，即认知发展与技能提高相互作用和相互促进。在实际教学中，要想实现两者的相互作用和相互促进，关键是要对不同教学方法的组合结构进行适当地调整。

由此可见，传统体育教学策略与5E教学策略各有不同的功能和适用范围，近年来国内外学者对传统体育教学策略的批评并不完全正确。一是传统体育教学策略并没有使学生完全丧失主体性，在身体练习为主的体育课程中学生既然有充足的时间练习，那么在身体练习过程中也应该有充足的时间思考，传统体育教学策略的缺陷主要在于缺少对思考内容的引导和设计。二是将传统体育教学策略等同于传授式教学，贬低传授式教学在促进学生认知发展中的作用，片面夸大探究发现式教学的作用。根据奥苏贝尔和赫尔巴特的观点，传授式教学同样可以实现"意义学习"，探究发现式教学也可能导致"机械学习"。三是对传统体育教学策略在运动技能初学阶段的作用认识不足，同时缺少对运动技能改进提高阶段教学策略的研究。

[①] 全国体育院校教材委员会审定.运动生理学[M].人民体育出版社,2002:469—470.

概念体育的研究者虽然将5E教学策略引介进体育界,但他们的主要目的并不是为了提高学生的运动技能,相反,他们认为体育课程以运动技能提高为目标是不合理的,也是不现实的,原因在于运动技能的学习与健康行为之间的正相关关系目前还没有被实践所证实,并且认为提高学生的运动技能需要很长的周期,目前的体育课时远远不够,因此他们提出体育课程最值得教与学的内容是健康知识[20]。他们采用5E教学策略的目的是在游戏或体能活动中增加健康知识,培养学生的健康意识,改变学生的健康行为。2010年中美两国的科研人员展开合作,在上海市15所初中采用5E教学策略结合运动技能教学进行了"概念体育"的实验[21]。在这一课题中虽然将5E教学策略后面的两个环节进行了调换,但对5E教学策略的中国化并不充分,表现为"参与"环节缺少展示学生前概念的设计,并且缺少差异事件的设计,不能激发学生的认知冲突,另外将"参与"和"评价"环节对应课程结构的准备部分和结束部分是否合理缺少说明。因而在运动技能的改进提高阶段如何调整不同教学方法的组合结构实现技能提高与认知发展的相互促进值得深入研究。

5.3 增加运动原理性知识的策略

为实现技能提高与认知发展的相互促进,借鉴传统体育教学策略和5E教学策略①的成功经验,本文尝试采用"认知发展"教学策略在大学公共体育"个性化"教学中增加运动原理性知识,如图5-1所示。

(1)"认知发展"教学策略定义

认知过程是指通过感觉、知觉、记忆、想象、思维等心理活动获取知

---

① 王健,李秀菊.5E教学模式的内涵及其对我国理科教育的启示[J].生物学通报,2012,47(3):39—40.

识、加工知识或应用知识的过程。认知是认识过程的产物,认识产物往往是在人脑中以知识网络的形态如形成概念、判断或推理等形式存在。认知发展是人的知识结构完善的过程。知识结构的完善与人的认知能力提高密切相关[1]。

教学策略是教学中教师运用多种途径或手段进行教学的方案集合[2]。"认知发展"教学策略是指教师为促进学生知识结构的完善而采用的多种教学途径或手段的方案集合。概念转变理论认为,认知发展是由前概念转变为科学概念的过程,是学生认知结构调整的过程。这里的"概念"并非是逻辑学中通常用的概念,而是指与某个概念相关的知识[3]。在运动技能的改进提高阶段,为促进学生运动认知的发展应采用展示学生前概念、促进学生概念转变和巩固学生科学概念的教学途径或手段,如图5-1。

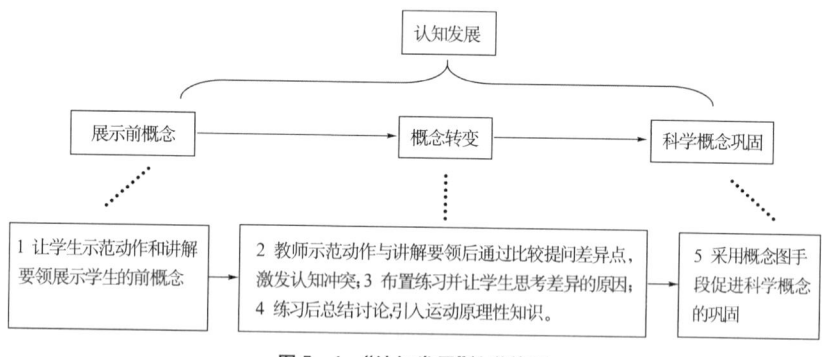

图5-1 "认知发展"教学策略

"认知发展"教学策略的基本教学程序包括五个方面:首先,要让学生示范动作和讲解要领,以展示学生的前概念。其次,教师要示范动作与讲解要领,然后提问师生示范和讲解的差异点,以激发认知冲突。第三,教师要布置练习并让学生思考差异的原因。第四,学生练习后总结讨论,教师引入运动原理性知识。最后,教师采用概念图手段促进学生科学概念的巩固。

---

[1] 彭聃龄.普通心理学[M].北京:北京师范大学出版社,2010.
[2] 毛振明,陈海波.体育教学方法理论与研究案例[M].北京:人民体育出版社:2006:10.
[3] 陈琦,刘儒德.当代教育心理学[M].北京:北京师范大学出版社,2007.

(2)"认知发展"教学策略的特点

首先,强调展示学生前概念的重要性,具体采用的教学途径或手段包括教师提问、学生示范和讲解等。其次,强调激发学生的认知冲突在学生认知发展中的作用,具体采用的教学途径或手段包括教师的示范和讲解,通过提问师生示范与讲解的差异点,形成差异事件,制造认知失衡。第三,强调问题导向的练习,让学生在练习过程中思考差异点的原因,提高练习的针对性和目的性,体现学生练习与思考的统一性,避免目的性不强的练习。第四,强调与运动技能提高密切相关的理论性知识的介入,在对差异点的原因进行交流探讨后,教师引入运动原理性知识促进学生前概念向科学概念的转变。认知心理学将广义知识分为陈述性知识和程序性知识。陈述性知识是以符号、概念、命题等形式描述客观事物的特征及其关系的知识。程序性知识是指关于解决做什么和如何做的操作性知识。认知心理学认为运动技能教学主要传授的是程序性知识[①]。运动原理性知识是反映技战术本质和规律的陈述性知识,运动原理性知识与运动技能操作高度相关,运动原理性知识的引入将有助于学生深刻理解操作性知识(如教师示范的动作和讲解的要领)。最后,强调学生知识网络结构的优化,通过认知结构的优化促进科学概念的巩固。

(3)"认知发展"教学策略的适用范围

目前运动技能形成过程的阶段划分存在分歧。传统的理论将运动技能的形成过程划分为粗略掌握、改进提高和熟练运用三个阶段。运动技能形成过程的不同阶段目标和内容是不同的,因而采用的教学策略也应因目标和内容的不同有所变化。粗略掌握阶段的目标主要是让学生获得运动的感性认识。在这一阶段多种感觉器官的传入冲动,特别是本体感受器的传入冲动至关重要,因而采用"精讲多练"的传统体育教学策略有助于实现粗略掌握阶段的教学目标。然而在粗略掌握阶

[①] 梁宁建.当代认知心理学[M].上海:上海教育出版社,2003:182—227.

段学生的分化能力较差,在改进提高阶段应提高学生的分化能力。为提高学生的分化能力,适当地降低运动负荷,针对学生的错误细节,加强运动理论指导,提高学生的理性认识是必要的。但在运动技能形成过程的改进提高阶段将运动原理性知识融入到运动实践中应加强运动负荷的监控,运动负荷应保持在中上水平,否则容易改变体育课程的性质。

(4)"认知发展"教学策略的意义

有助于提高学生的运动技能。运动技能是学生促进体质健康的重要手段。促使学生掌握1—2项运动技能是大学公共体育的重要目标。心理学理论认为,技能的提高要以知识的掌握为基础,能力的提高要以知识和技能的掌握为基础,能力的提高又进一步促进知识和技能的掌握[40]。因而运动技能的提高要以技战术知识的掌握为基础,运动能力的提高要以技战术知识和运动技能的掌握为基础。在运动技能的改进提高阶段采用"认知发展"教学策略有助于学生深刻理解教师讲解的动作要领,有助于学生模仿和再现教师示范的动作过程。因而在运动技能的改进提高阶段采用"认知发展"教学策略有助于学生深刻而全面地掌握技战术知识,根据知识、技能和能力的辩证关系,学生深刻而全面地掌握技战术知识会有助于促进学生运动技能和运动能力的提高和保持。因而"认知发展"教学策略的提出对实现公共体育的目标和促进学生的体质健康具有重要的意义。

有助于改善学生的锻炼态度。锻炼态度是影响学生锻炼行为的重要因素。培养学生积极的锻炼态度是大学公共体育的目标之一。锻炼态度是个体对锻炼所持有的稳定的心理倾向,这种心理倾向蕴含着个体对锻炼的主观评价以及由此产生的锻炼行为倾向性,表现为对锻炼的认知、情感和意向三个方面[42]。改善学生的锻炼态度首先应提高学生的锻炼认知,当前学生锻炼态度消极的原因之一可能是学生对锻炼的认知不高造成的。在运动技能的改进提高阶段采用"认知发展"教学策略有助于提高学生的锻炼认知。因而"认知发展"教学策略的提出对改善学生的锻炼态度和促进学生的体质健康具有重要的意义。

有助于改善学生的锻炼行为。良好的锻炼行为是学生促进体质健康的必要条件。促使学生形成良好的锻炼行为是大学公共体育的目标之一。认知心理学强调认知发展对行为的决定作用[41]，认知评价理论认为，事件的控制性和信息性影响人的自我决策感和能力感，人的自我决策感和能力感的变化影响人的内部动机，人的内部动机对行为具有决定性作用。认知评价理论揭示了事件的控制性和信息性、自我决策感和能力感以及内部动机三者之间的规律[42]。在运动技能的改进提高阶段采用"认知发展"教学策略能够增加教学内容的信息性和减少教学过程的控制性，根据认知评价理论，增加教学内容的信息性和减少教学过程的控制性有助于增强学生的自我决策感和能力感，有助于增强学生的内部动机，改善学生的锻炼行为。因而"认知发展"教学策略的提出对改善学生的锻炼行为和促进学生的体质健康具有重要的意义。

5.4 增加运动原理性知识策略的理论基础

(1) 建构主义理论

美国教育心理学家奥苏贝尔认为，影响学习的最重要因素就是学生的前概念①。这说明学生的前概念是教学的起点，应根据学生前概念的掌握情况进行教学。在进行科学概念教学前，学生的头脑并不是一片空白，而是在以往的生活和学习中已经历史地形成了对相关问题的思维方式和基本看法，这些思维方式和基本看法有时与要学习的科学概念相一致，有时与其相悖。学生已有的与科学概念相悖的概念被称为前概念②，也有学者称之为前科学概念、相异概念、相异构想、私人概念、朴素概念、迷思概念、另类概念③等。建构主义学习理论强调了

---

① 周淑萍.基于学情分析的数学教学活动设计[J].福建教育,2014(23):40—42.
② 咸蕊,董素静.初中生化学前概念研究综述[J].北京教育学院学报(自然科学版),2006,1(5):31.
③ 姜涛,山灵芳.国外中学生物理学前概的研究[J].课程·教材·教法,2009,29(11):89.

解学生前概念的重要性。建构主义学习理论认为,学习不是简单的知识累积而是在学生原有知识经验的基础上发生的认知结构重组①。可见,学生的前概念是学生学习的前提条件和基础。因此,在增加运动原理性知识之前,应了解学生的前概念,让学生在前概念的基础上建构科学概念。具体要进行三个方面的分析:一是学生前概念分析;二是科学概念分析;三是差异分析。

学生前概念分析。Hewson等人在前人研究的基础上提出了"概念状态"的概念,采用可理解性、合理性和有效性作为概念状态的标识解释学习者内部的概念转变过程②。Thorley给出了判断概念状态的操作性指标③。实践中教师可以通过观察、问答、画概念图等多种方式获取有关信息,诊断学生前概念所处的状态,并深入分析前概念产生的原因,这些原因可能来自先入为主的日常生活经验、知识的负迁移、旧有概念的局限、由语词带来的曲解、学生的主观臆测、教学方法不当(如简单枚举,不当类比等)等多个方面。

科学概念分析。对科学概念本身的研究是概念转变研究的一个重要方面。Chi等人提出了基于本体论的概念转变理论④[6],该理论认为世界上的实体可归属为三个基本的本体类别,即"物质"、"过程"和"心理状态"。"物质"类别主要是指具有属种关系的实体概念;"过程"类别主要是指基于条件作用的关系类概念;"心理状态"类别主要是指描述人的心理过程和特征的概念。对于概念转变的机制,Chi认为概念转变的难易与概念的本体类别有关。"本体类别内"的概念转变容易,"本体类别间"的概念转变难⑤[7]。针对不同的概念

---

① 杨维东,贾楠.建构主义学习理论述评[J].理论导刊,2011(5):77—80.
② Hewson,P. W. A conceptual change approach to learning science. European Journal of Science Education. 1981,3:383—396.
③ 詹慧中.通过双情景学习模型(DSLM)促进概念转变的实证研究[D].广西师范大学硕士论文,2010.
④ 吴娴,罗星凯,辛涛.概念转变理论及其发展述评[J].心理科学进展,2008,16(6):880—886.
⑤ Chi,M. T. H,Slotta,J. & de Leeuw,N. From things to processes:A theory of conceptual change for learning science concepts[J]. Learning and Instruction 1994,4(1):27—43.

类别,历史上很多教育心理学家提出了不同的教学策略①[8]。为有效帮助学生建构科学概念,教师应对科学概念本身的特征和类别具有清晰的认识。

差异分析。在分析学生前概念与科学概念的基础上,比较学生前概念与科学概念之间的差异,对差异的性质和距离进行定性,由此决定教学策略和学习进程,学习进程如从模糊到清晰;从错误到正确;从片面到全面;从空白到新建。准确的差异分析有助于明确教学的目标和方向。

(2) 认知发展理论

概念转变研究源于上世纪80年代兴起的建构主义思潮,30多年来研究者从不同的视角研究概念转变的机制。Posner等人从认识论的视角提出了概念改变的模型②[1],其理论基础是皮亚杰的认知发展理论。皮亚杰认为,认知发展涉及到图式、同化、顺应和平衡四个方面③。

根据皮亚杰的基本观点,当现有概念不能融洽到新信息时,认知平衡即被破坏,通过概念顺应,学生改变原有的错误概念,重构清晰、明确的科学概念,实现认知结构的新平衡。根据认知发展理论,教学首先应确定学生原有的认知发展水平,其次要制造认知的"不平衡",激发学生的学习动机,然后创设教学情境,促使学生的认知达到新的"平衡"。在教学与发展的关系上,苏联教育心理学家维果斯基提出了"最近发展区"、"教学应当走在发展的前面"、"学习最佳期限"等观点,这些理论观点说明教学首先要制造认知"失衡",明确方向。

Posner等人的概念改变模型在认知发展理论的基础上提出了概

---

① 余文森等.现代教学论基础教程[M].东北师范大学出版社,2007:173—174.
② Posner, G. J. , Strike, K. A. , Hewson, P. W. & Gentzog, W. A. Accommodation of a scientific conception: Toward a theory of conceptual change[J]. Science Education, 1982, 66:211—227.
③ 刘金花.儿童发展心理学[M].华东师范大学出版社,1997.

念转变的四个条件,即对原概念产生不满、新概念是可理解的、新概念是合理的、新概念是富有成效的[1]。概念的可理解性、合理性、有效性之间密切相关,可理解性是合理性的前提,合理性是有效性的前提。教育心理学理论认为,这三个条件不是新概念实际上如何,而是指学习者体验到的可理解性、合理性和有效性,是学习者对新旧经验整合过程的自我意识。基于认识论的概念转变模型以学习者对两套竞争概念的认识来解释概念转变的机制,但在教学过程中多种因素影响概念转变而非仅概念自身。Dreyfus的研究发现学习者的学习态度影响认知冲突的产生[2][4]。Posner等人后来对概念转变模型做了修改,增加了环境和动机等因素。

根据概念转变模型所提出的概念转变条件,激发认知冲突策略成为科学教育中广泛采用的策略。因此,在了解学生前概念的基础上,首先要设计差异性事件,激发认知冲突,使学生对前概念不满,然后创设问题情境;其次让学生练习并思考差异的原因。最后互动讨论,教师引入运动原理性知识,使学生知其然并知其所以然。

(3) 教育学理论

教育学理论认为,学生对新知识的学习一般要经历感知、理解、记忆和应用四个阶段。理解是学生认知发展重要前提,是区别机械识记和意义识记的重要标志。知识的应用则是在意义识记的基础上认知的高层次发展,也是教学的最终目的。课堂教学是促进学生认知发展的重要阶段,但课外作业管理也不应忽视。通过布置体现认知结构的作业,加强学生对新知识的反思应用是促进学生认知发展的重要途径。相关研究显示,绘制概念图不但能巩固课堂教学效果,而且能提供教学反馈信息[3]。概念图是直观表征客观事物本质以及其关系的形

---

[1] 杜伟宇.概念改变理论的述评[J].教育探索,2007(1):12—13.
[2] Dreyfus A, Jungwirth E, Eliovitch R. Applying the "cognitive conflict" strategies for conceptual chang-e some implications, difficulties, and problems[J]. Science Education, 1990,74: 555—569.
[3] 袁维新.概念图:一种促进知识建构的学习策略[J].学科教育,2004,(2):41—43.

式之一。在科学教育中,绘制概念图是促进学生认知发展的重要手段,但在以身体练习为主的体育课堂上让学生画概念图是不现实的,而在课后以作业的形式根据体育知识卡的内容画概念图则是具有操作性的。

属种关系的概念图是概念图的形式之一,让学生画这类概念图对促进学生的认知发展具有重要的作用。属种概念分层定义为从低层概念的集合到他们所对应的更高一层概念的影射。这种影射将概念的集合以偏序的方式组织,例如,树(分层及分类的)、网格、有向图等等。

一个概念分层可以在一个属性域上或一个属性域的集合上定义。假设一个分层 H 是定义在域的集合 $D_1,\cdots,D_k$ 上,其中不同的概念层次组成了一个分层。概念分层通常从一般到特殊的顺序以偏序的形式排列。最一般的概念是空描述(null description,以保留字 ANY 表示);最特殊的概念对应着数据库中属性的具体值。正式定义如下:

$$H_l : D_i \times \cdots \times D_k \rightarrow H_{l-1} \rightarrow \cdots \rightarrow H_0$$

其中 H_l 代表最原始的概念集;H_{l-1} 代表比 H_l 更高一层的概念;依次类推,H_0 是最高一层的分层,可能只含有最一般的概念"ANY"。

概念分层的逻辑学基础。在逻辑学中,事物的内涵是指该事物区别其它事物的本质属性。所谓本质属性是指与其它事物相比较得出的主要区别,定义的逻辑形式为:被定义项=种差+邻近的属概念。

根据这一理论,确定本质的方法是分析、抽象、概括和比较法。如何比较?首先应明确比较的对象,如果比较对象不明确,何谈本质?由于确定体操本质的比较对象是多元的,而且是分层次的。因此,体操本质是多元的而且是分层次的。

从逻辑学理论可以看出,确定本质涉及三个方面的问题:一是要概括出同类事物的共同特征。二是概括出同类事物的共同特征后,要与其它事物比较才能确定哪些共同特征能成为本质。三是要明确"邻近的属概念",因为"邻近的属概念"决定比较的范围,即论域。这一过程运用的逻辑学方法是分析、抽象、概括和比较。

如何确定更高一层的本质——"邻近的属概念"？"邻近的属概念"是被定义项和外部比较对象"共同特征"的概括，这一"共同特征"能否成为本质也要考虑同层的"比较对象"。"邻近的属概念"与同层的"比较对象"又同属于更高一层"属概念"，是更高一层"属概念"下不同对象的比较。这一过程同样是运用分析、抽象、概括和比较的逻辑学方法，此方法的"螺旋式"运用便会产生概念的层次性，概念层次性是主体认识水平的反映。

概念分层的哲学基础。概念层次性是客观事物层次性的反映，也是主体认识水平的反映。任何事物都作为类的个体或属的种而存在。事物本质的层次关系是指属种关系，而不是整体与部分的关系。由于类或属的内容随着分类标准的变化而变化，所以属种的区分具有相对性，属种关系的层次具有多样性。但是如果分类标准既定，则类或属的内容就是稳定的，在这个前提下可以考察事物本质的层次性。

如何构建概念分层分类体系？列宁在《唯物主义和经验批判主义》一书中指出：从物质到感觉和思维，与从感觉和思维到物质，这是认识论上两条根本对立的路线。前者是唯物论的路线，后者是唯心论的路线。

"概念分层分类体系"的构建应遵循"从物质到感觉和思维"的唯物主义路线，运用分析、综合、抽象、比较、概括等逻辑学方法构建，而不是按"从感觉和思维到物质"的唯心主义路线先验预设，即不是按自上而下的演绎路线，而是按自下而上的归纳路线构建的。

列宁在《哲学笔记》中写道，在《资本论》中，逻辑学、辩证法和唯物论的认识论，"不必要三个词，它们是同一个东西"。在方法论上，列宁关于逻辑学、辩证法和唯物主义认识论的同一性指示，对今天正确认识本质仍然具有重要的指导意义。因此，本质认识的方法论应以科学的世界观为指导，坚持辩证唯物主义认识论与逻辑学方法的统一。概念分层理论正是主体这一认识过程的概括。

以概念分层理论为指导，建立概念分层分类体系的举例，见图5-2、图5-3和图5-4。

5 增加运动原理性知识的可行性分析

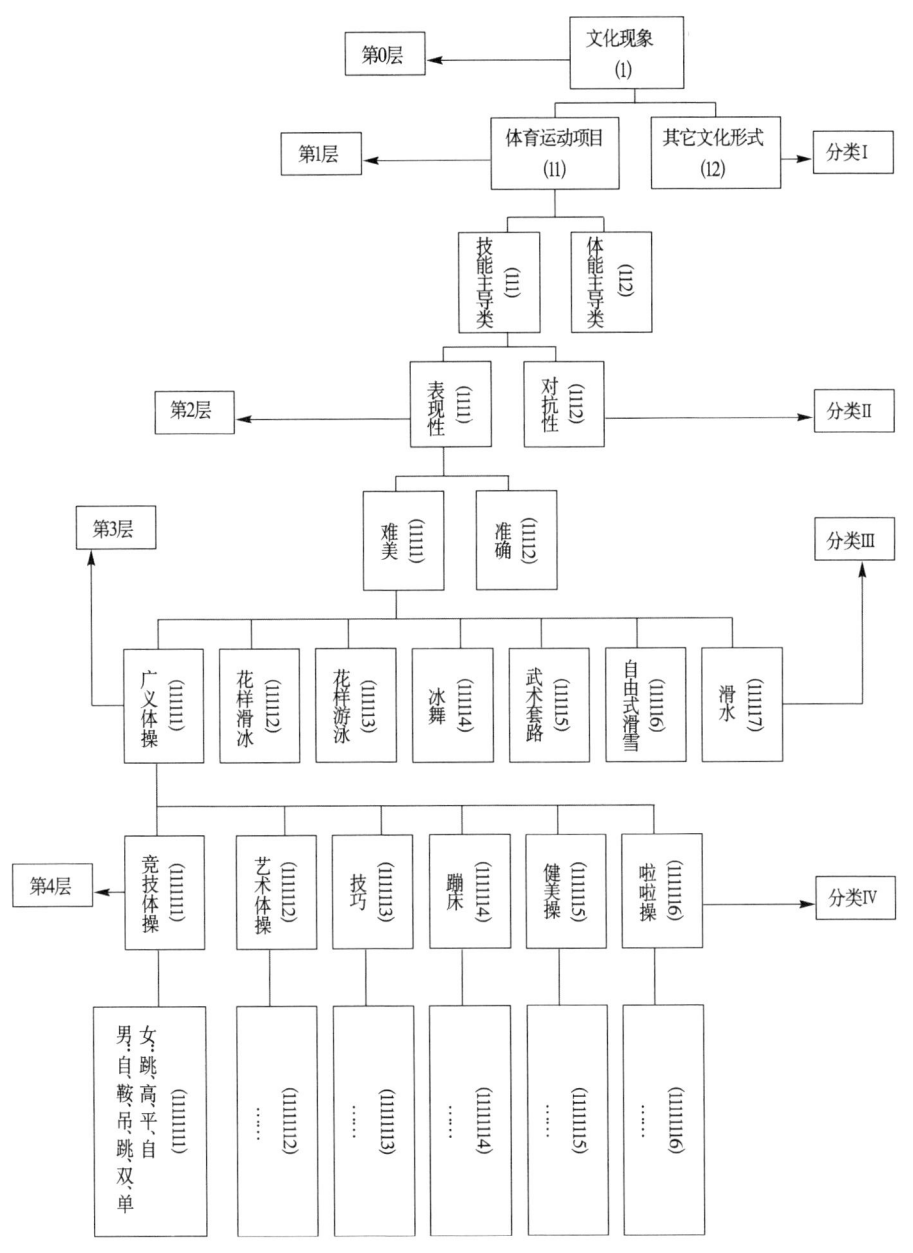

图 5-2 体操概念分层分类体系Ⅰ及其逻辑形式

- 第0层：文化现象 (1)
- 第1层：体育运动项目 (11)、其它文化形式 (12) —— 分类Ⅰ
- 第2层：技能主导类 (111)、体能主导类 (112)
  - 表现性 (1111)、对抗性 (1112) —— 分类Ⅱ
- 第3层：难美 (11111)、准确 (11112) —— 分类Ⅲ
  - 广义体操 (111111)、花样滑冰 (111112)、花样游泳 (111113)、冰舞 (111114)、武术套路 (111115)、自由式滑雪 (111116)、滑水 (111117)
- 第4层：竞技体操 (1111111)、艺术体操 (1111112)、技巧 (1111113)、蹦床 (1111114)、健美操 (1111115)、啦啦操 (1111116) —— 分类Ⅳ
  - 男：自由、鞍马、吊环、跳马、双杠、单杠；女：跳马、高低杠、平衡木、自由 (11111111)
  - (11111112) … (11111113) … (11111114) … (11111115) … (11111116) …

112　大学公共体育"个性化"改革的完善研究

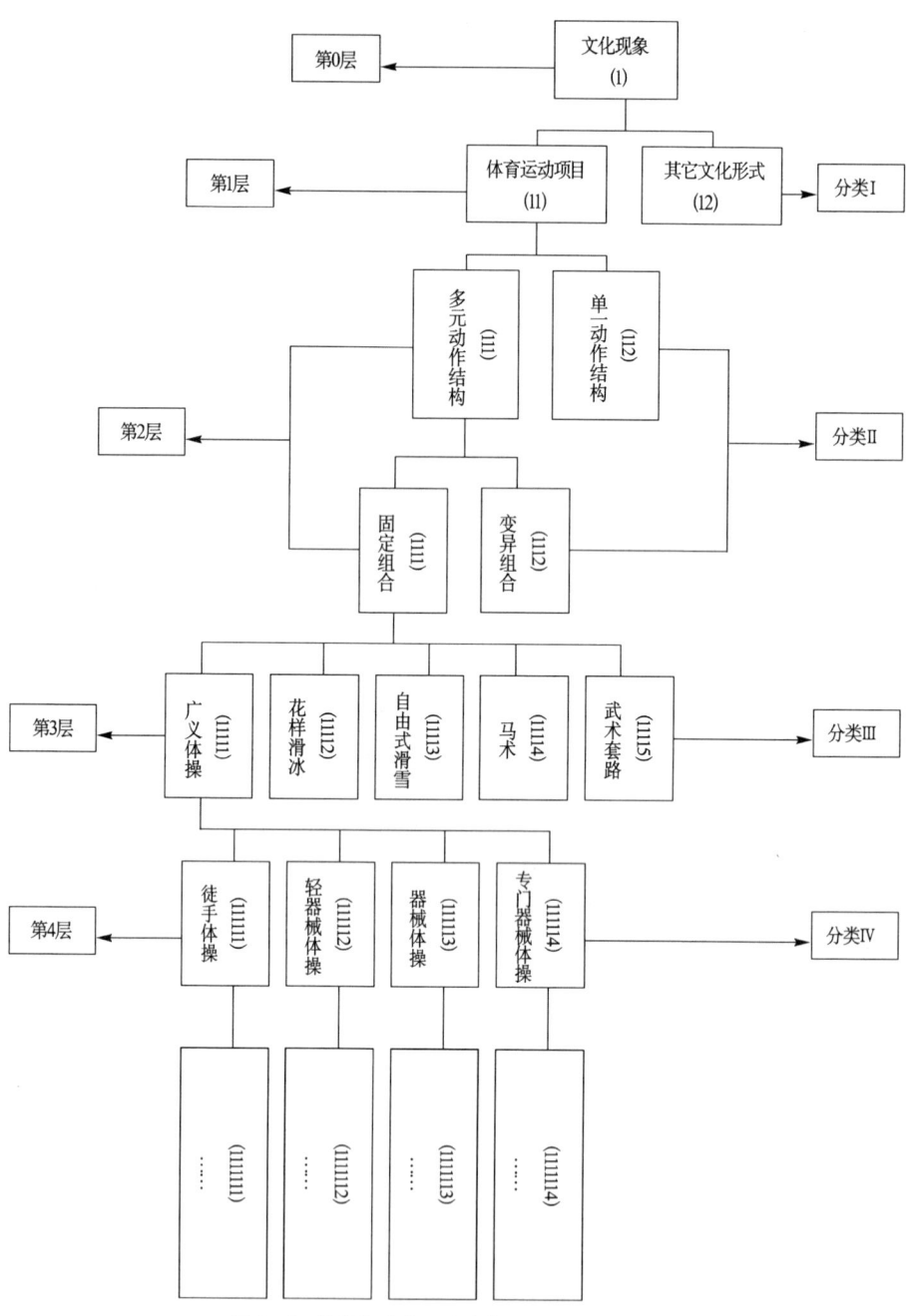

- 第0层 ← 文化现象 (1)
  - 第1层 ← 体育运动项目 (11)　其它文化形式 (12) → 分类Ⅰ
    - 第2层 ← 多元动作结构 (111)　单一动作结构 (112) → 分类Ⅱ
      - 固定组合 (1111)　变异组合 (1112)
        - 第3层 ← 广义体操 (11111)　花样滑冰 (11112)　自由式滑雪 (11113)　马术 (11114)　武术套路 (11115) → 分类Ⅲ
          - 第4层 ← 徒手体操 (111111)　轻器械体操 (111112)　器械体操 (111113)　专门器械体操 (111114) → 分类Ⅳ
            - (1111111)　(1111112)　(1111113)　(1111114)

图 5-3　体操概念分层分类体系Ⅱ及其逻辑形式

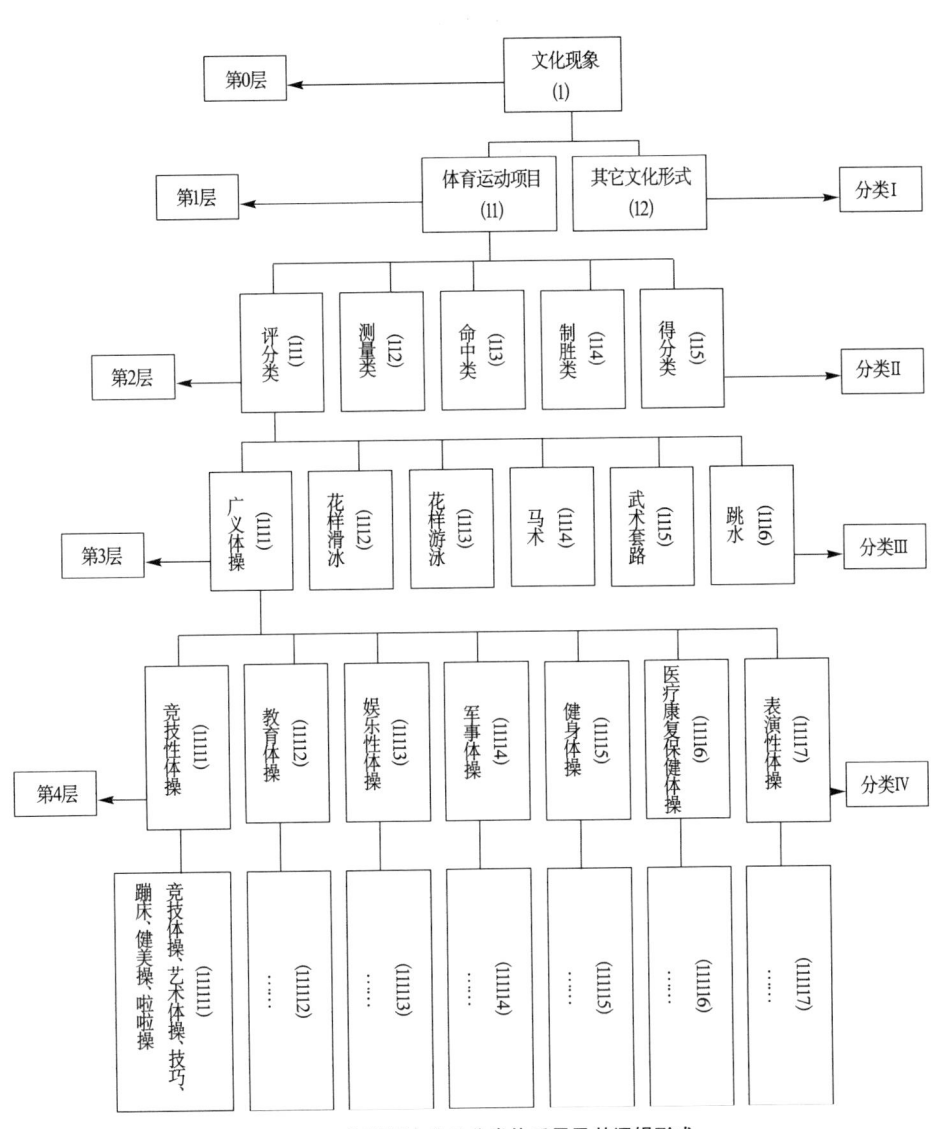

图 5-4 体操概念分层分类体系Ⅲ及其逻辑形式

5.5 增加运动原理性知识的案例

从上海大学公共体育篮球教学计划可以看出,篮球教学主要涉及三个方面的内容:一是技术教学;二是战术教学;三是体能教学。现以"认知发展"教学策略为框架,在篮球技术、战术和体能教学中增加运动原理性知识,教案举例如下。

教案Ⅰ

一　教学内容

1. 原地单手肩上投篮;2. 背后变向运球;3. 传切配合;4. 立定跳远(体质测试)

二　教学目标

1. 大部分学生能正确示范投篮和运球动作,并能正确说出动作要领和技术原理。

2. 大部分学生能正确示范传切配合,并能正确说出传切配合的要领和战术原理。

3. 大部分学生能正确示范立定跳远,并能正确说出动作要领及相关原理。

三　教学重点

1. 激发认知冲突;2. 引导练习时思考内容;3. 正确讲解运动原理性知识。

四　教学难点

1. 改变学生错误的动力定型;2. 让学生说出正确的要领及其原因。

五　教法与程序

(一)准备部分(约10分钟)

1. 课堂常规

(1)体育委员整队报告人数;(2)教师登记考勤;(3)师生问好;(4)教师宣布本课内容和目标;(5)安排见习生。

2. 准备活动

(1)头部运动;(2)扩胸运动;(3)腰部运动;(4)正压、侧压腿;(5)

膝关节运动;(6)踝腕关节运动;(7)指关节运动;(8)原地纵跳;(9)原地高抬腿。

(二) 基本部分(约70分钟)

1. 原地单手肩上投篮(约15分钟)

图 5-5 原地单手肩上投篮[①]

(1) 前概念展示阶段

1) 让学生示范原地单手肩上投篮动作

2) 鼓励学生说出原地单手肩上投篮的动作要领

(2) 激发认知冲突阶段

3) 教师示范原地单手肩上投篮动作

4) 教师讲解原地单手肩上投篮的动作要领

5) 鼓励学生指出教师的讲解示范与学生的讲解示范的区别

(3) 探究体验阶段

6) 让学生分组练习并思考差异的原因。

(4) 总结讨论阶段

7) 让学生总结讨论影响投篮命中率的因素及相应的动作要领

8) 教师引入正确动作要领并讲解抛物线形成规律及入射角与反射角规律。

---

① 陈国瑞.篮球[M].福建科学技术出版社,2008.

图 5-6　投篮的抛物线轨迹

出手后球运行的方向、距离和入篮角度是影响投篮命中率的主要因素，即球运行的抛物线轨迹是否合适是影响投篮是否命中的主要因素，因而控制出手的方向、力量和角度使球形成合适的抛物线至关重要。

（5）巩固提高阶段

9）布置概念图作业：根据体育知识卡的要求绘制投篮命中率影响因素与动作要领的对应关系图

体育知识卡

如何控制出手的方向、力量和角度？哪些动作要领是针对控制出手方向的？哪些动作要领是针对控制出手力量大小的？哪些动作要领是针对控制出手角度的？请用概念图绘制出影响因素与动作要领之间的对应关系。

2.背后变向运球（约 15 分钟）

图 5-7　背后变向运球[①]

（1）前概念展示阶段

1）让学生示范背后变向运球动作

2）鼓励学生说出背后变向运球的动作要领

---

① 陈国瑞.篮球[M].福建科学技术出版社,2008.

(2) 激发认知冲突阶段

3) 教师示范背后变向运球动作

4) 教师讲解背后变向运球的动作要领

5) 鼓励学生指出教师的讲解示范与学生的讲解示范的区别

(3) 探究体验阶段

6) 让学生分组练习并思考差异的原因

(4) 总结讨论阶段

7) 让学生总结讨论影响流畅快速背后变向运球的因素

8) 教师引入正确动作要领并讲解动量定理及方向控制规律

(5) 巩固提高阶段

9) 布置概念图作业:根据体育知识卡的要求绘制成功背后变向运球影响因素与动作要领的对应关系图

体育知识卡

如何护球和控制球的高度和方向?哪些动作要领是针对护球的?哪些动作要领是针对控制球的高度和方向的?请用概念图绘制出影响因素与动作要领之间的对应关系。

3. 传切配合(约 20 分钟)

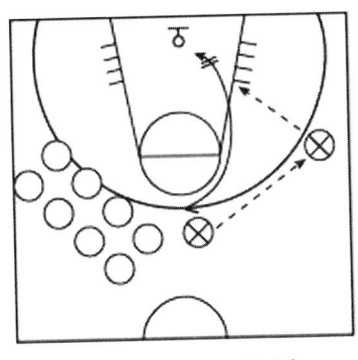

图 5-8 传切配合教学[①]

前概念展示阶段

1) 让学生示范传切配合的传球和切入路线

---

① 陈国瑞.篮球[M].福建科学技术出版社,2008.

2) 鼓励学生说出传切配合的要领

（2）激发认知冲突阶段

3) 教师示范传切配合的传球和切入路线

4) 教师讲解传切配合的要领

5) 鼓励学生指出教师的讲解示范与学生的讲解示范的区别

（3）探究体验阶段

6) 让学生分组练习并思考差异的原因

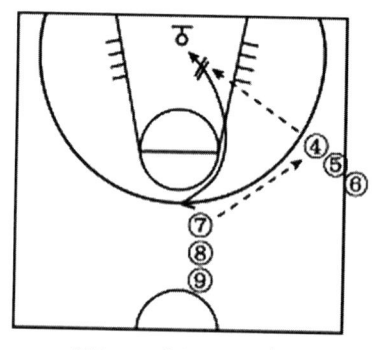

图 5-9 传切配合练习[1]

（4）总结讨论阶段

7) 让学生总结讨论传切配合的适用条件和关键

8) 教师给出传切配合的要领及并讲解进攻战术——声东击西

（5）巩固提高阶段

9) 布置概念图作业：根据体育知识卡的要求绘制出低位切入、中位切入和高位切入的战术配合图。

体育知识卡

1) 符号图示：

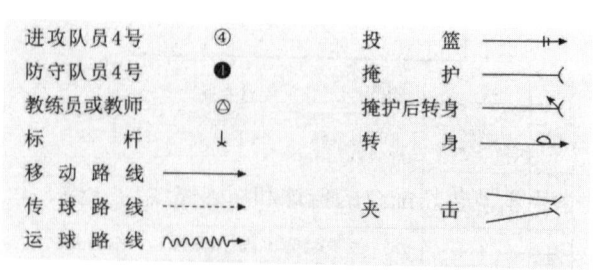

图 5-10 画图符号[1]

2）低位切入思考题：

低位切入传切配合会用到哪些技术？如：哪些移动技术？为什么要做假动作移动？哪些传接球技术？哪些运球技术？哪些投篮技术？哪些抢篮板球技术？运用这些技术应该注意什么？自己的掌握程度如何？

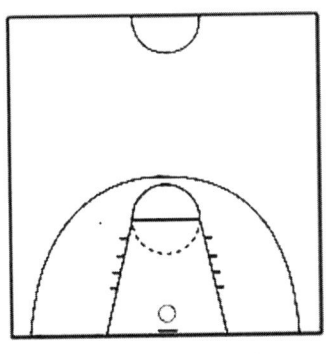

图 5-11　低位切入空白图

3）中位切入思考题：

中位切入传切配合会用到哪些技术？如：哪些移动技术？为什么要做假动作移动？哪些传接球技术？哪些运球技术？哪些投篮技术？哪些抢篮板球技术？运用这些技术应该注意什么？自己的掌握程度如何？

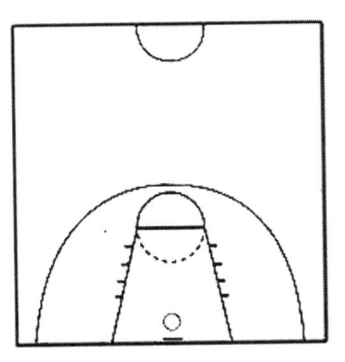

图 5-12　中位切入空白图

4）高位切入思考题：

高位切入传切配合会用到哪些技术？如：哪些移动技术？为什么要做假动作移动？哪些传接球技术？哪些运球技术？哪些投篮技术？

哪些抢篮板球技术？运用这些技术应该注意什么？自己的掌握程度如何？

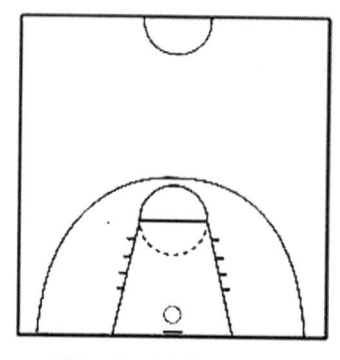

图 5-13 高位切入空白图

4. 立定跳远（约 20 分钟）

（1）前概念展示阶段

1）让学生示范立定跳远动作

2）鼓励学生说出立定跳远的动作要领

（2）激发认知冲突阶段

3）教师示范立定跳远动作

4）教师讲解立定跳远的动作要领

5）鼓励学生指出教师的讲解示范与学生的讲解示范的区别

（3）探究体验阶段

6）让学生分组练习并思考差异的原因

（4）总结讨论阶段

7）让学生总结讨论影响立定跳远远度的因素及相应的动作要领

8）教师引入正确动作要领并讲解其深层的技术原理

为什么立定跳远要"快速屈膝、快速起跳"？

肌肉、肌腱和关节囊中分布有各种各样的本体感受器，其中肌梭的结构，见图 5-14。肌梭内的肌纤维称梭内肌，肌梭外的肌纤维称梭外肌。梭内肌是感受器，当肌肉被拉长时，梭内肌兴奋，神经冲动通过 r 神经元传入到脊髓，然后通过 a 运动神经元能反射性地引起梭外肌加强收缩。

这一反射弧称为 r-环路。肌肉收缩除受高位脑中枢直接控制外,还受 r-环路间接控制。立定跳远起跳前的膝屈动作,是利用牵张反射的原理牵拉跳跃的主动肌,使其收缩更有力。因此立定跳远起跳前要"快速屈膝、快速起跳",不应缓慢屈膝,不应屈膝后停顿再起跳。

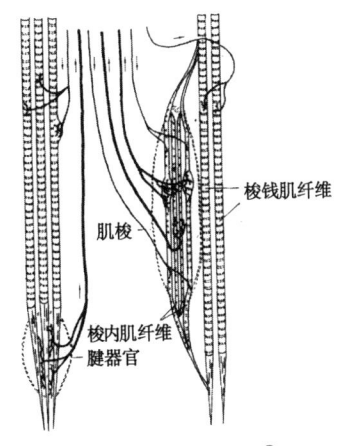

图 5-14 肌梭结构①

（5）巩固提高阶段

9）布置概念图作业:根据体育知识卡的要求绘制力量素质概念分类与练习方法的概念图

体育知识卡

1）定义和分类②

力量素质是指人体克服或对抗阻力的能力,可分为最大力量(相对力量)、快速力量(含爆发力)和力量耐力。思考:立定跳远练习是发展上述哪种力量?

2）练习方法

根据以上概念,如何发展最大力量、快速力量和力量耐力？（从运动强度是多大、运动量是多少和间歇时间多长三个方面考虑）。发展最大力量、快速力量和力量耐力,三者相比较:发展最大力量的运动强度最大（接近极限强度 100%）、运动量小（表现为练习次数少、时间短）、

---

① 全国体育院校教材委员会审定.运动生理学[M].人民体育出版社,2002:223.
② 田麦久.运动训练学[M].北京:人民体育出版社,2000.

间歇时间充分;发展力量耐力的运动强度最小(通常是极限强度的40％以下)、运动量大(表现为练习次数多、时间长)、间歇时间不充分;发展快速力量的运动强度、运动量在最大力量与力量耐力之间,强调力量与速度的结合,间歇时间相对充分。

3）能量代谢[1]

从能量代谢的角度,发展最大力量和快速力量是人体无氧代谢系统供能,即ATP-CP无氧分解供能和糖无氧酵解供能,糖无氧酵解供能会产生代谢物乳酸,因而在最大力量和快速力量练习后,身体会感觉酸痛。而发展力量耐力是人体有氧代谢系统供能,即糖和脂肪的有氧氧化产生能量,其代谢产物是二氧化碳和水,因而在力量耐力练习之后,身体的酸痛很轻。运动后身体酸痛跟酸碱平衡变化有一定的关系。

4）酸碱平衡①

正常人体液的pH值约为7.35—7.45,平均值为7.4,人体生命活动所能耐受的最大pH值变化范围为6.9—7.8。体液的pH值的相对稳定受三大系统的调节和控制。排泄系统是靠肾脏的排氢保钠来维持酸碱平衡的。呼吸系统是通过肺排出二氧化碳降低碳酸的浓度来调节酸碱平衡的。消化系统是通过小肠再吸收碱离子来调节酸碱平衡的。

5）运动饮食原则②

人体体液正常时呈弱碱性,运动时营养物质分解产生能量的同时会产生酸性物质,受酸性物质刺激,人体会产生疲劳感。运动后单纯食用酸性食物会使体液更加呈现酸性化,而食用碱性物质会中和一部分酸。酸性食物是指食物在人体分解易产生酸的食物,碱性食物是指食物在人体分解易产生碱的食物。

6）碱性食物与酸性食物分类③

弱碱性食物如苹果、香蕉、梨、萝卜、油菜、豆腐等。中碱性食物如大豆、番茄、橘子、草莓等。强碱性食物如黄瓜、胡萝卜、柑橘类、海带、

---

① 全国体育院校教材委员会审定.运动生理学[M].人民体育出版社,2002.
② 百度知道.关于锻炼后[BD/OL].[2014—12—29].http://zhidao.baidu.com.
③ 李时明.酸性食物和碱性食物[J].食品科技,1981(11):4—5.

茶叶等。

弱酸性食物如河鱼、白米、花生、酒、鸡蛋、巧克力等。中酸性食物如火腿、培根等肉类。强酸性食物如牛肉、猪肉、鸡肉等。

酸性食物和碱性食物不是指人的口感尝起来酸碱,应正确理解概念并区分酸性食物和碱性食物,运动后最好两者合理搭配。

(三) 结束部分(10 分钟)

1. 放松活动

(1) 伸展小腿后肌群;(2)伸展大腿前、后肌群;(3)伸展背部肌群;(4)伸展腹部肌群;(5)伸展肩带及躯干侧面肌群。

2. 课程常规

(1) 总结;(2)布置作业;(3)归还器械;(4)师生再见。

六 课后小结

教案 Ⅱ

一 教学内容

1. 运球上篮;2. 后转身变向运球;3. 掩护配合;4. 1000 米(体质测试)

二 教学目标

1. 大部分学生能正确示范投篮和运球动作,并能正确说出动作要领和技术原理。

2. 大部分学生能正确示范掩护配合,并能正确说出掩护配合的要领和战术原理。

3. 大部分学生能正确示范跑的动作,并能正确说出动作要领及相关原理。

三 教学重点

1. 激发认知冲突;2. 引导练习时思考内容;3. 正确讲解运动原理性知识。

四 教学难点

1. 改变学生错误的动力定型;2. 让学生说出正确的要领及其原因。

五 教法与程序

(一) 准备部分(约 10 分钟)

1. 课堂常规

(1) 体育委员整队报告人数;(2)教师登记考勤;(3)师生问好;(4)

教师宣布本课内容和目标;(5)安排见习生。

2. 准备活动

(1) 头部运动;(2)扩胸运动;(3)腰部运动;(4)正压、侧压腿;(5)膝关节运动;(6)踝腕关节运动;(7)指关节运动;(8)原地纵跳;(9)原地高抬腿。

(二) 基本部分(约 70 分钟)

1. 运球上篮(约 15 分钟)

图 5-15　行进间单手高手投篮[①]

(1) 前概念展示阶段

1) 让学生示范行进间单手高手投篮动作

2) 鼓励学生说出行进间单手高手投篮的动作要领

(2) 激发认知冲突阶段

3) 教师示范行进间单手高手投篮动作

4) 教师讲解行进间单手高手投篮的动作要领

5) 鼓励学生指出教师的讲解示范与学生的讲解示范的区别

(3) 探究体验阶段

6) 让学生分组练习并思考差异的原因

(4) 总结讨论阶段

7) 让学生总结讨论影响成功运球投篮的因素及相应的动作要领

8) 教师引入正确动作要领并讲解重心控制与水平速度转化垂直

---

① 陈国瑞.篮球[M].福建科学技术出版社,2008.

速度的关系

（5）巩固提高阶段

9）布置概念图作业：根据体育知识卡的要求绘制成功运球投篮影响因素与动作要领的对应关系图

体育知识卡

如何快速突破？如何控制水平速度？如何提高出手的高度？哪些动作要领是针对提高快速突破的？哪些动作要领是针对控制水平速度的？哪些动作要领是针对提高出手高度的？请用概念图绘制动作效果与动作要领之间的对应关系。

2. 后转身变向运球（约 15 分钟）

图 5-16　后转身变向运球[①]

（1）前概念展示阶段

1）让学生示范后转身变向运球动作

2）鼓励学生说出后转身变向运球的动作要领

（2）激发认知冲突阶段

3）教师示范后转身变向运球动作

4）教师讲解后转身变向运球的动作要领

5）鼓励学生指出教师的讲解示范与学生的讲解示范的区别

（3）探究体验阶段

6）让学生分组练习并思考差异的原因

（4）总结讨论阶段

---

① 陈国瑞. 篮球[M]. 福建科学技术出版社，2008.

7) 让学生总结讨论影响成功后转身变向运球的因素

8) 教师引入正确动作要领并讲解其深层的技术原理

根据线速度、角速度和转动半径之间的关系($v=r\omega$),在线速度一定的条件下,转动半径是影响转身角速度的重要因素。转身是否流畅还受重心起伏高低的影响。

(5) 巩固提高阶段

9) 布置概念图作业:根据体育知识卡的要求绘制快速流畅转身影响因素与动作要领的对应关系图

体育知识卡

如何控制转动半径的大小和重心的起伏?哪些动作要领是针对控制转动半径的?哪些动作要领是针对控制重心起伏的?请用概念图绘制出影响因素与动作要领之间的对应关系。

3. 掩护配合(约 20 分钟)

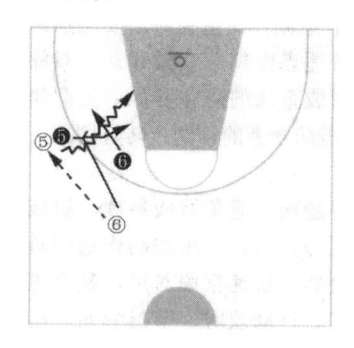

图 5-17 掩护配合教学[①]

(1) 前概念展示阶段

1) 让学生示范掩护配合的路线

2) 鼓励学生说出掩护配合的要领

(2) 激发认知冲突阶段

3) 教师示范掩护配合的路线

4) 教师讲解掩护配合的要领

5) 鼓励学生指出教师的讲解示范与学生的讲解示范的区别

---

① 陈国瑞. 篮球[M]. 福建科学技术出版社,2008.

（3）探究体验阶段

6）让学生分组练习并思考差异的原因

（4）总结讨论阶段

7）让学生总结讨论掩护配合的适用条件和关键

8）教师给出掩护配合的要领及并讲解进攻战术——声东击西

（5）巩固提高阶段

9）布置概念图作业：根据体育知识卡绘制出给持球者做侧掩护、给无球者做侧掩护的战术配合图

体育知识卡

1）符号图示：

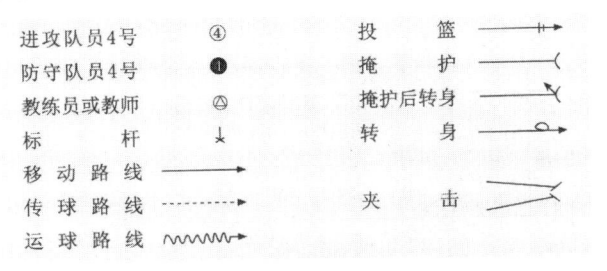

进攻队员4号	④	投 篮
防守队员4号	●	掩 护
教练员或教师	△	掩护后转身
标 杆		转 身
移动路线	→	
传球路线	---->	夹 击
运球路线	~~~>	

图5-18　画图符号[①]

2）给持球者做侧掩护思考题：

给持球者做侧掩护会用到哪些技术？如：哪些移动技术？为什么要做假动作移动？哪些传接球技术？哪些运球技术？哪些投篮技术？哪些抢篮板球技术？运用这些技术应该注意什么？自己的掌握程度如何？

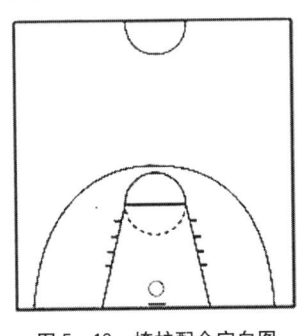

图5-19　掩护配合空白图

---

① 陈国瑞.篮球[M].福建科学技术出版社，2008.

3) 给无球者做侧掩护思考题：

给无球者做侧掩护会用到哪些技术？如：哪些移动技术？为什么要做假动作移动？哪些传接球技术？哪些运球技术？哪些投篮技术？哪些抢篮板球技术？运用这些技术应该注意什么？自己的掌握程度如何？

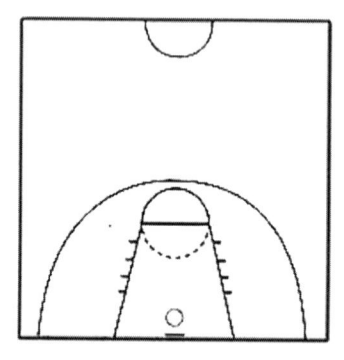

图 5-20 掩护配合空白图

4. 1000 米（约 20 分钟）

（1）前概念展示阶段

1）让学生示范 1000 米跑的动作

2）鼓励学生说出 1000 米跑的动作要领

（2）激发认知冲突阶段

3）教师示范 1000 米跑的动作

4）教师讲解 1000 米跑的动作要领

5）鼓励学生指出教师的讲解示范与学生的讲解示范的区别

（3）探究体验阶段

6）让学生分组练习并思考差异的原因

（4）总结讨论阶段

7）让学生总结讨论影响速度耐力的因素及相应的动作要领

8）教师引入正确动作要领并讲解其深层的动作和呼吸技术原理

根据线速度、角速度和转动半径之间的关系（$v = r\omega$），在线速度一定的条件下，转动半径是影响摆臂和摆腿角速度重要因素。

（5）巩固提高阶段

9）布置概念图作业：根据体育知识卡的要求绘制耐力素质概念分

类与练习方法的概念图

体育知识卡

1）定义与分类①

耐力素质是指有机体坚持长时间运动的能力。耐力素质有不同的层次分类，如第一层次可分为心血管耐力和肌肉耐力，第二层次心血管耐力可分为有氧耐力和无氧耐力，肌肉耐力又称力量耐力。第三层次无氧耐力又称速度耐力，无氧耐力可分为磷酸原供能和糖酵解供能的无氧耐力。

2）练习方法

针对不同的运动项目，如何发展专项耐力？对于体能主导类快速力量项目，如铅球、标枪、铁饼，采用的手段是多次重复完成比赛动作或接近比赛要求的专门性练习，采用极限或极限下强度，中大负荷量。对于技能主导类表现性项目，如体操、武术套路，采用的手段是多次重复完整练习、成套或半套以上的练习，采用大负荷强度，中负荷量。对于技能主导类对抗性项目，如篮球、足球、排球，采用的手段是长时间的专项对抗或专项练习，采用最大或次最大负荷强度，中大负荷量。

对于体能主导类周期性竞速项目，如100米、400米、5000米。如果采用重复训练法发展100米运动员的专项耐力，常采用大强度，跑3—10个100米；如果采用重复训练法发展400米运动员的专项耐力，常采用大强度，跑3—6个400米；如果采用重复训练法发展5000米运动员的专项耐力，常采用大强度，跑1—3个5000米。

重复训练法与间歇训练法的不同在于，前者练习间歇充分，而后者练习间歇很不充分，通常控制心率恢复到120—140次/分钟，就进行下一次练习，因而采用间歇训练法发展运动员的专项耐力，对机体的刺激深刻，负荷距离通常减少，在全程距离的1/4—1/2之间。

思考题：如何发展1000米运动员的专项耐力？如果采用重复训练法，负荷强度应多大？负荷量应多少？如果采用间歇训练法，负荷强度应多大？负荷量应多少？

---

① 田麦久.运动训练学[M].北京：人民体育出版社，2000.

3) 中长跑的呼吸方法[1]

人体只有通过呼吸摄取充足的氧气才能维持长时间的运动,也就是要维持吸氧量与耗氧量的平衡才能长时间地运动,如果平衡被打破,吸氧量不能满足机体的耗氧量,机体很快就会疲劳,出现"极点",因而在中长跑过程中要十分注意呼吸的方法。

呼吸包括吸气和呼气,吸气时膈肌和肋间外肌收缩,胸腔扩大,增加吸气量;呼气时肋间内肌和腹肌收缩,胸腔缩小,加深呼气。在中长跑过程中应闭口用鼻主动用力呼气,之后口鼻被动吸气,原因是这样可以加深呼吸,节省呼吸肌能量,延长呼吸肌疲劳出现的时间。在主动用力呼气后,胸内压是低于外界大气压的,在外界大气压的作用下,空气会自然压入肺部,因而完全没有必要主动用力吸气。

强调用鼻用力呼气是因为,一是用鼻呼气要比用口呼气要深,能呼出更多的二氧化碳;二是用口呼气会带走口腔内的水分,会导致口干舌燥。强调用鼻自然吸气是因为鼻腔能够减少尘埃和冷气进入肺部。如果用鼻自然吸气不够,可以用口辅以自然吸气,但冬季应舌顶上颚,温暖气流。

在中长跑过程中,应将注意力放在呼吸节奏与动作节奏的协调一致上,具体应采用"几步一呼",因人而异,可以"三步一呼",也可以"四步一呼",每个人应在实践中摸索适合自己的呼吸节奏和动作节奏。

4) 运动饮水原则①

内环境与渗透压:细胞外液包括血浆和组织液,是细胞生活的环境,被称为内环境,其理化性质如渗透压、酸碱度的相对稳定,细胞新陈代谢才能正常进行。渗透压是一切溶液所固有的一种特性,它是由溶液中溶质分子运动所造成的。溶液促使膜外水分子向内渗透的力量即为渗透压或渗透吸水力,也就是溶液增大的压强,其数值相当于阻止水向膜内扩散的压强。血液的渗透压一般指血浆渗透压。血浆渗透压由两部分组成,即晶体渗透压和胶体渗透压。血浆渗透压主要为晶体渗透压,胶体渗透压虽小,但可防止过多水分渗透出毛细血管外,对水分

---

① 全国体育院校教材委员会审定.运动生理学[M].人民体育出版社,2002.

出入毛细血管具有调节作用。

溶血：血浆渗透压相对稳定是维持血细胞正常机能活动所必需的条件。在剧烈运动大量出汗后，血浆晶体渗透压会升高，红细胞会由于血浆晶体渗透压的升高而失水，发生皱缩，功能下降。如果这时大量饮用纯净水，会使血浆晶体渗透压突然下降，会使水分进入红细胞内过多，引起红细胞膨胀，最终破裂。红细胞解体，血红蛋白被释放，这一现象总称为红细胞溶解，简称溶血。

氧气的运输：氧气进入血液主要是通过红细胞运输。如果发生溶血现象，会影响氧气的运输能力，不利于练习者耐力素质的提高，因而在剧烈运动大量出汗后，应少量多次饮水，并且要补充少量盐水，以避免血浆渗透压的突然下降。

（三）结束部分(10分钟)

1. 放松活动

(1) 伸展小腿后肌群；(2)伸展大腿前、后肌群；(3)伸展背部肌群；(4)伸展腹部肌群；(5)伸展肩带及躯干侧面肌群。

2. 课程常规

(1) 总结；(2)布置作业；(3)归还器械；(4)师生再见。

六 课后小结

6 增加运动原理性知识的有效性检验

6.1 实验目的

在系统阐述增加运动原理性知识策略的基础上，设计教案应用到上海大学公共体育篮球教学实践中，目的是为了检验在大学公共体育"个性化"教学中增加运动原理性知识的可行性和有效性。实验分预实验和正式实验两部分。预实验主要是为了检验增加运动原理性知识的可行性，正式实验主要是为了检验增加运动原理性知识的有效性。

6.2 实验假设

（1）在大学公共体育"个性化"教学中增加运动原理性知识有助于丰富大学生的体育知识。

（2）在大学公共体育"个性化"教学中增加运动原理性知识有助于提高大学生的运动技能。

（3）在大学公共体育"个性化"教学中增加运动原理性知识有助于改善大学生的锻炼态度。

6.3 实验方法

(1) 不相等实验组、控制组前测后测设计

1) 基本模式

O_1　　　X　　　O_2

·················

O_1　　　　　　O_2

上述模式包括实验组和对照组,接受实验处理 X 的为实验组,没有接受实验处理 X 的为对照组。虚线表示不能随机选择和分配实验组和对照组,且两组样本量也不对等。

2) 优点:第一,由于增加了对照组,从而控制了历史、成熟、测验等因素对内部效度和外部效度的威胁;第二,由于两组都有前测,研究者可以了解实验处理实施前的初试状态,从而可对选择因素进行一定的控制,如进行统计控制。缺点:第一,由于没有使用随机化程序来分配被试和部署实验处理,所以实验组和对照组是不对等的,因而"选择"、"成熟"以及"选择与实验处理的交互作用"可能会降低实验效度;第二,由于两组都使用前测,所以实验结果不能被直接推广到无前测的情况[1]。

3) 有效性表现为:对照组前测与后测成绩的差异不具有显著性;实验组前测与后测成绩的差异具有显著性;实验组前测、后测成绩之差与对照组前测、后测成绩之差的差异具有显著性。

(2) 实验对象

1) 年龄:上海大学二年级学生,年龄区间是 16—24 岁。

2) 性别:男性。因女生班少,人数少,只有 3 个班,每班 10 人左

---

[1] 张力为.体育科学研究方法[M].高等教育出版社,2002:157—158.

右,所以选择男生班。

3) 样本量和抽样方法

预实验:在篮球项目17个班中,选取3个班为实验班,3个班为对照班,每个班28人左右。3个实验班共85名本科生,分别来自环境与化学工程学院(5)、材料科学与工程学院(8)、中欧工程技术学院(12)、理学院(8)、影视艺术技术学院(2)、生命科学学院(2)、计算机工程与科学学院(1)、音乐学院(3)、机电工程与自动化学院(17)、美术学院(2)、通信与信息工程学院(25)。

3个对照班共84名本科生,分别来自环境与化学工程学院(2)、材料科学与工程学院(4)、中欧工程技术学院(7)、理学院(3)、影视艺术技术学院(2)、土木工程系(3)、生命科学学院(5)、计算机工程与科学学院(5)、音乐学院(1)、机电工程与自动化学院(9)、美术学院(8)、法学院(2)、文学院(2)、钱伟长学院(10)、经济学院(4)、管理学院(4)、通信与信息工程学院(13)。

正式实验:在篮球项目17个班中,选取5个班为实验班,5个班为对照班,每个班28人左右。5个实验班共153名本科生,分别来自环境与化学工程学院(5)、材料科学与工程学院(9)、中欧工程技术学院(13)、理学院(11)、上海电影学院(3)、土木工程系(10)、生命科学学院(4)、计算机工程与科学学院(3)、外国语学院(1)、机电工程与自动化学院(35)、社会学院(1)、美术学院(8)、文学院(3)、钱伟长学院(3)、经济学院(6)、管理学院(12)、通信与信息工程学院(26)。

5个对照班共144名本科生,分别来自环境与化学工程学院(9)、材料科学与工程学院(10)、中欧工程技术学院(16)、理学院(8)、上海电影学院(5)、土木工程系(3)、生命科学学院(3)、计算机工程与科学学院(13)、音乐学院(4)、图书情报档案系(1)、机电工程与自动化学院(26)、美术学院(5)、法学院(7)、钱伟长学院(5)、经济学院(5)、管理学院(2)、通信与信息工程学院(22)。

4) 实验时间:上海大学的学年安排是借鉴国外的做法实行的是小学期制,每个学年分秋季学期、冬季学期和春季学期三个小学期,每个小学期安排10周的课程。预实验时间是2015年9月—11月,秋季学期 10 周。正式实验时间是 2015 年 11 月—2016 年 1 月,冬季学期 10 周。

5) 实验学校:上海大学。

(3) 变量选择和变量测试方法

A 变量选择

1) 能量消耗

正式实验测试学生的能量消耗,目的是为了监测体育课负荷量的变化。

2) 体育知识、运技能和体能

大学公共体育"个性化"改革通过分层分类课程模块设置,以专项等级评价为学习目标,努力实现学生从专项普修到技理擅长的推进,为终身体育打下扎实基础。"技理擅长"和"终身体育"是大学公共体育"个性化"改革的短期目标和长期目标。短期目标是否实现可以通过测试学生的运动技能、体能是否提高和体育知识是否得到丰富来评价。

3) 期望价值、锻炼态度和情境兴趣

长期目标是否实现可以通过测试学生的课外锻炼行为是否增加来评价,但学生的课外锻炼行为受课外多种因素影响,将学生的课外锻炼行为作为教学效果的评价指标效度只具有一定的参考价值。选择期望价值、锻炼态度和情境兴趣作为教学效果的评价指标在课程开始和结束即刻测试能够在一定程度上减少课外因素的干扰。根据心理学理论,期望价值、锻炼态度和情境兴趣对锻炼行为具有预测作用,因而选择期望价值、锻炼态度和情境兴趣为教学效果的评价指标效度较为理想。

B 变量测试方法

1) 因变量:能量消耗、体育知识、运动技能、体能、期望价值、锻炼态度、情境兴趣和课外锻炼行为。

① 能量消耗

正式实验测试学生的能量消耗。能量消耗采用知己运动能量监测仪测试。知己运动监测仪(isports)能够较准确地测试人体运动中的能量消耗,由北京耀华康业科技发展有限公司研制。该仪器根据加速度原理设计可以直接显示人体实时运动能量和总消耗能量[①]。使用前需要在该产品的软件中输入被试的年龄、性别、身高和体重信息。身高体重测试:采用无线智能身高体重测试仪,由深圳菲普莱体育发展有限公司研制。身高测量范围:90cm—210cm,身高测量误差:±0.2%;体重测量范围:5kg—150kg,体重测量误差:±0.3%。

② 体育知识

采用关于锻炼原则和益处的知识试题测验,试题见附录。试题是从一个由更大的学生样本(n=870)(Ding et al.,2011)验证的试题库选择。样本试题涉及运动生理学、运动解剖学、运动营养学、运动训练学等学科知识。Morrow,Jackson,Disch and Mood(2005)报告,难度指数在45—55%之间、区分度指数在57%以上的试题被选择以保证高的信效度[②]。

③ 运动技能

预实验:运动技能采用上海大学公共体育篮球教学评价指标测量。秋季学期篮球教学评价指标为原地单手肩上投篮(半场运球上篮)和全场教学比赛。技战术测试采用教考分离的方式,上课由本人完成,但上课教师不参与成绩测试,请原任课教师测试,以保证数据的客观性。

秋季学期考核:在罚球线投篮10次,进行计数;半场运球上篮,左右各一次,进行计时,运球计时使用Jinue秒表测试,型号JD-3B,由上海手表五厂生产,量制沪00000113;全场比赛考核战术配合。秋季学期进行立定跳远测试,立定跳远使用三公立定跳远测试仪测试,型号TZCS-3,由义乌市三公文体用品厂生产,量程60—300cm,分度值0.1cm,误差±0.1cm。

正式实验:运动技能采用上海大学公共体育篮球教学评价指标测量。冬季学期篮球教学评价指标为1分钟限制区外投篮("∞"字运球

[①] 百度文库.知己运动监测仪[BD/OL].[2014—12—29].http://wenku.baidu.com.
[②] Morrow JR, Jackson AW, Disch JG, Mood DP(2005). Measurement and evaluation in human performance. 3rd ed. Champaign, IL: Human Kinetics.

上篮)和全场教学比赛。技战术测试采用教考分离的方式,上课由本人完成,但上课教师不参与成绩测试,请原任课教师测试,以保证数据的客观性。

冬季学期考核:1分钟限制区外投篮,进行计数;全场"∞"字运球上篮,进行计时,计时采用Jinue秒表测试,型号JD-3B,由上海手表五厂生产,量制沪00000113;全场比赛考核战术配合。冬季学期进行1000米测试,采用Jinue秒表测试,型号JD-3B,由上海手表五厂生产,量制沪00000113。

④ 期望价值:根据Eccles和Wigfield等学者提出的现代期望价值理论,期望信念和任务价值是现代期望价值理论结构中最重要的组成部分[1]。期望信念可以分为两个部分:一是学生对某一任务的自我能力信念,指学生在各个领域内对自身能力的理解与信心,是对能否完成当前任务能力的评估;二是对任务难度的感知,即判断当前面临任务的难度。任务价值包含4种价值成分,即获取价值、内部价值、效用价值和成本[2]。期望价值量表是由美国学者Eccles和Wigfield于1995修订,结构效度分析表明该量表具有较好的结构效度,各因子的载荷范围在0.64—0.99之间[3]。中文版的大学生期望价值调查表由学者陈昂和刘新兰(2008)修订[4],该修订遵循标准化心理量表的修订程序,进行了跨文化的语言等值性、测量等值性和功能等值性检验。该量表测验了华东南地区4所高校368名大学生。结构效度检验结果显示,各因子的载荷范围在0.64—0.99之间,这表明该量表具有较好的结构效度。各分量表的克隆巴赫a系数分别为期望信念0.83、获取价值0.63、内在价值0.86、效用价值0.81,这表明各分量表的内部一致性亦

---

[1] Eccles. J. S., Wigfield. A., & Schiefele. U. Motivation to succeed. Handbook of child psychology [M]. NewYork Wiley,1998,2:134—155.
[2] 丁海勇,李力.不同文化背景下中美初中生体育课程期望价值对比[J].上海体育学院学报,2014,38(3):84.
[3] 刘新兰,方信荣,杨玉洪.代价、抉择和任务价值:大学体育课期望价值动机研究[J].成都体育学院学报,2007,33(2):121.
[4] Ang Chen, Xinlan Liu. Value-Based Motivation in Chinese College Physical Education and Physical Activity [J]. Journal of Physical Activity and Health,2008,5:262—274.

可接受。修订后的调查表共 13 个题目,采用定量和定性相结合的方法测量期望价值,定量方法采用 5 级 Likert 量表测量,定性方法采用开放性问题测量。

⑤ 锻炼态度:采用锻炼态度量表测量。锻炼态度量表是国内学者毛荣建遵循标准化心理量表的编制程序研制。该量表根据青少年锻炼态度-行为九因素模型经过两轮调查测验了国内 691 名大学生编制[①]。信效度检验结果显示,克隆巴赫 a 系数分别为行为意向 0.84、目标态度 0.87、情感体验 0.86、主观标准 0.64、行为态度 0.83、行为认知 0.73、行为控制感 0.80、行为习惯 0.89;$AGFI=0.87$,$RMSEA=0.06$,$NNFI=0.93$,$CFI=0.94$,$\chi2/df=3.67$,说明该量表的信效度较好。

⑥ 情境兴趣:Deci 提出了一个多维结构模型用以描述情境兴趣及情境兴趣在情境和心理方面的来源[②]。他指出当个体与活动相互作用时,应该从活动特征(新颖性、挑战性)、心理倾向(探索意向、愿望唤起、时间变更)以及相互作用体验(注意需求、愉悦感)三个方面对情境兴趣进行定义。Ang Chen,Darst 以及 Pangrazi(1999)验证了 Deci 所提出的情境兴趣多维结构模型[③]。他们采用 Deci 界定的情境兴趣的三维度七因素结构模型编制了体育情境兴趣量表。研究结果表明个体的时间变更与愿望唤起对其兴趣体验水平的影响不大,而材料本身的新颖性、挑战性和个体的注意需求、探索意向以及其愉悦感是影响个体对情境兴趣评价的主要因素。因而体育情境兴趣有五个维度的来源,包括新颖性、挑战性、需求注意、探索意向和愉悦感。Chen 等还进一步检验了体育情境兴趣的五维度模型[④]。在此基础上,Ang Chen 等又添加了四

[①] 张力为,毛志雄.体育科学常用心理量表评定手册[M].北京体育大学出版社,2004:95—98.

[②] Deci E L. The relation of interest to the motivation of behavior:A self-determination theory perspective. In Krapp A, Hidi S, Renninger A(Eds). the Role of Interest in Learning and Development. Hillsdale, NJ: Lawrence Erlbaum Association,1992.

[③] Ang Chen, Durst PW, Pangrazi R. P. What constitutes situational interest? Validating a construct in physical education. Measurement in Physical Education and Exercise Science,1999,3(3):157—180.

[④] Ang Chen, Durst PW, Pangrazi R. P. An examination of situational interest and its sources. British Journal of Educational Psychology, 2001,71(3):373—390.

个题目以评价个体对活动项目总体兴趣的体验水平,修订后的体育情境兴趣量表包括新颖性、挑战性、注意需求、探索意向、愉悦感和总体兴趣6个因子(α值:0.81～0.92),共24个题目。葛耀君对体育情境兴趣量表中文修订版的信效度进行了验证,探索性和验证性因子分析显示,体育情境兴趣量表具有良好的信度和效度,适合作为体育情境兴趣的测量工具[①]。

⑦ 课外锻炼行为:所有的大学生都有机会利用大学的场地设施进行自发的体育活动。自发的体育活动被定义为学生在体育课之外自由支配时间的体育活动。学生课外体育行为的变化是体育课程效果的一种重要表现形式,因而体育课程的实施应有效改变学生的课外体育行为。可以根据学生课外体育活动的内容和持续时间来判断学生体育行为习惯的养成情况。自发的体育活动测量使用 Bouchard 三天体育活动调查问卷。课外体育活动的自我陈述被用来测量自发体育活动的动机。中文版的大学生课外活动调查问卷由学者陈昂和刘新兰(2008)修订,该修订遵循标准化心理问卷的修订程序,进行了跨文化的语言等值性、测量等值性和功能等值性检验。该量表测验了华东南地区4所高校368名大学生。问卷效度在中国青少年中得到了验证,重测信度 $r=0.91$。体育活动自我陈述调查要求学生登记在两个工作日和周末里每15分钟为单位的活动情况[②]。本文依此修订问卷调查周五下午3:00至晚上10:00和周六、周日上午8:00至晚上10:00学生的课外体育活动情况。

2) 自变量:单因素两个水平。对照组采用传统体育教学策略,示范动作做法和讲解动作要领,主要进行程序性知识的教学。实验组采用"认知发展"教学策略增加运动原理性知识。见附录6、7。

3) 变量控制[③]。主试控制:采用同一教师授课3个实验班和3个

---

① 葛耀君.体育情境兴趣量表(PESIS)中文修订版的信度与效度验证及其应用的实证研究[D].上海师范大学硕士论文,2005:18—19.
② Ang Chen,Xinlan Liu. Value-Based Motivation in Chinese College Physical Education and Physical Activity [J]. Journal of Physical Activity and Health,2008,5:262—274.
③ 张力为.体育科学研究方法[M].高等教育出版社,2002:92—98.

对照班,主试向被试隐瞒实验目的以控制主试对实验结果的影响。被试控制:被试的年龄、民族、文化及其他较为稳定的个体差异难以随机选择和分配;被试的疲劳、兴奋水平、诱因等可以有限控制。条件控制:确保教学实验环境相似。

(4) 数据搜集的方法和步骤

实验阶段包括实验的前期准备、实验前的数据收集、实验的实施和实验后的数据收集四个部分。

1) 实验的前期准备

预实验:准备预实验教案和预实验数据收集手册等,见附录9。

正式实验:准备正式实验教案和正式实验数据收集手册等,见附录9。

2) 实验前的数据收集

预实验:发放《体育知识试题》169份,回收165份,回收率为97.63%,160份有效,有效率为94.67%;测试运动技能164人,测试体能164人;发放《期望价值量表》169份,回收162份,回收率为95.86%,156份有效,有效率为92.31%;发放《锻炼态度量表》169份,回收162份,回收率为95.86%,153份有效,有效率为90.53%;发放《周五课外体育活动调查表》169份,回收150份,回收率为88.76%,137份有效,有效率为81.07%;发放《周六课外体育活动调查表》169份,回收151份,回收率为89.35%,135份有效,有效率为79.88%;发放《周日体育活动调查表》169份,回收146份,回收率为86.39%,134份有效,有效率为79.29%。

正式实验:发放《体育知识试题》297份,回收274份,回收率为92.25%,253份有效,有效率为85.19%;运动技能测试251人;测试身体素质278人;发放《期望价值量表》297份,回收268份,回收率为90.23%,255份有效,有效率为85.86%;发放《锻炼态度量表》297份,回收277份,回收率为93.27%,255份有效,有效率为85.86%;发放《周五课外体育活动调查表》169份,回收158份,回收率为93.49%,152份有效,有效率为89.94%;发放《周六课外体育活动调查表》169份,回收158份,回收率为93.49%,152份有效,有效率为89.94%;发放《周日体育活动调查表》169 份,回收 158 份,回收率为 93.49%,152 份有效,有效率为 89.94%。

3) 实验的实施

预实验:执行预实验方案。

正式实验:执行正式实验方案。测试第 2、4、6 和 8 次课的能量消耗,每班固定测试 20 名学生的能量消耗,课前根据学生的年龄、性别、身高和体重信息在软件中对运动监测仪进行设定,课前 1 分钟给学生带上,课后即刻将数据登记到能量数据收集表上。第 5 次课结束前 5 分钟,发放《情境兴趣量表》297 份,回收 269 份,回收率为 90.57%,255 份有效,有效率为 85.86%。

4) 实验后的数据收集

预实验:发放《体育知识试题》169 份,回收 163 份,回收率为 96.44%,161 份有效,有效率为 95.27%;测试运动技能 166 人,测试体能 166 人;发放《期望价值量表》169 份,回收 160 份,回收率为 94.67%,154 份有效,有效率为 91.12%;发放《锻炼态度量表》169 份,回收 163 份,回收率为 96.44%,151 份有效,有效率为 89.35%;发放《周五课外体育活动调查表》297 份,回收 262 份,回收率为 88.22%,244 份有效,有效率为 82.15%;发放《周六体育活动调查表》297 份,回收 274 份,回收率为 92.26%,252 份有效,有效率为 84.85%;发放《周日课外体育活动调查表》297 份,回收 264 份,回收率为 88.89%,239 份有效,有效率为 80.47%。

正式实验:发放《体育知识试题》297 份,回收 279 份,回收率为 93.94%,255 份有效,有效率为 85.86%;运动技能测试 256 人;测试身体素质 281 人;发放《期望价值量表》297 份,回收 275 份,回收率为 92.59%,261 份有效,有效率为 87.88%;发放《锻炼态度量表》297 份,回收 281 份,回收率为 94.61%,263 份有效,有效率为 88.55%。发放《周五课外体育活动调查表》169 份,回收 158 份,回收率为 93.49%,152 份有效,有效率为 89.94%;发放《周六课外体育活动调查表》169 份,回收 158 份,回收率为 93.49%,152 份有效,有效率为 89.94%;发放《周日体育活动调查表》169 份,回收 158 份,回收率为 93.49%,152

份有效,有效率为 89.94%。

(5) 数据分析的方法和步骤

1) 数据筛选步骤

① 异常值:在数据录入完毕后,使用统计软件中 Frequencies 的功能对异常值进行核实,确保了录入数据的准确性。

② 缺失值:对于漏填的数据,采用平均数补齐。

2) 描述性统计:输出的统计量包括均数、标准差、方差、样本量、组数、频数、均数、平均秩次、秩和等。

3) 推断性统计:进行正态性检验,符合条件使用配对 t 检验和(方差齐性检验)独立样本 t 检验,不符合条件使用 Wilcoxon 检验和 Mann-whitey U 检验。

6.4 预实验结果

(1) 体育知识

① 对照组体育知识前后测的 Wilcoxon 检验

正态性检验采用 One-Sample Kolmogorov-Smirnov Test,体育知识前测 p=0.033<0.05,体育知识后测 p=0.011<0.05,所以样本来自的两个总体是非正态的,故对照组体育知识前后测成绩采用 Wilcoxon 检验。

表 6-1 前测后测差值秩次的统计量

		频数	平均秩次	秩和
后测-前测	负秩次	30[a]	38.00	1140.00
	正秩次	42[b]	35.43	1488.00
	零差值	5[c]		
	秩次数目之和	77		

a 后测<前测
b 后测>前测
c 前测=后测

表 6-2　前测后测差值的符号秩和检验结果[b]

	后测-前测
Z	−0.992[a]
显著性（双侧）	0.321

a 基于负秩次
b Wilcoxon 符号秩和检验

表 6-1 为对照组体育知识前测后测差值秩次的统计量，其中第二栏列出了对照组前测后测差值的类型，负秩次频数为 30，平均秩次 38，秩和 1140；正秩次频数为 42，平均秩次 35.43，秩和 1488。表 6-2 为对照组体育知识前测后测差值的符号秩和检验结果，双侧检验 Z=−0.992 时基于渐近分布的概率 P=0.321>0.05。因而对照组体育知识前测与后测成绩的差异不具有显著性。

② 实验组体育知识前后测的配对 t 检验

正态性检验采用 One-Sample Kolmogorov-Smirnov Test，体育知识前测 p=0.139>0.05，体育知识后测 p=0.057>0.05，所以样本来自的两个总体是正态的，故体育知识前测后测采用配对 t 检验。

表 6-3　配对样本描述

		平均数	样本量	标准差	标准误
体育知识	前测	16.2892	83	2.74764	.30159
	后测	18.6386	83	2.85665	.31356

表 6-4　配对样本检验

	差均数	差标准差	差标准误	95%置信区间		t	df	Sig. (2-tailed)
体育知识前测-后测	−2.3494	2.00872	.22049	−2.7880	−1.9108	−10.656	82	.000

表 6-3 为体育知识前后测配对样本的描述统计量，表 6-4 为体育知识前后测配对样本的统计检验结果。结果显示双侧检验的概率均小于 0.05，因而实验组前测后测差异具有显著性。

③ 对照组与实验组体育知识前后测之差的 Mann-whitey U 检验

正态性检验 Kolmogorov-Smirnov，对照组体育知识前后测之差

p=0.011<0.05,实验组体育知识前后测之差 p=0.017<0.05,所以样本来自的两个总体是非正态的,故体育知识对照组与实验组前后测之差采用 Mann-whitey U 检验。

表6-5 对照组与实验组前测后测之差的秩次统计量

	组 别	频 数	平均秩次	秩 和
前测后测之差	1	77	59.56	4586.00
	2	83	99.93	8294.00
	总 计	160		

表6-6 对照组与实验组前测后测之差 Mann-Whitney U 检验结果[a]

	前测后测之差
Mann-Whitney U	1583.000
Wilcoxon W	4586.000
Z	−5.563
显著性(双侧)	0.000

a 分组变量:组别。

表6-5为对照组与实验组体育知识前测后测之差的秩次统计量,其中第二栏列出了组别变量,1为对照组,2为实验组;对照组的频数为77,平均秩次59.56,秩和4586;实验组的频数为83,平均秩次99.93,秩和8294。表6-6为对照组与实验组体育知识前测后测之差 Mann-Whitney U 检验结果,双侧检验 Z=−5.563 时基于渐近分布的概率 P=0.000<0.05。因而实验组前后测成绩之差与对照组前后测成绩之差的差异具有显著性。

④ 分析

统计结果显示,对照组体育知识前后测成绩的差异不具有显著性,而实验组前后测差异具有显著性,并且从提高幅度来看,实验组前后测成绩之差与对照组前后测成绩之差的差异具有显著性,这说明在大学公共体育"个性化"教学中加大知识干预的广度和深度有助于大学生掌握运动生理学、运动生物力学、运动营养学、运动训练学等相关学科的知识,因而在大学公共体育"个性化"教学中增加运动原理性知识有助于丰富大学生的体育知识。相关的研究显示,在上海市初中体育教学中增加运动相关学科的知识,实验后上海市部分初中学生所掌握的体育知识较实验前有所提高,实验组初一和初二学生体育知识的前后测差异具有显著性。美国概念体育的实验研究表明,在中小学游戏活动中增加运动相关学科的知识实验前后差异具有显著性。因此,在公共体育教学中增加运动相关学科的知识,加大知识干预的广度和深度,有助于丰富学生的体育知识。

(2) 运动技能

1) 篮球技术

① 对照组篮球技术前后测的 Wilcoxon 检验

正态性检验采用 One-Sample Kolmogorov-Smirnov Test,技术前测 $p=0.009<0.05$,技术后测 $p=0.003<0.05$,所以样本来自的两个总体是非正态的,故对照组篮球技术前后测成绩采用 Wilcoxon 检验。

表6-7 前测后测差值秩次的统计量

		频 数	平均秩次	秩 和
后测-前测	负秩次	7[a]	14.79	103.50
	正秩次	38[b]	24.51	931.50
	零差值	35[c]		
	秩次数目之和	80		

a 后测<前测
b 后测>前测
c 前测=后测

表6-8 前测后测差值的符号秩和检验结果[b]

	后测-前测
Z	−4.703[a]
显著性(双侧)	0.000

a 基于负秩次
b Wilcoxon 符号秩和检验

表6-7 为对照组篮球技术前测后测差值秩次的统计量,其中第二栏列出了对照组前测后测差值的类型,负秩次频数为7,平均秩次14.79,秩和103.50;正秩次频数为38,平均秩次24.51,秩和931.50。

表 6-8 为对照组篮球技术前测后测差值的符号秩和检验结果,双侧检验 $Z=-4.703$ 时基于渐近分布的概率 $P=0.000<0.05$。因而对照组篮球技术前测与后测成绩的差异具有显著性。

② 实验组篮球技术前后测的 Wilcoxon 检验

正态性检验采用 One-Sample Kolmogorov-Smirnov Test,技术前测 $p=0.122>0.05$,技术后测 $p=0.000<0.05$,所以技术后测成绩来自的总体是非正态的,故实验组篮球技术前后测成绩采用 Wilcoxon 检验。

表 6-9 前测后测差值秩次的统计量

		频 数	平均秩次	秩 和
后测-前测	负秩次	13[a]	19.38	252.00
	正秩次	53[b]	36.96	1959.00
	零差值	18[c]		
	秩次数目之和	84		

a 后测＜前测
b 后测＞前测
c 前测＝后测

表 6-10 前测后测差值的符号秩和检验结果[b]

	后测-前测
Z	−5.473[a]
显著性(双侧)	0.000

a 基于负秩次
b Wilcoxon 符号秩和检验

表 6-9 为实验组篮球技术前测后测差值秩次的统计量,其中第二栏列出了实验组前测后测差值的类型,负秩次频数为 13,平均秩次 19.38,秩和 252;正秩次频数为 53,平均秩次 36.96,秩和 1959。表 6-10 为实验组篮球技术前测后测差值的符号秩和检验结果,双侧检验 $Z=-5.473$ 时基于渐近分布的概率 $P=0.000<0.05$。因而实验组篮球技术前测与后测成绩的差异具有显著性。

③ 对照组与实验组篮球技术前后测之差的 Mann-whitey U 检验

正态性检验 Kolmogorov-Smirnov,对照组篮球技术前测后测之差

p=0.000<0.05,实验组篮球技术前测后测之差 p=0.001<0.05,所以样本来自的两个总体是非正态的,故对照组与实验组篮球技术前后测之差采用 Mann-whitey U 检验。

表 6-11 对照组与实验组前测后测之差的秩次统计量

	组 别	频 数	平均秩次	秩 和
前测后测之差	1	80	79.32	6346.00
	2	84	85.52	7184.00
	总 计	164		

表 6-12 对照组与实验组前测后测之差 Mann-Whitney U 检验结果[a]

	前测后测之差
Mann-Whitney U	3106.000
Wilcoxon W	6346.000
Z	−0.853
显著性(双侧)	0.394

a 分组变量:组别。

表 6-11 为对照组与实验组篮球技术前测后测之差的秩次统计量,其中第二栏列出了组别变量,1 为对照组,2 为实验组;对照组的频数为 80,平均秩次 79.32,秩和 6346;实验组的频数为 84,平均秩次 85.52,秩和 7184。表 6-12 为对照组与实验组篮球技术前测后测之差 Mann-Whitney U 检验结果,双侧检验 Z=−0.853 时基于渐近分布的概率 P=0.394>0.05。因而实验组前后测成绩之差与对照组前后测成绩之差的差异不具有显著性。

④ 分析

统计结果显示,与实验组投篮和运球上篮前测成绩比较,实验组后测成绩提高明显,并且前后测差异具有显著性,因而在技术教学中增加运动原理性知识有助于提高学生的技术成绩。但是对照组投篮和运球上篮前后测成绩的差异也具有显著性,因而学生按照教师示范的动作做法和讲解的动作要领多加练习也能提高技术成绩。从提高幅度来看,实验组前后测成绩之差与对照组前后测成绩之差的差异不具有显著性,因而实验组增加运动原理性知识的效果与对照组没有区别,但是实验组和对照组学生成绩变化的原理是不一样的,实验组是通过提高学生的认知提高技评成绩和达标成绩的,而对照组是通过多练增加学生本体感觉的传入冲动提高技评成绩和达标成绩的。从理论上看,实验组增加运动原理性知识的效应能保持更长的时间,因为实验组学生不仅知其然,而且能知其所以然,但其稳定性还需要进一步实践检验。相关的研究显示,在上海市初中体育教学中增加运动相关学科的知识,实验后上海市部分初中学生的篮球运球成绩较实验前有所提高,其它技能测试成绩,如实心球、俯卧撑、半仰卧起、俯卧抬头以及穿梭往返跑测试成绩都有不同程度的提高,因此,在公共体育教学中增加运动相关学科的知识,加大知识干预的广度和深度,对学生运动技能的提高具有积极的影响。

2) 篮球战术

① 对照组篮球战术前后测的 Wilcoxon 检验

正态性检验采用 One-Sample Kolmogorov-Smirnov Test,战术前测 $p=0.106>0.05$,战术后测 $p=0.020<0.05$,所以战术后测成绩来自的总体是非正态的,故对照组篮球战术前后测成绩采用 Wilcoxon 检验。

表6-13 前测后测差值秩次的统计量

		频 数	平均秩次	秩 和
后测-前测	负秩次	20[a]	33.65	673.00
	正秩次	53[b]	38.26	2028.00
	零差值	7[c]		
	秩次数目之和	80		

a 后测<前测
b 后测>前测
c 前测=后测

表6-14 前测后测差值的符号秩和检验结果[b]

	后测-前测
Z	−3.770[a]
显著性(双侧)	0.000

a 基于负秩次
b Wilcoxon 符号秩和检验

表 6-13 为对照组篮球战术前测后测差值秩次的统计量,其中第二栏列出了对照组前测后测差值的类型,负秩次频数为 20,平均秩次 33.65,秩和 673;正秩次频数为 53,平均秩次 38.26,秩和 2028。表 6-14 为对照组篮球战术前测后测差值的符号秩和检验结果,双侧检验 Z=－3.770 时基于渐近分布的概率 P=0.000<0.05。因而对照组篮球战术前测与后测成绩的差异具有显著性。

② 实验组篮球战术前后测的 Wilcoxon 检验

正态性检验采用 One-Sample Kolmogorov-Smirnov Test,战术前测 p=0.165>0.05,战术后测 p=0.005<0.05,所以战术后测成绩来自的总体是非正态的,故实验组篮球战术前后测成绩采用 Wilcoxon 检验。

表 6-15 前测后测差值秩次的统计量

		频 数	平均秩次	秩 和
后测-前测	负秩次	16[a]	28.31	453.00
	正秩次	62[b]	42.39	2628.00
	零差值	6[c]		
	秩次数目之和	84		

a 后测<前测
b 后测>前测
c 前测=后测

表 6-16 前测后测差值的符号秩和检验结果[b]

	后测-前测
Z	－5.473[a]
显著性(双侧)	0.000

a 基于负秩次
b Wilcoxon 符号秩和检验

表 6-15 为实验组篮球战术前测后测差值秩次的统计量,其中第二栏列出了实验组前测后测差值的类型,负秩次频数为 16,平均秩次 28.31,秩和 453;正秩次频数为 62,平均秩次 42.39,秩和 2628。表 6-16 为实验组篮球战术前测后测差值的符号秩和检验结果,双侧检验 Z=－5.473 时基于渐近分布的概率 P=0.000<0.05。因而实验组篮球战术前测与后测成绩的差异具有显著性。

③ 对照组与实验组篮球战术前后测之差的 Mann-whitey U 检验

正态性检验 Kolmogorov-Smirnov,对照组篮球战术前测后测之差 $p=0.000<0.05$,实验组篮球战术前测后测之差 $p=0.000<0.05$,所以样本来自的两个总体是非正态的,故对照组与实验组篮球战术前后测之差采用 Mann-whitey U 检验。

表6-17 对照组与实验组前测后测之差的秩次统计量

	组 别	频 数	平均秩次	秩 和
前测后测之差	1	80	75.64	6051.00
	2	84	89.04	7479.00
	总 计	164		

表6-18 对照组与实验组前测后测之差 Mann-Whitney U 检验结果[a]

	前测后测之差
Mann-Whitney U	2811.000
Wilcoxon W	6051.000
Z	−1.829
显著性(双侧)	0.067

[a] 分组变量:组别。

表6-17为对照组与实验组篮球战术前测后测之差的秩次统计量,其中第二栏列出了组别变量,1为对照组,2为实验组;对照组的频数为80,平均秩次75.64,秩和6051;实验组的频数为84,平均秩次89.04,秩和7479。表6-18为对照组与实验组篮球战术前测后测之差 Mann-Whitney U 检验结果,双侧检验 $Z=-1.829$ 时基于渐近分布的概率 $P=0.067>0.05$。因而实验组前后测成绩之差与对照组前后测成绩之差的差异不具有显著性。

④ 分析

统计结果显示,与实验组前测成绩比较,实验组后测成绩提高明显,并且前后测差异具有显著性,因而在战术教学中增加运动原理性知识有助于提高学生的战术成绩。但是对照组战术前后测成绩的差异也具有显著性,因而学生按照教师示范的战术配合和讲解的战术要领多加练习也能提高学生的战术成绩。但是实验组效果变化的原理与对照组不同,实验组是通过提高学生的认知提高战术成绩,而对照组是通过精讲多练增加学生本体感觉的传入冲动提高战术成绩。从理论上分析,实验组的效应应能保持更长的时间,因为实验组增加运动原理性知识有助于加深学生对战术要领的认识,但其稳定性还需要进一步实践检验。从提高幅度来看,实验组与对照组的差异不具有显著性,因而实验组增加运动原理性知识的效果与对照组没有区别,实验组与对照组的差异不具有显著性可能是由于实验持续的时间过短造成的。

(3) 体能

根据上海大学大学生体质健康测试的要求,秋季学期要测立定跳远。

1) 对照组立定跳远前后测的 Wilcoxon 检验

表 6-19 前测后测差值秩次的统计量

		频 数	平均秩次	秩 和
后测-前测	负秩次	28[a]	31.21	874.00
	正秩次	40[b]	36.80	1472.00
	零差值	12[c]		
	秩次数目之和	80		

a 后测＜前测
b 后测＞前测
c 前测＝后测

表 6-20 前测后测差值的符号秩和检验结果[b]

	后测-前测
Z	−1.841[a]
显著性(双侧)	0.066

a 基于负秩次
b Wilcoxon 符号秩和检验

表 6-19 为对照组立定跳远前测后测差值秩次的统计量,其中第二栏列出了对照组前测后测差值的类型,负秩次频数为 28,平均秩次 31.21,秩和 874;正秩次频数为 40,平均秩次 36.80,秩和 1472。表 6-20 为对照组立定跳远前测后测差值的符号秩和检验结果,双侧检

$Z=-1.841$ 时基于渐近分布的概率 $P=0.066>0.05$。因而对照组立定跳远前测与后测成绩的差异不具有显著性。

2) 实验组立定跳远前后测的 Wilcoxon 检验

表 6-21 前测后测差值秩次的统计量

		频 数	平均秩次	秩 和
后测-前测	负秩次	34[a]	40.41	1374.00
	正秩次	43[b]	37.88	1629.00
	零差值	7[c]		
	秩次数目之和	84		

a 后测<前测
b 后测>前测
c 前测=后测

表 6-22 前测后测差值的符号秩和检验结果[b]

	后测-前测
Z	−0.651[a]
显著性(双侧)	0.515

a 基于负秩次
b Wilcoxon 符号秩和检验

表 6-21 为实验组立定跳远前测后测差值秩次的统计量,其中第二栏列出了实验组前测后测差值的类型,负秩次频数为 34,平均秩次 40.41,秩和 1374;正秩次频数为 43,平均秩次 37.88,秩和 1629。表 6-22 为实验组立定跳远前测后测差值的符号秩和检验结果,双侧检验 $Z=-0.651$ 时基于渐近分布的概率 $P=0.515>0.05$。因而实验组立定跳远前测与后测成绩的差异不具有显著性。

3) 对照组与实验组立定跳远前后测之差的 Mann-whitey U 检验

表 6-23 对照组与实验组前测后测之差的秩次统计量

	组别	频 数	平均秩次	秩 和
前测后测之差	1	80	86.06	6884.50
	2	84	79.11	6645.50
	总 计	164		

表6-24 对照组与实验组前测后测之差 Mann-Whitney U 检验结果[a]

	前测后测之差
Mann-Whitney U	3075.500
Wilcoxon W	6645.500
Z	−0.941
显著性(双侧)	0.346

a 分组变量:组别。

表6-23为对照组与实验组立定跳远前测后测之差的秩次统计量,其中第二栏列出了组别变量,1为对照组,2为实验组;对照组的频数为80,平均秩次86.06,秩和6884.50;实验组的频数为84,平均秩次79.11,秩和6645.50。表6-24为对照组与实验组立定跳远前测后测之差 Mann-Whitney U 检验结果,双侧检验 Z=−0.941时基于渐近分布的概率 P=0.346>0.05。因而实验组前后测成绩之差与对照组前后测成绩之差的差异不具有显著性。

(4) 情境兴趣

当代西方兴趣研究中出现了三种不同的兴趣概念,即情境兴趣、固有兴趣和现实状态的兴趣。情境兴趣是由当前环境里的某些条件和刺激而引起的个体兴趣,它常常对个体的知识和参照系产生短暂的作用和边缘性影响。在学习领域情境兴趣来源于学生对具体学习内容引人特征的认知。Deci 指出当个体与活动相互作用时,应该从活动特征、心理倾向以及相互作用体验三个方面对情境兴趣进行定义[①]。在体育课的学习中,情境兴趣应该被描述为6个维度的内容,分别为新奇性、挑战性、探索意图、注意需求、愉悦感和总体兴趣[②]。对于学生进一步参与体育活动的动机来讲,情境兴趣是明显的表现形式,是个体固有

---

① Deci E L. The relation of interest to the motivation of behavior: A self-determination theory perspective. In Krapp A, Hidi S, Renninger A(Eds). the Role of Interest in Learning and Development. Hillsdale, NJ: Lawrence Erlbaum Association, 1992.

② Ang Chen, Durst PW, Pangrazi R. P. What constitutes situational interest? Validating a construct in physical education. Measurement in Physical Education and Exercise Science, 1999, 3 (3):157—180.

兴趣发展的前提。

表6-25 对照组与实验组情境兴趣的秩次统计量

维度	组别	频数	平均秩次	秩和
新颖性	1	76	79.97	6077.50
	2	78	75.10	5857.50
挑战性	1	76	83.73	6363.50
	2	78	71.43	5571.50
探索意向	1	76	68.82	5230.50
	2	78	85.96	6704.50
注意需求	1	76	66.49	5053.50
	2	78	88.22	6881.50
愉悦感	1	76	77.72	5906.50
	2	78	77.29	6028.50
总体兴趣	1	76	76.36	5803.00
	2	78	78.62	6132.00

表6-26 对照组与实验组情境兴趣的 Mann-Whitney U 检验结果[a]

维度	Mann-Whitney U	Wilcoxon W	Z	显著性(双侧)
新颖性	2776.500	5857.500	−0.683	0.495
挑战性	2490.500	5571.500	−1.719	0.086
探索意向	2304.500	5230.500	−2.394	0.017
注意需求	2127.500	5053.500	−3.039	0.002
愉悦感	2947.500	6028.500	−0.060	0.952
总体兴趣	2877.000	5803.000	−0.318	0.750

a 分组变量:组别。

表6-25为对照组与实验组情境兴趣各维度的秩次统计量,其中第二栏列出了组别变量,1为对照组,2为实验组;表6-26为对照组与实验组情境兴趣个维度 Mann-Whitney U 检验结果,其中探索意向维度,双侧检验 Z=−2.394 时基于渐近分布的概率 P=0.017<0.05。注意需求维度,双侧检验 Z=−3.039 时基于渐近分布的概率 P=0.002<0.05。因而实验组与对照组在情境兴趣的探索意向和注意需求维度的差异具有显著性。

(5) 期望价值

动机心理学把期望价值定义为个人对能否成功完成某项任务的期望以及个人对于该项任务所具有的价值认识,认为成就动机和价值认识决定成功完成该任务的动机。根据 Eccles 和 Wigfield 等学者提出的现代期望价值理论,期望信念和任务价值是该理论结构中最重要的组成部分[1]。期望信念可以分为两个部分:一是学生对某一任务的自我能力信念,指学生在各个领域内对自身能力的理解与信心,是对能否完成当前任务能力的评估;二是对任务难度的感知,即判断当前面临任务的难度。任务价值包含4种价值成分,即获取价值、内部价值、效用价值和成本[2]。Ecdes 等人把获取价值定义为成功完成特定任务对个体的重要性。内部价值是个体从某项活动中得到的乐趣或对这一对象的主观兴趣。效用价值取决于任务与当前或将来目标联系有多好的程度[3]。学生的成就动机和对任务价值的认识可以预测学生的学习效果。成就动机强的学生比成就动机弱的学生更能坚持学习,价值认识深刻的学生比价值认识肤浅的学生更能坚持学习。在体育学习中学生的期望价值可以预测其体育行为。

1) 对照组期望价值前后测的 Wilcoxon 检验

表 6-27 前测后测差值秩次的统计量

维 度	后测-前测						零差值	秩次数之和
	负秩次			正秩次				
	频数	平均秩次	秩和	频数	平均秩次	秩和		
期望信念	31[a]	32.65	1012.00	39[b]	37.77	1473.00	5[c]	75
获取价值	23[a]	23.00	529.00	25[b]	25.88	647.00	27[c]	75
内在价值	23[a]	23.13	532.00	28[b]	28.36	749.00	24[c]	75
效用价值	26[a]	27.12	705.00	28[b]	27.86	780.00	21[c]	75

a 后测＜前测
b 后测＞前测
c 前测＝后测

---

[1] Eccles. J. S. ,Wigfield. A. ,&.Schiefele. U. Motivation to succeed. Handbook of child psychology [M]. NewYork Wiley,1998,2:134—155.
[2] 丁海勇,李力. 不同文化背景下中美初中生体育课程期望价值对比[J]. 上海体育学院学报,2014,38(3):84.
[3] 姜立利. 期望价值理论的研究进展[J]. 心理探索,2003,(2):33.

表 6-28　前测后测差值的符号秩和检验结果[b]

维　度	后测-前测	
	Z	显著性（双侧）
期望信念	−1.372[a]	0.170
获取价值	−0.624[a]	0.533
内在价值	−1.314[a]	0.189
效用价值	−0.345[a]	0.730

a 基于负秩次
b Wilcoxon 符号秩和检验

表 6-27 为对照组期望价值各维度前测后测的秩次统计量，表 6-28 为对照组期望价值各维度前测后测差值的符号秩和检验结果。结果显示双侧检验的概率均大于 0.05，因而对照组期望价值各维度的前测后测差异不具有显著性。

2）实验组期望价值前后测的 Wilcoxon 检验

表 6-29　前测后测差值秩次的统计量

维　度	后测-前测						零差值	秩次数之和
	负秩次			正秩次				
	频数	平均秩次	秩和	频数	平均秩次	秩和		
期望信念	22[a]	26.34	579.50	49[b]	40.34	1976.50	8[c]	79
获取价值	22[a]	26.91	592.00	33[b]	28.73	948.00	24[c]	79
内在价值	27[a]	27.93	754.00	32[b]	31.75	1016.00	20[c]	79
效用价值	21[a]	27.43	576.00	42[b]	34.29	1440.00	16[c]	79

a 后测＜前测
b 后测＞前测
c 前测＝后测

表 6-30　前测后测差值的符号秩和检验结果[b]

维　度	后测-前测	
	Z	显著性（双侧）
期望信念	−4.041[a]	0.000
获取价值	−1.574[a]	0.115
内在价值	−1.052[a]	0.293
效用价值	−3.026[a]	0.002

a 基于负秩次
b Wilcoxon 符号秩和检验

表 6-29 为实验组期望价值各维度前测后测的秩次统计量,表 6-30 为实验组期望价值各维度前测后测差值的符号秩和检验结果。结果显示期望信念和效用价值维度双侧检验的概率小于 0.05,因而实验组期望价值的期望信念和效用价值维度的前测后测差异具有显著性。

3) 对照组与实验组期望价值前后测之差的 Mann-whitey U 检验

表 6-31 对照组与实验组情境兴趣的秩次统计量

维度	组别	频数	平均秩次	秩和
期望信念	1	75	69.29	5197.00
	2	79	85.29	6738.00
获取价值	1	75	74.90	5617.50
	2	79	79.97	6317.50
内在价值	1	75	77.81	5835.50
	2	79	77.21	6099.50
效用价值	1	75	69.36	5202.00
	2	79	85.23	6733.00

表 6-32 对照组与实验组情境兴趣的 Mann-Whitney U 检验结果[a]

维度	Mann-Whitney U	Wilcoxon W	Z	显著性(双侧)
期望信念	2347.000	5197.000	−2.247	0.025
获取价值	2767.500	5617.500	−0.727	0.467
内在价值	2939.500	6099.500	−0.086	0.931
效用价值	2352.000	5202.000	−2.259	0.024

a 分组变量:组别。

表 6-31 为对照组期望价值各维度前测后测之差与实验组期望价值各维度前测后测之差的秩次统计量,其中第二栏列出了组别变量,1 为对照组,2 为实验组;表 6-32 为对照组期望价值各维度前测后测之差与实验组期望价值各维度前测后测之差 Mann-Whitney U 检验结果,其中期望信念维度,双侧检验 $Z=-2.247$ 时基于渐近分布的概率 $P=0.025<0.05$。注意需求维度,双侧检验 $Z=-2.259$ 时基于渐近分布的概率 $P=0.024<0.05$。因而对照组期望价值的期望信念和效用价值维度的前测后测之差与实验组期望价值的期望信念和效用价值

维度的前测后测之差的差异具有显著性。

(6) 锻炼态度

① 对照组锻炼态度前后测的检验

正态性检验采用 One-Sample Kolmogorov-Smirnov Test，行为态度维度前测 $p=0.671>0.05$，行为态度维度后测 $p=0.421>0.05$，所以样本来自的两个总体是正态的，故行为态度维度前测后测采用配对 t 检验。

正态性检验 Kolmogorov-Smirnov，目标态度维度前测 $p=0.015<0.05$，目标态度维度后测 $p=0.059>0.05$，所以前测样本来自的总体是非正态的，故目标态度维度前测后测采用 Wilcoxon 检验。

正态性检验采用 One-Sample Kolmogorov-Smirnov Test，行为认知维度前测 $p=0.052>0.05$，行为认知维度后测 $p=0.015<0.05$，所以后测样本来自的总体是非正态的，故行为认知维度前测后测采用 Wilcoxon 检验。

正态性检验采用 One-Sample Kolmogorov-Smirnov Test，行为习惯维度前测 $p=0.079>0.05$，行为习惯维度后测 $p=0.487>0.05$，所以样本来自的两个总体是正态的，故行为习惯维度前测后测采用配对 t 检验。

正态性检验采用 One-Sample Kolmogorov-Smirnov Test，行为意向维度前测 $p=0.370>0.05$，行为意向维度后测 $p=0.284>0.05$，所以样本来自的两个总体是正态的，故行为意向维度前测后测采用配对 t 检验。

正态性检验采用 One-Sample Kolmogorov-Smirnov Test，情感体验维度前测 $p=0.089>0.05$，情感体验维度后测 $p=0.116>0.05$，所以样本来自的两个总体是正态的，故情感体验维度前测后测采用配对 t 检验。

正态性检验采用 One-Sample Kolmogorov-Smirnov Test，行为控制感维度前测 $p=0.055>0.05$，行为控制感维度后测 $p=0.514>0.05$，所以样本来自的两个总体是正态的，故行为控制感维度前测后测采用配对 t 检验。

正态性检验采用One-Sample Kolmogorov-Smirnov Test，主观标准维度前测 p=0.291>0.05，主观标准维度后测 p=0.403>0.05，所以样本来自的两个总体是正态的，故主观标准维度前测后测采用配对 t 检验。

表6-33 配对样本描述

		平均数	样本量	标准差	标准误
行为态度	前测	30.4658	73	5.18567	.60694
	后测	30.8219	73	5.10267	.59722
行为习惯	前测	36.7534	73	6.62860	.77582
	后测	37.1507	73	7.38179	.86397
行为意向	前测	27.1781	73	4.05977	.47516
	后测	27.6164	73	4.40211	.51523
情感体验	前测	39.2055	73	7.32568	.85741
	后测	39.4658	73	7.95138	.93064
行为控制感	前测	24.8082	73	5.29060	.61922
	后测	24.4795	73	5.41374	.63363
主观标准	前测	20.5890	73	4.55472	.53309
	后测	20.3562	73	4.75035	.55599

表6-34 配对样本检验

	差均数	差标准差	差标准误	95%置信区间		t	df	Sig.(2-tailed)
行为态度 前测-后测	-.3562	2.72524	.31897	-.9920	.2797	-1.117	72	.268
行为习惯 前测-后测	-.3973	2.47622	.28982	-.9750	.1805	-1.371	72	.175
行为意向 前测-后测	-.4384	2.10150	.24596	-.9287	.0520	-1.782	72	.079
情感体验 前测-后测	-.2603	2.64590	.30968	-.8776	.3571	-.840	72	.403
行为控制感 前测-后测	.3288	1.94404	.22753	-.1248	.7823	1.445	72	.153
主观标准 前测-后测	.2329	1.98271	.23206	-.2297	.6955	1.004	72	.319

表 6-33 为锻炼态度部分维度前后测配对样本的描述统计量,表 6-34 为锻炼态度部分维度前后测配对样本的统计检验结果。结果显示双侧检验的概率均大于 0.05,因而对照组锻炼态度的这些维度前测后测差异不具有显著性。

表 6-35 前测后测差值秩次的统计量

维度	后测-前测						零差值	秩次数之和
	负秩次			正秩次				
	频数	平均秩次	秩和	频数	平均秩次	秩和		
目标态度	35[a]	33.64	1177.50	35[b]	37.36	1307.50	3[c]	73
行为认知	30[a]	36.63	1099.00	37[b]	31.86	1179.00	6[c]	73

a 后测＜前测
b 后测＞前测
c 前测＝后测

表 6-36 前测后测差值的符号秩和检验结果[b]

维度	后测-前测	
	Z	显著性(双侧)
目标态度	−0.382[a]	0.702
行为认知	−0.252[a]	0.801

a 基于负秩次
b Wilcoxon 符号秩和检验

表 6-35 为对照组锻炼态度部分维度前测后测的秩次统计量,表 6-36 为对照组锻炼态度部分维度前测后测差值的符号秩和检验结果。结果显示双侧检验的概率均大于 0.05,因而对照组锻炼态度的这些维度前测后测差异不具有显著性。

② 实验组锻炼态度前后测的检验

正态性检验采用 One-Sample Kolmogorov-Smirnov Test,行为态度维度前测 $p=0.193>0.05$,行为态度维度后测 $p=0.186>0.05$,所以样本来自的两个总体是正态的,故行为态度维度前测后测采用配对 t 检验。

正态性检验采用 One-Sample Kolmogorov-Smirnov Test，目标态度维度前测 $p=0.078>0.05$，目标态度维度后测 $p=0.076>0.05$，所以样本来自的两个总体是正态的，故目标态度维度前测后测采用配对 t 检验。

正态性检验采用 One-Sample Kolmogorov-Smirnov Test，行为认知维度前测 $p=0.057>0.05$，行为认知维度后测 $p=0.028<0.05$，所以后测样本来自的总体是非正态的，故行为认知维度前测后测采用 Wilcoxon 检验。

正态性检验采用 One-Sample Kolmogorov-Smirnov Test，行为习惯维度前测 $p=0.478>0.05$，行为习惯维度后测 $p=0.531>0.05$，所以样本来自的两个总体是正态的，故行为习惯维度前测后测采用配对 t 检验。

正态性检验采用 One-Sample Kolmogorov-Smirnov Test，行为意向维度前测 $p=0.417>0.05$，行为意向维度后测 $p=0.246>0.05$，所以样本来自的两个总体是正态的，故行为意向维度前测后测采用配对 t 检验。

正态性检验采用 One-Sample Kolmogorov-Smirnov Test，情感体验维度前测 $p=0.459>0.05$，情感体验维度后测 $p=0.652>0.05$，所以样本来自的两个总体是正态的，故情感体验维度前测后测采用配对 t 检验。

正态性检验采用 One-Sample Kolmogorov-Smirnov Test，行为控制感维度前测 $p=0.624>0.05$，行为控制感维度后测 $p=0.896>0.05$，所以样本来自的两个总体是正态的，故行为控制感维度前测后测采用配对 t 检验。

正态性检验采用 One-Sample Kolmogorov-Smirnov Test，主观标准维度前测 $p=0.315>0.05$，主观标准维度后测 $p=0.096>0.05$，所以样本来自的两个总体是正态的，故主观标准维度前测后测采用配对 t 检验。

表6-37 配对样本描述

		平均数	样本量	标准差	标准误
行为态度	前测	30.3077	78	4.89449	.55419
	后测	31.5769	78	5.02337	.56878
目标态度	前测	49.7564	78	6.68821	.75729
	后测	51.1282	78	8.37491	.94827
行为习惯	前测	38.8077	78	6.22950	.70535
	后测	39.1026	78	7.02239	.79513
行为意向	前测	27.7051	78	3.76280	.42605
	后测	28.3590	78	3.82057	.43259
情感体验	前测	40.2051	78	6.88752	.77986
	后测	40.6282	78	6.77488	.76710
行为控制感	前测	25.5128	78	5.46950	.61930
	后测	26.0513	78	5.38612	.60986
主观标准	前测	19.1410	78	4.81805	.54554
	后测	19.5897	78	4.73845	.53652

表6-38 配对样本检验

	差均数	差标准差	差标准误	95%置信区间		t	df	Sig. (2-tailed)
行为态度 前测-后测	-1.2692	2.58705	.29293	-1.8525	-.6859	-4.333	77	.000
目标态度 前测-后测	-1.3718	3.40400	.38543	-2.1393	-.6043	-3.559	77	.001
行为习惯 前测-后测	-.2949	3.57520	.40481	-1.1010	.5112	-.728	77	.469
行为意向 前测-后测	-.6538	2.06282	.23357	-1.1189	-.1888	-2.799	77	.006
情感体验 前测-后测	-.4231	2.27647	.25776	-.9363	.0902	-1.641	77	.105
行为控制感 前测-后测	-.5385	2.17239	.24597	-1.0283	-.0487	-2.189	77	.032
主观标准 前测-后测	-.4487	2.15411	.24391	-.9344	.0370	-1.840	77	.070

表 6-37 为锻炼态度部分维度前后测配对样本的描述统计量,表 6-38 为锻炼态度部分维度前后测配对样本的统计检验结果。结果显示行为控制感、行为意向、目标态度和行为态度维度双侧检验的概率小于 0.05,因而实验组锻炼态度的这些维度前测后测差异具有显著性。

表 6-39 前测后测差值秩次的统计量

	后测-前测							
	负秩次			正秩次			零差值	秩次数之和
	频数	平均秩次	秩和	频数	平均秩次	秩和		
行为认知	17[a]	38.68	657.50	54[b]	35.16	1898.50	7[c]	78

a 后测＜前测
b 后测＞前测
c 前测＝后测

表 6-40 前测后测差值的符号秩和检验结果[b]

	后测-前测	
维　度	Z	显著性(双侧)
行为认知	−3.582[a]	0.000

a 基于负秩次
b Wilcoxon 符号秩和检验

表 6-39 为实验组锻炼态度行为认知维度前测后测的秩次统计量,表 6-40 为实验组锻炼态度行为认知维度前测后测差值的符号秩和检验结果。结果显示双侧检验的概率小于 0.05,因而实验组行为认知维度的前测后测差异具有显著性。

③ 对照组与实验组锻炼态度前后测之差的 Mann-whitey U 检验

正态性检验 Kolmogorov-Smirnov,行为态度维度对照组 p=0.001＜0.05,行为态度维度实验组 p=0.002＜0.05,所以样本来自的两个总体是非正态的,故行为态度维度对照组与实验组前后测之差采用 Mann-whitey U 检验。

正态性检验 Kolmogorov-Smirnov,目标态度维度对照组 p=

0.001<0.05,目标态度维度实验组 p=0.000<0.05,所以对照组样本来自的两个总体是非正态的,故目标态度维度对照组与实验组前后测之差采用 Mann-whitey U 检验。

正态性检验 Kolmogorov-Smirnov,行为认知维度对照组 p=0.003<0.05,行为认知维度实验组 p=0.000<0.05,所以样本来自的两个总体是非正态的,故行为认知维度对照组与实验组前后测之差采用 Mann-whitey U 检验。

正态性检验 Kolmogorov-Smirnov,行为习惯维度对照组 p=0.000<0.05,行为习惯维度实验组 p=0.000<0.05,所以样本来自的两个总体是非正态的,故行为习惯维度对照组与实验组前后测之差采用 Mann-whitey U 检验。

正态性检验 Kolmogorov-Smirnov,行为意向维度对照组 p=0.000<0.05,行为意向维度实验组 p=0.003<0.05,所以样本来自的两个总体是非正态的,故行为意向维度对照组与实验组前后测之差采用 Mann-whitey U 检验。

正态性检验 Kolmogorov-Smirnov,情感体验维度对照组 p=0.001<0.05,情感体验维度实验组 p=0.000<0.05,所以对照组样本来自的两个总体是非正态的,故情感体验维度对照组与实验组前后测之差采用 Mann-whitey U 检验。

正态性检验 Kolmogorov-Smirnov,行为控制感维度对照组 p=0.000<0.05,行为控制感维度实验组 p=0.000<0.05,所以样本来自的两个总体是非正态的,故行为控制感维度对照组与实验组前后测之差采用 Mann-whitey U 检验。

正态性检验 Kolmogorov-Smirnov,主观标准维度对照组 p=0.000<0.05,主观标准维度实验组 p=0.000<0.05,所以样本来自的两个总体是非正态的,故主观标准维度对照组与实验组前后测之差采用 Mann-whitey U 检验。

表6-41 对照组与实验组锻炼态度的秩次统计量

维 度	组 别	频 数	平均秩次	秩 和
行为态度	1	73	68.47	4998.50
	2	78	83.04	6477.50
目标态度	1	73	68.52	5002.00
	2	78	83.00	6774.00
行为认知	1	73	68.34	4988.50
	2	78	83.17	6487.50
行为习惯	1	73	74.66	5450.50
	2	78	77.25	6025.50
行为意向	1	73	73.37	5356.00
	2	78	78.46	6120.00
情感体验	1	73	74.51	5439.50
	2	78	77.39	6036.50
行为控制感	1	73	66.86	4880.50
	2	78	84.56	6595.50
主观标准	1	73	68.55	5004.50
	2	78	82.97	6471.50

表6-42 对照组与实验组前测后测之差的Mann-Whitney U检验结果[a]

维 度	Mann-Whitney U	Wilcoxon W	Z	显著性（双侧）
行为态度	2297.500	4998.500	−2.060	0.039
目标态度	2301.000	5002.000	−2.043	0.041
行为认知	2287.500	4988.500	−2.102	0.036
行为习惯	2749.500	5450.500	−0.366	0.714
行为意向	2655.000	5356.000	−0.722	0.470
情感体验	2738.500	5439.500	−0.407	0.684
行为控制感	2179.500	4880.500	−2.516	0.012
主观标准	2303.500	5004.500	−2.047	0.041

a 分组变量：组别。

表6-41为对照组锻炼态度各维度前测后测之差与实验组锻炼态度各维度前测后测之差的秩次统计量，其中第二栏列出了组别变量，1为对照组，2为实验组；表6-42为对照组锻炼态度各维度前测后测之

差与实验组锻炼态度各维度前测后测之差 Mann-Whitney U 检验结果,其中行为态度、目标态度、行为认知、行为控制感和主观标准维度双侧检验概率小于 0.05,因而对照组锻炼态度的行为态度、目标态度、行为认知、行为控制感和主观标准维度的前测后测之差与实验组锻炼态度的行为态度、目标态度、行为认知、行为控制感和主观标准维度的前测后测之差的差异具有显著性。

(7) 课外锻炼行为

所有的大学生都有机会利用大学的场地设施进行自发的体育活动。自发的体育活动被定义为学生在体育课之外自由支配时间的体育活动。学生课外体育行为的变化是体育课程效果的一种重要表现形式,体育课程的实施应有效改变学生的课外体育行为。可以根据学生课外体育活动的内容和持续时间来判断学生体育行为习惯的养成情况。大学生的自由支配时间可分为教学日自由支配时间和周末自由支配时间。教学日自由支配时间为周一到周五的课外时间,周末自由支配时间为周六和周日全天的时间。教学日自由支配时间的调查选取周五下午 3:00 至晚上 10:00,周末自由支配时间的调查选取周六和周日上午 8:00 至晚上 10:00,以 15 分钟为单位,记录大学生的活动内容。

1) 对照组体育行为前后测的 Wilcoxon 检验

表 6-43　前测后测差值秩次的统计量

	后测-前测							
	负秩次			正秩次			零差值	秩次数之和
	频数	平均秩次	秩和	频数	平均秩次	秩和		
星期五	23[a]	33.46	769.50	38[b]	29.51	1121.50	2[c]	63
星期六	25[a]	37.44	936.00	43[b]	32.79	1410.00	1[c]	69
星期日	21[a]	45.88	963.50	47[b]	29.41	1382.50	0[c]	68

a 后测＜前测
b 后测＞前测
c 前测＝后测

表6-44 前测后测差值的符号秩和检验结果[b]

	后测-前测	
	Z	显著性（双侧）
星期五	−1.267[a]	0.205
星期六	−1.451	0.147
星期日	−1.285	0.199

a 基于负秩次
b Wilcoxon 符号秩和检验

表6-43为对照组周五、周六和周日体育行为前测后测的秩次统计量，表6-44为对照组周五、周六和周日体育行为前测后测差值的符号秩和检验结果。结果显示双侧检验的概率均大于0.05，因而对照组周五、周六和周日体育行为的前测后测差异不具有显著性。

2) 实验组体育行为前后测的 Wilcoxon 检验

表6-45 前测后测差值秩次的统计量

	后测-前测							
	负秩次			正秩次			零差值	秩次数之和
	频数	平均秩次	秩和	频数	平均秩次	秩和		
星期五	29[a]	34.12	989.50	43[b]	38.10	1638.50	2[c]	74
星期六	28[a]	37.07	1038.00	38[b]	30.87	1173.00	0[c]	66
星期日	25[a]	45.06	1126.50	41[b]	26.45	1084.50	0[c]	66

a 后测＜前测
b 后测＞前测
c 前测＝后测

表6-46 前测后测差值的符号秩和检验结果[b]

	后测-前测	
	Z	显著性（双侧）
星期五	−1.825[a]	0.068
星期六	−0.432	0.665
星期日	−0.134	0.893

a 基于负秩次
b Wilcoxon 符号秩和检验

表6-45为实验组周五、周六和周日体育行为前测后测的秩次统

计量,表6-46为实验组周五、周六和周日体育行为前测后测差值的符号秩和检验结果。结果显示双侧检验的概率均大于0.05,因而实验组周五、周六和周日体育行为的前测后测差异不具有显著性。

3) 对照组与实验组体育行为前后测之差的 Mann-whitey U 检验

表6-47 对照组与实验组情境兴趣的秩次统计量

	组 别	频 数	平均秩次	秩 和
星期五	1	63	68.40	4309.00
	2	74	69.51	5144.00
星期六	1	69	69.29	4781.00
	2	66	66.65	4399.00
星期日	1	68	70.38	4785.50
	2	66	64.54	4259.50

表6-48 对照组与实验组前测后测之差的 Mann-Whitney U 检验结果[a]

	Mann-Whitney U	Wilcoxon W	Z	显著性(双侧)
星期五	2293.000	4309.000	−0.164	0.869
星期六	2188.000	4399.000	−0.393	0.694
星期日	2048.500	4259.500	−0.874	0.382

[a] 分组变量:组别。

表6-47为对照组周五、周六和周日体育行为前测后测之差与实验组周五、周六和周日体育行为前测后测之差的秩次统计量,其中第二栏列出了组别变量,1为对照组,2为实验组;表6-48为对照组周五、周六和周日体育行为前测后测之差与实验组周五、周六和周日体育行为前测后测之差 Mann-Whitney U 检验结果,结果显示双侧检验的概率均大于0.05,因而对照组周五、周六和周日体育行为的前测后测之差与实验组周五、周六和周日体育行为的前测后测之差的差异不具有显著性。

④ 分析

统计结果显示,对照组锻炼态度各维度的前测后测差异不具有显著性;实验组行为控制感、行为意向、行为认知、目标态度和行为态度维度的前测后测差异具有显著性,因而在大学公共体育"个性化"教学中增加运动原理性知识有助于改善大学生的行为态度、目标态度、行为认知、行为意向和行为控制感。实验组锻炼态度的主观标准、行为控制感、行为认知、目标态度和行为态度维度的前测后测之差与对照组锻炼态度的行为态度、目标态度、行为认知、行为控制感和主观标准维度的前测后测之差的差异具有显著性,因而在大学公共体育"个性化"教学中增加运动原理性知识对改善大学生的行为态度、目标态度、行为认知、行为控制感和主观标准与对照组有区别。

行为态度是对自己进行锻炼行动的评价;目标态度是对锻炼的评价;行为认知是对锻炼导致某种结果的认知;行为习惯是指锻炼的自动化程度;行为意向是指多大程度上愿意进行锻炼;情感体验是指对锻炼的情绪体验;行为控制感是指对锻炼的自主控制能力;主观标准是指受到他人的影响。根据青少年锻炼态度-行为九因素模型,学生目标态度和行为认知的提高有助于学生行为态度的改善,学生行为态度的改善会有助于学生行为意向的改善,而学生行为意向的改善会有助于学生锻炼行为的改善,另外学生的锻炼行为也受学生行为态度和行为控制感改善的直接影响。因而在大学公共体育"个性化"教学中增加运动原理性知识促进大学生认知的发展,有助于促进大学生锻炼认知、锻炼情感和锻炼意向的发展,即有助于改善大学生的锻炼态度。

6.5 预实验结论

(1) 体育知识

对照组体育知识前后测成绩的差异不具有显著性,而实验组前后测差异具有显著性,并且从提高幅度来看,实验组前后测成绩之差与对照组前后测成绩之差的差异具有显著性,因而在大学公共体育"个性化"教学中增加运动原理性知识有助于丰富大学生的体育知识。

(2) 运动技能和体能

技术方面,与对照组投篮前后测变化的检验结果一样,实验组投篮前后测差异具有显著性,因而在投篮教学中增加运动原理性知识有助于提高学生的技术成绩,但是在提高幅度方面实验组与对照组的差异不具有显著性,因而实验组增加运动原理性知识的效果与对照组没有区别。

战术方面,与对照组战术前后测变化的检验结果一样,实验组战术前后测差异具有显著性,因而在战术教学中增加运动原理性知识有助于提高学生的战术成绩,但是在提高幅度方面实验组与对照组的差异不具有显著性,因而实验组增加运动原理性知识的效果与对照组没有区别。

体能方面,对照组立定跳远成绩有所提高,但对照组立定跳远前测与后测成绩的差异不具有显著性;实验组立定跳远成绩有所提高,但实验组立定跳远前测与后测成绩的差异不具有显著性;实验组前后测成绩之差与对照组前后测成绩之差的差异不具有显著性。因而在大学公共体育"个性化"教学中增加运动原理性知识对提高立定跳远成绩方面没有明显的区别。

(3) 情境兴趣、期望价值和锻炼态度

情境兴趣方面,实验组与对照组在情境兴趣的探索意向和注意需求维度的差异具有显著性。因而在大学公共体育"个性化"教学中增加运动原理性知识对提高学生的情境兴趣具有一定的作用。

期望价值方面,对照组期望价值各维度的前测后测差异不具有显著性;实验组期望价值的期望信念和效用价值维度的前测后测差异具有显著性;对照组期望价值的期望信念和效用价值维度的前测后测之差与实验组期望价值的期望信念和效用价值维度的前测后测之差的差异具有显著性。因而在大学公共体育"个性化"教学中增加运动原理性知识对提高学生的期望价值具有一定的作用。

锻炼态度方面,实验组锻炼态度的行为控制感、行为意向、行为认知、目标态度和行为态度维度的前后测差异具有显著性,因而在大学公共体育"个性化"教学中增加运动原理性知识有助于改善大学生的行为控制感、行为意向、行为认知、目标态度和行为态度。在改善幅度方面实验组的主观标准、行为控制感、行为认知、目标态度和行为态度与对照组的差异具有显著性,因而在大学公共体育"个性化"教学中增加运动原理性知识对改善大学生的主观标准、行为控制感、行为认知、目标态度和行为态度与对照组存在区别。

(4) 课外体育行为

课外体育行为方面,对照组周五、周六和周日体育行为的前测后测差异不具有显著性;实验组周五、周六和周日体育行为的前测后测差异不具有显著性;对照组周五、周六和周日体育行为的前测后测之差与实验组周五、周六和周日体育行为的前测后测之差的差异不具有显著性。因而在大学公共体育"个性化"教学中增加运动原理性知识对提高学生的体育行为方面没有明显的区别。

(5) 实验总结

预实验的目的之一是为了检验增加运动原理性知识的有效性,但更重要的目的是为了完善实验方案,及时发现实验设计、实施、数据收集和分析等方面存在的问题,提出问题解决的措施和办法,为后续实验的顺利进行积累实践经验。在实验实施的过程中还存在以下不足和问题。

一是问卷的有效率下降问题。前测时大部分学生配合较好,但在后测时由于重复测验,很多学生的配合程度下降,不认真填写,问卷的有效率下降。二是上课时间的控制问题。执行新的教学内容和教学策略,对讲解、示范、练习、讨论的时间把握不准,教学效率下降。三是体育课运动量的控制问题。执行新的内容和教学策略对体育课运动量的影响难以把握。四是概念图作业的完成问题。表现为绘图方法不清楚、知识的重点和关键点把握不准。五是条件控制问题。实验班与对照班的上课地点、上课时间不同,教学环境条件的相似性差。六是不可控因素的影响,受放假、运动会、体质测试等活动影响,教学实验进度受到很大干扰。在对实验存在问题进行深入思考的基础上,为保证后续实验的顺利进行,提出以下改进措施。

一针对后测问卷的有效率下降问题,后续实验开始第一次课,宣布问卷填写质量作为平时成绩考核的一部分,以提高学生的配合程度。二针对上课时间控制不准确的问题。正式实验前,在课前熟悉教案的基础上,通过多次预演测算新内容教学所需的时间,以提高教学的流畅性。三针对运动量控制的问题,在后续实验时采用能量监测仪测试学生的能量消耗,通过比较了解体育课运动量的变化情况,及时调整课程内容安排。四针对概念图绘制的问题,后续实验时增加体育知识卡的直观性,介绍概念图原理和绘制方法,以提高作业完成的质量。五针对条件控制问题,正式实验前在样本分配时尽可能使对照班与实验班在上课地点和上课时间上对等,以保证教学环境条件的相似性。六针对不可控因素,尽可能调整教学进度,保证授课内容的实施。

6.6 正式实验结果

(1) 能量消耗

正态性检验 Kolmogorov-Smirnov,能量消耗对照组第 2 次 $p=0.037<0.05$,能量消耗实验组第 2 次 $p=0.035<0.05$,所以样本来自的两个总体是非正态的,故能量消耗第 2 次对照组与实验组数据采用 Mann-whitey U 检验。

正态性检验 Kolmogorov-Smirnov,能量消耗对照组第 4 次 $p=0.192>0.05$,能量消耗实验组第 4 次实验组 $p=0.022<0.05$,所以实验组样本来自的总体是非正态的,故能量消耗第 4 次对照组与实验组数据采用 Mann-whitey U 检验。

正态性检验 Kolmogorov-Smirnov,能量消耗对照组第 6 次 $p=0.039<0.05$,能量消耗实验组第 6 次 $p=0.001<0.05$,所以样本来自的两个总体是非正态的,故能量消耗第 6 次对照组与实验组数据采用 Mann-whitey U 检验。

正态性检验 Kolmogorov-Smirnov,能量消耗对照组第 8 次 $p=0.001<0.05$,能量消耗实验组第 8 次 $p=0.130>0.05$,所以对照组样本来自的总体是非正态的，故能量消耗第8次对照组与实验组数据采用 Mann-whitey U 检验。

① 对照组与实验组能量消耗的检验

表6-49 对照组与实验组能量消耗的秩次统计量

课次	组别	均数（卡）	频数	平均秩次	秩和
第2次课	1	252.21	100	119.21	11921.00
	2	235.30	100	81.79	8179.00
第4次课	1	251.11	100	117.08	11708.00
	2	237.61	100	83.92	8392.00
第6次课	1	250.10	100	116.28	11628.00
	2	237.08	100	84.72	8472.00
第8次课	1	251.78	100	118.89	11889.50
	2	236.41	100	82.11	8211.50

表6-50 对照组与实验组能量消耗的 Mann-Whitney U 检验结果[a]

课次	Mann-Whitney U	Wilcoxon W	Z	显著性（双侧）
第2次课	3129.000	8179.000	−4.573	0.000
第4次课	3342.000	8392.000	−4.052	0.000
第6次课	3422.000	8472.000	−3.856	0.000
第8次课	3161.500	8211.500	−4.493	0.000

[a] 分组变量：组别。

表6-49为对照组与实验组能量消耗的秩次统计量，其中第二栏列出了组别变量，1为对照组，2为实验组。表6-50为对照组与实验组能量消耗的 Mann-Whitney U 检验结果。

其中第2次课对照组100名学生90分钟的能量消耗均值为252.21卡，平均秩次为119.21，秩和为11921.00；实验组100名学生90分钟的能量消耗均值为235.30卡，平均秩次为81.79，秩和为8179.00。双侧检验 Z＝−4.573 时基于渐近分布的概率 P＝0.000＜0.05。因而实验组与对照组能量消耗的差异具有具有显著性。

其中第4次课对照组100名学生90分钟的能量消耗均值为251.11卡，平均秩次为117.08，秩和为11708.00；实验组100名学生

90分钟的能量消耗均值为237.61卡,平均秩次为83.92,秩和为8392.00。双侧检验Z=－4.052时基于渐近分布的概率P=0.000<0.05。因而实验组与对照组能量消耗的差异具有具有显著性。

其中第6次课对照组100名学生90分钟的能量消耗均值为250.10卡,平均秩次为116.28,秩和为11628.00;实验组100名学生90分钟的能量消耗均值为237.08卡,平均秩次为84.72,秩和为8472.00。双侧检验Z=－3.856时基于渐近分布的概率P=0.000<0.05。因而实验组与对照组能量消耗的差异具有具有显著性。

其中第8次课对照组100名学生90分钟的能量消耗均值为251.78卡,平均秩次为118.89,秩和为11889.50;实验组100名学生90分钟的能量消耗均值为236.41卡,平均秩次为82.11,秩和为8211.50。双侧检验Z=－4.493时基于渐近分布的概率P=0.000<0.05。因而实验组与对照组能量消耗的差异具有具有显著性。

② 分析

体育课程中促进学生认知的发展与提高学生的运动技能是对立统一的。为促进学生认知的发展,在大学公共体育"个性化"教学中有必要适当减少练习的时间,练习时间的减少必然会引起学生运动量的减少。学生运动量减少多少不会改变体育课程的性质,目前没有统一的标准。现有的运动免疫研究显示,小负荷的运动对人体的免疫能力影响不大;中等负荷的运动有助于提高人体的免疫能力;大负荷的运动会导致人体的免疫能力下降。可见,体育课程以中等负荷为主有助于促进学生的健康,追求大负荷并不可取。体育课程以中等负荷为主给促进学生的认知发展提供了可能,以大负荷为主的体育教学没有多少富余的时间发展学生的认知。

在大学公共体育"个性化"教学中促进学生认知的发展需要监测学生的能量消耗,学生在体育课中的能量消耗反映了体育课负荷量的大小。学生的能量消耗应至少要保持中等负荷水平,不应降到小负荷水平,否则不利于促进学生的健康。能量监测数据显示,在大学公共体育"个性化"教学中增加运动原理性知识会降低学生的能量消耗,实验组与对照组的能量消耗差异具有显著性,但与对照组比较,实验组学生的能量消耗并没有降低到中下水平,而是保持在中上水平。体育课保持中上负荷量有助于促进学生的健康,因而在大学公共体育"个性化"教学中增加运动原理性知识并没有改变体育课程的性质。由于受实验经费的限制,本实验无法购买能量监测软件,因而无法测试和分析运动强度,而上海市初中体育教学中增加运动相关学科知识的研究分析了实验体育课密度的变化,即从运动量和运动强度两个方面监测和分析学生的能量消耗,因此该研究对体育课程负荷的监控较为全面,为本研究提供了有益的启示,因而后续的研究应弥补这一不足。

(2) 体育知识

① 对照组体育知识前后测的 Wilcoxon 检验

正态性检验采用 One-Sample Kolmogorov-Smirnov Test,体育知识前测 $p=0.031<0.05$,体育知识后测 $p=0.166>0.05$,所以前测样本来自的总体是非正态的,故体育知识前测后测采用 Wilcoxon 检验。

表 6-51 前测后测差值秩次的统计量

		频　数	平均秩次	秩　和
后测-前测	负秩次	49[a]	48.66	2384.50
	正秩次	56[b]	56.79	3180.50
	零差值	12[c]		
	秩次数目之和	117		

a 后测＜前测
b 后测＞前测
c 前测＝后测

表 6-52 前测后测差值的符号秩和检验结果[b]

	后测-前测
Z	−1.296[a]
显著性(双侧)	0.195

a 基于负秩次
b Wilcoxon 符号秩和检验

表 6-51 为对照组体育知识前测后测差值秩次的统计量,其中第二栏列出了对照组前测后测差值的类型,负秩次频数为 49,平均秩次

48.66，秩和 2384.50；正秩次频数为 56，平均秩次 56.79，秩和 3180.50。表 6-52 为对照组体育知识前测后测差值的符号秩和检验结果，双侧检验 Z=－1.296 时基于渐近分布的概率 P＝0.195＞0.05。因而对照组体育知识前测与后测成绩的差异不具有显著性。

② 实验组体育知识前后测的 Wilcoxon 检验

正态性检验采用 One-Sample Kolmogorov-Smirnov Test，体育知识前测 p＝0.004＜0.05，体育知识后测 p＝0.008＜0.05，所以样本来自的两个总体是非正态的，故体育知识前测后测采用 Wilcoxon 检验。

表 6-53　前测后测差值秩次的统计量

		频　数	平均秩次	秩　和
后测-前测	负秩次	33[a]	46.55	1536.00
	正秩次	88[b]	66.42	5845.00
	零差值	15[c]		
	秩次数目之和	136		

a 后测＜前测
b 后测＞前测
c 前测＝后测

表 6-54　前测后测差值的符号秩和检验结果[b]

	后测-前测
Z	－5.715[a]
显著性（双侧）	0.000

a 基于负秩次
b Wilcoxon 符号秩和检验

表 6-53 为实验组体育知识前测后测差值秩次的统计量，其中第二栏列出了实验组前测后测差值的类型，负秩次频数为 33，平均秩次 46.55，秩和 1536.00；正秩次频数为 88，平均秩次 66.42，秩和 5845.00。表 6-54 为实验组体育知识前测后测差值的符号秩和检验结果，双侧检验 Z＝－5.715 时基于渐近分布的概率 P＝0.00＜0.05。因而实验组体育知识前测与后测成绩的差异具有显著性。

③ 对照组与实验组体育知识前后测之差的 Mann-whitey U 检验

正态性检验 Kolmogorov-Smirnov，对照组体育知识前后测之差

p=0.005<0.05,实验组体育知识前后测之差 p=0.000<0.05,所以样本来自的两个总体是非正态的,故体育知识对照组与实验组前后测之差采用 Mann-whitey U 检验。

表 6-55 对照组与实验组前测后测之差的秩次统计量

	组 别	频 数	平均秩次	秩 和
前测后测之差	1	117	114.10	13350.00
	2	136	138.10	13781.00
	总 计	160		

表 6-56 对照组与实验组前测后测之差 Mann-Whitney U 检验结果[a]

	后测-前测
Mann-Whitney U	6447.000
Wilcoxon W	13350.000
Z	−2.647
显著性(双侧)	0.008

[a] 分组变量:组别。

表 6-55 为对照组与实验组体育知识前测后测之差的秩次统计量,其中第二栏列出了组别变量,1 为对照组,2 为实验组;对照组的频数为 117,平均秩次 114.10,秩和 13350.00;实验组的频数为 136,平均秩次 138.10,秩和 13781.00。表 6-56 为对照组与实验组体育知识前测后测之差 Mann-Whitney U 检验结果,双侧检验 Z=−2.647 时基于渐近分布的概率 P=0.008<0.05。因而实验组前测后测成绩之差与对照组前测后测成绩之差的差异具有显著性。

④ 分析

与预实验的检验结果一样,对照组体育知识前后测成绩的差异不具有显著性,而实验组前后测差异具有显著性,并且从提高幅度来看,实验组前后测成绩之差与对照组前后测成绩之差的差异具有显著性,这说明在大学公共体育"个性化"教学中加大知识干预的广度和深度有助于大学生掌握运动生理学、运动生物力学、运动营养学、训练学原理等相关学科的知识,因而在大学公共体育"个性化"教学中增加运动原理性知识有助于丰富大学生的体育知识。相关的研究显示,在上海市初中体育教学中增加运动相关学科的知识,实验后上海市部分初中学生所掌握的体育知识较实验前有所提高,实验组初一和初二学生体育知识的前后测差异具有显著性。美国概念体育的实验研究表明,在中小学游戏活动中增加运动相关学科的知识实验前后差异具有显著性。因此,在公共体育教学中增加运动相关学科的知识,加大知识干预的广度和深度,有助于丰富学生的体育知识。

(3) 运动技能

1) 篮球技术

① 对照组篮球技术前后测的 Wilcoxon 检验

正态性检验采用 One-Sample Kolmogorov-Smirnov Test,技术前测 p=0.022<0.05,技术后测 p=0.000<0.05,所以样本来自的两个总体是非正态的,故对照组篮球技术前后测成绩采用 Wilcoxon 检验。

表6-57 前测后测差值秩次的统计量

		频 数	平均秩次	秩 和
后测-前测	负秩次	21[a]	31.74	666.50
	正秩次	75[b]	53.19	3989.50
	零差值	18[c]		
	秩次数目之和	114		

a 后测<前测
b 后测>前测
c 前测=后测

表6-58 前测后测差值的符号秩和检验结果[b]

	后测-前测
Z	−6.114[a]
显著性(双侧)	0.000

a 基于负秩次
b Wilcoxon 符号秩和检验

表6-57为对照组篮球技术前测后测差值秩次的统计量,其中第二栏列出了对照组前测后测差值的类型,负秩次频数为21,平均秩次31.74,秩和666.50;正秩次频数为75,平均秩次53.19,秩和3989.50。

表 6-58 为对照组篮球技术前测后测差值的符号秩和检验结果,双侧检验 Z=-6.114 时基于渐近分布的概率 P=0.000<0.05。因而对照组篮球技术前测与后测成绩的差异具有显著性。

② 实验组篮球技术前后测的 Wilcoxon 检验

正态性检验采用 One-Sample Kolmogorov-Smirnov Test,技术前测 p=0.000<0.05,技术后测 p=0.000<0.05,所以样本来自的两个总体是非正态的,故实验组篮球技术前后测成绩采用 Wilcoxon 检验。

表 6-59 前测后测差值秩次的统计量

		频数	平均秩次	秩和
后测-前测	负秩次	28[a]	41.41	1159.50
	正秩次	78[b]	57.84	4511.50
	零差值	31[c]		
	秩次数目之和	137		

a 后测<前测
b 后测>前测
c 前测=后测

表 6-60 前测后测差值的符号秩和检验结果[b]

	后测-前测
Z	-5.316[a]
显著性(双侧)	0.000

a 基于负秩次
b Wilcoxon 符号秩和检验

表 6-59 为实验组篮球技术前测后测差值秩次的统计量,其中第二栏列出了实验组前测后测差值的类型,负秩次频数为 28,平均秩次 41.41,秩和 1159.50;正秩次频数为 78,平均秩次 57.84,秩和 4511.50。表 6-60 为实验组篮球技术前测后测差值的符号秩和检验结果,双侧检验 Z=-5.316 时基于渐近分布的概率 P=0.000<0.05。因而实验组篮球技术前测与后测成绩的差异具有显著性。

③ 对照组与实验组篮球技术前后测之差的 Mann-whitey U 检验

正态性检验 Kolmogorov-Smirnov,对照组篮球技术前测后测之差 p=0.000<0.05,实验组篮球技术前测后测之差 p=0.000<0.05,所

以样本来自的两个总体是非正态的,故对照组与实验组篮球技术前后测之差采用 Mann-whitey U 检验。

表 6-61　对照组与实验组前测后测之差的秩次统计量

	组　别	频　数	平均秩次	秩　和
前测后测之差	1	114	131.74	15018.00
	2	137	121.23	16608.00
	总　计	251		

表 6-62　对照组与实验组前测后测之差 Mann-Whitney U 检验结果[a]

	前测后测之差
Mann-Whitney U	7155.000
Wilcoxon W	16608.000
Z	−1.152
显著性(双侧)	0.249

a 分组变量:组别。

表 6-61 为对照组与实验组篮球技术前测后测之差的秩次统计量,其中第二栏列出了组别变量,1 为对照组,2 为实验组;对照组的频数为 114,平均秩次 131.74,秩和 15018.00;实验组的频数为 137,平均秩次 121.23,秩和 16608.00。表 6-62 为对照组与实验组篮球技术前测后测之差 Mann-Whitney U 检验结果,双侧检验 Z=−1.152 时基于渐近分布的概率 $P=0.249>0.05$。因而实验组前测后测成绩之差与对照组前测、后测成绩之差的差异不具有显著性。

④ 分析

与预实验的结果一样。统计结果显示实验组投篮和运球上篮前后测差异具有显著性,因而在技术教学中增加运动原理性知识有助于提高学生的技术成绩。但是对照组投篮和运球上篮前后测成绩的差异也具有显著性,因而学生按照教师示范的动作做法和讲解的动作要领多加练习也能提高技术成绩。但是实验组和对照组学生成绩变化的原理是不一样的,实验组是通过提高学生的认知提高技评成绩和达标成绩的,而对照组是通过多练增加学生本体感觉的传入冲动提高技评成绩和达标成绩的。从理论上看,实验组增加运动原理性知识的效应能保持更长的时间,因为实验组学生不仅知其然,而且能知其所以然。由于测试保持效应比较困难,本研究只测试了实验最后一次课的教学效果与前测比较,后续的研究应增加实验组保持效应的测试。从提高幅度来看,实验组前后测成绩之差与对照组前后测成绩之差的差异不具有显著性,因而实验组增加运动原理性知识的效果与对照组没有区别,造成这一现象的原因之一可能是实验持续的时间过短,后续的研究应延长实验持续的时间以验证在提高幅度方面是否差异具有显著性。相关的研究显示,在上海市初中体育教学中增加运动相关学科的知识,实验后上海市部分初中学生的篮球运球成绩较实验前有所提高,其它技能测试成绩,如实心球、俯卧撑、半仰卧起、俯卧抬头及穿梭往返跑测试成绩都有不同程度的提高,因此,在公共体育教学中增加运动相关学科的知识,加大知识干预的广度和深度,对学生运动技能的提高具有积极的影响。

2) 篮球战术

① 对照组篮球战术前后测的 Wilcoxon 检验

正态性检验采用 One-Sample Kolmogorov-Smirnov Test,战术前测 $p=0.028<0.05$,战术后测 $p=0.004<0.05$,所以样本来自的两个总体是非正态的,故对照组篮球战术前后测成绩采用 Wilcoxon 检验。

表 6-63 前测后测差值秩次的统计量

		频 数	平均秩次	秩 和
后测-前测	负秩次	35[a]	47.29	1655.00
	正秩次	67[b]	53.70	3598.00
	零差值	12[c]		
	秩次数目之和	114		

a 后测<前测
b 后测>前测
c 前测=后测

表 6-64 前测后测差值的符号秩和检验结果[b]

	后测-前测
Z	−3.269[a]
显著性(双侧)	0.001

a 基于负秩次
b Wilcoxon 符号秩和检验

表6-63为对照组篮球战术前测后测差值秩次的统计量,其中第二栏列出了对照组前测后测差值的类型,负秩次频数为35,平均秩次47.29,秩和1655.00;正秩次频数为67,平均秩次53.70,秩和3598.00。表6-64为对照组篮球战术前测后测差值的符号秩和检验结果,双侧检验Z=-3.269时基于渐近分布的概率P=0.001<0.05。因而对照组篮球战术前测与后测成绩的差异具有显著性。

② 实验组篮球战术前后测的Wilcoxon检验

正态性检验采用One-Sample Kolmogorov-Smirnov Test,战术前测p=0.029<0.05,战术后测p=0.000<0.05,所以样本来自的两个总体是非正态的,故实验组篮球战术前后测成绩采用Wilcoxon检验。

表6-65 前测后测差值秩次的统计量

		频数	平均秩次	秩和
后测-前测	负秩次	38[a]	50.76	1929.00
	正秩次	88[b]	69.00	6072.00
	零差值	11[c]		
	秩次数目之和	137		

a 后测<前测
b 后测>前测
c 前测=后测

表6-66 前测后测差值的符号秩和检验结果[b]

	后测-前测
Z	-5.060[a]
显著性(双侧)	0.000

a 基于负秩次
b Wilcoxon符号秩和检验

表6-65为实验组篮球战术前测后测差值秩次的统计量,其中第二栏列出了实验组前测后测差值的类型,负秩次频数为38,平均秩次50.76,秩和1929.00;正秩次频数为88,平均秩次69.00,秩和6072.00。表6-66为实验组篮球战术前测后测差值的符号秩和检验结果,双侧检验Z=-5.060时基于渐近分布的概率P=0.000<0.05。因而实验组篮球战术前测与后测成绩的差异具有显著性。

③ 对照组与实验组篮球战术前后测之差的 Mann-whitey U 检验

正态性检验 Kolmogorov-Smirnov，对照组篮球战术前测后测之差 p＝0.001＜0.05，实验组篮球战术前测后测之差 p＝0.017＜0.05，所以样本来自的两个总体是非正态的，故对照组与实验组篮球战术前后测之差采用 Mann-whitey U 检验。

表 6-67　对照组与实验组前测后测之差的秩次统计量

	组　别	频　数	平均秩次	秩　和
前测后测之差	1	114	115.90	13212.50
	2	137	134.41	18413.50
	总　计	251		

表 6-68　对照组与实验组前测后测之差 Mann-Whitney U 检验结果[a]

	前测后测之差
Mann-Whitney U	6657.500
Wilcoxon W	13212.500
Z	－2.020
显著性（双侧）	0.043

a 分组变量：组别。

表 6-67 为对照组与实验组篮球战术前测后测之差的秩次统计量，其中第二栏列出了组别变量，1 为对照组，2 为实验组；对照组的频数为 114，平均秩次 115.90，秩和 13212.50；实验组的频数为 137，平均秩次 134.41，秩和 18413.50。表 6-68 为对照组与实验组篮球战术前测后测之差 Mann-Whitney U 检验结果，双侧检验 Z＝－2.020 时基于渐近分布的概率 P＝0.043＜0.05。因而实验组前测后测成绩之差与对照组前测、后测成绩之差的差异具有显著性。

④ 分析

统计结果显示，对照组战术前后测成绩的差异具有显著性，因而学生按照教师示范的战术配合和讲解的战术要领多加练习能提高学生的战术成绩。与实验组前测成绩比较，实验组后测成绩提高明显，并且前后测差异具有显著性,因而在战术教学中增加运动原理性知识有助于提高学生战术成绩。对照组与实验组战术成绩都提高也可能跟第二学期篮球教学比赛的增加有关,篮球教学比赛的增加使得学生的战术应用能力增强,故而战术成绩提高;从提高幅度来看,实验组与对照组的差异具有显著性,因而在战术教学中增加运动原理性知识对提高学生的战术成绩与对照组有区别。

战术方面,两次检验实验组与对照组前后测的检验结果一样,前后测差异都具有显著性,说明在战术教学中增加运动原理性知识有助于提高学生的战术成绩。在提高幅度方面,预实验实验组与对照组的差异不具有显著性,正式实验实验组与对照组的差异具有显著性,两次检验的结果不稳定,因而需要进一步实践检验。

(4) 体能

根据上海大学大学生体质健康测试的要求,冬季学期要测试1000米。

1) 对照组1000米前后测的Wilcoxon检验

表6-69 前测后测差值秩次的统计量

		频数	平均秩次	秩和
后测-前测	负秩次	46[a]	48.58	2234.50
	正秩次	66[b]	62.02	4093.50
	零差值	22[c]		
	秩次数目之和	134		

a 后测＜前测
b 后测＞前测
c 前测＝后测

表6-70 前测后测差值的符号秩和检验结果[b]

	后测-前测
Z	−2.717[a]
显著性(双侧)	0.007

a 基于负秩次
b Wilcoxon符号秩和检验

表 6-69 为对照组 1000 米前测后测差值秩次的统计量,其中第二栏列出了对照组前测后测差值的类型,负秩次频数为 46,平均秩次 48.58,秩和 2234.50;正秩次频数为 66,平均秩次 62.02,秩和 4093.50。表 6-70 为对照组 1000 米前测后测差值的符号秩和检验结果,双侧检验 Z=-2.717 时基于渐近分布的概率 P=0.007<0.05。因而对照组 1000 米前测与后测成绩的差异具有显著性。

2) 实验组 1000 米前后测的 Wilcoxon 检验

表 6-71　前测后测差值秩次的统计量

		频　数	平均秩次	秩　和
后测-前测	负秩次	62[a]	68.79	4265.00
	正秩次	70[b]	64.47	4513.00
	零差值	12[c]		
	秩次数目之和	144		

a 后测＜前测
b 后测＞前测
c 前测＝后测

表 6-72　前测后测差值的符号秩和检验结果[b]

	后测-前测
Z	-.283[a]
显著性(双侧)	0.777

a 基于负秩次
b Wilcoxon 符号秩和检验

表 6-71 为实验组 1000 米前测后测差值秩次的统计量,其中第二栏列出了实验组前测后测差值的类型,负秩次频数为 62,平均秩次 68.79,秩和 4265.00;正秩次频数为 70,平均秩次 64.47,秩和 4513.00。表 6-72 为实验组 1000 米前测后测差值的符号秩和检验结果,双侧检验 Z=-.283 时基于渐近分布的概率 P=0.777>0.05。因而实验组 1000 米前测与后测成绩的差异不具有显著性。

3) 对照组与实验组 1000 米前后测之差的 Mann-whitey U 检验

表6-73 对照组与实验组前测后测之差的秩次统计量

	组 别	频 数	平均秩次	秩 和
前测后测之差	1	134	147.36	19746.50
	2	144	132.18	19034.50
	总 计	278		

表6-74 对照组与实验组前测后测之差 Mann-Whitney U 检验结果[a]

	前测后测之差
Mann-Whitney U	8594.500
Wilcoxon W	19034.500
Z	−1.582
显著性(双侧)	0.114

a 分组变量:组别。

表6-73为对照组与实验组1000米前测后测之差的秩次统计量,其中第二栏列出了组别变量,1为对照组,2为实验组;对照组的频数为134,平均秩次147.36,秩和19746.50;实验组的频数为144,平均秩次132.18,秩和19034.50。表6-74为对照组与实验组1000米前测后测之差 Mann-Whitney U 检验结果,双侧检验 Z=−1.582 时基于渐近分布的概率 P=0.114>0.05。因而实验组前后测成绩之差与对照组前后测成绩之差的差异不具有显著性。

(5) 情境兴趣

表6-75 对照组与实验组情境兴趣的秩次统计量

维 度	组 别	频 数	平均秩次	秩 和
新颖性	1	119	132.69	15790.00
	2	136	123.90	16850.00
挑战性	1	119	122.82	14615.00
	2	136	132.54	18025.00
探索意向	1	119	117.55	13988.00
	2	136	137.15	18652.00
注意需求	1	119	117.61	13995.00
	2	136	137.10	18645.00

(续表)

维度	组别	频数	平均秩次	秩和
愉悦感	1	119	136.98	16301.00
	2	136	120.14	16339.00
总体兴趣	1	119	139.80	16636.50
	2	136	117.67	16003.50

表6-76 对照组与实验组情境兴趣的 Mann-Whitney U 检验结果[a]

维度	Mann-Whitney U	Wilcoxon W	Z	显著性(双侧)
新颖性	7534.000	16850.000	−0.955	0.340
挑战性	7475.000	14615.000	−1.055	0.291
探索意向	6848.000	13988.000	−2.130	0.033
注意需求	6855.000	13995.000	−2.117	0.034
愉悦感	7023.000	16339.000	−1.833	0.067
总体兴趣	6687.50	16003.500	−2.411	0.016

a 分组变量:组别。

表6-75为对照组与实验组情境兴趣各维度的秩次统计量,其中第二栏列出了组别变量,1为对照组,2为实验组;表6-76为对照组与实验组情境兴趣个维度 Mann-Whitney U 检验结果,其中探索意向维度,双侧检验 $Z=-2.130$ 时基于渐近分布的概率 $P=0.033<0.05$。注意需求维度,双侧检验 $Z=-2.117$ 时基于渐近分布的概率 $P=0.034<0.05$。总体兴趣维度,双侧检验 $Z=-2.411$ 时基于渐近分布的概率 $P=0.016<0.05$。因而实验组与对照组在情境兴趣的探索意向、注意需求和总体兴趣维度的差异具有显著性。

(6) 期望价值

1) 对照组期望价值前后测的 Wilcoxon 检验

表6-77 前测后测差值秩次的统计量

	后测-前测							
	负秩次			正秩次			零差值	秩次数之和
	频数	平均秩次	秩和	频数	平均秩次	秩和		
期望信念	51[a]	50.34	2567.50	54[b]	55.51	2997.50	14[c]	119
获取价值	41[a]	48.01	1968.50	55[b]	48.86	2687.50	23[c]	119

(续表)

	后测-前测						零差值	秩次数之和
	负秩次			正秩次				
	频数	平均秩次	秩和	频数	平均秩次	秩和		
内在价值	44[a]	50.64	2228.00	51[b]	45.73	2332.00	24[c]	119
效用价值	37[a]	40.28	1490.50	44[b]	41.60	1830.50	38[c]	119

a 后测＜前测
b 后测＞前测
c 前测＝后测

表6-78　前测后测差值的符号秩和检验结果[b]

	后测-前测	
维度	Z	显著性（双侧）
期望信念	－0.701[a]	0.483
获取价值	－1.346[a]	0.178
内在价值	－0.200[a]	0.842
效用价值	－0.824[a]	0.410

a 基于负秩次
b Wilcoxon符号秩和检验

表6-77为对照组期望价值各维度前测后测的秩次统计量，表6-78为对照组期望价值各维度前测后测差值的符号秩和检验结果。结果显示双侧检验的概率均大于0.05，因而对照组期望价值各维度的前测后测差异不具有显著性。

2）实验组期望价值前后测的Wilcoxon检验

表6-79　前测后测差值秩次的统计量

	后测-前测						零差值	秩次数之和
	负秩次			正秩次				
	频数	平均秩次	秩和	频数	平均秩次	秩和		
期望信念	35[a]	55.09	1928.00	81[b]	59.98	4858.00	20[c]	136
获取价值	41[a]	53.99	2213.50	71[b]	57.95	4114.50	24[c]	136
内在价值	52[a]	57.63	2996.50	59[b]	54.57	3219.50	25[c]	136
效用价值	41[a]	59.33	2432.50	75[b]	58.05	4353.50	20[c]	136

a 后测＜前测
b 后测＞前测
c 前测＝后测

表 6-80　前测后测差值的符号秩和检验结果[b]

维　度	后测-前测	
	Z	显著性（双侧）
期望信念	−4.090[a]	0.000
获取价值	−2.888[a]	0.004
内在价值	−0.339[a]	0.735
效用价值	−2.732[a]	0.006

a 基于负秩次
b Wilcoxon 符号秩和检验

表 6-79 为实验组期望价值各维度前测后测的秩次统计量，表 6-80 为实验组期望价值各维度前测后测差值的符号秩和检验结果。结果显示期望信念、获取价值和效用价值维度双侧检验的概率小于 0.05，因而实验组期望价值的期望信念、获取价值和效用价值维度的前测后测差异具有显著性。

3）对照组与实验组期望价值前后测之差的 Mann-whitey U 检验

表 6-81　对照组与实验组情境兴趣的秩次统计量

维　度	组　别	频　数	平均秩次	秩　和
期望信念	1	119	115.23	13712.00
	2	136	139.18	18928.00
获取价值	1	119	124.67	14836.00
	2	136	130.91	17804.00
内在价值	1	119	127.69	15195.00
	2	136	128.27	17445.00
效用价值	1	119	119.80	14256.50
	2	136	135.17	18383.50

表 6-82　对照组与实验组情境兴趣的 Mann-Whitney U 检验结果[a]

维　度	Mann-Whitney U	Wilcoxon W	Z	显著性（双侧）
期望信念	6572.000	13712.000	−2.620	0.009
获取价值	7696.000	14836.000	−0.690	0.490
内在价值	8055.000	15195.000	−0.064	0.949
效用价值	7116.500	14256.500	−1.698	0.090

a 分组变量：组别。

表 6-81 为对照组期望价值各维度前测后测之差与实验组期望价值各维度前测后测之差的秩次统计量,其中第二栏列出了组别变量,1 为对照组,2 为实验组;表 6-82 为对照组期望价值各维度前测后测之差与实验组期望价值各维度前测后测之差 Mann-Whitney U 检验结果,其中期望信念维度,双侧检验 $Z=-2.620$ 时基于渐近分布的概率 $P=0.009<0.05$。注意需求维度,双侧检验 $Z=-1.698$ 时基于渐近分布的概率 $P=0.090<0.05$。因而对照组期望价值的期望信念和效用价值维度的前测后测之差与实验组期望价值的期望信念和效用价值维度的前测后测之差的差异具有显著性。

(7) 锻炼态度

① 对照组锻炼态度前后测的检验

正态性检验采用 One-Sample Kolmogorov-Smirnov Test,行为态度维度前测 $p=0.247>0.05$,行为态度维度后测 $p=0.410>0.05$,所以样本来自的两个总体是正态的,故行为态度维度前测后测采用配对 t 检验。

正态性检验 Kolmogorov-Smirnov,目标态度维度前测 $p=0.083>0.05$,目标态度维度后测 $p=0.013<0.05$,所以后测样本来自的总体是非正态的,故目标态度维度前测后测采用 Wilcoxon 检验。

正态性检验采用 One-Sample Kolmogorov-Smirnov Test,行为认知维度前测 $p=0.046<0.05$,行为认知维度后测 $p=0.015<0.05$,所以样本来自的两个总体是非正态的,故行为认知维度前测后测采用 Wilcoxon 检验。

正态性检验采用 One-Sample Kolmogorov-Smirnov Test,行为习惯维度前测 $p=0.287>0.05$,行为习惯维度后测 $p=0.064>0.05$,所以样本来自的两个总体是正态的,故行为习惯维度前测后测采用配对 t 检验。

正态性检验采用 One-Sample Kolmogorov-Smirnov Test,行为意向维度前测 $p=0.067>0.05$,行为意向维度后测 $p=0.149>0.05$,所以样本来自的两个总体是正态的,故行为意向维度前测后测采用配对 t 检验。

正态性检验采用 One-Sample Kolmogorov-Smirnov Test,情感体验维度前测 $p=0.198>0.05$,情感体验维度后测 $p=0.318>0.05$,所以样本来自的两个总体是正态的,故情感体验维度前测后测采用配对

t检验。

正态性检验采用 One-Sample Kolmogorov-Smirnov Test,行为控制感维度前测 p=0.008<0.05,行为控制感维度后测 p=0.370>0.05,所以前测样本来自的总体是非正态的,故行为控制感维度前测后测采用 Wilcoxon 检验。

正态性检验采用 One-Sample Kolmogorov-Smirnov Test,主观标准维度前测 p=0.447>0.05,主观标准维度后测 p=0.590>0.05,所以样本来自的两个总体是正态的,故主观标准维度前测后测采用配对 t 检验。

表 6-83　配对样本描述

		平均数	样本量	标准差	标准误
行为态度	前测 后测	30.5798 30.8151	119 119	6.35729 5.65830	.58277 .51870
行为习惯	前测 后测	38.8151 38.4958	119 119	7.10689 7.00106	.65149 .64179
行为意向	前测 后测	28.3361 28.4874	119 119	5.27751 5.83947	.48379 .53530
情感体验	前测 后测	39.7143 39.2773	119 119	7.51737 7.49341	.68912 .68692
主观标准	前测 后测	21.5210 21.6807	119 119	5.03016 5.18788	.46111 .47557

表 6-84　配对样本检验

	差均数	差标准差	差标准误	95%置信区间		t	df	Sig.(2-tailed)
行为态度 前测-后测	-.2353	2.95074	.27049	-.7709	.3004	-.870	118	.386
行为习惯 前测-后测	.3193	2.31038	.21179	-.1001	.7387	1.508	118	.134
行为意向 前测-后测	-.1513	3.12355	.28634	-.7183	.4158	-.528	118	.598
情感体验 前测-后测	.4370	3.90271	.35776	-.2715	1.1454	1.221	118	.224
主观标准 前测-后测	-.1597	1.90442	.17458	-.5054	.1860	-.915	118	.362

表 6-83 为锻炼态度部分维度前后测配对样本的描述统计量,表 6-84 为锻炼态度部分维度前后测配对样本的统计检验结果。结果显示双侧检验的概率均大于 0.05,因而对照组锻炼态度的这些维度前测后测差异不具有显著性。

表 6-85　前测后测差值秩次的统计量

	后测-前测						
	负秩次			正秩次			
	频数	平均秩次	秩和	频数	平均秩次	秩和	零差值	秩次数之和
目标态度	49[a]	57.33	2809.00	64[b]	56.75	3632.00	6[c]	119
行为认知	53[a]	53.07	2812.50	61[b]	61.35	3742.50	5[c]	119
行为控制感	48[a]	56.23	2699.00	64[b]	56.70	3629.00	7[c]	119

a 后测＜前测
b 后测＞前测
c 前测＝后测

表 6-86　前测后测差值的符号秩和检验结果[b]

维　度	后测-前测	
	Z	显著性(双侧)
目标态度	−1.189[a]	0.234
行为认知	−1.326[a]	0.185
行为控制感	−1.369[a]	0.171

a 基于负秩次
b Wilcoxon 符号秩和检验

表 6-85 为对照组锻炼态度各维度前测后测的秩次统计量,表 6-86 为对照组锻炼态度各维度前测后测差值的符号秩和检验结果。结果显示双侧检验的概率均大于 0.05,因而对照组锻炼态度各维度的前测后测差异不具有显著性。

② 实验组锻炼态度前后测的检验

正态性检验采用 One-Sample Kolmogorov-Smirnov Test,行为态度维度前测 $p=0.330>0.05$,行为态度维度后测 $p=0.081>0.05$,所以样本来自的两个总体是正态的,故行为态度维度前测后测采用配对

t检验。

正态性检验采用One-Sample Kolmogorov-Smirnov Test，目标态度维度前测$p=0.069>0.05$，目标态度维度后测$p=0.004<0.05$，所以后测样本来自的总体是非正态的，故目标态度维度前测后测采用Wilcoxon检验。

正态性检验采用One-Sample Kolmogorov-Smirnov Test，行为认知维度前测$p=0.026<0.05$，行为认知维度后测$p=0.079>0.05$，所以前测样本来自的总体是非正态的，故行为认知维度前测后测采用Wilcoxon检验。

正态性检验采用One-Sample Kolmogorov-Smirnov Test，行为习惯维度前测$p=0.055>0.05$，行为习惯维度后测$p=0.134>0.05$，所以样本来自的两个总体是正态的，故行为习惯维度前测后测采用配对t检验。

正态性检验采用One-Sample Kolmogorov-Smirnov Test，行为意向维度前测$p=0.234>0.05$，行为意向维度后测$p=0.190>0.05$，所以样本来自的两个总体是正态的，故行为意向维度前测后测采用配对t检验。

正态性检验采用One-Sample Kolmogorov-Smirnov Test，情感体验维度前测$p=0.021<0.05$，情感体验维度后测$p=0.203>0.05$，所以前测样本来自的总体是非正态的，故情感体验维度前测后测采用Wilcoxon检验。

正态性检验采用One-Sample Kolmogorov-Smirnov Test，行为控制感维度前测$p=0.659>0.05$，行为控制感维度后测$p=0.040<0.05$，所以后测样本来自的总体是非正态的，故行为控制感维度前测后测采用Wilcoxon检验。

正态性检验采用One-Sample Kolmogorov-Smirnov Test，主观标准维度前测$p=0.323>0.05$，主观标准维度后测$p=0.316>0.05$，所以样本来自的两个总体是正态的，故主观标准维度前测后测采用配对t检验。

表6-87 配对样本描述

		平均数	样本量	标准差	标准误
行为态度	前测	29.8015	136	5.24626	.44986
	后测	30.6544	136	5.00130	.42886
行为习惯	前测	36.7721	136	7.07836	.60696
	后测	36.5809	136	6.76654	.58023
行为意向	前测	27.6397	136	4.56666	.39159
	后测	28.2353	136	4.80468	.41200
主观标准	前测	20.6544	136	5.15160	.44175
	后测	20.8456	136	4.78405	.41023

表6-88 配对样本检验

	差均数	差标准差	差标准误	95%置信区间		t	df	Sig.(2-tailed)
行为态度前测-后测	-.8529	2.08533	.17882	-1.2066	-.4993	-4.770	135	.000
行为习惯前测-后测	.1912	2.22283	.19061	-.1858	.5681	1.003	135	.318
行为意向前测-后测	-.5956	2.22903	.19114	-.9736	-.2176	-3.116	135	.002
主观标准前测-后测	-.1912	1.84397	.15812	-.5039	.1215	-1.209	135	.229

表6-87为锻炼态度部分维度前后测配对样本的描述统计量,表6-88为锻炼态度部分维度前后测配对样本的统计检验结果。结果显示行为态度和行为意向维度双侧检验的概率小于0.05,因而实验组锻炼态度的这些维度前测后测差异具有显著性。

表6-89 前测后测差值秩次的统计量

	后测-前测						零差值	秩次数之和
	负秩次			正秩次				
	频数	平均秩次	秩和	频数	平均秩次	秩和		
目标态度	45[a]	55.87	2514.00	83[b]	69.18	5472.00	8[c]	136
行为认知	43[a]	42.21	1815.00	76[b]	70.07	5325.00	17[c]	136

(续表)

	后测-前测							
	负秩次			正秩次			零差值	秩次数之和
	频数	平均秩次	秩和	频数	平均秩次	秩和		
情感体验	56[a]	67.12	3758.50	70[b]	60.61	4242.50	10[c]	136
行为控制感	49[a]	65.23	3196.50	76[b]	61.56	4678.50	11[c]	136

a 后测＜前测
b 后测＞前测
c 前测＝后测

表6-90 前测后测差值的符号秩和检验结果[b]

维度	后测-前测	
	Z	显著性(双侧)
目标态度	−3.866[a]	0.000
行为认知	−4.679[a]	0.000
情感体验	−0.595[a]	0.552
行为控制感	−1.859[a]	0.063

a 基于负秩次
b Wilcoxon符号秩和检验

表6-89为实验组锻炼态度各维度前测后测的秩次统计量,表6-90为实验组锻炼态度各维度前测后测差值的符号秩和检验结果。结果显示行为态度、目标态度、行为认知和行为意向维度双侧检验的概率小于0.05,因而实验组行为态度、目标态度、行为认知和行为意向维度的前测后测差异具有显著性。

③ 对照组与实验组锻炼态度前后测之差的 Mann-whitey U 检验

正态性检验 Kolmogorov-Smirnov,行为态度维度对照组 $p=0.001<0.05$,行为态度维度实验组 $p=0.000<0.05$,所以样本来自的两个总体是非正态的,故行为态度维度对照组与实验组前后测之差采用 Mann-whitey U 检验。

正态性检验 Kolmogorov-Smirnov,目标态度维度对照组 $p=0.000<0.05$,目标态度维度实验组 $p=0.000<0.05$,所以样本来自的两个总体是非正态的,故目标态度维度对照组与实验组前后测之差采用 Mann-whitey U 检验。

正态性检验 Kolmogorov-Smirnov，行为认知维度对照组 $p=0.000<0.05$，行为认知维度实验组 $p=0.000<0.05$，所以样本来自的两个总体是非正态的，故行为认知维度对照组与实验组前后测之差采用 Mann-whitey U 检验。

正态性检验 Kolmogorov-Smirnov，行为习惯维度对照组 $p=0.014<0.05$，行为习惯维度实验组 $p=0.000<0.05$，所以样本来自的两个总体是非正态的，故行为习惯维度对照组与实验组前后测之差采用 Mann-whitey U 检验。

正态性检验 Kolmogorov-Smirnov，行为意向维度对照组 $p=0.000<0.05$，行为意向维度实验组 $p=0.000<0.05$，所以样本来自的两个总体是非正态的，故行为意向维度对照组与实验组前后测之差采用 Mann-whitey U 检验。

正态性检验 Kolmogorov-Smirnov，情感体验维度对照组 $p=0.000<0.05$，情感体验维度实验组 $p=0.000<0.05$，所以样本来自的两个总体是非正态的，故情感体验维度对照组与实验组前后测之差采用 Mann-whitey U 检验。

正态性检验 Kolmogorov-Smirnov，行为控制感维度对照组 $p=0.000<0.05$，行为控制感维度实验组 $p=0.000<0.05$，所以样本来自的两个总体是非正态的，故行为控制感维度对照组与实验组前后测之差采用 Mann-whitey U 检验。

正态性检验 Kolmogorov-Smirnov，主观标准维度对照组 $p=0.000<0.05$，主观标准维度实验组 $p=0.000<0.05$，所以样本来自的两个总体是非正态的，故主观标准维度对照组与实验组前后测之差采用 Mann-whitey U 检验

表6-91 对照组与实验组锻炼态度的秩次统计量

维度	组别	频数	平均秩次	秩和
行为态度	1	119	116.88	13909.00
	2	136	137.73	18731.00
目标态度	1	119	118.54	14106.50
	2	136	136.28	18533.50

(续表)

维　度	组别	频数	平均秩次	秩和
行为认知	1	119	118.34	14083.00
	2	136	136.45	18557.00
行为习惯	1	119	125.31	14911.50
	2	136	130.36	17728.50
行为意向	1	119	124.22	14782.50
	2	136	131.31	17857.50
情感体验	1	119	129.64	15427.00
	2	136	126.57	17213.00
行为控制感	1	119	127.75	15202.00
	2	136	128.22	17438.00
主观标准	1	119	128.55	15298.00
	2	136	127.51	17342.00

表 6-92　对照组与实验组前测后测之差的 Mann-Whitney U 检验结果[a]

维　度	Mann-Whitney U	Wilcoxon W	Z	显著性(双侧)
行为态度	6769.000	13909.000	−2.278	0.023
目标态度	6966.500	14106.500	−1.929	0.054
行为认知	6943.000	14083.000	−1.972	0.049
行为习惯	7771.500	14911.500	−0.552	0.581
行为意向	7642.500	14782.500	−0.778	0.436
情感体验	7897.000	17213.000	−0.336	0.737
行为控制感	8062.000	15202.000	−0.052	0.959
主观标准	8026.000	17342.000	−0.114	0.909

a 分组变量:组别。

表 6-91 为对照组锻炼态度各维度前测后测之差与实验组锻炼态度各维度前测后测之差的秩次统计量,其中第二栏列出了组别变量,1 为对照组,2 为实验组;表 6-92 为对照组锻炼态度各维度前测后测之差与实验组锻炼态度各维度前测后测之差 Mann-Whitney U 检验结果,其中行为态度和行为认知维度的双侧检验概率小于 0.05,因而对照组锻炼态度的行为态度和行为认知维度的前测后测之差与实验组锻

炼态度的行为态度和行为认知维度的前测后测之差的差异具有显著性。

④ 分析

对照组锻炼态度各维度的前测后测差异不具有显著性，实验组行为态度、目标态度、行为认知和行为意向维度的前测后测差异具有显著性，因而在大学公共体育"个性化"教学中增加运动原理性知识有助于改善大学生的行为态度、目标态度、行为认知和行为意向。实验组锻炼态度的行为态度和行为认知维度的前测后测之差与对照组锻炼态度的行为态度和行为认知维度的前测后测之差的差异具有显著性，因而在大学公共体育"个性化"教学中增加运动原理性知识对改善大学生的行为态度和行为认知与对照有区别。

行为态度是指对自己进行锻炼行动的评价；行为认知是指对锻炼导致某种结果的认知。根据青少年锻炼态度-行为九因素模型，学生行为认知的提高有助于提高学生的行为态度，学生行为态度的提高有助于提高学生的锻炼行为。因而在大学公共体育"个性化"教学中增加运动原理性知识促进大学生认知的发展，有助于促进大学生锻炼认知、锻炼情感和锻炼意向的发展，即有助于改善大学生的锻炼态度。

预实验实验组行为控制感、行为意向、行为认知、目标态度和行为态度维度的前后测差异具有显著性，正式实验实验组行为意向、行为认知、目标态度和行为态度维度的前后测差异具有显著性，行为控制感维度两次检验的结果不稳定，需要进一步实践检验。在改善幅度方面，预实验实验组与对照组锻炼态度的主观标准、行为控制感、行为认知、行为态度和目标态度维度的差异具有显著性，正式实验实验组与对照组锻炼态度的行为认知和行为态度维度的差异具有显著性，两次检验结果的变化可能受技战术和体能内容变化的影响，也可能受社会期望效应的影响，需要进一步实践检验。

(8) 课外锻炼行为

1) 对照组体育行为前后测的 Wilcoxon 检验

6 增加运动原理性知识的有效性检验

表 6-93 前测后测差值秩次的统计量

	后测-前测							
	负秩次			正秩次			零差值	秩次数之和
	频数	平均秩次	秩和	频数	平均秩次	秩和		
星期五	45[a]	56.86	2558.50	66[b]	55.42	3657.50	1[c]	112
星期六	44[a]	62.03	2729.50	70[b]	54.65	3825.50	2[c]	116
星期日	46[a]	58.51	2691.50	59[b]	48.70	2873.50	4[c]	109

a 后测＜前测
b 后测＞前测
c 前测＝后测

表 6-94 前测后测差值的符号秩和检验结果[b]

	后测-前测	
	Z	显著性（双侧）
星期五	−1.620[a]	0.105
星期六	−1.555[a]	0.120
星期日	−0.292[a]	0.770

a 基于负秩次
b Wilcoxon 符号秩和检验

表 6-93 为对照组周五、周六和周日体育行为前测后测的秩次统计量，表 6-94 为对照组周五、周六和周日体育行为前测后测差值的符号秩和检验结果。结果显示双侧检验的概率均大于 0.05，因而对照组周五、周六和周日体育行为的前测后测差异不具有显著性。

2）实验组体育行为前后测的 Wilcoxon 检验

表 6-95 前测后测差值秩次的统计量

	后测-前测							
	负秩次			正秩次			零差值	秩次数之和
	频数	平均秩次	秩和	频数	平均秩次	秩和		
星期五	49[a]	78.00	3822.00	83[b]	59.71	4956.00	0[c]	132
星期六	53[a]	73.02	3870.00	79[b]	62.13	4908.00	4[c]	136
星期日	60[a]	59.89	3593.50	65[b]	65.87	4281.50	5[c]	130

a 后测＜前测
b 后测＞前测
c 前测＝后测

表6-96　前测后测差值的符号秩和检验结果[b]

	后测-前测	
	Z	显著性(双侧)
星期五	−1.293[a]	0.196
星期六	−1.185[a]	0.236
星期日	−0.853[a]	0.394

a 基于负秩次
b Wilcoxon符号秩和检验

表6-95为实验组周五、周六和周日体育行为前测后测的秩次统计量,表6-96为实验组周五、周六和周日体育行为前测后测差值的符号秩和检验结果。结果显示双侧检验的概率均大于0.05,因而实验组周五、周六和周日体育行为的前测后测差异不具有显著性。

3) 对照组与实验组体育行为前后测之差的Mann-whitey U检验

表6-97　对照组与实验组情境兴趣的秩次统计量

	组别	频数	平均秩次	秩和
星期五	1	112	123.25	13804.50
	2	132	121.86	16085.50
星期六	1	116	130.73	15165.00
	2	136	122.89	16713.00
星期日	1	109	121.02	13191.00
	2	130	119.15	15489.00

表6-98　对照组与实验组前测后测之差的Mann-Whitney U检验结果[a]

	Mann-Whitney U	Wilcoxon W	Z	显著性(双侧)
星期五	7307.500	16085.500	−0.154	0.877
星期六	7397.000	16713.000	−0.856	0.392
星期日	6974.000	15489.000	−0.209	0.834

a 分组变量:组别。

表6-97为对照组周五、周六和周日体育行为前测后测之差与实验组周五、周六和周日体育行为前测后测之差的秩次统计量,其中第二栏列出了组别变量,1为对照组,2为实验组;表6-98为对照组周五、周六和周日体育行为前测后测之差与实验组周五、周六和周日体育行

为前测后测之差 Mann-Whitney U 检验结果,结果显示双侧检验的概率均大于 0.05,因而对照组周五、周六和周日体育行为的前测后测之差与实验组周五、周六和周日体育行为的前测后测之差的差异不具有显著性。

6.7 正式实验结论

(1) 能量消耗

在大学公共体育"个性化"教学中增加运动原理性知识会降低体育课的负荷量,但与对照组相比并没有降低到中下负荷量水平,而是保持在中上负荷量水平。体育课保持中上负荷量水平有助于促进学生的健康,因而在大学公共体育"个性化"教学中增加运动原理性知识并没有改变体育课程的性质。

(2) 体育知识

对照组体育知识前后测成绩的差异不具有显著性,而实验组前后测差异具有显著性,并且从提高幅度来看,实验组前后测成绩之差与对照组前后测成绩之差的差异具有显著性,因而在大学公共体育"个性化"教学中增加运动原理性知识有助于丰富大学生的体育知识。

(3) 运动技能和体能

技术方面,实验组前后测差异具有显著性,因而在技术教学中增加运动原理性知识有助于提高学生的技术成绩,但在提高幅度方面与对照组没有区别。战术方面,实验组前后测差异具有显著性,并且在提高幅度方面实验组与对照组的差异具有显著性,因而在战术教学中增加运动原理性知识有助于提高学生的战术成绩,实验组增加运动原理性知识的效果与对照组存在区别。体能方面,对照组 1000 米前测与后测成绩的差异具有显著性;实验组 1000 米前测与后测成绩的差异不具有显著性;实验组前后测成绩之差与对照组前后测成绩之差的差异不具有显著性。因而在大学公共体育"个性化"教学中增加运动原理性知识对提高 1000 米成绩方面作用明显,但在提高幅度方面没有明显的区别。

(4) 情境兴趣、期望价值和锻炼态度

情境兴趣方面,实验组与对照组在情境兴趣的探索意向、注意需求和总体兴趣维度的差异具有显著性。因而在大学公共体育"个性化"教学中增加运动原理性知识对提高学生的情境兴趣具有一定的作用。

期望价值方面,对照组期望价值各维度的前测后测差异不具有显著性;实验组期望价值的期望信念、获取价值和效用价值维度的前测后测差异具有显著性;对照组期望价值的期望信念和效用价值维度的前测后测之差与实验组期望价值的期望信念和效用价值维度的前测后测之差的差异具有显著性。因而在大学公共体育"个性化"教学中增加运动原理性知识对提高学生的期望价值具有一定的作用。

实验组行为态度、目标态度、行为认知和行为意向维度的前测后测差异具有显著性,因而在大学公共体育"个性化"教学中增加运动原理性知识有助于改善大学生的行为态度、目标态度、行为认知和行为意向。实验组锻炼态度的行为态度和行为认知维度的前测后测之差与对照组锻炼态度的行为态度和行为认知维度的前测后测之差的差异具有显著性,因而在大学公共体育"个性化"教学中增加运动原理性知识对改善大学生的行为态度和行为认知与对照有区别。

(5) 课外锻炼行为

课外锻炼行为方面,对照组周五、周六和周日体育行为的前测后测差异不具有显著性;实验组周五、周六和周日体育行为的前测后测差异不具有显著性;对照组周五、周六和周日体育行为的前测后测之差与实验组周五、周六和周日体育行为的前测后测之差的差异不具有显著性。因而在大学公共体育"个性化"教学中增加运动原理性知识对提高学生的体育行为方面没有明显的区别。

7 研究结论、创新、局限和建议

7.1 研究结论

大学公共体育"个性化"改革是以系统技战术知识架构课程内容来培养大学生掌握1项运动技能为其终身体育打下能力基础的。技战术知识是人体在运动过程中掌握和有效完成专门动作的方法性和策略性知识。技战术知识既具有程序性知识的操作性特征,也具有陈述性知识的理论性特征。在大学公共体育教学中教师主要是通过示范动作过程和讲解动作要领来向学生传授操作性知识的,对动作过程和动作要领背后的技术原理、战术原理以及体能发展的原理等知识虽然有所涉及但不充分。本文将动作过程或动作要领背后的技术原理、战术原理以及体能发展的原理等知识概括为"运动原理性知识"。"运动原理性知识"是指与操作性知识密切相关的反映科学运动的规律性知识,具有非物质性、科学性、理论性和运动专指性特征。

通过分析专项体育课程分科设置的缺陷、专项理论课与专项实践课分离的缺陷、高校体育教师对公共体育课程是否存在知识干预广度和深度不够的看法以及大学生体育理论知识掌握的情况四个方面,认为在大学公共体育"个性化"教学中有增加运动原理性知识的必要性。在分析现有教学策略的特点和适用条件的基础上,以建构主义等理论为基础,认为采用"认知发展"教学策略有助于将运动原理性知识融入到大学公共体育"个性化"教学中。为检验增加运动原理性知识的有效性,以上海大学公共体育篮球教学为例进行实验。实验旨在确保不改变体育课程性质的前提下,验证在大学公共体育"个性化"教学中增加运动原理性知识对大学生体育知识、运动技能和锻炼态度的影响。教学实验结果和结论如下。

(1) 能量消耗

在大学公共体育"个性化"教学中增加运动原理性知识会降低体育课的负荷量,但与对照组相比并没有降低到中下负荷量水平,而是保持在中上负荷量水平。体育课保持中上负荷量水平有助于促进学生的健康,因而在大学公共体育"个性化"教学中增加运动原理性知识并没有改变体育课程的性质。

(2) 体育知识

对照组体育知识前后测成绩的差异不具有显著性,而实验组前后测差异具有显著性,并且从提高幅度来看,实验组前后测成绩之差与对照组前后测成绩之差的差异具有显著性,因而在大学公共体育"个性化"教学中增加运动原理性知识有助于丰富大学生的体育知识。

(3) 运动技能

技术方面,实验组前后测差异具有显著性,因而在技术教学中增加运动原理性知识有助于提高学生的技术成绩,但在提高幅度方面与对照组没有区别。战术方面,实验组前后测差异具有显著性,并且在提高幅度方面实验组与对照组的差异具有显著性,因而在战术教学中增加运动原理性知识有助于提高学生的战术成绩,实验组增加运动原理性知识的效果与对照组存在区别。体能方面,对照组1000米前测与后测成绩的差异具有显著性;实验组1000米前测与后测成绩的差异不具有显著性;实验组前后测成绩之差与对照组前后测成绩之差的差异不具有显著性。因而在大学公共体育"个性化"教学中增加运动原理性知识对提高 1000 米成绩方面作用明显,但在提高幅度方面没有明显的区别。

(4) 情境兴趣、期望价值和锻炼态度

情境兴趣方面,实验组与对照组在情境兴趣的探索意向、注意需求和总体兴趣维度的差异具有显著性。因而在大学公共体育"个性化"教学中增加运动原理性知识对提高学生的情境兴趣具有一定的作用。

期望价值方面,对照组期望价值各维度的前测后测差异不具有显著性;实验组期望价值的期望信念、获取价值和效用价值维度的前测后测差异具有显著性;对照组期望价值的期望信念和效用价值维度的前测后测之差与实验组期望价值的期望信念和效用价值维度的前测后测之差的差异具有显著性。因而在大学公共体育"个性化"教学中增加运动原理性知识对提高学生的期望价值具有一定的作用。

实验组行为态度、目标态度、行为认知和行为意向维度的前测后测差异具有显著性,因而在大学公共体育"个性化"教学中增加运动原理性知识有助于改善大学生的行为态度、目标态度、行为认知和行为意向。实验组锻炼态度的行为态度和行为认知维度的前测后测之差与对照组锻炼态度的行为态度和行为认知维度的前测后测之差的差异具有显著性,因而在大学公共体育"个性化"教学中增加运动原理性知识对改善大学生的行为态度和行为认知与对照有区别。

(5) 课外锻炼行为

课外锻炼行为方面,对照组周五、周六和周日体育行为的前测后测差异不具有显著性;实验组周五、周六和周日体育行为的前测后测差异不具有显著性;对照组周五、周六和周日体育行为的前测后测之差与实验组周五、周六和周日体育行为的前测后测之差的差异不具有显著性。因而在大学公共体育"个性化"教学中增加运动原理性知识对提高学生的体育行为方面没有明显的区别。

总之,在大学公共体育"个性化"教学中增加运动原理性知识有助于丰富大学生的体育知识、提高大学生的运动技能和改善大学生的锻炼态度。从目前的各项数据分析来看,在大学公共体育"个性化"教学中增加运动原理性知识的研究对大学公共体育"个性化"教学改革的完善具有一定的借鉴意义。

7.2 研究创新

(1) 理论创新

阐述增加运动原理性知识的缘起,明确运动原理性知识的内涵和外延,验证在大学公共体育"个性化"教学中增加运动原理性知识与大学生体育知识丰富、运动技能提高以及锻炼态度改善的关系有助于丰富大学公共体育"个性化"教学理论。

(2) 实践创新

分析在大学公共体育"个性化"教学中增加运动原理性知识的可行性,提出并论证"认知发展"教学策略,检验增加运动原理性知识的有效性,有助于为大学公共体育"个性化"教学改革提供经验借鉴。

7.3 研究局限

虽然在大学公共体育"个性化"教学中增加运动原理性知识取得了一定的效果,但本研究仍然处于尝试和探索阶段,实验方案和实施过程有很多方面需要进一步改进和完善。

(1) 样本的代表性

样本的代表性是指样本与总体的一致性。样本的代表性的好坏通常用抽样误差大小来表示,抽样误差大小主要受样本量、总体分布和抽样方法的影响。为检验增加运动原理性知识的可行性和有效性,选择上海大学公共体育篮球教学进行实验,虽然具有一定的典型性,但受研究条件的限制不能按统计学上的要求随机选择实验学校和实验项目,因此样本的地域代表性和项目代表性不强。为增强研究的信度和效度,后续的研究应增加样本量,扩大实验的范围。

(2) 研究过程的控制

采用教学实验检验增加运动原理性知识的可行性与有效性,虽然对实验过程做了周密的设计和控制工作,但由于教学实验的对象是人而非物,难以对教学之外的过程进行严格的控制,难以控制来自生活和学习的其它无关变量的影响,另外实验结果信度和效度还受到受试单位和师生配合程度等因素的影响。虽然竭尽全力对因变量、无关变量等相关因素进行了科学设置和有效观测,但对研究过程的复杂性和多变性仍感力不从心。因此,后续的研究应进一步加强对实验过程的设计和控制,以充分保证研究工作的信度和效度。

7.4 研究建议

(1) 应进一步完善专项体育课教学大纲和教学计划

大学公共体育"个性化"改革是在体育基础课和专项基础课的基础上通过设置专项体育课和专项运动课来提高大学生的1项运动技能为其终身体育打下能力基础的。虽然这一改革的指导思想和目标定位是合理的,但各专项体育课程的内容和考核还不完善。

从上海大学公共体育教学大纲(附件10)可以看出,各专项体育课程内容通常包括理论和实践两个部分,但成绩评定考核实践部分。专项理论部分通常包括概念、分类、发展史、现状、发展趋势、规则与裁判方法等内容,专项实践部分通常包括技术、战术和体能等内容。显然,理论部分运动原理性知识所占比例很小,调查显示在实践课中教师主要是通过示范动作做法和讲解动作要领向学生传授操作性知识,对运动原理性知识虽然有所涉及但不充分。

研究显示,增加运动原理性知识有助于丰富大学生的体育知识、提高大学生的运动技能和改善大学生的锻炼态度,因而应完善各专项体育课程内容和加强运动原理性知识的考核。专项体育课程内容完善和考核改革,首先应修订各专项体育课教学大纲和教学计划,因为教学大纲和教学计划是教师进行教学的依据,教学大纲和教学计划对教师的教学具有指导作用和约束作用。只有对各专项体育课程的教学大纲和教学计划进行修订,增加的运动原理性知识才有执行的可能性和可行性。

修订教学大纲和教学计划的步骤:首先,在教学大纲中要规定运动原理性知识在课程内容和考核中占有一定的比例;其次,在教学计划中要合理安排技术、战术和体能内容的层次;再次,要深入挖掘技术、战术和体能要领深层的运动生物力学、运动学、训练学、生理学、营养学、康复保健学等学科的运动原理性知识;最后,在教学计划中要构建运动原理性知识与技术、战术和体能要领对应的内容体系。

(2) 应选择合适的专项体育课教学策略

在专项体育课中增加运动原理性知识需要对不同教学方法的组合结构进行适当的调整。传统的教学策略存在对学生的前概念了解不足、对学生的学习动机激励不够、追求大运动量忽视学生的认知发展等问题,因而新的教学策略应在不改变体育课程性质的前提下使学生对所学内容知其然并知其所以然,应该让学生深刻认识学习内容深层的原理及意义。本文提出并论证了"认知发展"教学策略,适用于运动技能的改进提高阶段。"认知发展"教学策略是专项体育课可供选择的教学策略之一。

(3) 应提高专项体育课教师的专业水平

教师在教学设计和实施过程中发挥着主导作用,体育教师所具备的专业能力是影响运动原理性知识教学的重要因素。体育教师专业能力的提高主要通过专业化教育来实现。教师专业化教育主要包括职前教育、入门教育和在职教育三个阶段。其中职前教育阶段是首要阶段,也是体育教师专业能力培养的重要阶段。从体育教育专业的本质出发,体育教育专业培养的人才应具备三个方面的专业能力,一是教育能力,二是运动能力,三是运用运动科学知识的能力[①]。论证如下:

"专业化",也称专业社会化,它有两层涵义。一是指一个普通职业群体逐渐符合专业标准、成为专门职业并获得相应的专业地位的过程;二是指一个职业群体的专业性质和发展状态处于什么情况和水平。教师专业化是指个人成为教学专业的成员并且在教学中具有越来越成熟的一个转变过程,也就是一个"普通人"变成"教育者"的专业发展过程。教师专业化是世界教师教育发展的趋势和潮流,也是我国教师教育改革的重点和方向。教师教育主要包括职前教育、入门教育和在职教育三个阶段[②]。职前教育阶段即师范教育阶段的体育教师教育专业化发展的取向。为贯彻《中共中央国务院关于深化教育改革全面推进素质教育的决定》精神,进一步深化高校体育教育专业改革,教育部于 2003 年对《全国普通高等学校体育教育本科专业课程方案》(以下简称课程方案)进行了第五次修订,与以往的教学计划不同(过去称教学计划),这次修订提出培养"复合型体育教育人才"的目标,引起了学者们对体育教师职前教育专业化发展取向的争论。

基于此,主要采用文献研究法,以中国知网为主要数据库查询期刊论文,以"教师教育"、"专业化"、"本质"、"多元论"、"层次论"、"概念分层"为关键词,搜集 2000 年至 2014 年的相关论文,共 113 篇。从上海体育学院超星数字图书馆查阅专著 6 部,查阅教育部文件 9 部。共引用 18 篇文献,上述文献为本研究奠定了基础。根据搜集的文献,对体育教师职前教育专业化发展的取向进行了综述。采用分析、抽象、概括、比较、演绎等逻辑学方法,提出体育教育专业本质多元论与层次论

---

① 王建涛,戴俊.体育教师职前教育专业化发展的取向研究[J].首都体育学院学报,2016,28(1):50—53.
② 朱元利.体育教师专业化发展与体育教育专业课程改革的思考[J].西安体育学报,2004,21(5):88—89.

的观点。根据辩证唯物主义理论,认为体育教育专业本质的三个层次决定了体育教师职前教育专业化发展的取向。这一研究的意义在于:把握体育教育专业本质三个层次的统一有助于深刻和全面认识体育教育专业的属性;有助于解决体育教师职前教育专业化发展取向的争论,明确体育教育专业人才能力培养的方向;有助于为体育教师职前教育专业化标准的制定奠定坚实的理论基础。

1) 体育教师职前教育专业化发展取向的争论

一是有学者认为体育教师职前教育应加强"教育能力"的培养。如杨万林,徐云霞在《体育教育专业课程改革的异位与回归》一文中,认为新《课程方案》只重体育学学科专业知识而轻教育专业知识的课程设置是不利于实现"培养体育师资"的目标定位的,这样的课程改革与其培养目标是异位的,体育教育专业的课程改革必须以教师教育专业化理念为指导,向着教师教育本位回归①。又如王健,季浏在《体育教师教育课程改革的专业化取向》一文中,认为构建并完善体育教育学学科体系,是体育教育专业课程改革专业化取向的发展策略②。

二是有学者认为体育教师职前教育应加强"运动能力"的培养。如有学者认为《课程方案》的"宽口径、广适应"的"通才"教育思想会导致体育人才"运动能力"的下降,这引起了"专才"教育与"通才"教育的争论③。另外不同学者对"一专多能"有不同的看法,一种观点认为"一专"是指专项,"多能"是指多种运动技能④;而另一种观点则认为"一专"是指体育专业,"多能"是指多专业的技能⑤。

三是有学者认为体育教师职前教育应加强"健康教育能力"的

---

① 杨万林,徐云霞.体育教育专业课程改革的异位与回归[J].天津体育学院学报,2007,22(5):460.
② 王健,季浏.体育教师教育课程改革的专业化取向[J].上海体育学院学报,2008,32(1):70.
③ 李强,毛振明.体育教育专业人才培养质量要素的新视域——课程核心与多因互动[J].北京体育大学学报,2011,34(9):93—94.
④ 郑东霞,彭云志.对我国普通高等学校体育教育专业课程改革的研究[J].湘潭师范学院学报,2006,28(3):95.
⑤ 何祖新,成聪聪.高校体育教育专业的课程改革与中小学体育课程改革的对接研究[J].河南教育学院学报,2006,15(3):77.

培养。目前对"健康教育能力"的研究主要集中在医学护理领域，主要是指医生护士针对疾病的预防、治疗、护理和康复的教育能力[①]。但随着"健康"一词内涵的变化，"三维"健康观逐渐被人们接受。"健康第一"已经成为学校体育的指导思想，并且中小学《体育与健康课程标准》规定，体育与健康课程是一门以身体练习为主要手段，以增进中小学生健康为主要目的的必修课程[②]。学校体育指导思想和课程性质的变化引起了学者们对体育教师"健康教育能力"的关注。例如有学者认为，应借鉴发达国家对学生健康教育能力培养的成功经验，增设健康教育专业提高体育教育人才的健康教育能力[③]。

从上述学者对体育教师职前教育专业化发展取向的争论，以及从《课程方案》的培养规格可以看出，目前体育教师职前教育专业化发展的取向不明确、体育教师职前教育的专业化标准模糊。如何确定体育教师职前教育专业化发展的取向？辩证唯物主义理论认为，主要矛盾在客观事物的发展过程中处于支配地位，对客观事物的发展起决定性作用。唯物辩证法同时认为，主要矛盾当中存在矛盾的主要方面，而客观事物的性质主要是由主要矛盾的主要方面所规定的[④]。所以，确定体育教师职前教育专业化发展的取向应找出决定体育教育专业发展的主要矛盾，应抓住主要矛盾的主要方面，即体育教育专业的本质，应根据体育教育专业的本质，确定体育教师职前教育专业化发展的取向。笔者认为，体育教育专业的本质是多元的并且多元本质是分层次的，这一论断的理论依据分析如下。

2）体育教育专业本质多元论与层次论的理论基础

A 本质多元论与层次论的逻辑学基础

在逻辑学中，定义的逻辑形式为：被定义项＝种差＋邻近的属概

---

① 万继平.培养实习护生健康教育意识和能力的探讨[J].齐鲁护理杂志,2005,11(12):1825.
② 教育部.义务教育体育与健康课程标准(2011年版)[S].2011:1.
③ 闫万军,张武军等.高等院校体育专业学生健康教育能力培养现状与对策[J].河北师范大学学报(自然科学版),2006,30(4):490—493.
④ 李达.唯物辩证法大纲[M].武汉:武汉大学出版社,2007:25—408.

念。其中"种差"即内涵,是指该事物区别其它事物的本质属性,所谓本质属性是指与其它事物相比较得出的主要区别①。

根据这一理论,确定本质的方法是分析、抽象、概括和比较法。如何比较?首先应明确比较的对象,如果比较对象不明确,何谈本质?由于确定体育教育专业本质的比较对象是多元的,而且是分层次的。因此,体育教育专业本质是多元的而且是分层次的。

从逻辑学理论可以看出,确定本质涉及三个方面的问题:一是要概括出同类事物的共同特征。二是概括出同类事物的共同特征后,要与其它事物比较才能确定哪些共同特征能成为本质。三是要明确"邻近的属概念",因为"邻近的属概念"决定比较的范围,即论域。这一过程运用的逻辑学方法是分析、抽象、概括和比较。

如何确定更高一层的本质——"邻近的属概念"?"邻近的属概念"是被定义项和外部比较对象"共同特征"的概括,这一"共同特征"能否成为本质也要考虑同层的"比较对象"。"邻近的属概念"与同层的"比较对象"又同属于更高一层"属概念",是更高一层"属概念"下不同对象的比较。这一过程同样是运用分析、抽象、概括和比较的逻辑学方法,此方法的"螺旋式"运用便会产生概念的层次性,概念层次性是主体认识水平的反映。

B 本质多元论与层次论的哲学基础

概念层次性是客观事物层次性的反映,也是主体认识水平的反映。任何事物都作为类的个体或属的种而存在,事物本质的层次关系是指属种关系,而不是整体与部分的关系。由于类或属的内容随着分类标准的变化而变化,所以属种的区分具有相对性,属种关系的层次具有多样性。但是如果分类标准既定,则类或属的内容就是稳定的,在这个前提下可以考察事物本质的层次性②。

如何构建体育教育专业概念分层分类体系?列宁在《唯物主义和经验批判主义》一书中指出:从物质到感觉和思维,与从感觉和思维到

---

① 徐锦中.逻辑学[M].天津:天津大学出版社,2001:38—39.
② 杨世宏,刘冠军.本质层次性研究的哲学方法论意义[J].淮阴师范学院学报,2002(3):295.

物质,这是认识论上两条根本对立的路线。前者是唯物论的路线,后者是唯心论的路线[①]。

"体育教育专业概念分层分类体系"的构建应遵循"从物质到感觉和思维"的唯物主义路线,运用分析、综合、抽象、比较、概括等逻辑学方法构建,而不是按"从感觉和思维到物质"的唯心主义路线先验预设,即不是按自上而下的演绎路线,而是按自下而上的归纳路线构建的。

列宁在《哲学笔记》中写道,在《资本论》中,逻辑学、辩证法和唯物论的认识论,"不必要三个词,它们是同一个东西"[2]。在方法论上,列宁关于逻辑学、辩证法和唯物主义认识论的同一性指示,对今天正确认识体育教育专业的本质仍然具有重要的指导意义。因此,体育教育专业本质认识的方法论应以科学的世界观为指导,坚持辩证唯物主义认识论与逻辑学方法的统一。概念分层理论正是主体这一认识过程的概括。

C 概念分层理论

概念分层定义为从低层概念的集合到他们所对应的更高一层概念的影射。这种影射将概念的集合以偏序的方式组织,例如,树(分层及分类的)、网格、有向图等。

一个概念分层可以在一个属性域上或一个属性域的集合上定义。假设一个分层 H 是定义在域的集合 $D_1,\cdots,D_k$ 上,其中不同的概念层次组成了一个分层。概念分层通常从一般到特殊的顺序以偏序的形式排列。最一般的概念是空描述(null description,以保留字 ANY 表示);最特殊的概念对应着数据库中属性的具体值。正式定义如下:

$$H_l: D_1\times\cdots\times D_k \rightarrow H_{l-1} \rightarrow \cdots \rightarrow H_0$$

其中 H_l 代表最原始的概念集;H_{l-1} 代表比 H_l 更高一层的概念;依次类推,H_0 是最高一层的分层,可能只含有最一般的概念"ANY"[②]。

---

① 李达.唯物辩证法大纲[M].武汉:武汉大学出版社,2007:25—408.
② 刁树民,于忠清.概念分层在人口普查数据中的应用[J].现代电子技术,2006:47—48.

以概念分层理论为指导,建立体育教育专业概念分层分类体系,见图1。

D 体育教育专业概念分层分类体系

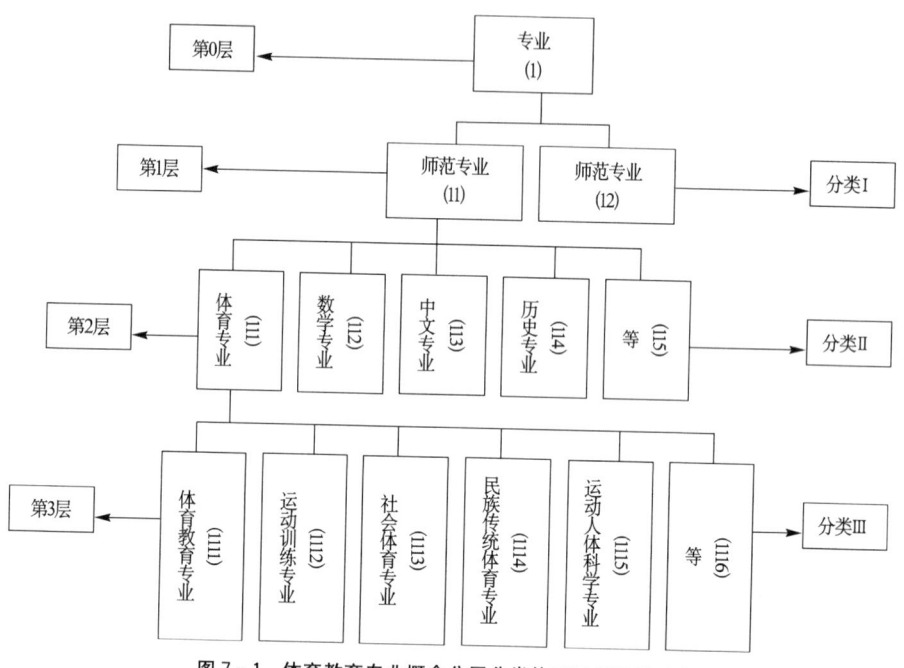

```
第0层 ← 专业(1)
第1层 ← 师范专业(11)  师范专业(12) → 分类Ⅰ
第2层 ← 体育专业(111) 数学专业(112) 中文专业(113) 历史专业(114) 等(115) → 分类Ⅱ
第3层 ← 体育教育专业(1111) 运动训练专业(1112) 社会体育专业(1113) 民族传统体育专业(1114) 运动人体科学专业(1115) 等(1116) → 分类Ⅲ
```

图 7-1 体育教育专业概念分层分类体系及其逻辑形式

建立体育教育专业概念分层分类体系与明确体育教育专业的内涵是辩证统一的,是一个问题的两个方面。因为建立体育教育专业概念分层分类体系要用到比较的方法,要找出专业之间的相同点以及不同点。在这一过程中,通过分析、抽象、概括出体育教育专业的共同点以区别其它专业,亦即明确体育教育专业内涵的过程。但在定义表述时,因其逻辑形式是"种差+邻近的属概念",这表明被定义项必须有归属分类,否则无法确定比较的范围、对象和层次,因而无法进行科学地定义,也就无法确定体育教育专业的本质。

图 7-1 显示,体育教育专业具有体育专业、师范专业、专业的属性,不同层次之间是属种关系,而不是整体与部分的关系。根据体育教育专业概念分层分类体系,可以明确每一层的"邻近的属概念",即明确论域,为认识体育教育专业本质提供同一性前提。

E 体育教育专业本质的"三个层次"

根据体育教育专业概念分层分类体系(图1),提出体育教育专业本质的"三个层次",即本体本质、一般本质、特殊本质,并分别给出每层本质对应的定义逻辑形式:

第一层本质,即本体本质:体育教育专业＝教育性＋专业。

第二层本质,即一般本质:体育教育专业＝体育性＋师范专业。

第三层本质,即特殊本质:体育教育专业＝种差Ⅲ＋体育专业。

本体本质与一般本质、一般本质与特殊本质之间是全异关系,见图1。体育教育专业概念分层分类体系的逻辑形式显示,"三个层次"的本质是互相区别的,不存在包含于关系。这与哲学里的范畴(一般与个别、共性与个性)既有联系,又有区别。

联系在于:一般本质属于共性,是共性中的一个部分;特殊本质属于个性,是个性中的一个部分。共性与个性之间是包含于关系,共性存在于个性之中,是个性的一个部分。那为什么一般本质与特殊本质之间不是包含于关系呢?

原因在于确定本质要考虑同层的比较对象,一般本质是共性中与同层的比较对象相互区别的那个部分;特殊本质是个性中与同层的比较对象相互区别的那个部分,见图1。所以,一般本质与特殊本质之间是全异关系,与哲学里的范畴(一般与个别、共性与个性)是有区别的。

广义本体论,是指一切实在的最终本性,这种本性需要通过认识论而得到认识[①]。本文本体本质是指体育教育专业存在的最终本性,这种本性是指与同层比较对象的主要区别。

按本体本质、一般本质和特殊本质的探讨如下:

3) 体育教育专业本质的探讨

A 按本体本质的探讨

第一层本质,即本体本质:体育教育专业＝教育性＋专业。

体育教育专业的第一层本质是指体育教育专业的教育属性,这一层本质是体育教育专业作为师范专业与非师范专业相比较而言的。师

---

① 百度百科.本体论[BD/OL].[2014—5—3].http://baike.baidu.com/view/61457.htm.

范专业与非师范专业同属专业,都具有专业的特点。不同点在于师范专业设置教育类课程,以体现教师教育的特点。所以,体育教育专业要强调人才的教育能力培养以区别非师范专业。

师范专业的目标定位决定了体育教育专业是以培养中小学体育教师为主的,这一目标定位从教育部颁布的《课程方案》(过去称教学计划)中可以看出。中小学体育教师在工作中,是以促进学生的健康为主的,这是由体育与健康课程改革的价值取向所决定的。

体育与健康课程改革是在现代教育思想指导下的改革,现代教育中最有影响的思想是素质教育和终身教育[①]。在现代教育思想的指导下,中共中央国务院于1999年作出了《关于深化教育改革全面推进素质教育的决定》,指出学校教育要树立"健康第一"的指导思想,切实加强体育工作,使学生掌握基本的运动技能,养成坚持锻炼身体的良好习惯。

为全面推进素质教育,2001年教育部颁布了中小学《体育与健康课程标准》[②],2003年颁布了高中《体育与健康课程标准》[③],2011年教育部又对《义务教育体育与健康课程标准》做了修订,要求学校体育要树立"健康第一"的指导思想,并提出了新的目标体系,即运动参与、运动技能、身体健康、心理健康和社会适应目标。所以,目前中小学体育与健康课程改革的价值取向是促进学生的健康,是追求健康的阶段效应与长远效应的统一。

要实现体育与健康课程目标,促进学生的健康,实现健康的阶段效应与长远效应的统一,中小学体育教师必须具备较强的教育能力才能实现这一目标。所以,体育教育专业要强调人才的教育能力培养以满足体育与健康课程改革对体育师资能力的要求。

综上所述,体育教育专业人才应具备较强的教育能力,这是由体育教育专业的本体本质所决定的。探讨体育教育专业的本体本质有助于

---

① 周登嵩.学校体育学[M].北京:人民体育出版社,2004:41.
② 教育部.义务教育体育与健康课程标准(2001年版)[S].2001:1.
③ 教育部.普通高中体育与健康课程标准(2003年版)[S].2003:1.

理解体育教育专业存在的原因。

  B 按一般本质的探讨

  第二层本质,即一般本质:体育教育专业＝体育性＋师范专业。

  体育教育专业的第二层本质是指体育教育专业的体育属性,这一层本质是体育教育专业作为体育专业与中文、数学等师范专业相比较而言的。体育专业与中文、数学等专业同属师范专业,它们的共同特征是教育性,所以课程设置都要开设教育类课程,以体现教师教育的特点。不同点在于体育专业是以身体练习为主的专业。所以,体育教育专业要强调人才的运动能力培养以区别中文、数学等师范专业。

  体育教育专业人才应具备较强的运动能力也是体育与健康课程改革对体育师资能力的要求。《体育与健康课程标准》规定体育与健康课程是一门以身体练习为主要手段,以增进中小学生健康为主要目标的必修课程。体育与健康课程的性质要求中小学体育教师要具备较好的运动能力。所以,体育教育专业要强调人才的运动能力培养。

  综上所述,体育教育专业人才应具备较强的运动能力,这是由体育教育专业的一般本质所决定的。探讨体育教育专业的一般本质有助于主体在实践中形成正确的目标。

  C 按特殊本质的探讨

  第三层本质,即特殊本质:体育教育专业＝种差Ⅲ＋体育专业。

  体育教育专业的第三层本质是指体育教育专业与运动训练等体育专业的主要区别。体育教育专业与运动训练专业同属于体育专业,都是以身体练习为主的专业。不同点在于体育教育专业的目标定位是以培养中小学体育教师为主的。

  中小学体育教师在工作中,是以促进学生的健康为主的,这是由体育与健康课程改革的价值取向所决定的。要实现体育与健康课程目标,促进学生的健康,实现健康的阶段效应与长远效应的统一,中小学体育教师必须具备运用运动科学知识能力,指导学生科学的运动才能实现这一目标。所以,体育教育专业要强调运用运动科学知识能力的培养。

而运动训练专业的目标定位则不同,运动训练专业是以培养教练员为主的。教练员在训练过程中,不是以促进运动员的健康为主的,而是以取得优异运动成绩为主的。所以,教练员要掌握科学训练的运动科学知识,才能取得优异的运动成绩。

综上所述,体育教育专业人才应具备熟练运用运动科学知识的能力,这是由体育教育专业的特殊本质所决定的。探讨体育教育专业的特殊本质有助于深刻理解体育教育专业发展的规律。

总之,从体育教育专业的本质出发,体育教育专业培养的人才应具备三个方面的能力,一是教育能力,二是运动能力,三是运用运动科学知识的能力。这三种能力分别由体育教育专业的本体本质、一般本质和特殊本质所决定的。把握体育教育专业本质三个层次的统一有助于深刻和全面认识体育教育专业的属性,明确体育教育专业人才能力培养的方向。

体育教育专业本质的三层理论从哲学和逻辑学的视角提供了一种认识体育教育专业属性的思路,有助于解决体育教师职前教育专业化发展取向的争论,这在一定程度上证明了本质多元论与层次论的价值,但这一思路对传统的本质一元论[①]提出了挑战。笔者将本质多元论与层次论的观点引介进体育界,提供本质研究的另一种视野,希望能起到抛砖引玉的作用。

体育教师职前专业能力的培养主要是通过体育教育专业主干课程体系来实现的。心理学理论认为,能力的培养是在实践中形成和发展起来的。根据当前体育教育专业实践课程安排的现状,应调整体育教育专业人才培养方案,在体育教育专业主干课程体系的基础上开设顶点课程,构建体育教育专业顶点课程体系有助于培养体育教育专业人才的教育能力、运动能力和运用运动科学知识的能力[②]。

[①] 林笑峰.健身与体育[J].体育学刊.1995(2):16.
[②] 王建涛,邵斌.体育教育专业顶点课程体系的构建[J].南京体育学院学报(社会科学版),2015,29(4):106.

论证如下：

为贯彻《中共中央国务院关于深化教育改革全面推进素质教育的决定》[①]，进一步深化高校体育教育专业课程改革，教育部于 2003 年颁布了《全国普通高等学校体育教育本科专业课程方案》[②]（以下简称课程方案），《课程方案》要求体育教育专业作为一般必修课开设顶点课程，这一要求引起了学者们对顶点课程设置的研究，从这些研究中可以看出关于顶点课程的研究结果存在矛盾。基于此，主要采用文献资料法，以中国知网为主要数据库，以"顶点课程"、"实践能力""能力培养"为关键词搜集相关论文 123 篇。从上海体育学院超星数字图书馆查阅相关书籍 7 部。查阅国家颁布的文件 3 部。从百度百科查阅了 2 篇文献。共引用 25 篇文献，上述文献为本研究奠定了基础。根据搜集的文献资料，对国内顶点课程的研究结果进行了综述，并采用分析、概括、比较、演绎等逻辑学方法，构建了体育教育专业顶点课程体系。顶点课程体系构建的意义在于：有助于解决国内顶点课程研究结果的矛盾；有助于为体育教育专业课程培养方案的改革提供参考；有助于巩固体育教育专业人才的知识和技能基础，提高体育教育专业人才的综合能力。

4) 国内顶点课程研究结果的矛盾

Capstone 的原意为"顶石"或"压顶石"，是一个建筑学的术语，意指位于拱桥、拱廊、窗户等的顶端、横跨两边、为增强整体结构力而架设的石头。该词又被引申为"顶点，尤指成就的顶点"的意思。20 世纪 80 年代初，美国高等教育面临很多问题，其中本科教育质量问题比较突出。顶点课程是美国高校为提高教育质量，本科教育课程改革中出现的一种新型课程。

顾名思义，这一课程就是位于本科课程系列顶（终）点，为增强学生知识能力"整体结构力"的一门课程。该课程后来为许多国家的高等教

[①] 中共中央办公厅.中共中央国务院关于深化教育改革全面推进素质教育的决定[Z].1999—06—13.

[②] 教育部.全国普通高等学校体育教育本科专业课程方案[Z].2003—06—19.

育引进，在高等教育课程改革中产生了重大影响。国外顶点课程实施效果的研究报告表明，除就业能力之外，顶点课程在培养学生的综合能力，特别是在交流能力、问题解决能力、知识与技能应用能力和问题发现能力方面取得了显著的效果。

因此，有些学者认为，当前国内体育教育专业与20世纪80年代美国高等教育的背景类似，同样面临教育质量下降的问题，国外顶点课程开设的成功经验值得借鉴[①]。但顶点课程是否适合中国的国情？国内体育领域的相关研究如何？综述如下。

目前国内体育领域有6篇关于顶点课程的文献，其中有1篇对顶点课程在体育领域的开设现状进行了调查[②]，结果显示，大部分体育院系没有开设顶点课程，有很多高校体育教育专业的教务和大部分任课老师尚不知晓这门课程，对其效果不确定。另外有1篇是关于36学时的顶点课程教学实验，结果显示通过顶点课程教学能再现四年所学的知识和技术，全面巩固专业技能，培养学生就业能力[③]。其余4篇进行了理论探讨[④⑤⑥⑦]。

对于上述国内顶点课程的开设现状与研究结果的矛盾，笔者认为，在临近毕业时开设顶点课程对巩固学生的知识技能，提高学生的综合能力作用有限。原因分析如下。

第一，心理学认为，能力培养是以知识、技能掌握为基础，在实践中形成和发展起来的。因此，体育教育专业人才综合能力的培养要以体育教育专业主干课程知识、技能掌握为基础，在实践中形成和发展。顶点课程虽然属于实践性质的课程，但在学生临近毕业时开设，知识、技

---

① 刘小强，蒋喜锋. 质量战略下的课程改革——20世纪80年代以来美国本科教育顶点课程的改革发展[J]. 清华大学教育研究，2010，31(2)：69—71.
② 钟晖. 体育顶点课程研究[J]. 体育文化导刊，2013(4)：123—127.
③ 刘念禹，及庆等. 顶点课程教学模式的实践研究[J]. 世纪桥，2007(8)：138—139.
④ 文永芳. 关于构建体育顶点课程模式的思考[J]. 陕西教育，2009(1)：51.
⑤ 周红萍. 体育教育专业顶点课程设计[J]. 山东体育科技，2013(4)：97—99.
⑥ 贺新成，周冰. 我国普通高校体育教育本科专业开设顶点课程教学研究[J]. 内蒙古民族大学学报，2011(3)：361—363.
⑦ 施俊. 在社会体育专业开设顶点课程的可行性研究[J]. 当代体育科技，2012(24)：48—50.

能基础未必扎实。

艾宾浩斯遗忘曲线揭示的规律显示,遗忘在数量上受时间因素制约,遗忘量随时间递增;遗忘的进程是先快后慢[①]。按教育部2003年颁布的《课程方案》,体育教育本科专业四年的课程设置是2600—2800学时。其中大部分课程是在第一年、第二年设置的。也就是说大部分知识、技能是在第一年、第二年学习的,根据艾宾浩斯遗忘曲线揭示的遗忘规律,学生在临近毕业时会有大部分知识、技能遗忘,此时开设顶点课程已失去了知识、技能基础,因此综合能力的培养难以达到预期的效果。

钟晖,文永芳也认为,在体育专业课程的设置中应配有诸门综合实践性比较强的课程,通过探究式学习为顶点课程的顺利执行做好准备。学生在以往的课程中已学习了教学法中的理论、实践、管理、设计、研究方法等技能,若在指导教师的帮助下,将各个学科知识用已掌握的手段有机整合,且在具体课程实践中得以运用,才有取得良好效果的可能。

第二,训练学认为,训练效应具有不稳定性的特点[②]。训练效应的不稳定性是不以人的主观意志为转移的客观现象。体育教育专业学生在第一年、第二年发展的运动能力也是具有不稳定性的特点。因此,学生在临近毕业时,在某些项目上运动能力的下降是普遍现象,此时进行顶点课程教学难以全面巩固专业技能。

综上所述,根据艾宾浩斯遗忘曲线揭示的遗忘规律和训练效应的不稳定性特点,以及能力培养与知识、技能掌握之间的关系,笔者认为,在学生邻近毕业时开设顶点课程对提高体育教育专业人才综合能力的作用是有限的。

然而,从国外顶点课程产生的背景和定义、顶点课程目标和实施效果、顶点课程设置的哲学[③]和心理学基础四个方面分析能

---

① 冀先礼.心理学[M].北京:中国书籍出版社,2013:195—207.
② 田麦久.运动训练学[M].北京:人民体育出版社.2000:105—106.
③ 李达.唯物辩证法大纲[M].武汉:武汉大学出版社,2007:347—358.

够得出结论,国外高校开设顶点课程有效地提高了人才的综合能力。

这就产生了矛盾,原因在哪里?通过查阅文献,进一步了解发现美国等发达国家在中小学和本科阶段的课程教学中,实践活动安排较多,学生的动手能力较强,知识、技能基础相对较好,因而在临近毕业时开设顶点课程对培养人才的综合能力效果是显著的[1]。而国内则不一样,受应试教育的影响,中小学阶段的课程安排,实践活动安排很少,学生的动手能力较弱,出现"高分低能"的现象[2]。本科阶段的课程安排,从《课程方案》中可以看出,体育教育专业实践性课程的学时数仅占总学时的3%左右。实践性课程的学时数偏少会导致学生的专业动手能力弱,前期的专业知识、技能掌握不牢固,因而国内高校在临近毕业时开设顶点课程对培养人才的综合能力作用是有限的。

那么如何培养体育教育专业人才的综合能力呢?根据哲学和心理学理论,实践是能力培养的基本途径。顶点课程作为一种实践性的课程,且有国外成功的实践经验,从理论上讲可以成为培养体育教育专业人才综合能力的一种途径。但针对中国的国情,实施顶点课程需要解决学生知识、技能基础薄弱,动手能力不强的问题。

为此,笔者认为,以课程定义为逻辑起点重新定义顶点课程,并以体育教育专业主干课程体系为基础构建顶点课程体系能够解决这一问题。

5) 顶点课程体系的构建

A 课程定义

"课程"一词在现代汉语中的习惯用法,一般指学校里教学科目的总称,或者学生功课的进程。但是,它的含义并不是十分确定的。在英文文献中,"课程"(curriculum)一词是从希腊文演变而来的,原意是"跑马道"(racecourse),引申为学业进程或教学进程。它在英

---

[1] 傅维利,陈静静.国外高校学生实践能力培养模式研究[J].教育科学,2005(1):52—56.
[2] 石瑞,巩颖.知识观视域下"高分低能"现象的探究[J].基础教育研究,2013:7—9.

语中的含义也是很不确定的。在学术性文献资料中,对课程概念所下的定义也是千差万别的①。李秉德在《教学论》一书中认为,课程就是课堂教学、课外学习以及自学活动的内容纲要和目标体系,是教学和学生各种学习活动的总体规划及其过程。近代学校兴起以来,课程有广义狭义之分,广义指为了实现学校培养目标而规定的所有学科(即教学科目)的总和,或指学生在教师指导下各种活动的总和。如中学课程,小学课程。狭义指某一门学科。如数学课程,历史课程等②。

B 顶点课程的新定义

根据"课程"的定义,课程终端不仅指临近毕业时所有课程的终端,也应包括单科课程的终端和某一类课程的终端。而原来的顶点课程是指临近毕业时位于所有课程终端的综合性实践课程,因此,原来顶点课程的定义并不全面,应去掉"临近毕业时所有"的限制。新的"顶点课程"是指位于课程终端的综合性实践课程。这样新的顶点课程外延就扩大了,既包括原来的顶点课程,也包括单科顶点课程和类顶点课程。

以体育教育专业主干课程体系为基础③,在单科课程、类课程和所有课程终端开设实践性课程,就构成了顶点课程体系。

C 顶点课程体系定义

体系泛指一定范围内或同类的事物按照一定的秩序和内部联系组合而成的整体,是不同系统组成的系统,是指若干有关事物或某些意识相互联系的系统而构成的一个有特定功能的有机整体④。根据"体系"的定义和新的顶点课程定义,体育教育专业顶点课程体系是指由体育教育专业主干课程中的单科顶点课程、类顶点课程和专业顶点课程按照一定的秩序和内部联系而构成的、动态的、有特定功能的有机整体,如图7-2。

---

① 王道俊,王汉澜.教育学[M].北京:人民教育出版社,1989:161.
② 李秉德.教学论[M].北京:人民教育出版社,2001:148—149.
③ 教育部.普通高等学校体育教育本科专业主干课程教学指导纲要[Z].2004.
④ 百度百科.体系[BD/OL].http://baike.baidu.com.[2014—5—3].

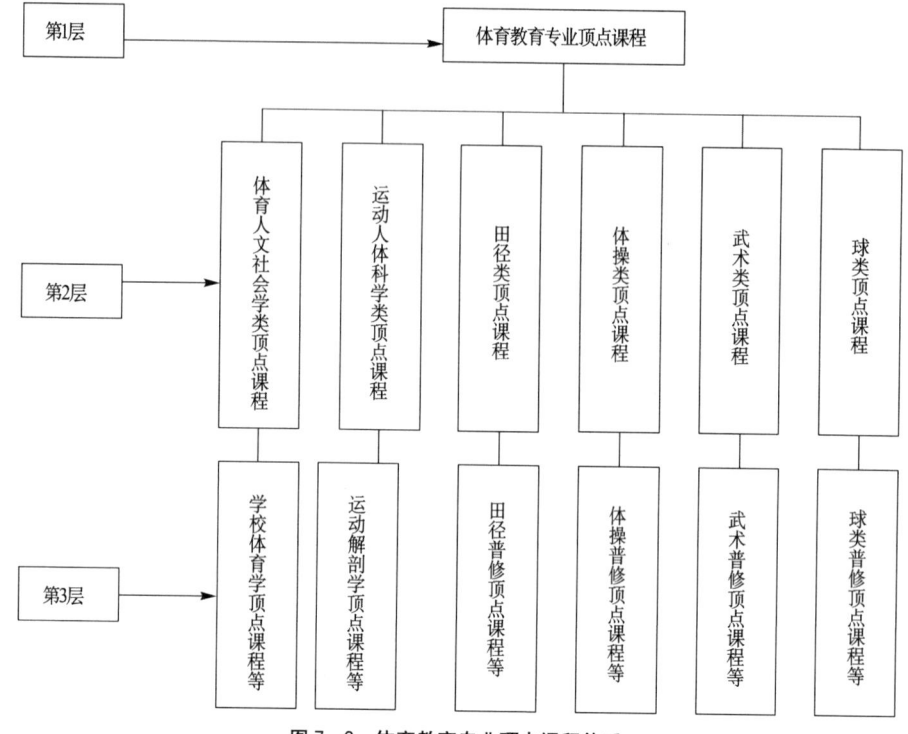

```
第1层 ──→ 体育教育专业顶点课程
                │
第2层 ──→ ┌──────┬──────┬──────┬──────┬──────┬──────┐
         体育    运动    田径    体操    武术    球类
         人文    人体    类顶    类顶    类顶    顶点
         社会    科学    点课    点课    点课    课程
         学类    类顶    程      程      程
         顶点    点课
         课程    程

第3层 ──→ 学校    运动    田径    体操    武术    球类
         体育    解剖    普修    普修    普修    普修
         学顶    学顶    顶点    顶点    顶点    顶点
         点课    点课    课程    课程    课程    课程
         程等    程等    等      等      等      等
```

图7-2 体育教育专业顶点课程体系

D 顶点课程的层次及体系特点

顶点课程体系是由相互联系的、有序的、动态的三个层次构成的有机整体,如图1。各层次的特点如下:

第1层

体育教育专业顶点课程是指位于所有课程终端的综合性实践课程,其特点是:知识、技能综合程度最强;但知识遗忘量最多;技能退化最多;能力培养的基础弱。

第2层

体育教育专业类顶点课程是指位于体育教育专业(主干)类课程终端的综合性实践课程,其特点是:知识、技能综合程度中;知识遗忘量中;技能退化中;能力培养的基础中。

第3层

体育教育专业单科顶点课程是指位于体育教育专业单科课程终端的综合性实践课程,其特点是:知识、技能综合程度最弱;但知识遗忘量最少;技能退化最少;能力培养的基础最强。

为了减少知识的遗忘和运动技能的退化对能力培养的影响,依次实施单科顶点课程(第3层)、类顶点课程(第2层)和专业顶点课程(第1层),能够有效解决综合能力培养的知识、技能基础巩固问题。该体系的特点如下:

与临近毕业时实施顶点课程相比,顶点课程体系除了具有终端性、实践性、主体性和综合性的共性特点之外,还具有整体性、关联性、有序性和动态性的个性特点。正是这些共性和个性特点决定了顶点课程体系能够解决学生知识、技能基础薄弱,动手能力不强的问题。顶点课程体系能够有效巩固体育教育专业人才的知识和技能基础,提高体育教育专业人才的综合能力,理论依据分析如下。

6) 顶点课程体系构建的理论基础

A 系统论基础

冯·贝塔朗费创立了"一般系统论",系统论的核心思想是系统的整体观念。贝塔朗菲强调,任何系统都是一个有机的整体,它不是各个部分的机械组合或简单相加,系统的整体功能是各要素在孤立状态下所没有的性质。他用亚里士多德的"整体大于部分之和"的名言来说明系统的整体性,反对那种认为要素性能好,整体性能一定好,以局部说明整体的机械论的观点[①]。

根据系统论的整体观点,顶点课程体系的整体功能要大于各子系统的功能。因此,顶点课程体系要比仅在临近毕业时实施顶点课程更能有效地提高体育教育专业人才的综合能力。钟晖,文永芳也认为,根据《课程方案》对体育顶点课程的要求,在实际研究过程中还需要运用系统的科学方法,按照实际教学和社会发展的需要将各门课程和课程群合理的组织在一起,完成一个理论与实践相结合、教学与社会相协调、技术与方法相配套的课程结构设计,这样才能突出体育顶点课程的价值。

B 心理学基础

心理学认为,能力培养是以知识、技能掌握为基础,在实践中形成

---

① 百度百科.系统论[BD/OL]. http://baike.baidu.com.[2014—7—10].

和发展起来的,但知识、技能掌握以后并不是一劳永逸,而是会遗忘。艾宾浩斯遗忘曲线揭示了遗忘在数量上受时间因素制约的规律,即遗忘量随时间递增;遗忘进程是先快后慢。

顶点课程体系实施过程的有序性和动态性(依次实施第3层、第2层、第1层)能够有效巩固知识、技能,减少遗忘量,延长训练效应,并在此基础上能够有效发展能力。发展的能力又有利于新知识、技能的掌握,从而有利于新能力的形成和发展。

从时间序列上来说,第二层顶点课程的实施效果依赖于第三层顶点课程的实施效果,第一层顶点课程的实施效果依赖于第二层、第三层顶点课程的实施效果,原因是综合能力的培养是以知识、技能的掌握为基础的,而知识、技能的掌握是一个系统的、有秩序的过程,在此基础上培养综合能力也是一个系统的、有秩序的过程,不能一蹴而就。因此,顶点课程体系要比仅在临近毕业时实施顶点课程更能有效地提高体育教育专业人才的综合能力。

C 哲学基础

就认识的来源和基础而言,马克思主义哲学强调实践决定认识。人的能力是在社会实践活动中形成和发展起来的,从事实践活动,是能力发展的基本途径,其理论依据是实践决定认识。学生在实践活动中"动脑筋"的过程,就是培养和发展认识水平的过程。组织学生参加各种实践活动,加强学生动手能力的培养对提高学生的能力是十分必要的。

体育教育专业人才的综合能力不强与体育教育专业实践性课程偏少有很大的关系[1][2][3][4][5],实践性课程安排偏少表明,国内体育教育专

---

[1] 方爱莲.新世纪我国体育教育专业人才培养的思考[J].北京体育大学学报,2004,27(6):803.
[2] 张永贵,王建民.适应体育与健康课程标准的体育师资培养模式研究[J].山东体育学院学报,2006,22(2):127—128.
[3] 刘芳,杜朝辉等.重庆市高校体育教育专业人才培养模式的改革研究[J].成都体育学院学报,2009,35(1):72—76.
[4] 黄波,刘冬梅.华南师范大学体育教育专业课程设置分析[J].体育学刊,2010,17(6):68—71.
[5] 沈强.基于"目标管理理论"的高师体育教育专业人才培养目标管理探析[J].体育与科学,2014,35(2):106—107.

业对认识与实践的辩证关系认识不足。为此,构建顶点课程体系能够大大增加体育教育专业实践性课程的数量。因此,顶点课程体系要比仅在临近毕业时实施顶点课程更能有效地提高体育教育专业人才的综合能力。

  D 教育学基础

  教育学理论认为,教育过程中教师的主导作用与学生的主体地位是辩证统一的。然而传统的教育观是建立在教师是知识和技能的传授者,学生是被动的接受者的基础之上的,教师的主导作用和学生的主体地位都不能很好的体现出来。面向未来,需要一种新的具有更高整体化的求知方式。

  顶点课程体系正是体现这种教育观的一种系统设计。顶点课程体系的设计理念充分体现了学生的主体地位,学生不再是知识、技能的被动接受者,而是知识、技能意义的主动建构者。因而,顶点课程体系的重点并不只是传授知识和技能,而是更着重培养学生的能力,让学生学会学习。

  E 课程论基础

  课程论认为,学科课程仍将是未来课程结构的重要部分,学科课程的系统性是学科教育的优点[①]。但是,在以学习者为中心的课程结构中,学科教育是为提高人的整体素质服务的。要提高人的整体素质,必须把系统的知识传授与发展智力、培养能力紧密联系,构成新的课程结构。

  而在学科课程的终端开设综合性的实践课程是新课程结构的形式之一,这一形式反映了综合能力培养的规律,即能力培养是以知识、技能为基础,在实践中形成和发展起来的规律。顶点课程体系是在体育教育专业主干课程体系的基础上构建的,是"学科课程+顶点课程"的深化和发展,对培养体育教育专业人才的综合能力具有重要的意义。

  综上所述,以系统科学、心理学、哲学、教育学和课程论为基础,在对顶点课程体系构建的科学性进行广泛论证的基础上,认为调整目前

[①] 刘家访,余文森,洪明.现代课程论基础教程[M].长春:东北师范大学出版社.2007:210.

体育教育专业的课程培养方案,设置顶点课程体系能够有效巩固体育教育专业人才的知识和技能基础,提高体育教育专业人才的综合能力。

总之,虽然国外大量的研究表明,顶点课程在培养人才的综合能力方面取得了积极的教育效果,但是国内采用顶点课程培养人才的综合能力时,应考虑中国的国情,应结合中国的具体情况继承和发展顶点课程,不能只按形式照搬。体育教育专业顶点课程体系是针对国内体育教育专业存在的实际问题对顶点课程的继承和发展。顶点课程体系能有效提高体育教育专业人才的综合能力,本文只进行了理论论证,还需要进一步实践论证。

另外,入门教育和在职教育阶段也是体育教师专业能力继续提高的重要环节。为提高专项体育课教师的专业水平,在入门教育和在职教育阶段应多举办说课、试讲、上课比赛。通过说课和试讲比赛可以使教师备课更为充分,使教师对教学内容理解更为深刻,对学生情况更为了解,教学方法选用更为合理。

(4) 应完善专项体育课的教学条件

在专项体育课中增加运动原理性知识主要是通过提高教学过程的科学性来促进学生认知的发展,提高教学过程的科学性需要一定的物质条件支撑。在硬件建设上高校公共体育应改变以往偏重竞技训练场地设施建设的观念,应树立科技、环保和人文的硬件建设观。构建能进行理论教学、小组探究的多功能教室,可进行人体技能、机能测试和诊断的现代实验室,以及现代化的适合教学的运动场地设施更有助于专项体育课目标的实现。

参 考 文 献

中文文献：

[1] 教育部. 义务教育体育与健康课程标准(2011年版)[S]. 2011:1.

[2] 马北北. 国民体质监测显示我国青少年体能连续10年整体下降[N]. 中青在线—中国青年报,2010—03—30.

[3] 汪晓赞等. 国际视域下当代体育课程模式的发展向度与脉络解析[J]. 体育科学,2014,34(11):5.

[4] 董文梅等. 从体育教学的视角研究运动技能学习过程规律[J]. 体育学刊,2008,15(11):75.

[5] 冀先礼. 心理学[M]. 北京:中国书籍出版社,2013:195—207.

[6] 黄希庭,张力为,毛志雄. 运动心理学[M]. 上海:华东师范大学出版社,2003:23—49.

[7] 彭敏回. 良好习惯培养方案[M]. 呼和浩特:远方出版社,2006:3—4.

[8] 郑全全. 社会认知心理学[M]. 杭州:浙江教育出版社,2008:9—10.

[9] 王道俊,王汉澜. 教育学[M]. 北京:人民教育出版社,1989:161.

[10] 杨廷忠,郑建中. 健康教育理论与方法[M]. 浙江大学出版社,2004:39.

[11] 任杰等. 青少年体育健康教育模式的构建与干预策略[J]. 体育科学,2012,32(9):31—36.

[12] 刘仁盛. "健康促进"新理念与体育健康教育关系论析[J]. 体育与科学,2004,25(2):78—80.

[13] 孙雷. 美国基于国家标准的学校健康教育课程改革及启示[J]. 体育与科学,2006,27(5):90—93.

[14] 沈建化等. 体育课程作为学校健康教育主要载体的思考[J]. 上海体育学院学报,2011,35(4):84—87.

[15] 钱健. 中、美、日三国基础教育阶段学校健康教育课程的比较研究[J]. 西安体育学院学报,2008,25(2):122.

[16] 史曙生. 新一轮体育课程改革"健康教育化"倾向剖析[J]. 北京体育大学学报,2006,29(5):667.

[17] 李祥,梁俊雄."体育与健康教育融为一体"是体育专业改革的方向[J].高教探索,1998,(4):79—80.

[18] 孟祥立等.健康教育背景下体育教师素质的重构[J].教学与管理,2008:38—39.

[19] 孙雷.美国基于国家标准的学校健康教育课程改革及启示[J].体育与科学,2006,27(5):92.

[20] 闫万军,张武军等.高等院校体育专业学生健康教育能力培养现状与对策[J].河北师范大学学报(自然科学版),2006,30(4):490—493.

[21] 王建涛,戴俊.体育教师职前教育专业化发展的取向研究[J].首都体育学院学报,2016,28(1):50—53.

[22] 蒋明朗,樊西宁.体育和健康教育专业融合的几点思考[J].西安体育学院学报,2005,22(6):108—110.

[23] 张力为,毛志雄.体育科学常用心理量表评定手册[M].北京体育大学出版社,2004:95—98.

[24] 陶骆定.论学校体育中的健康教育[J].上海体育学院学报,2003,27(6):142—143.

[25] 杨磊.以人为本发挥体育的健康教育职能[J].上海体育学院学报,2003,27(6):103—104.

[26] 张彦强等.学校体育是健康教育的主要途径[J].体育文化导刊,2002(5):61.

[27] 刘来鸿.健康教育与综合素质[J].体育文化导刊,2002(3):74—75.

[28] 黄敬亨,邢ế健.健康教育学[M].上海:复旦大学出版社,2007:1—3.

[29] 温志宏.心理拓展训练在中学心理健康教育中的价值与作用[J].教学与管理,2009:51—52.

[30] 丁海勇,李有强.美国"以课程为中心"的概念体育理论及其发展[J].上海体育学院学报,2011,35(6):86.

[31] 平杰等.课题:我国现代化城市学校体育课程设计关键技术研究.2013.

[32] 教育部.义务教育体育与健康课程标准(2001年版)[S].2001:1.

[33] 杨小明,邵斌,柏慧敏,程杰.大学"公共体育专业化"教学理论改革与实践探索——以上海大学为例[J].武汉体育学院学报,2016,50(1):64—65.

[34] 曲宗湖,尚大光.谈谈学校体育与健康教育[J].中国学校体育,1997(6).

[35] 梁宁建.当代认知心理学[M].上海:上海教育出版社,2003:182—227.

[36] 杨廷忠,郑建中.健康教育理论与方法[M].浙江大学出版社,2004:39.

[37] 田麦久.运动训练学[M].北京:人民体育出版社,2000.

[38] 杨锡让.实用运动技能学[M].北京:高等教育出版社,2004:10.

[39] 盛克庆,徐涛.运动技能习得的系统理论及教学运用研究[J].武汉体育学院学报,2005,39(11):105—107.

[40] 车晓波.运动技能表现认识论探索[J].上海体育学院学报,2009,33(3):

47—53.

[41] 刘文浩,李芝.运动技能学习和控制的两个基本理论及其比较[J].武汉体育学院学报,1992(2):69—72.

[42] 朱立新.掌握运动技能前馈控制规律在体育教师培训中的重要性[J].成人教育,2010,(12):65—66.

[43] 祁国杰,祁国鹰.运动技能形成过程新论[J].体育与科学,1993,(4):42—45.

[44] 邵桂华.运动技能形成过程中的突变性分析[J].天津体育学院学报,2006,21(3):235—237.

[45] 李捷等.运动技能形成的神经生理机制新探[J].体育科学,1993,13(6):84—88.

[46] 王广虎,王蒲.神经信息与突触——运动技能学习的神经生理基础[J].成都体育学院学报,1993,19(4):66—71.

[47] 刘洪广,刘洁.人类运动技能学习的脑机制[J].西安体育学院学报,2006,23(1):123—126.

[48] 贺兰湘,王杰.ACTN3基因多态性与运动技能的发展[J].成都体育学院学报,2009,35(2):71—72.

[49] 张剑等.运动技能水平对罚篮预测过程中运动皮层兴奋性的影响[J].成都体育学院学报,2012,38(12):70—73.

[50] 梁波等.基于认知负荷理论的教学设计对运动技能学习影响的研究[J].北京体育大学学报,2012,35(12):94—98.

[51] 梁波,何敏学.基于认知负荷理论的教学设计对运动技能两侧性迁移的影响[J].武汉体育学院学报,2014,48(11):74—79.

[52] 梁波等.认知负荷调控对不同复杂程度运动技能学习的影响[J].北京体育大学学报,2016,39(2):125—133.

[53] 张忠秋等译.运动技能学习与控制[M].北京:中国轻工业出版社,2005.

[54] 谭嘉辉等.注意焦点对运动技能学习影响的元分析研究[J].北京体育大学学报,2012,35(4):80—88.

[55] 黄竹杭等.运用外部注意焦点提高高水平选手开放式运动技能学习效率的实验研究[J].北京体育大学学报,2012,35(7):108—112.

[56] 黄竹杭等.运用内部注意焦点促使初学者掌握开放式运动技能学习的研究[J].广州体育学院学报,2012,32(3):100—104.

[57] 章建成.知觉运动技能的训练与评价[J].体育科学,2005,8:1.

[58] 王树明等.知觉运动技能评价过程中运动员反应速度的适宜评价指标研究[J].北京体育大学学报,2008,31(6):779—781.

[59] 袁维新.概念图:一种促进知识建构的学习策略[J].学科教育,2004,(2):41—43.

[60] 张力为,毛志雄.乒乓球运动员反应时与运动技能水平关系的探讨[J].体

育科学,1994,14(1):87—91.

[61] 王树明,章建成.知觉运动技能训练的国外研究进展[J].上海体育学院学报,2005,29(3):60—64.

[62] 陈耕春.高水平运动技能训练中的运动知觉心理训练取向[J].西安体育学院学报,2007,24(3):9—12.

[63] 陈仁伟等.表象训练对田径分立运动技能学习与保持的实效性研究[J].西北师范大学学报(自然科学版),2009,45(5):109—114.

[64] 王树明等.羽毛球运动员专项知觉运动技能训练的绩效研究[J].北京体育大学学报,2009,32(9):46—49.

[65] 祝捷等.我国优秀赛艇运动员专项知觉运动技能概念模型的构建与检验[J].武汉体育学院学报,2015,49(2):64—71.

[66] 郭炎林.田径运动技能节奏的时间知觉与时间估计[J].广州体育学院学报,2014,34(6):63—66.

[67] 方军.运动技能获得中的内隐学习本质研究[J].北京体育大学学报,2009,32(3):90—93.

[68] 范文杰.运动技能内隐认知抗干扰性与抗应激性的试验研究[J].天津体育学院学报,2015,30(4):298——303.

[69] 杨龙等.运动技能内隐性学习的"痕迹假说"[J].山东体育学院学报,2009,25(11):58—60.

[70] 范文杰等.运动技能的内隐学习与脑潜能开发[J].中国体育科技,2005,41(6):40—44.

[71] 范文杰,王晓玲.运动技能获得中内隐认知与外显认知的相互作用研究进展[J].天津体育学院学报,2009,24(5):389—392.

[72] 范文杰等.运动技能内隐认知与外显认知协同化研究[J].体育文化导刊,2011(4):67—70.

[73] 赖勤.双任务中内隐运动技能学习对提高保持成绩的作用[J].天津体育学院学报,2009,24(2):138—141.

[74] 郑素华等.长时内隐与外显教学对运动技能掌握效果的实验[J].职教论坛,2012,(5):93—94.

[75] 朱小毛等.不同水平的大学生运动员运动技能内隐学习能力的比较研究[J].武汉体育学院学报,2007,41(12):31—34.

[76] 戚欢欢,张建华.运动技能的默会性与默会认识研究[J].山东体育学院学报,2016,32(2):103—107.

[77] 吕慧青,王进.运动技能学习效率的顿悟解释模型探索[J].体育科学,2014,34(4):30—40.

[78] 吕慧青.运动技能学习效率的顿悟解释模型验证[J].中国体育科技,2016,52(2):90—98.

[79] 冉清泉,易学.论运动技能迁移原理在高校体操教学中的运用[J].西南师

范大学学报(自然科学版),200,31(4):172—175.

[80] 陈亮.运动技能的迁移在健美操教学中的应用[J].广州体育学院学报,2008,28:57—59.

[81] 周平.对舞蹈与艺术体操运动技能迁移的研究[J].广州体育学院学报,2005,25(6):127—128.

[82] 李培文,牛鹏飞.体育教学中的运动技能迁移[J].教学与管理,2012:126—127.

[83] 咸蕊,董素静.初中生化学前概念研究综述[J].北京教育学院学报(自然科学版),2006,1(5):31.

[84] 邵伟德等."记忆与经验"如何成为运动技能学习与展示者的障碍[J].体育与科学,2014,35(3):20—25.

[85] 刘江南.运动技能两侧性迁移认知事件相关电位(ERP)实验研究[J].体育科学,2006,26(1):53—56.

[86] 梁波,何敏学.基于认知负荷理论的教学设计对运动技能两侧性迁移的影响[J].武汉体育学院学报,2014,48(11):74.

[87] 张力为,毛志雄.体育科学常用心理量表评定手册[M].北京体育大学出版社,2004:95—98.

[88] 王晖.体育课程内容对普通大学生锻炼态度的影响实验研究[D].华东师范大学,2010:5.

[89] 杨道飞等.普通高校大学生运动技能形成与体育锻炼习惯的相关性调查研究[J].西南师范大学学报(自然科学版),2015,40(12):139—144.

[90] 赵志荣等.运动技能学习与锻炼习惯关系刍议[J].体育文化导刊,2011(12):124—126.

[91] 孙青,张力为.别对我期望太高:运动领域中的自我设限[J].心理科学进展,2006,14(6):956—960.

[92] 殷晓旺.运动技能干预对大学生身体自尊、自我设限的影响[J].上海体育学院学报,2012,36(6):76—79.

[93] 吴本连,刘杨.体育学习方式对不同运动技能水平大学生身体自我效能感的影响[J].北京体育大学学报,2013,36(7):109—113.

[94] 杨波,张亚峰.高校俱乐部型体育教学对教师运动技能要求的研究[J].北京体育大学学报,2011,34(2):101—102.

[95] 黄爱峰,王健.论体育教师专业"运动技能取向"的超越[J].天津体育学院学报,2005,20(5):19—21.

[96] 李强.论体育教育专业学生运动技能学习的理性回归[J].沈阳体育学院学报,2010,29(5):108—110.

[97] 贾齐.论体育课程中运动技能形成的深层价值及指导意义[J].体育与科学,2008,29(1):85—87.

[98] 江宇.从心理学视角论体育与健康课程运动技能目标的价值定位[J].北

京体育大学学报,2009,32(1):92—94.

[99] 徐林江,余中华.协调运动技能学习与运动乐趣体验关系的思考[J].教学与管理,2013:123—125.

[100] 贾齐等.运动技能初步形成阶段运动指导的方法论考察[J].体育与科学,2009,30(1):77—80.

[101] 骆建,陈广勇.田径技术教学中学生产生错误动作的原因及运动技能能力提高的干扰因素[J].北京体育大学学报,2005,28(12):1684—1686.

[102] 毕桂凤,赫秋菊.体育师范生运动技能学习策略现状及提高途径的研究[J].广州体育学院学报,2006,26(1):117—119.

[103] 张珂.大学生运动技能学习能力培养的实证研究[J].北京体育大学学报,2006,29(9):1241—1243.

[104] 钱建龙.运动技能学习困难大学生身心相关的对比研究[J].北京体育大学学报,2007,30(11):1543—1545.

[105] 闫万军等.运动技能的决定因素:遗传、系统训练与环境[J].广州体育学院学报,2007,27(1):39—43.

[106] 代刚,张新贵.影响体育专业学生运动技能形成的路径分析[J].中国体育科技,2008,44(6):68—73.

[107] 万江.影响篮球运动技能形成的因素探讨[J].成都体育学院学报,2008,34(11):73—75.

[108] 黄颖峰,程涛.肌肉自身紧张度对运动技能形成的影响[J].首都体育学院学报,2008,20(5):74—77.

[109] 赵伟.从社会学习理论看高校体育社团对大学生运动技能的相关影响[J].南京体育学院学报,2010,24(6):94—97.

[110] 张秀丽,董翠香.影响运动技能学习的内部因素研究[J].山东体育学院学报,2010,26(1):65—68.

[111] 荣敦国,吴瑛.运动智力因素对专项运动技能训练活动的影响[J].成都体育学院学报,2010,36(4):48—53.

[112] 刁方林.跳远运动技能学习效率可控性研究[J].内蒙古师范大学学报,2014,43(6):805—808.

[113] 宋高晴.运动技能形成的科学分类研究[J].武汉体育学院学报,1992(2):85—91.

[114] 董文梅,毛振明.对运动技能进行分类的新视角及"运动技能会能度"的调查[J].广州体育学院学报,2006,26(4):5—8.

[115] 董文梅.体育学理之探究——关于运动技能教学原理的研究[J].北京体育大学学报,2008,31(6):764—766.

[116] 董文梅等.从体育教学的视角研究运动技能学习过程规律[J].体育学刊,2008,15(11):75—78.

[117] 陈仁伟.运动技能学习理论在田径跳跃类项目教学训练中的应用和启示

[J].西北师范大学学报,2008,44(6):110—114.

[118] 江宇.从心理学视角论体育与健康课程运动技能目标的价值定位[J].北京体育大学学报,2009,32(1):92—94.

[119] 李杰凯等.广义进化视角下的运动技能教学原理与建立运动项目分群教学论的构想[J].上海体育学院学报,2010,34(2):69—74.

[120] 吴劲松,董文梅.从运动技能与日常动作技能比较分析的视角解析运动技能难易度[J].广州体育学院学报,2010,30(5):47—51.

[121] 石岩,王冰.开放式运动技能学习之道——王晋教授访谈录[J].体育学刊,2014,21(3):1—7.

[122] 李世明,金季春.艺术体操转体的多种运动技能及系列训练仪器的研制[J].中国体育科技,2005,41(5):48—51.

[123] 施芹.多通道信息反馈教学法对运动技能学习效果的定量研究[J].教学与管理,2006:131—132.

[124] 唐夏琳.探析视频融合技术在运动技能学习中的应用[J].广州体育学院学报,2010,30(5):69—72.

[125] 王晓波,章建成.学习型示范和熟练型示范对运动技能观察学习的影响[J].体育科学,2009,29(2):25—29.

[126] 王晓波等.录像示范和现场示范对运动技能观察学习的影响[J].天津体育学院学报,2010,25(1):45—48.

[127] 百度百科.观察学习[BD/OL].[2017—2—14].http://baike.baidu.com.

[128] 全国体育院校教材委员会审定.运动生理学[M].人民体育出版社,2002:241—242.

[129] 刘晓茹,夏忠梁.不同相对频率的视觉表现反馈对运动技能学习效果影响的实验研究[J].武汉体育学院学报,2007,41(9):45—48.

[130] 金亚虹等.练习间插入活动对运动技能学习的影响[J].西安体育学院学报,2010,7(4):503—507.

[131] 金亚虹等.主观估计错误活动、结果反馈时机与运动技能的学习[J].武汉体育学院学报,2010,44(4):55—61.

[132] 金亚虹等.任务性质、结果反馈时机与运动技能的学习[J].天津体育学院学报,2010,25(3):185—188.

[133] 金亚虹等.国外运动学习中追加反馈的研究现状[J].心理科学,2002(6):719—733.

[134] 王晓波.任务性质、观察学习和身体练习比例对运动技能学习的影响[J].西安体育学院学报,2011,28(5):603—608.

[135] 王晓波.观察和练习比例、任务复杂程度对运动技能学习的影响[J].上海体育学院学报,2011,35(3):60—64.

[136] 王健等.分散练习和集中练习对运动技能学习效果影响的研究[J].天津

体育学院学报,2015,30(1):1—6.

[137] 金胜真等.变异练习与特异练习对不同性质网球运动技能学习的影响[J].武汉体育学院学报,2015,49(3):70—74.

[138] 李文柱等.不同学段男生足球运动技能习得过程的教学实验研究[J].天津体育学院学报,2006,21(2):126—128.

[139] 王健,李宗浩.开放式与闭锁式运动技能教学方法的比较研究[J].天津体育学院学报,2007,22(1):59—62.

[140] 季浏.论新体育课程中运动技能教什么和如何教的问题[J].上海体育学院学报,2008,32(1):62—65.

[141] 侯占营.对运动技能学习分类层次的研究[J].北京体育大学学报,2006,20(10):1434—1435.

[142] 霍治海.健康教育背景下运动技能与体育教学模式研究[J].教学与管理,2008:155—156.

[143] 柴娇等.开放式运动技能学习原理及其在篮球教学中的应用[J].体育学刊,2010,17(9):65—68.

[144] 柴娇,张力.学习理论研究进展与不同性质运动技能的学习原理探析[J].东北师大学报(哲学社会科学版),201(3):220—223.

[145] 张河水.2011年版体育与健康课程标准理念下运动技能教学策略探讨[J].西安体育学院学报,2014,31(4):509—512.

[146] 刘文浩.运动技能测评的几种主要方法及其应用[J].四川体育科学,1992(1):12—16.

[147] 乌云格日勒,金寅淳.试论体育教学中运动技能评价标准个体化的意义及实施要领[J].广州体育学院学报,2006,26(5):127—129.

[148] 阿英嘎.自主学习环境下运动技能的自我评价方法研究——运动技术计算机评价系统的设计与实践[J].南京体育学院学报,2010,24(5):13—17.

[149] 吴晓阳.不同运动技能职业运动员人力资本价值测度模式的探讨[J].体育科学,2006,26(11):88—90.

[150] 黄志剑,邵国华.不同类型运动技能保持特征的比较研究[J].体育科学,2008,28(9):66—69.

[151] 王崇喜,史友宽."体育、艺术2+1项目"实验中球类运动技能评价存在的问题与对策[J].成都体育学院学报,2009,35(8):75—78.

[152] 李杰凯,马策.运动技能学习中人类本能与文化规范关系刍议[J].沈阳体育学院学报,2010,29(4):1—4.

[153] 费云生等.高职生职业运动技能评价研究[J].职业技术教育,2010,31(2):53—56.

[154] 伊向仁.对学校基础运动技能群掌握度评价状况分析[J].西安体育学院学报,2013,30(5):609—615.

[155] 樊江波.制定运动技能学习质量标准需要考虑的几个问题[J].体育学

刊,2014,21(5):99—102.

[156] 贾齐等.对我国体育课程运动技能评价规则的破与立——以运动技能达成度的理解为中心[J].体育与科学,2015,36(1):23—28.

[157] 张力为.体育科学研究方法[M].高等教育出版社,2002:157—158.

[158] 张兵.关系、网络与知识流动[M].北京:中国社会科学出版社,2014.

[159] 梁宁建.当代认知心理学[M].上海:上海教育出版社,2003:182—227.

[160] 王道俊,王汉澜.教育学[M].北京:人民教育出版社:1989:161.

[161] 汪霞.课程研究:现代与后现代[M].上海:上海科技教育出版社,96—176.

[162] 周登嵩,李林.对体育教学中运动技能形成规律的重新审视[A].第七届全国体育科学大会论文摘要[C].2004.

[163] 玛吉尔.运动技能学习与控制[M].张忠秋,译.北京:中国轻工业出版社,2006.

[164] 于素梅,毛振明."前自动化阶段"存在的必然性分析[J].西安体育学院学报,2009,26(1):107—111.

[165] 上海大学体育学院.公共体育教学大纲[S].2008.

[166] 王建涛,邵斌等.体操本质多元论与层次论[J].北京体育大学学报,2015,38(5):39.

[167] 徐锦中.逻辑学[M].天津:天津大学出版社,2001:38—39.

[168] 李达.唯物辩证法大纲[M].武汉:武汉大学出版社,2007:25—408.

[169] 杨世宏,刘冠军.本质层次性研究的哲学方法论意义[J].淮阴师范学院学报,2002(3):295.

[170] 刁树民,于忠清.概念分层在人口普查数据中的应用[J].现代电子技术,2006:47—48.

[171] 中国社会科学院语言研究所词典编辑室编.现代汉语词典[M].北京:商务印书馆,2014.

[172] 许慎.说文解字[M].北京:中华书局,1963.

[173] 百度百科.知识[BD/OL].[2015—5—3] http://baike.baidu.com/.

[174] 毛振明,陈海波.体育教学方法理论与研究案例[M].北京:人民体育出版社:2006:10.

[175] 毛振明.关于体育教学模式的研究[J].广州体育学院学报,2000,20(4):45—48.

[176] 吴键,毛振明.关于体育教学模式若干问题的研究[C].北京:人民教育出版社,1999:315.

[177] 百度百科.教学模式[BD/OL].[2014—12—29]. http://baike.baidu.com.

[178] 雷继红,贾进社.我国高校体育教学模式现状及其发展趋势[J].西安体育学院学报,2006,23(3):109—110.

[179] 刘志敏,蒋建森.罗杰斯的人本主义学习观对我国体育教学的启示[J].武汉体育学院学报,2002,36(4):116—117.

[180] 冯天瑾,吴婷.试论现代教学论思想在体育教学中的运用[J].教育与职业,2009(24):96.

[181] 吴娴等.概念转变理论及其发展述评[J].心理科学进展,2008,16(6):880—886.

[182] 王永锋,何克抗.建构主义学习环境的国际前沿研究述评[J].中国电化教育,2008,(3):8—15.

[183] 陈琦,刘儒德.当代教育心理学[M].北京师范大学出版社,2007.

[184] 易忠兵.基于统觉理论的抽象概念激趣[J].复印报刊资料:中学物理教与学,2009(2):21—23.

[185] 王健,李秀菊.5E教学模式的内涵及其对我国理科教育的启示[J].生物学通报,2012,47(3):39—40.

[186] 周淑萍.基于学情分析的数学教学活动设计[J].福建教育,2014(23):40—42.

[187] 咸蕊,董素静.初中生化学前概念研究综述[J].北京教育学院学报(自然科学版),2006,1(5):31.

[188] 姜涛,山灵芳.国外中学生物理学前概的研究[J].课程教材教法,2009,29(11):89.

[189] 杨维东,贾楠.建构主义学习理论述评[J].理论导刊,2011(5):77—80.

[190] 詹慧中.通过双情景学习模型促进概念转变的实证研究[D].广西师范大学硕士论文,2010.

[191] 吴娴,罗星凯,辛涛.概念转变理论及其发展述评[J].心理科学进展,2008,16(6):880—886.

[192] 余文森等.现代教学论基础教程[M].东北师范大学出版社,2007:173—174.

[193] 刘金花.儿童发展心理学[M].华东师范大学出版社,1997.

[194] 杜伟宇.概念改变理论的述评[J].教育探索,2007(1):12—13.

[195] 陈及治.体育统计[M].北京:人民体育出版社,2002:15.

[196] 王建涛,邵斌,刘森林,赵重平,区峻.体操本质多元论与层次论[J].北京体育大学学报,2015,38(5):39.

[197] 百度文库.知己运动监测仪[BD/OL].[2014—12—29].http://wenku.baidu.com.

[198] 王建涛,邵斌.体育教育专业顶点课程体系的构建[J].南京体育学院学报(社会科学版),2015,29(4):106.

[199] 陈国瑞.篮球[M].福建科学技术出版社,2008.

[200] 百度知道.关于锻炼后[BD/OL].[2014—12—29].http://zhidao.baidu.com.

[201] 李时明.酸性食物和碱性食物[J].食品科技,1981(11):4—5.

[202] 方新普等.体育理论与体育实践相互作用的再认识[J].天津体育学院学报,2007,22(2):146.

[203] 齐允峰.普通高校体育理论课教学成效主因素探析[J].武汉体育学院学报,2002,36(4):119.

[204] 张珂等.普通高校个性化体育理论课程开发实践研究[J].成都体育学院学报,2010,36(12):87.

[205] 张惠芳等.大学生体育理论学习与体育实践能力的培养——评《大学体育理论与实践》.

[206] 毛晓荣."阳光体育运动"背景下的高校体育理论课教学改革[J].武汉体育学院学报,2008,42(5):97.

[207] 高军等.对我国高校公共体育理论课教学的调查与分析[J].北京体育大学学报,2003,26(1):92.

[208] 曾吉等.我国普通高校体育理论课教学调查分析[J].体育学刊,2007,14(1):95.

[209] 杨辉.高校体育的困境与出路[J].体育学刊,2014,21(4):71.

[210] 陆永庆,寿文华.高校体育理论教学的重要性与措施[J].上海体育学院学报,2000,24(1):82.

[211] 李春荣等.构建普通高校体育理论课程教学体系的研究[J].北京体育大学学报,2014,37(2):96.

[212] 户进菊.美国大学体育理论教学模式及其启示[J].体育文化导刊,2015,(5):163.

[213] 高亮.学分制下普通高校体育理论课教学的思考[J].北京体育大学学报,2004,27(4):519.

[214] 张勇等.普通高校增加体育理论课教学的反思[J].成都体育学院学报,2002,28(4):33.

[215] 杜金玲等.试论单杠支撑后回环的教学[J].沈阳体育学院学报,1999,(2):73.

[216] 杨洪志等.案例教学在篮球专选课战术教学中的实验研究[J].北京体育大学学报,2013,36(7):106—107.

[217] 马铮等.北京高校体育课实行运动处方教学的实验研究[J].中国青年政治学院学报,2006,(6):41—44.

[218] 冀先礼.心理学[M].北京:中国书籍出版社,2013:195—207.

[219] 郑全全.社会认知心理学[M].杭州:浙江教育出版社,2008:9—10.

[220] 黄希庭,张力为,毛志雄.运动心理学[M].华东师范大学出版社,2003:23—49.

[221] 朱元利.体育教师专业化发展与体育教育专业课程改革的思考[J].西安体育学报,2004,21(5):88—89.

[222] 杨万林,徐云霞.体育教育专业课程改革的异位与回归[J].天津体育学院学报,2007,22(5):460.

[223] 王健,季浏.体育教师教育课程改革的专业化取向[J].上海体育学院学报,2008,32(1):70.

[224] 李强,毛振明.体育教育专业人才培养质量要素的新视域——课程核心与多因互动[J].北京体育大学学报,2011,34(9):93—94.

[225] 郑东霞,彭云志.对我国普通高等学校体育教育专业课程改革的研究[J].湘潭师范学院学报,2006,28(3):95.

[226] 何祖新,成聪聪.高校体育教育专业的课程改革与中小学体育课程改革的对接研究[J].河南教育学院学报,2006,15(3):77.

[227] 万继平.培养实习护生健康教育意识和能力的探讨[J].齐鲁护理杂志,2005,11(12):1825.

[228] 教育部.义务教育体育与健康课程标准(2011年版)[S].2011:1.

[229] 闫万军,张武军等.高等院校体育专业学生健康教育能力培养现状与对策[J].河北师范大学学报(自然科学版),2006,30(4):490—493.

[230] 李达.唯物辩证法大纲[M].武汉:武汉大学出版社,2007:25—408.

[231] 徐锦中.逻辑学[M].天津:天津大学出版社,2001:38—39.

[232] 杨世宏,刘冠军.本质层次性研究的哲学方法论意义[J].淮阴师范学院学报,2002(3):295.

[233] 刁树民,于忠清.概念分层在人口普查数据中的应用[J].现代电子技术,2006:47—48.

[234] 百度百科.本体论[BD/OL].[2014—5—3].http://baike.baidu.com/view/61457.htm.

[235] 周登嵩.学校体育学[M].北京:人民体育出版社,2004:41.

[236] 教育部.义务教育体育与健康课程标准(2001年版)[S].2001:1.

[237] 教育部.普通高中体育与健康课程标准(2003年版)[S].2003:1.

[238] 林笑峰.健身与体育[J].体育学刊.1995(2):16.

[239] 中共中央办公厅.中共中央国务院关于深化教育改革全面推进素质教育的决定[Z].1999—06—13.

[240] 教育部.全国普通高等学校体育教育本科专业课程方案[Z].2003—06—19.

[241] 刘小强,蒋喜锋.质量战略下的课程改革——20世纪80年代以来美国本科教育顶点课程的改革发展[J].清华大学教育研究,2010,31(2):69—71.

[242] 钟晖.体育顶点课程研究[J].体育文化导刊,2013(4):123—127.

[243] 刘念禹,及庆等.顶点课程教学模式的实践研究[J].世纪桥,2007(8):138—139.

[244] 文永芳.关于构建体育顶点课程模式的思考[J].陕西教育,2009(1):51.

[245] 周红萍.体育教育专业顶点课程设计[J].山东体育科技,2013(4):

97—99.

[246] 贺新成,周冰.我国普通高校体育教育本科专业开设顶点课程教学研究[J].内蒙古民族大学学报,2011(3):361—363.

[247] 施俊.在社会体育专业开设顶点课程的可行性研究[J].当代体育科技,2012(24):48—50.

[248] 冀先礼.心理学[M].北京:中国书籍出版社,2013:195—207.

[249] 田麦久.运动训练学[M].北京:人民体育出版社.2000:105—106.

[250] 李达.唯物辩证法大纲[M].武汉:武汉大学出版社,2007:347—358.

[251] 傅维利,陈静静.国外高校学生实践能力培养模式研究[J].教育科学,2005(1):52—56.

[252] 石瑞,巩颖.知识观视域下"高分低能"现象的探究[J].基础教育研究,2013:7—9.

[253] 王道俊,王汉澜.教育学[M].北京:人民教育出版社,1989:161.

[254] 李秉德.教学论[M].北京:人民教育出版社,2001:148—149.

[255] 教育部.普通高等学校体育教育本科专业主干课程教学指导纲要[Z].2004.

[256] 百度百科.体系[BD/OL].http://baike.baidu.com.[2014—5—3].

[257] 百度百科.系统论[BD/OL].http://baike.baidu.com.[2014—7—10].

[258] 方爱莲.新世纪我国体育教育专业人才培养的思考[J].北京体育大学学报,2004,27(6):803.

[259] 张永贵,王建民.适应体育与健康课程标准的体育师资培养模式研究[J].山东体育学院学报,2006,22(2):127—128.

[260] 刘芳,杜朝辉等.重庆市高校体育教育专业人才培养模式的改革研究[J].成都体育学院学报,2009,35(1):72—76.

[261] 黄波,刘冬梅.华南师范大学体育教育专业课程设置分析[J].体育学刊,2010,17(6):68—71.

[262] 沈强.基于"目标管理理论"的高师体育教育专业人才培养目标管理探析[J].体育与科学,2014,35(2):106—107.

[263] 刘家访,余文森,洪明.现代课程论基础教程[M].长春:东北师范大学出版社.2007:210.

英文文献:

[1] Conant J B. The American High School Today [M]. New York: McGraw-Hill,1956:6.

[2] Lawson H A, Placek J H. Physical Education in the Secondary Schools: Curricular Alte-rnatives[M]. Boston: Allyn and Bacon,1981:7—9.

[3] Placek J H. A Conceptually-Based Physical Physical Education Program [J]. Journal of Physical Education, Recreation & Dance, 1983,54(7):27—28.

[4] Chandler P, Sweller J. Cognitive load theory and the format of instruction [J]. Cogniti-on and Instruction, 1991:8(4), 293—332.

[5] Sweller J etc. Cognitive architecture and instructional design[J]. Educational Psychology Review, 1998,10(3):251—296.

[6] Jeroen J. G etc. Cognitive load theory in health professional education: Design principl-es and strategies[J]. medical Education, 2010,44:91.

[7] Mayer R. E. Principles for reducing extraneous processing in multimedia learning: Cohe-renc, signaling, redundancy, spatial, contiguity and temporal contiguity principles [M]. Cam-bridge, MA: Cambridge university Press, 2005: 197—200.

[8] Wulf G, Hoss M, Prinz W. Instructions for motor learning: differential effects of intern-al versus external focus of attention[J]. Journal of Motor Behavior, 1998, 30(2):169—179.

[9] Wulf G, Weigelt C. Instructions about physical principles in learning a complex motor s-kill: To tell or not to tell[J]. Research Quarterly for Exercise and Sport,1997, 68(4):362—367.

[10] Perkins-Ceccato N, Passmore S R, Lee T D. Effects of focus of attention depend on golfers' skill[J]. Journal of Sorts Sciences,2003,21(8):593—600.

[11] Wulf G, Su J. An external focus of attention enhances golf shot accuracy in beginner-s and experts[J]. Research Quarterly for Exercise and Sport, 2007, 78: 384—389.

[12] Wulf G, McNevin N, Shea C H. The automaticity of complex motor skill learning as a function of attentional focus[J]. The Quarterly Journal of Experimental Psychology, 2001, 54(4):1143—1154.

[13] Shea C H, Wulf G. Enhancing motor learning through external focus instructions and feedback[J]. Human Movement Science, 1999, 18:553—571.

[14] Wulf G et al. The learning advantages of an external focus of attention in golf[J]. Res-earch Quarterly forExercise and Sport, 1999, 70(2):120—126.

[15] Wulf G, Su J. An external focus of attention enhances golf shot accuracy in beginne-rs and experts[J]. Research Quarterly for Exercise and Sport, 2007, 78: 384—389.

[16] Perkins-Ceccato N et al. Effects of focus of attention depend on golfers' skill [J]. Jou-rnal of Sports Sciences, 2003, 21(8):593—600.

[17] Schimidt R. A, Wrisberg C. A. Motor learning and Performance [M]. Champaign, IL, Human Kinetics, 2000:6—7.

[18] Haskins M. J. Development of a response-recognition training film in tennis[J]. Percept-ual and Motor Skill, 1965,(21):207—211.

[19] Burroughs W. A. Visual simulation training of baseball batters[J]. Inter-

national Journal of Sport Psychology, 1984, (15): 117—126.

[20] Abernethy B. Expertise and the Perception of kinematic and situational probability inf-ormation[J]. Perception, 2001, (30): 233—252.

[21] Singer R. N. et al. Training mental quickness in beginning /intermediate tennis player-s[J]. The Sports Psychology, 1994, (8): 305—318.

[22] Williams A. M. et al. Declarative knowledge in sport: a by-product of experience of a characteristic of expertise? [J]. Journal of Sport and Exercise Psychology, 1995, 17(3): 259—275.

[23] Reber A. S. Implicit Learning of Artificial Grammars[J]. Verbal Learning Verbal Behav-ior, 1967, 77: 317—327.

[24] Reber P. J, Spuire L. R. Encapsulation of Implicit and Explicit Memory in Sequence Learning[J]. Cognitive Neurosience, 1998, 10: 248—263.

[25] O'brien-Malone A, Maybery M. Implicit and Explicit Mental Processes[M]. Mahwah, NJ: Erlbaum, 1998: 37—56.

[26] Maybery, Murray, O'brien-Malone et al. Implicit and Automatic Processes in Cognitiv-eDevelopment[c]. KIRSNER, Implicit and Explicit Mental Processes. Mahwah, NJ: Erlba-um, 1998: 149—170.

[27] Knowlton B. J, Squire L. R. The Information Acquired during Artificial Grammar Learni-ng[J]. Exper Psychol: Learn, Memory Cognition, 1994, 20: 79—91.

[28] Seamon J. G, Marsh R. L. Critical Importance of Exposure Duration for Affective Di-scrimination of Stimuli. That are not Recognized[J]. Exper Psychol: Learn, Memonry cognit-ion, 1984, 10: 465—469.

[29] Milner B, Corkin S, Teuber H L. Further Analysis of Hippocampus Amnesic Syndrome: 14 Year Follow-up Study of HM[M]. Neuropsychologia, 1968, 6: 215—234.

[30] Tranel Damasio A R, Damasio H, Brandt J P. Sensory Motor Skill Learning in Amn-esia: Additional Evidence for the Neural Basis of Non-declarative Memory[J]. Learn Memo-ry. 1994. 1: 165—179.

[31] Pew R W. Levels of Analysis in Motor Control[J]. Brain Res, 1974, 71: 393—400.

[32] Nissen M J, Knopman D S, Schacter D L. Neuro Chemical Dissociation of Memory Systems[J]. Neurology, 1987, 37: 789—944.

[33] Magill R A, Clark R. Implicit Versus Explicit Learning of Pursuit Tracking Patterns[R]. Paper Presented at the Annual Meeting of the North American Society for the Psychol-ogy of Sport and Physical Activity, Denver, CO. 1997.

[34] Ammons R B. Farr R G. Longer Term Retention of Perceptual Motor Skills[J]. Exper Psychol, 1958, 55: 318—328.

[35] Nonaka I, Konno N. The Concept of "Ba": Building a foundation for knowledge creati-on[J]. California Management Rev. 1998. 40(3):40—55.

[36] Polanyi M. Personal knowledge[M]. London: Houtledge and Kegan Paul, 1958.

[37] Jones G. Testing two cognitive theories of insight[J]. J Exper Psych Learn,2003,29(5):1017—1027.

[38] Seidler R D. Multiple motor learning experiences enhance motor adaptability[J]. J Co-gnit Neur,2004,16(1):65—73.

[39] Nobuyuki lnui. Latcralization of Bilateral Transfer of Visuomotor information in Right-Handers and Left-Handers[J]. Journal of Motor Behavior,2005,37(4):275.

[40] Sameer Kumar and Manas K. Mandal. Bilateral transfers of skill in left-and right-ha-nders[J]. Laterality, 2005,10(4):337.

[41] Parlow S. E, Kinsbourne M. Asymmetrical transfer of training between hands: Implic-ations for interhemispheric communication in normal brain[J]. Brain and Cognition,1989,11:98—113.

[42] Shahzad Tahmasebi Boroujeni, Mehdi Shahbazi. The Study of Bilateral Transfer of B-adminton Short Service Skill of Dominant Hand to Non-Dominant Hand and Vice Versa[J]. Procedia Social and Behavioral Sciences, 2011,(15):3129.

[43] Taylor H. G, Heilman K. M. Left-hemisphere motor dominance in right-handers[J]. Cortex,1980,(16):587—603.

[44] Hicks R. E. Asymmetry of bilateral transfer[J]. American Journal of Psychology,1974,(87):667—674.

[45] Fishbein M, Ajzen I. Belief,Attitude,Intention an Behavior,an Introduction to theory and research[M]. Mass: Addison-Wesley,1975:1—56.

[46] Ajzen I. The theory of planned behavior[J]. Organizational behavior and human decisio-n processes, 1991,50(2):179—211.

[47] Ommundsen Y. Self-Handicapping Related to Task and Performance-Approach and Av-oidance Goals in Physical Education [J]. Journal of Applied Sport Psychology,2004,16:183—197.

[48] Shavelson R J, Hubner J J, Stanton G C. Validation ofConst Ructs Interpretations[J]. Review of Educational Research,1976,46:407—441.

[49] Martin A J, Marsh H W, Debus R L. Self-Handicapping and Defensive Pessimism:A Model of Self-Protection froma Longitudinal Perspective [J]. Contemporary Educational Psyc-hology,2003,28:15—19.

[50] Al-abood S A, et al. Effects of manipulating relative and absolute motion information during observational learning of an aiming task[J]. J Sport Sci, 2001,19(7):507—520.

[51] Badets A, et al. Intention in motor learning through observation[J]. Q J Experimental Psychol, 2006, 59(2):377—386.

[52] Black C B, et al. Can observational practice facilitateerror recognition and movement r-eproduction? [J]. ReS Q Eke Sport, 2000, 71(4):331—339.

[53] Hayes, S J, et al. Scaling a motor skill through observation and practice[J]. J Motor Behavior 2006, 38(5):357—366.

[54] Badets A, et al. Intention in motor learning through observation[J]. Q J Experimental Psychol, 2006, 59(2):377—386.

[55] Wulf G. et al. Self-controlled obser observational practice enhances learning[J]. Res Q Exe Sport, 2005,76(1):107—111.

[56] Bruechert L. et al. Reduced knowledge of results frequency enhances error detection[J]. Res Q EKe Sport, 2003, 74(4):467—472.

[57] Ram N, et al. A comparison of modeling and imagery in the acquisition and retentio-n of motor skills[J]. J Sport Sci, 2007, 25(5):587—597.

[58] Lumsdaine A A. Student Response in Programmed lnstruction[M]. Washington, DC: National Academy Sci, 1961.

[59] Adams J A. Use of the model's knowledge of results to increasethe observer's perfor-mance[J]. J Human Movement Stud, 1986,12:89—98.

[60] Mccullagh P, Meyer K N. Learning versus correct models: influence of model type on the learning of a free-weight squat lift [J]. Res Q Exe Sport, 1997, 68: 56—61.

[61] Gentile A. M. et al. Exercise and sport science review[M]. Santa Barbara. CA: Journal Publishing Affiliates,1976:138—156.

[62] Salmoni A W et al. Knowledge of resultsand motor learning: a revlew and critical re-appraisal [J]. Psychological Bulletin, 1984(95):355—386.

[63] Guadagnoli, Holcomb&Davis. The efficacy of video feedbackfor learning the golf swi-ng[J]. Journal of Sports Sciences2002(20):615—622.

[64] Adams J. A. A closed-loop theory of motor learning[J]. Journal of Motor Behavior, 1971, 3(2):111—149.

[65] Swinnen S P et al. Information feedback for skill acquisition: instantaneous knowledg-e of results degrades learning[J]. Journal of Experimental Psychology: Learning, Memory&Cognition, 1989,16:706—716.

[66] Schmidt R A, Lee T D. Motor Control and Learning: A behavioral emphasis[M]. Cha-mpaign, IL Human Kinetics, 1999: 411—421.

[67] Bandura A. Social Foundations of Thought and Action: ASocial Cognitive Theory[M]. Englewood Cliffs, N J:Prentice-Hall,1986.

[68] Schmidt R A, Lee T D. Motor Control and Learning: A Behavioral Emphasis[M]. Ch-ampaign, IL: Human Kinetics,1999.

［69］Salmoni A. W. et al. Knowledge of results and motor learning: A review and critical reappraisal［J］. Psychological Bulletin,1984,95(4):355—386.

［70］Tremblay L, Proteau L. specificity of practice: the ofpowerlifting［J］. Research Quarterly for Exercise and Sport,1998,69:284—289.

［71］Moxley S E. Schema: The variability of practice hypothesis［J］. Journal of Motor Beha-vior,1979,11:65—71.

［72］Schmidt R A. A schema theory of discrete motor skill learning［J］. Psychological Revie-w,1975,82:225—265.

［73］Latash M I et al. Motor control strategies revealed in the structure of motor variabilit-y［J］. Exercise and Sport Science Review, 2002, 20:28—32.

［74］Keetch M K et al. Especial Skills: Their Emergence With Massive Amounts of Practic-e［J］. Journal of Experimental Psychology: Human Perception and Performance, 2005, 31(5):970—978.

［75］Bond C et al. The development of Manchester Motor Skills Assessment (MMSA): An In-itial Evaluation［J］. Educational Psychology in Practice,2007, 23(4):363—379.

［76］Olrich W T. Assessing fundamental motor skills in the elementary school setting: Issu-es［J］. Journal of Physical education, Recreation&Dance, 2002,73(7):26—34.

［77］Everhart B. Assessing motor and sport skill performance: Two practical procedures［J］. Journal of Physical Education, Recreation&Dance, 1996, 67(6):49—51.

［78］DHondt E et al. Relationship between Motor Skill and Body Mass Index in 5to10 Y-ears old Children［J］. Adapted Physical Activity Quarterly, 2009, 26(1):21—37.

［79］Nilges-Charles M L. Assessing skill in educational gymnastics［J］. Journal of Physical Education Recreation&. Dance, 2008,79(3):41—51.

［80］Historical Perspective and Current Status of the Physical Education Graduation Require-ment at American 4-Year Colleges and Universities［J］. Physical Education, Recreation and Dance83(4):503—512.

［81］Chen A,Martin R,Sun H,et al. Is in-Class Physical Activity at Risk in Constructivist P-hysical Education? ［J］. Res Q Exerc Sport,2007,78(5):500—509.

［82］Hewson,P. W. A conceptual change approach to learning science. European Journal of Sc-ience Education. 1981,3:383—396.

［83］Chi,M. T. H,Slotta,J. &. de Leeuw,N. From things to processes: A theory of conceptual cha-nge for learning science concepts［J］. Learning and Instruction 1994,4(1):27—43.

［84］Posner,G. J. ,Strike,K. A. ,Hewson,P. W. &.Gentzog,W. A. . Accommodation of a scientific conce-ption: Toward a theory of conceptual change[J]. Science Education,1982,66:211—227.

[85] Dreyfus A, Jungwirth E, Eliovitch R. Applying the "cognitive conflict" strategies for conceptual change-some implications, difficulties, and problems[J]. Science Education, 1990,74:555—569.

[86] Morrow JR, Jackson AW, Disch JG, Mood DP(2005). Measurement and evaluation in human performance. 3rd ed. Champaign, IL: Human Kinetics.

附录1 大学公共体育"个性化"教学现状调查问卷及其效度检验

大学公共体育"个性化"教学现状调查问卷

尊敬的老师：

您好,首先感谢您支持本次问卷调查！本次调查的目的是为了解大学公共体育"个性化"教学的现实情况,为完善大学公共体育"个性化"改革提供依据。问卷调查不记名,回答无对错之分,请您按照真实想法回答,谢谢！

一 您的基本信息。

职称：_____ 单位：_____ 所教项目：_____

二 在您认为的答案上打"√"。

1 大学公共体育"个性化"教学思想目标认识方面。

(1) 2002年教育部颁布的《全国普通高校体育课程教学指导纲要》分两个层次提出了五大领域目标,即运动参与、运动技能、身体健康、心理健康和社会适应,体现"健康第一"、"终身体育"的教育理念。

您对这一教育理念：

① 完全不认同　② 不认同　③ 比较不认同　④ 说不清

⑤ 比较认同　⑥ 认同　⑦ 完全认同

(2) 2002年教育部颁布的《全国普通高校体育课程教学指导纲要》分

两个层次提出了五大领域目标,但没有给出相应的课程内容,倾向于给教师更大的课程内容选择和组织权利。从目前高校教师的教学研究动力来看,您认为这五大领域目标的实现:

① 完全不具可行性　② 不可行　③ 比较不可行
④ 说不清　⑤ 比较可行　⑥ 可行
⑦ 完全可行

(3) 有些学者认为,当前高校公共体育课程与教学目标主要侧重身体素质和运动技能的提高,而忽视健康意识的培养。您对这一观点:

① 完全不赞同　② 不赞同　③ 比较不赞同　④ 说不清
⑤ 比较赞同　⑥ 赞同　⑦ 完全赞同

2　大学公共体育"个性化"教学内容设置方面。

(1) 有些学者认为,当前高校公共体育课程与教学内容"训练化",竞技项目的"教材化"不够,您对这一观点:

① 完全赞同　②赞同　③ 比较赞同　④ 说不清
⑤ 比较不赞同　⑥不赞同　⑦ 完全不赞同

(2) 有些学者认为,当前高校公共体育课程与教学内容以技战术知识为主,体育相关知识涉及很少,知识干预的广度和深度不够。您对这一观点:

① 完全赞同　② 赞同　③ 比较赞同　④ 说不清
⑤ 比较不赞同　⑥ 不赞同　⑦ 完全不赞同

(3) 有些学者认为,以技战术知识为主的高校公共体育课程与教学内容体系,在一定程度上与健康生活需要是脱节的。您对这一观点:

① 完全赞同　② 赞同　③ 比较赞同　④ 说不清
⑤ 比较不赞同　⑥ 不赞同　⑦ 完全不赞同

3　大学公共体育"个性化"教学组织实施方面。

(1) 有些学者认为,当前高校公共体育课程与教学设计主要是按照运动技术之间的内在逻辑关系安排教学,注重教学中学生身体机能变化的规律,忽视学生心理发展的规律。您对这一观点:

① 完全不赞同　② 不赞同　③ 比较不赞同　④ 说不清
⑤ 比较赞同　⑥ 赞同　⑦ 完全赞同

(2) 有些学者认为,学生在体育教学过程中认知水平提高不多,主要是简单模仿教师的示范动作,造成了"机械学习"。您对这一观点:
① 完全不赞同　② 不赞同　③ 比较不赞同　④ 说不清
⑤ 比较赞同　　⑥ 赞同　　⑦ 完全赞同

(3) 有些学者认为,体育教学偏重于教师一方,教学效果偏重于"学会",而忽略"会学"方法的指导。您对这一观点:
① 完全不赞同　② 不赞同　③ 比较不赞同　④ 说不清
⑤ 比较赞同　　⑥ 赞同　　⑦ 完全赞同

(4) 有些学者认为,体育教学过程要求统一,教师主宰整个课堂,学生在教师严密的组织下,缺乏思考问题的空间和探索的余地,主动参与意识不强,自主学练的能力得不到好的培养。您对这一观点:
① 完全不赞同　② 不赞同　③ 比较不赞同　④ 说不清
⑤ 比较赞同　　⑥ 赞同　　⑦ 完全赞同

4　大学公共体育"个性化"教学管理评价方面。

(1) 有些学者认为,当前高校公共体育课程与教学评价过多地注重甄别和选拔,忽视了评价的反馈和激励功能。您对这一观点:
① 完全赞同　　② 赞同　　③ 比较赞同　　④ 说不清
⑤ 比较不赞同　⑥ 不赞同　⑦ 完全不赞同

(2) 有些学者认为,当前高校公共体育课程与教学评价内容上过多地关注学生身体素质和运动技能的提高,忽视学生的心理发展。您对这一观点:
① 完全赞同　　② 赞同　　③ 比较赞同　　④ 说不清
⑤ 比较不赞同　⑥ 不赞同　⑦ 完全不赞同

(3) 有些学者认为,当前高校公共体育课程与教学评价主体上教师主宰一切,忽视学生的参与。您对这一观点:
① 完全赞同　　② 赞同　　③ 比较赞同　　④ 说不清
⑤ 比较不赞同　⑥ 不赞同　⑦ 完全不赞同

(4) 有些学者认为,当前高校公共体育课程与教学评价方式上过多地注重结果比较,忽视学生的自身进步。您对这一观点:
① 完全赞同　　② 赞同　　③ 比较赞同　　④ 说不清

⑤ 比较不赞同　⑥ 不赞同　⑦ 完全不赞同

占用了您宝贵的时间,再次向您表示感谢!

《大学公共体育"个性化"教学现状调查问卷》的效度检验

尊敬的专家:

　　您好,首先感谢您支持我的研究工作!我的论文题目是《"运动原理性知识"对大学公共体育"个性化"教学效果影响的实验研究》,需要调查高校公共体育课程与教学的现状,以论证要解决的问题和矛盾。特设调查问卷一份,请您对本问卷的效度进行评价。

一　您的基本信息:

姓名:_____　　职称:_____

二　问卷设计说明

　　现代课程理论之父拉尔夫·泰勒认为,任何课程与教学设计都必须回答以下四个问题,即为什么教学?教学什么?怎样教学?怎样评价教学的效果?这四个问题构成了课程与教学目标、课程与教学内容、课程与教学组织、课程与教学评价。这四个方面是课程与教学设计的永恒范畴,也被认为是课程与教学设计的步骤。

　　根据以上理论,本问卷从课程与教学思想目标认识、内容设置、组织实施和管理评价四个方面以第三人称的角度设计问题来调查高校公共体育课教师的观点,目的是了解高校公共体育课程与教学的现状,查证高校公共体育课程与教学中存在的问题和矛盾。

三　效度评价

请在"□"内划"√"

1. 您对本问卷内容设计的评价是:

□非常有效　□有效　□比较有效　□基本有效　□无效

2. 您对本问卷结构设计的评价是：
　　□非常有效　　□有效　　□比较有效　　□基本有效　　□无效
3. 您对本问卷设计的总体评价是：
　　□非常有效　　□有效　　□比较有效　　□基本有效　　□无效

四　修改意见

_____

_____

再一次感谢您的指导和帮助！

附录 2　篮球教学大纲(对照组)

上海大学《篮球专项》课程教学大纲

（课程编号：00853403—00853603）

一　课程教学目的及目标

1 具备基本的篮球运动技能。
2 了解基本的篮球裁判知识，具备基层比赛的临场执法能力。
3 基本的技战术理论体系、篮球发展史及动态，培养学生的比赛欣赏能力。
4 了解篮球运动员生理特点和损伤规律，懂得基本的防护和保健知识。
5 通过篮球课程提升学生的人文素质，培养学生团队协作、坚持不懈、有勇有谋等诸多篮球价值观念。

二　课程内容及学时分配

1　理论部分(6 学时)
(1) 篮球运动发展史。
(2) 世界篮球运动的现状和发展趋势。
(3) 中国篮球运动的现状和发展趋势。
(4) 篮球比赛竞赛规则与裁判方法。
(5) 篮球赛事欣赏 NBA、CBA、CUBA 等。
2　技术部分(32 学时)

(1) 运球技术(6 学时)

原地高低运球、急停急起运球、体前变向换手或不换手运球、背后运球、胯下运球、后转身运球等。

(2) 投篮技术(10 学时)

原地单手肩上投篮技术；运球三步上篮技术；跳投技术。

(3) 传接球技术(4 学时)

传接球技术(单双手胸前、头上、反弹、肩上、行进间传接球等)。

(4) 抢篮板球技术(2 学时)

争抢进攻篮板球；争抢防守篮板球。

(5) 移动技术(4 学时)

进攻移动(三威胁姿势、策应、同侧步突破、交叉步突破、跳步急停、假动作、转身)；防守移动(基本姿势、滑步、撤步、防接球、防空切、防运球突破)。

3 战术部分(16 学时)

(1) 进攻战术

基础配合：传切、突分、掩护和策应配合。

快攻战术：发动与接应、推进和结束战术(长传、短传结合运球推进和运球突破快攻)。

进攻半场人盯人防守战术：双中锋为主的进攻战术、换位进攻战术、∞字形进攻战术

进攻区域联防战术：1—3—1 进攻 2—1—2、组织中远距离投篮、组织背插进攻、组织底线进攻、组织中锋策应进攻、组织突破分球进攻。

(2) 防守战术

基础配合：挤过、穿过、绕过、夹击、关门、补防和交换防守配合战术。

防守快攻战术：封堵快攻一传和堵截接应、破坏长传推进快攻、1 防 2 和 2 防 3。

半场人盯人防守战术：强弱侧转移防守战术、防掩护战术、防中锋战术、防突破紧逼战术、夹击配合战术。

区域联防战术:(阵形:2—1—2、2—3、3—2、1—2—2),以 2—1—2 为例:以防守有球区域为主的战术、防守背插战术、防守溜底线战术、围守夹击中锋战术。

4 素质部分(6学时)

力量、速度、耐力、柔韧和灵敏练习。

5 教学比赛

三 考核与评价

(一) 秋季学期考核内容

1 男生自选项目(40%):(1)原地单手肩上投篮;(2)半场运球上篮。

2 男生必考项目(教学比赛)(30%)

3 身体素质(20%)

4 平时成绩(10%)

(二) 冬季学期考核内容

1 男生自选项目(40%):(1)1分钟限制区外投篮;(2)∞字运球上篮。

2 男生必考项目(教学比赛)(30%)

3 身体素质(20%)

4 平时成绩(10%)

四 教学进度表

附表 2-1 男生篮球专项(秋季)教学进度

周次	教学内容
一	1. 健康知识、技能和体能测试 2. 填写期望价值和锻炼态度量表 3. 填写三天课外体育活动问卷
二	1. 学习跑的技术和防守步法 2. 学习传切配合 3. 素质(力量练习)
三	1. 复习跑的技术和防守步法 2. 学习原地单手肩上投篮 3. 学习掩护配合 4. 素质(速度练习)
四	1. 复习原地单手肩上投篮 2. 学习传接球 3. 学习突分配合 4. 素质(耐力练习) 5. 填写情境兴趣量表
五	1. 复习传接球 2. 学习运球(后转身运球) 3. 学习策应配合 4. 素质(柔韧练习)
六	1. 复习运球(后转身运球) 2. 学习运球上篮 3. 介绍挤过、穿过和绕过配合 4. 素质(灵敏练习)
七	1. 复习半场运球上篮 2. 学习跳起单手肩上投篮 3. 介绍夹击和关门配合 4. 素质(立定跳远练习)
八	1. 复习半场运球上篮 2. 复习跳起单手肩上投篮 3. 介绍补防和换防配合 4. 素质(立定跳远练习)
九	1. 自选项目考试:(1)原地单手肩上投篮;(2)半场运球上篮。 2. 必考项目考试:全场教学比赛 3. 实践课总结
十	1. 健康知识和体能测试 2. 填写期望价值和锻炼态度量表 3. 填写三天课外体育活动问卷

附表2-2 男生篮球专项(冬季)教学进度

周次	教学内容
一	1. 健康知识、技能和体能测试 2. 填写期望价值和锻炼态度量表 3. 填写三天课外体育活动问卷
二	1. 学习运球("∞"字运球上篮) 2. 复习传切配合 3. 素质(力量练习)
三	1. 学习投篮(1分钟限制区外投篮) 2. 复习掩护配合 3. 素质(速度练习)
四	1. 学习传接球(四角传接球) 2. 复习突分配合 3. 素质(耐力练习) 4. 填写情境兴趣量表
五	1. 学习抢篮板球 2. 复习策应配合 3. 素质(柔韧练习)
六	1. 学习三人"∞"字行进间传接球上篮 2. 学习快攻战术 3. 素质(灵敏练习)
七	1. 复习快攻战术 2. 教学比赛 3. 素质(1000米跑)
八	1. 运球、传接球、跳投循环练习 2. 自选项目练习:(1)1分钟限制区外投篮;(2)"∞"字运球上篮。 3. 必考项目练习:全场教学比赛
九	1. 自选项目考试:(1)1分钟限制区外投篮;(2)"∞"字运球上篮。 2. 必考项目考试:全场教学比赛 3. 实践课总结
十	1. 健康知识和体能测试 2. 填写期望价值和锻炼态度量表 3. 填写三天课外体育活动问卷

附录3　篮球教学大纲(实验组)

修　改

一　课程教学目的及目标

1　课程教学目的

通过增加运动原理性知识的干预,培养大学生的专项运动技能和专项运动意识,促使大学生专项运动能力和专项运动行为的改变,形成健康的生活方式,进而促进大学生的身心健康。

2　课程教学短期目标

培养大学生的专项运动技能和专项运动意识。

3　课程教学长期目标

促使大学生专项运动能力和专项运动行为的改变,形成健康的生活方式。

二　课程内容及学时分配

1　理论部分(4学时)

(1) 篮球运动发展史。

(2) 世界篮球运动的现状和发展趋势。

(3) 中国篮球运动的现状和发展趋势。

(4) 篮球比赛竞赛规则与裁判方法。

(5) 篮球赛事欣赏 NBA、CBA、CUBA 等。

2　技术部分(20学时)

(1) 运球技术(6学时)

原地高低运球、急停急起运球、体前变向换手或不换手运球、背后运球、胯下运球、后转身运球等。

(2) 投篮技术(10学时)

原地单手肩上投篮技术;运球三步上篮技术;跳投技术。

(3) 传接球技术(4学时)

传接球技术(单双手胸前、头上、反弹、肩上、行进间传接球等)。

(4) 抢篮板球技术(2学时)

争抢进攻篮板球;争抢防守篮板球。

(5) 移动技术(4学时)

进攻移动(三威胁姿势、策应、同侧步突破、交叉步突破、跳步急停、假动作、转身);防守移动(基本姿势、滑步、撤步、防接球、防空切、防运球突破)。

3 战术部分(18学时)

(1) 进攻战术

基础配合:传切、突分、掩护和策应配合。

快攻战术:发动与接应、推进和结束战术(长传、短传结合运球推进和运球突破快攻)。

进攻半场人盯人防守战术:双中锋为主的进攻战术、换位进攻战术、∞字形进攻战术

进攻区域联防战术:1—3—1进攻2—1—2、组织中远距离投篮、组织背插进攻、组织底线进攻、组织中锋策应进攻、组织突破分球进攻。

(2) 防守战术

基础配合:挤过、穿过、绕过、夹击、关门、补防和交换防守配合战术。

防守快攻战术:封堵快攻一传和堵截接应、破坏长传推进快攻、1防2和2防3。

半场人盯人防守战术:强弱侧转移防守战术、防掩护战术、防中锋战术、防突破紧逼战术、夹击配合战术。

区域联防战术:(阵形:2—1—2、2—3、3—2、1—2—2),以 2—1—2 为例:以防守有球区域为主的战术、防守背插战术、防守溜底线战术、围守夹击中锋战术。

4 素质部分(4学时)

健身方法指导(力量、速度、耐力、柔韧、灵敏)

5 体育相关知识(8学时)

结合技战术和素质教学的实际,增加运动解剖、生理、营养、康复、保健等知识教学。

6 教学比赛(6学时)

三 考核与评价

(一)秋季学期考核内容

1 男生自选项目(40%):(1)原地单手肩上投篮;(2)半场运球上篮。

2 男生必考项目(教学比赛)(30%)

3 身体素质(10%)

4 健康知识(10%)

5 平时成绩(10%)

6 健康意识和行为评价

(二)冬季学期考核内容

1 男生自选项目(40%):(1)1分钟限制区外投篮;(2)∞字运球上篮。

2 男生必考项目(教学比赛)(30%)

3 身体素质(10%)

4 健康知识(10%)

5 平时成绩(10%)

6 健康意识和行为评价

四 教学进度表

附表 3-1 男生篮球专项(秋季)教学进度

周次	教学内容
一	1. 体育知识、技能和体能测试 2. 填写期望价值和锻炼态度量表 3. 填写三天课外体育活动问卷
二	1. 学习跑的技术和防守步法 2. 学习传切配合 3. 素质(力量练习方法)
三	1. 复习跑的技术和防守步法 2. 学习原地单手肩上投篮 3. 学习掩护配合 4. 素质(速度练习方法)
四	1. 复习原地单手肩上投篮 2. 学习传接球 3. 学习突分配合 4. 素质(耐力练习方法) 5. 填写情境兴趣量表
五	1. 复习传接球 2. 学习运球(后转身运球) 3. 学习策应配合 4. 素质(柔韧练习方法)
六	1. 复习运球(后转身运球) 2. 学习运球上篮 3. 介绍挤过、穿过和绕过配合 4. 素质(灵敏练习方法)
七	1. 复习半场运球上篮 2. 学习跳起单手肩上投篮 3. 介绍夹击和关门配合 4. 素质(立定跳远练习)
八	1. 复习半场运球上篮 2. 复习跳起单手肩上投篮 3. 介绍补防和换防配合
九	1. 自选项目考试:(1)原地单手肩上投篮;(2)半场运球上篮。 2. 必考项目考试:全场教学比赛 3. 实践课总结
十	1. 体育知识和体能测试 2. 填写期望价值和锻炼态度量表 3. 填写三天课外体育活动问卷

附表 3-2　男生篮球专项(冬季)教学进度

周次	教学内容
一	1. 体育知识、技能和体能测试 2. 填写期望价值和锻炼态度量表 3. 填写三天课外体育活动问卷
二	1. 学习运球("∞"字运球上篮) 2. 复习传切配合 3. 素质(力量练习方法)
三	1. 复习投篮(1 分钟限制区外投篮) 2. 复习掩护配合 3. 素质(速度练习方法)
四	1. 复习传接球(行进间四角传接球) 2. 复习突分配合 3. 素质(耐力练习方法) 4. 填写情境兴趣量表
五	1. 学习抢篮板球 2. 复习策应配合 3. 素质(柔韧练习方法)
六	1. 学习三人"∞"字行进间传接球上篮 2. 学习快攻战术 3. 素质(灵敏练习方法)
七	1. 复习快攻战术 2. 教学比赛 3. 素质练习(1000 米)
八	1. 运球、传接球、跳投循环练习 2. 自选项目练习:(1)1 分钟限制区外投篮;(2)"∞"字运球上篮。 3. 必考项目练习:全场教学比赛
九	1. 自选项目考试:(1)1 分钟限制区外投篮;(2)"∞"字运球上篮。 2. 必考项目考试:全场教学比赛 3. 实践课总结
十	1. 体育知识和体能测试 2. 填写期望价值和锻炼态度量表 3. 填写三天课外体育活动问卷

附录 4 评价内容与标准(对照组)

一 运动技能

(一) 篮球技能秋季学期考核内容与标准

　　1 男生自选项目(40%)

　　(1) 原地单手肩上投篮

　　1) 方法:在罚球线投篮 10 次,计进球个数

　　2) 要求:不得踩线

　　3) 考核标准

附表 4-1 原地单手肩上投篮考核标准

得　分	60	48	40	33	27	20	10	5	0
成绩(个)	8	7	6	5	4	3	2	1	0

　　(2) 半场运球上篮

　　1) 方法:从中线与边线的交接点出发运球上篮,抢得篮球板球后,运至另侧中线与边线的交接点绕障碍物,返回运球上篮,并再次抢到篮板球,运回至起点,计所用时间。

　　2) 要求:两次上篮必须进球,不进需要补进。

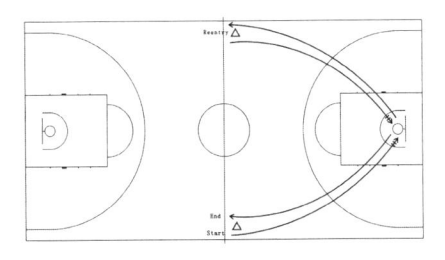

附图 4-1 半场运球上篮考试路线

3）考核标准

附表 4-2　半场运球上篮考核标准

得　分	60	50	42	35	29	24	20	17	15	10	5	0
成绩（秒）	14	14.5	15	15.5	16	17	18	19	21	23	25	>25

2　男生必考项目（教学比赛）（30%）

（1）方法：按照点名册顺序,5人一组,将全班分为若干组,两组之间进行全场对抗赛,参赛队员按照点名册顺序佩戴号码簿或穿号码比赛服,以便教师确认,人数不足5人队,自行组队与任意一队比赛。

（2）要求：动作规范,运用合理,比赛积极主动,不准有恶意危险动作。

（3）考核标准

附表 4-3　教学比赛考核标准

评分分值	比赛能力评定
31—40 分	战术意识和比赛掌控能力优良
25—30 分	战术运用较为合理,但比赛掌控能力一般
20—24 分	战术意识不强、但能运用少量的战术安排
15—19 分	战术意识和比赛能力缺乏
10—14 分	战术意识和比赛能力十分缺乏
10 分以下	基本战术未能掌握,完全没有比赛能力

（二）篮球技能冬季学期考核内容与标准

1　男生自选项目（40%）

（1）1分钟限制区外投篮

1）方法：在限制区外,限时1分钟,投篮,计进球个数

2）要求：不能踩线,自投自抢

3）考试标准

附表 4-4　1分钟限制区外投篮考核标准

得分	60	55	50	45	40	35	30	25	20	15
成绩（个）	12	11	10	9	8	7	6	5	4	3

（2）∞字运球上篮

1)方法:从端线出发,绕过中圈、罚球圈后上篮。
2)要求:全程要做两个以上运球变向动作(体前、背后、胯下、转身等任选两个以上变向动作,若少于两个则将根据评价标准扣分);投篮必须进球,不进要补篮,得到篮板球计时结束。

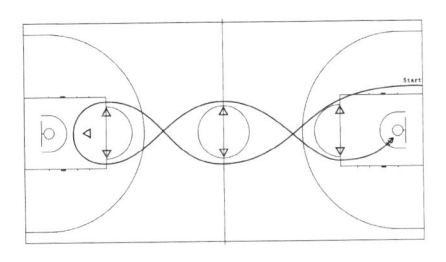

附图 4-2　∞字运球上篮路线

3)考试标准

附表 4-5　∞字运球上篮考核标准

得分	60	55	50	45	40	35	30	25	20	15	10	0
成绩(秒)	13.0	13.5	14.0	14.5	15.0	15.5	16.0	16.5	17.0	17.5	18.0	>20

(2)男生必考项目(教学比赛)(30%)

1)方法:按照点名册顺序,5人一组,将全班分为若干组,两组之间进行全场对抗赛,参赛队员按照点名册顺序佩戴号码簿或穿号码比赛服,以便教师确认,人数不足5人队,自行组队与任意一队比赛。
2)要求:动作规范,运用合理,比赛积极主动,不准有恶意危险动作。
3)考核标准

附表 4-6　教学比赛考核标准

评分分值	比赛能力评定
31—40 分	战术意识和比赛掌控能力优良
25—30 分	战术运用较为合理,但比赛掌控能力一般
20—24 分	战术意识不强,但能运用少量的战术安排
15—19 分	战术意识和比赛能力缺乏
10—14 分	战术意识和比赛能力十分缺乏
10 分以下	基本战术未能掌握,完全没有比赛能力

二 身体素质

（一）篮球课程秋季学期身体素质考核内容与标准（20%）

立定跳远　记分方法：记完成的距离（厘米）。规则：两次试跳机会，根据体质测试要求执行。器材：立定跳远测试器材。

附表4-7　男生立定跳远评分标准　　　　　　　　单位：厘米

成绩	273	268	263	256	248	244	240	236	232	228	224	220	216	212	208	203	198	193	188	183
得分	100	95	90	85	80	78	76	74	72	70	68	66	64	62	60	50	40	30	20	10

（二）篮球课程冬季学期身体素质考核内容与标准（20%）

1000米　记分方法：完成跑的时间（分、秒计算）。规则：允许采用走或跑交替进行。器材：测试跑道、秒表、测试员。

附表4-8　男生1000米跑评分标准　　　　　　　　单位：分·秒

成绩	3'17"	3'22"	3'27"	3'34"	3'42"	3'47"	3'52"	3'57"	4'02"	4'07"	4'12"	4'17"	4'22"	4'27"	4'32"	4'52"	5'12"	5'32"	5'52"	6'12"
得分	100	95	90	85	80	78	76	74	72	70	68	66	64	62	60	50	40	30	20	10

三 平时成绩（10%）

早操和课外活动次数、考勤、学习态度等。

附录5 评价内容与标准(实验组)

一 能量消耗控制

《纲要》规定,体育课程是一门以身体练习为主要手段、以增进学生健康为主要目的的必修课程。因而体育课程与教学改革不应导致能量消耗大幅度的下降,否则就改变了体育课程的运动性质。体育课程与教学改革的理想状态是实验组与控制组的能量消耗差异不具有显著性,均值差异不大为好。

二 体育知识、技能和体能

(一)体育知识(10%)

体育知识测试:采用关于锻炼原则和益处的体育知识试题测验,试题是从一个由更大的学生样本(n=870)(Dinget al.,2011)验证的试题库选择。样本试题涉及运动生理学、运动解剖学、运动营养学、运动训练学等学科知识。Morrow,Jackson,Disch and Mood(2005)报告,难度指数在45—55%之间、区分度指数在57%以上的试题被选择以保证高的信效度。

附表5-1 体育知识领域与内容标准

领域	内容标准
运动生理学	学生能够理解人体运动的生理学原理,能够运用生理学原理解释人体运动的机能变化现象。
生物力学	学生能够理解运动技术的生物力学原理,能够运用生物力学知识提高运动技能。
社会心理学	学生能够理解比赛的战术原理,运用社会心理学的基本技能来发展战术配合和团结协作的能力。

(续表)

领　域	内容标准
运动营养学	学生能够掌握运动前后饮食的健康知识,了解这些健康知识对促进健康的好处和坏处。
运动训练学	学生能够掌握科学运动的理论知识和方法手段,用以提高自身的体能、技术和战术水平。
运动康复学	学生能够掌握运动康复的理论知识和方法手段,用以减缓运动后的疲劳、避免运动损伤和促进恢复。

（二）运动技能

1　篮球技能秋季学期考核内容与标准

（1）男生自选项目（40%）

1）原地单手肩上投篮

① 方法：在罚球线投篮10次，计进球个数

② 要求：不得踩线

③ 考核标准

附表5-2　原地单手肩上投篮考核标准

得分	60	48	40	33	27	20	10	5	0
成绩（个）	8	7	6	5	4	3	2	1	0

2）半场运球上篮

① 方法：从中线与边线的交接点出发运球上篮，抢得篮球板球后，运至另侧中线与边线的交接点绕障碍物，返回运球上篮，并再次抢到篮板球，运回至起点，计所用时间。

② 要求：两次上篮必须进球，不进需要补进。

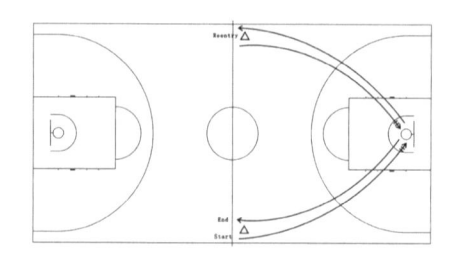

附图5-1　半场运球上篮考试路线

③ 考核标准

附表 5-3　半场运球上篮考核标准

得分	60	50	42	35	29	24	20	17	15	10	5	0
成绩(秒)	14	14.5	15	15.5	16	17	18	19	21	23	25	>25

（2）男生必考项目（教学比赛）(30%)

1）方法：按照点名册顺序，5 人一组，将全班分为若干组，两组之间进行全场对抗赛，参赛队员按照点名册顺序佩戴号码簿或穿号码比赛服，以便教师确认，人数不足 5 人队，自行组队与任意一队比赛。

2）要求：动作规范，运用合理，比赛积极主动，不准有恶意危险动作。

3）考核标准

附表 5-4　教学比赛考核标准

评分分值	比赛能力评定
31—40 分	战术意识和比赛掌控能力优良
25—30 分	战术运用较为合理，但比赛掌控能力一般
20—24 分	战术意识不强，但能运用少量的战术安排
15—19 分	战术意识和比赛能力缺乏
10—14 分	战术意识和比赛能力十分缺乏
10 分以下	基本战术未能掌握，完全没有比赛能力

2　篮球技能冬季学期考核内容与标准

（1）男生自选项目(40%)

1）1 分钟限制区外投篮

① 方法：在限制区外，限时 1 分钟，投篮，计进球个数

② 要求：不能踩线，自投自抢

③ 考试标准

附表 5-5　1 分钟限制区外投篮考核标准

得分	60	55	50	45	40	35	30	25	20	15
成绩(个)	12	11	10	9	8	7	6	5	4	3

2) ∞字运球上篮

① 方法:从端线出发,绕过中圈、罚球圈后上篮

② 要求:全程要做两个以上运球变向动作(体前、背后、胯下、转身等任选两个以上变向动作,若少于两个则将根据评价标准扣分);投篮必须进球,不进要补篮,得到篮板球计时结束。

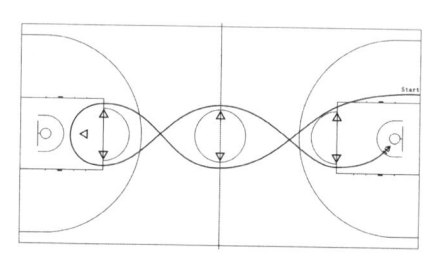

附图 5-2　∞字运球上篮路线

③ 考试标准

附表 5-6　∞字运球上篮考核标准

得分	60	55	50	45	40	35	30	25	20	15	10	0
成绩(秒)	13.0	13.5	14.0	14.5	15.0	15.5	16.0	16.5	17.0	17.5	18.0	>20

(2) 男生必考项目(教学比赛)(30%)

1) 方法:按照点名册顺序,5人一组,将全班分为若干组,两组之间进行全场对抗赛,参赛队员按照点名册顺序佩戴号码簿或穿号码比赛服,以便教师确认,人数不足5人队,自行组队与任意一队比赛。

2) 要求:动作规范,运用合理,比赛积极主动,不准有恶意危险动作。

3) 考核标准

附表 5-7　教学比赛考核标准

评分分值	比赛能力评定
31—40分	战术意识和比赛掌控能力优良
25—30分	战术运用较为合理,但比赛掌控能力一般
20—24分	战术意识不强,但能运用少量的战术安排
15—19分	战术意识和比赛能力缺乏
10—14分	战术意识和比赛能力十分缺乏
10分以下	基本战术未能掌握,完全没有比赛能力

（三）体能

1　篮球课程秋季学期身体素质考核内容与标准(10%)

立定跳远　记分方法：记完成的距离(厘米)。规则：两次试跳机会，根据体质测试要求执行。器材：立定跳远测试器材。

附表5-8　男生立定跳远评分标准　　　　　　　单位：厘米

成绩	273	268	263	256	248	244	240	236	232	228	224	220	216	212	208	203	198	193	188	183
得分	100	95	90	85	80	78	76	74	72	70	68	66	64	62	60	50	40	30	20	10

2　篮球课程冬季学期身体素质考核内容与标准(10%)

1000米　记分方法：完成跑的时间(分、秒计算)。规则：允许采用走或跑交替进行。器材：测试跑道、秒表、测试员。

附表5-9　男生1000米跑评分标准　　　　　　　单位：分·秒

成绩	3′17″	3′22″	3′27″	3′34″	3′42″	3′47″	3′52″	3′57″	4′02″	4′07″	4′12″	4′17″	4′22″	4′27″	4′32″	4′52″	5′12″	5′32″	5′52″	6′12″
得分	100	95	90	85	80	78	76	74	72	70	68	66	64	62	60	50	40	30	20	10

3　练习方法

健身方法指导(力量、速度、耐力、柔韧、灵敏)

（四）平时成绩(10%)

早操和课外活动次数、考勤、学习态度等。

三　体育意识

（一）期望价值

期望价值量表：根据 Eccles 和 Wigfield 等学者提出的现代期望价值理论，期望信念和任务价值是现代期望价值理论结构中最重要的组成部分[1]。期望信念可以分为两个部分：一是学生对某一任务的自我能力信念，指学生在各个领域内对自身能力的理解与信心，是对能否完成当前任务能力的评估；二是对任务难度的感知，即判断当前面临任务的难度。任务价值包含4种价值成分，即获取价值、内部价值、效用价值和成本[2]。

---

[1] Eccles. J. S. , Wigfield. A. , &.Schiefele. U. Motivation to succeed. Handbook of child psychology [M]. NewYork Wiley,1998,2；134—155.

[2] 丁海勇,李力. 不同文化背景下中美初中生体育课程期望价值对比[J]. 上海体育学院学报,2014,38(3):84.

期望价值量表是由美国学者Eccles和Wigfield于1995修订,结构效度分析表明该量表具有较好的结构效度,各因子的载荷范围在0.64—0.99之间[1]。中文版的大学生期望价值调查表由学者陈昂和刘新兰(2008)修订[2],该修订遵循标准化心理量表的修订程序,进行了跨文化的语言等值性、测量等值性和功能等值性检验。该量表测验了华东南地区4所高校368名大学生。结构效度检验结果显示,各因子的载荷范围在0.64—0.99之间,这表明该量表具有较好的结构效度。各分量表的克隆巴赫a系数分别为期望信念0.83、获取价值0.63、内在价值0.86、效用价值0.81,这表明各分量表的内部一致性亦可接受。修订后的调查表共13个题目,采用定量和定性相结合的方法测量期望价值,定量方法采用5点评分,定性方法采用开放性问题测量。体育期望价值测量维度和条目如下。

附表5-10 期望价值维度与指标

维度	量表中的条目
期望信念	1 你的体育课成绩好吗?
	2 在体育课中,你会给自己打多少分?
	3 与别的课相比,你的体育课成绩怎样?
	4 在体育课中学习体育知识时你学得怎样?
	5 在体育课中身体活动量如何?
获取价值	6 你认为体育课很重要吗?
	7 与数学、语文、外语等相比,你认为在体育课中所学科学知识的重要程度怎样?
内部价值	8 你认为你的体育课的趣味性怎样?
	9 你喜欢体育课吗?
效用价值	10 你认为在体育课中学到的知识概念对你有用吗?
	11 与其它课程相比,在体育课中所学的技术、技能对你有用?
成本	12 假如在体育课中有你不喜欢的东西,那是什么?是什么原因让你不喜欢?
	13 假如所有学生可以选择上或不上体育课吗?你会做怎样的选择?为什么?

---

[1] 刘新兰,方信荣,杨玉洪.代价、抉择和任务价值:大学体育课期望价值动机研究[J].成都体育学院学报,2007,33(2):121.

[2] Ang Chen, Xinlan Liu. Value-Based Motivation in Chinese College Physical Education and Physical Activity [J]. Journal of Physical Activity and Health, 2008, 5: 262—274.

该量表共13个题目,包括5个维度,前4个维度采用5点评分。根据对问题的回答,记分为1、2、3、4、5,然后将每个维度各个题目的得分加在一起记分。期望信念5个条目得分相加,分数越高说明被试对成功完成体育课任务的能力信心越强;获取价值2个条目得分相加,分数越高说明被试认为体育课内容对当前健康的价值越大;内部价值2个条目得分相加,分数越高说明被试认为体育课内容调节情绪的价值越大;效用价值2个条目得分相加,分数越高说明被试认为体育课内容对未来健康的价值越大;成本2个条目调查被试对体育课的消极评价和机会选择。

(二) 锻炼态度

锻炼态度量表:锻炼态度量表是毛荣建(2003)遵循标准化心理量表的编制程序,根据青少年锻炼态度-行为九因素模型经过两轮调查编制[1]。该模型假设行为习惯、目标态度、行为认知、情感体验、主观标准共同影响行为态度,行为态度影响行为意向,而行为意向又影响行为;同时,行为又受行为习惯、行为态度和行为控制感的直接影响。这一理论模型概括了以往社会心理学中对态度-行为关系的定性论述和实证研究。该量表测验了华北地区691名青少年学生。结构效度检验结果显示,$\chi^2/df=3.67$,NNFI$=0.93$,CFI$=0.94$,AGFI$=0.87$,RMSEA$=0.06$,这表明该量表具有较好的结构效度。各分量表的克隆巴赫 a 系数分别为行为态度0.83、目标态度0.87、行为认知0.73、行为习惯0.89、行为意向0.84、情感体验0.86、行为控制感0.80、主观标准0.64。这表明各分量表的内部一致性亦可接受。

附表5-11 锻炼态度维度与指标

维度	量表中的条目
行为态度	1 我不赞成自己把时间花在锻炼上。
	9 我认为自己不进行锻炼也很好。
	17 我喜欢每天都进行锻炼。
	25 我不热衷于身体锻炼。

[1] 张力为,毛志雄.体育科学常用心理量表评定手册[M].北京体育大学出版社,2004:95—98.

(续表)

维 度	量表中的条目
行为态度	33 我并不喜欢锻炼。
	41 我不愿意进行锻炼。
	49 我宁肯睡觉也不去锻炼。
	57 我对锻炼没有什么情感体验。
目标态度	2 我认为锻炼是很好的娱乐活动。
	10 我认为锻炼是无所事事的表现。
	18 我认为锻炼的作用并不大。
	26 我觉得锻炼非常好。
	34 锻炼与我没有关系。
	42 我对锻炼活动感兴趣。
	50 我参与锻炼是正确的。
	58 我认为自己没有必要进行锻炼。
	63 锻炼对我没有什么帮助。
	66 我认为自己不适合进行锻炼。
	69 我从未想过进行锻炼。
	70 我感觉锻炼是枯燥无味的。
行为认知	3 锻炼可以舒缓焦虑、烦躁的情绪。
	11 锻炼可以使人得到宣泄。
	19 锻炼课增强人的意志。
	27 锻炼于己、于家、于国都是有益的。
	35 我认为锻炼越来越被人所接受。
	43 提倡"全民健身"是明智之举。
	51 我赞成人人参与锻炼。
行为习惯	4 我有锻炼的习惯。
	12 我总是自觉地进行锻炼。
	20 锻炼在我的生活中是不可缺少的。
	28 在锻炼中,无论做什么动作我都轻松自如。
	36 我不习惯没有锻炼的生活。
	44 锻炼是我的一个爱好。
	52 我喜欢参与锻炼活动。
	59 在闲暇时间,我尽可能多地参与锻炼。

(续表)

维 度	量表中的条目
行为习惯	64 一说要锻炼我就感到很兴奋。
	67 我觉得进行锻炼很容易。
行为意向	5 我愿意把钱花在锻炼方面。
	13 我会说服周围的人同我一起锻炼。
	21 我总是全身心地投入到锻炼中。
	29 不论遇到多少困难,我都会坚持锻炼。
	37 我对自己坚持锻炼很满意。
	45 一到锻炼的时间,我就不由自主地想去锻炼。
	53 我喜欢一切与运动有关的事物。
	60 不论多忙,我总能挤出时间去锻炼。
情感体验	6 锻炼时我感到心情舒畅。
	14 在锻炼中我感到十分放松。
	22 我因锻炼而自豪。
	30 我总能找到锻炼的乐趣。
	38 每次锻炼我都能有新的体验与感受。
	46 我满足于锻炼所带来的快乐。
	54 在锻炼中我可以找回我自己。
	61 看到有人锻炼,我也想锻炼。
	65 我认为进行锻炼符合我的身份。
	68 我认为锻炼是我应做的事情。
行为控制感	7 我不知道自己该怎样锻炼。
	15 天气太热我就会不去锻炼。
	23 即使天气冷,我也会去锻炼。
	31 我经常不能完成锻炼计划。
	39 一疲劳我就很难再坚持锻炼。
	47 事情一多起来,我就会忘记锻炼。
	55 我有时很懒,不愿意锻炼。
	62 只要一累了,我就会停止锻炼。
主观标准	8 我参加锻炼是因为我的朋友也这样做。
	16 对于锻炼我受朋友的影响比较大。
	24 对于锻炼我受父母的影响比较大。

(续表)

维　度	量表中的条目
主观标准	32 父母经常嘱咐我要进行锻炼。
	40 是否进行锻炼我会采纳多数好友的意见。
	48 是否进行锻炼我会采纳父母的意见。
	56 周围的人认为我应该锻炼。

该量表共 70 个题目，包括 8 个维度。采用 5 点评分，对每个问题的回答共有 5 种选择，即完全不符合、不符合、说不清、符合、完全符合。根据问题是正向回答或是负向回答分别记分得 1、2、3、4、5 或是 5、4、3、2、1 分，然后将每个维度各个题目的得分加在一起记分。1) 行为态度是条目序号 1、9、17、25、33、41、49 和 57 相加，得分范围 8—40，得分越高对锻炼的行动评价越高。2) 目标态度是条目序号 2、10、18、26、34、42、50、58、63、66、69 和 70 相加，得分范围 12—60，得分越高对锻炼的评价越高。3) 行为认知是条目序号 3、11、19、27、35、43 和 51 相加，得分范围 7—35，得分越高对锻炼导致某种结果的认知越高。4) 行为习惯是条目序号 4、12、20、28、36、44、52、59、64 和 67 相加，得分范围 10—50，得分越高锻炼的自动化程度越高。5) 行为意向是条目序号 5、13、21、29、37、45、53 和 60 相加，得分范围 8—40，得分越高越愿意进行锻炼。6) 情感体验是条目序号 6、14、22、30、38、46、54、61、65 和 68 相加，得分范围 10—50，得分越高对锻炼的体验越深刻丰富。7) 行为控制感是条目序号 7、15、23、31、39、47、55 和 62 相加，得分范围 8—40，得分越高对锻炼的自主控制能力越强。8) 主观标准是条目序号 8、16、24、32、40、48 和 56 相加，得分范围 7—35，得分越高受到的影响越大。

(三) 情境兴趣

情境兴趣量表：Deci 提出了一个多维结构模型用以描述情境兴趣及情境兴趣在情境和心理方面的来源[1]。他指出当个体与活动相互作用时，应该从活动特征（新颖性、挑战性）、心理倾向（探索意向、愿望唤起、

---

[1] Deci E L. The relation of interest to the motivation of behavior: A self-determination theory perspective. In Krapp A, Hidi S, Renninger A(Eds). the Role of Interest in Learning and Development. Hillsdale, NJ: Lawrence Erlbaum Association, 1992.

时间变更)以及相互作用体验(注意需求、愉悦感)三个方面对情境兴趣进行定义。Ang Chen, Darst 以及 Pangrazi(1999)验证了 Deci 所提出的情境兴趣多维结构模型①。他们采用 Deci 界定的情境兴趣的三维度七因素结构模型编制了体育情境兴趣量表。研究结果表明个体的时间变更与愿望唤起对其兴趣体验水平的影响不大,而材料本身的新颖性、挑战性和个体的注意需求、探索意向以及其愉悦感是影响个体对情境兴趣评价的主要因素。因而体育情境兴趣有五个维度的来源,包括新颖性、挑战性、需求注意、探索意向和愉悦感。Chen 等还进一步检验了体育情境兴趣的五维度模型②。在此基础上,Ang Chen 等又添加了四个题目以评价个体对活动项目总体兴趣的体验水平,修订后的体育情境兴趣量表包括新颖性、挑战性、注意需求、探索意图、愉悦感和总体兴趣 6 个因子(α 值:0.81~0.92),共 24 个题目。葛耀君对体育情境兴趣量表中文修订版的信效度进行了验证,探索性和验证性因子分析显示,体育情境兴趣量表具有良好的信度和效度,适合作为体育情境兴趣的测量工具③。

附表 5-12　情境兴趣维度与指标

维　度	量表中的条目
新颖性	8 今天的体育课真是不一般
	12 今天体育课的内容新颖、时尚。
	15 今天体育课的内容有新奇感。
	16 今天体育课的内容是我以前没做过的。
挑战性	2 今天体育课的内容挺复杂的。
	3 完成今天体育课的练习挺麻烦的。
	20 对我来说,今天体育课有难度。
	23 今天体育课的练习我做起来有困难。

---

① Ang Chen, Durst PW, Pangrazi R. P. What constitutes situational interest? Validating a construct in physical education. Measurement in Physical Education and Exercise Science, 1999, 3(3):157—180.

② Ang Chen, Durst PW, Pangrazi R. P. An examination of situational interest and its sources. British Journal of Educational Psychology, 2001,71(3):373—390.

③ 葛耀君.体育情境兴趣量表(PESIS)中文修订版的信度与效度验证及其应用的实证研究[D]. 上海师范大学硕士论文,2005:18—19.

(续表)

维　度	量表中的条目
注意需求	4 在练习中我始终保持注意力。 6 我始终专心致志地做各种练习。 17 今天体育课的练习要求我高度专注。 18 今天体育课使我全神贯注。
探索意向	7 我不断琢磨完成练习的更好方法。 9 我不断分析体育课上所学的内容,希望更好掌握它。 14 今天的课上我们尝试了很多窍门。 24 我还想更多了解今天体育课所学的内容。
愉悦感	1 今天体育课的内容真令人兴奋。 10 今天体育课真有吸引力。 13 今天体育课的练习令我感到愉快。 22 今天体育课的内容有趣味性。
总体兴趣	5 今天体育课的内容令我感兴趣。 11 尝试今天体育课的内容真有趣。 19 今天体育课的练习做起来很有趣。 21 今天体育课的内容激发我运动的欲望。

该量表共 24 个题目,包括 6 个维度。采用 5 点评分,对每个问题的回答共有 5 种选择,即不同意、比较不同意、说不清、比较同意、同意。根据对问题的回答,记分为 1、2、3、4、5,然后将每个维度各个题目的得分加在一起记分。新颖性 4 个条目得分相加,分数越高说明活动的新颖性越强;挑战性 4 个条目得分相加,分数越高说明活动的挑战性越强;注意需求 4 个条目得分相加,分数越高说参加者的注意力越容易被活动所吸引;探索意向 4 个条目得分相加,分数越高说明参加者探索倾向越明显;愉悦感 4 个条目得分相加,分数越高说明活动给参加者带来的情绪变化越积极;总体兴趣 4 个条目得分相加,分数越高说明参加者对活动内容总的情绪体验越深刻、丰富。

四　运动行为

课外锻炼行为调查问卷:自发的体育活动被定义为学生在体育课之外的活动。所有的大学生都有机会利用大学的场地设施进行自发的体育活动。体育课程的实施应有效改变学生在课外的体育行为。对于课程的效果来讲,学生课外体育行为的变化是一种重要的表现形式。可以根据课外体育活动的内容和持续时间来判断学生体育行为习惯的养成情况。自发的体育活动测量使用 Bouchard 三天体育活动调查问卷。课外体育活动的自我陈述被用来测量自发体育活动的动机。中文版的大学生课外活动调查问卷由学者陈昂和刘新兰(2008)修订,该修订遵循标准化心理问卷的修订程序,进行了跨文化的语言等值性、测量等值性和功能等值性检验。该量表测验了华东南地区 4 所高校 368 名大学生。问卷效度在中国青少年中得到了验证,重测信度 $r=0.91$。体育活动自我陈述调查要求学生登记在两个工作日和周末里每 15 分钟为单位的活动情况[1]。本文依此修订问卷调查周五下午 3:00 至晚上 10:00 和周六、周日上午 8:00 点到晚上 10:00 点学生的课外体育活动情况。

---

[1] Ang Chen, Xinlan Liu. Value-Based Motivation in Chinese College Physical Education and Physical Activity [J]. Journal of Physical Activity and Health, 2008, 5: 262—274.

附录6 篮球教案(对照组)

上海大学体育学院教案
(第1次课)

第二学年　秋季学期　篮球课程　90min

测试内容	1. 体育知识、技能和体能测试 2. 填写期望价值和锻炼态度量表 3. 填写三天课外体育活动问卷			
测试目标	1. 了解学生的体育知识、技能和体能水平 2. 了解学生的体育意识水平 3. 了解学生的运动行为			
测试重点	1. 测试前的准备工作 2. 按测试的要求填写量表 3. 按测试要求填写和回收问卷		测试难点	1. 端正学生考试态度,提高积极性 2. 让学生认真回答,提高准确性 3. 让学生如实回答,提高可靠性
场地	1. 篮球场地2块 2. 每人1个篮球		课型	1. 测试课
结构	课的内容及时间	教学方法与程序	教学组织	教学目的
准备部分	一 课堂常规(约5min)	一 教法与程序 1 值日生整队,报告出勤人数 2 师生互相问好,登记考勤 3 提出篮球实践课学习要求 4 宣布本学期考核项目 5 宣布本次课的内容和任务 6 安排见习生	一 队形与要求 要求:整队快、静、齐	一 目的 明确要求和学习目标。

(续表)

结构	课的内容及时间	教学方法与程序	教学组织	教学目的
准备部分	二 球感练习(约5min) 1 球绕全身练习 2 胯下双手交替绕球练习 3 胯下双手交替接球练习 见右栏	二 教法与程序 1 教师示范 2 讲解要求 3 学生练习6—8次 4 教师纠正错误 5 小结 接左栏 4 原地体前后交替运球练习 5 胯下双手击地传接球练习	二 队形与要求 要求:眼睛离开球,指根以上控球。	二 目的 熟悉球性,提高控球能力。
	三 球操(约8min) 1 头部运动 2 头上运动 3 上肢运动 4 体侧运动 见右栏	三 教法与程序 1 教师示范 2 讲解要求 3 学生练习6—8次 4 教师纠正错误 5 小结 接左栏 5 体转运动 6 腰部运动 7 腹背运动 见右栏	三 队形与要求 要求:充分活动关节,指根以上控球。 接左栏 8 踢腿运动 9 全身运动 10 跳跃运动	三 目的 活动关节以热身,提高控球能力。

(续表)

结构	课的内容及时间	教学方法与程序	教学组织	教学目的
基本部分	一 体育知识、技能和体能测试(约20min) 1 填写体育知识试题 2 技能测试 A 单手肩上投篮 (1) 方法:在罚球线投篮10次,计进球个数 (2) 要求:不得踩线 (3) 考核标准 B 半场运球上篮 (1) 方法:从中线与边线的交接点出发运球上篮,抢得篮球板球后,运至另侧中线与边线的交接点绕障碍物,返回运球上篮,并再次抢到篮板球,运回至起点。 (2) 要求:两次上篮必须进球,不进需要补进。 (3) 考核标准 C 教学比赛 (1) 方法:按照点名册	一 教法与程序 1 体育知识测试 (1) 教师示范 (2) 讲解要求 (3) 学生填写 (4) 小结 2 技能测试 A 单手肩上投篮 (1) 教师示范 (2) 讲解要求 (3) 测试 (4) 小结 B 半场运球上篮 (1) 教师示范 (2) 讲解要求 (3) 测试 (4) 小结 C 教学比赛 (1) 教师示范	一 队形与要求 1 体育知识测试 (1) 课前打印好试题,并按班级进行包装。 (2) 测试时间在第一次课。 (3) 测试要求学生独立完成。 2 技能测试 A 单手肩上投篮 (1) 课前要准备好记录表和测试工具。 (2) 课前准备好场地器材。 (3) 测试按照篮球技能考核的要求进行。 B 半场运球上篮 (1) 课前要准备好记录表和测试工具。 (2) 课前准备好场地器材。 (3) 测试按照篮球技能考核的要求进行。 C 教学比赛 (1) 课前要准备好记	一 目的 1 体育知识测试 了解学生体育知识掌握情况 2 技能测试 A 单手肩上投篮 了解学生技能掌握情况 B 半场运球上篮 了解学生技能掌握情况 C 教学比赛 了解学生技

(续表)

结构	课的内容及时间	教学方法与程序	教学组织	教学目的
基本部分	顺序,5人一组,将全班分为若干组,两组之间进行全场对抗赛,参赛队员按照点名册顺序佩戴号码簿或穿号码比赛服,以便教师确认,人数不足5人队,自行组队与任意一队比赛。 (2) 要求动作规范,运用合理,比赛积极主动,不准有恶意危险动作。 (3) 考核标准与分值	(2) 讲解要求 (3) 测试 (4) 小结	录表和测试工具。 (2) 课前准备好场地器材。 (3) 测试按照篮球技能考核的要求进行。	能掌握情况
	3 体能 立定跳远	3 体能测试 (1) 教师示范 (2) 讲解要求 (3) 测试 (4) 小结	3 体能测试 (1) 课前要准备好记录表和测试工具。 (2) 课前准备好场地器材。 (3) 测试按照体质测试的要求进行。	3 体能测试 了解学生的体能水平
	二 填写期望价值和锻炼态度量表(约10min) 1 填写期望价值量表	二 教法与程序 1 填写期望价值量表 (1) 教师示范 (2) 讲解要求 (3) 学生填写 (4) 小结	二 队形与要求 1 填写期望价值量表 (1) 课前打印好量表。 (2) 收集数据时,大声地朗读各项条目,并给学生足够的时间来回答(15—30sec),在朗读下一个条目前,确认全部的学生都已经完成了上一条目的选择。 (3) 每次测试时,向学生解释无论怎样回答都没有错误、正确之分,让独立诚实地回答每一个问题,并向学生解释回答不会影响体育课的成绩。	二 目的 1 填写期望价值量表 了解学生的体育意识水平

(续表)

结构	课的内容及时间	教学方法与程序	教学组织	教学目的
基本部分	2 填写锻炼态度量表	2 填写锻炼态度量表 (1) 教师示范 (2) 讲解要求 (3) 学生填写 (4) 小结	2 填写锻炼态度量表 (1) 课前打印好量表。 (2) 收集数据时,大声地朗读各项条目,并给学生足够的时间来回答(15—30sec),在朗读下一个条目前,确认全部的学生都已经完成了上一条目的选择。 (3) 每次测试时,向学生解释无论怎样回答都没有错误、正确之分,让独立诚实地回答每一个问题,并向学生解释回答不会影响体育课的成绩。	2 填写锻炼态度量表 了解学生的体育意识水平
	三 填写三天课外体育活动问卷(约20min) 1 周五课外体育活动问卷	三 教法与程序 1 周五课外体育活动问卷 (1) 教师示范 (2) 讲解要求 (3) 学生填写 (4) 小结	三 队形与要求 1 周五课外体育活动问卷 (1) 课前打印好调查表。 (2) 填写地点在篮球馆,也可以让学生将《课外体育活动调查表》带回去填写。 (3) 要求学生第二次课交上调查表,学生经常会忘记交回调查表,可以通过短信提醒。 (4) 填写时可以让同学或家人帮助回忆自己的活动情况,以真实地回答每一个问题。 (5) 要解释回答不会影响体育课的成绩。	三 目的 1 周五课外体育活动问卷 了解学生的体育行为

(续表)

结构	课的内容及时间	教学方法与程序	教学组织	教学目的
基本部分	2周六课外体育活动问卷	2周六课外体育活动问卷 (1) 教师示范 (2) 讲解要求 (3) 学生填写 (4) 小结	2周六课外体育活动问卷 (1) 课前打印好调查表。 (2) 填写地点在篮球馆,也可以让学生将《课外体育活动调查表》带回去填写。 (3) 要求学生第二次课交上调查表,学生经常会忘记交回调查表,可以通过短信提醒。 (4) 填写时可以让同学或家人帮助回忆自己的活动情况,以真实地回答每一个问题。 (5) 要解释回答不会影响体育课的成绩。	2周六课外体育活动问卷 了解学生的体育行为
	3周日课外体育活动问卷	3周日课外体育活动问卷 (1) 教师示范 (2) 讲解要求 (3) 学生填写 (4) 小结	3周日课外体育活动问卷 (1) 课前打印好调查表。 (2) 填写地点在篮球馆,也可以让学生将《课外体育活动调查表》带回去填写。 (3) 要求学生第二次课交上调查表,学生经常会忘记交回调查表,可以通过短信提醒。 (4) 填写时可以让同学或家人帮助回忆自己的活动情况,以真实地回答每一个问题。 (5) 要解释回答不会影响体育课的成绩。	3周日课外体育活动问卷 了解学生的体育行为

(续表)

结构	课的内容及时间	教学方法与程序	教学组织	教学目的
结束部分	一 放松练习（约5min） 1 深呼吸 2 伸展上肢肌肉练习 3 体前屈转体运动 4 大腿后肌群伸展 5 拉伸腹股沟韧带 6 伸展股四头肌 见右栏 二 课堂常规（约2min）	一 教法与程序 1 教师示范 2 讲解要求 3 学生练习6—8次 4 教师纠正错误 5 小结 接左栏 7 伸展小腿后肌群 8 踢腿运动 二 教法与程序 1 小结本课 2 布置课外作业 3 归还器材 4 师生再见	一 队形与要求 要求：充分伸展、放松肌肉。 二 队形与要求 要求：集合迅速	一 目的 促进恢复 二 目的 总结测试情况，促进学生提高认识
课后小结				

上海大学体育学院教案

（第 2 次课）

第二学年　秋季学期　篮球课程　90min

教学内容	1. 学习跑的技术和防守步法 2. 学习传切配合 3. 素质（立定跳远）		
教学目标	1. 初步掌握移动动作和技术要领 2. 初步掌握传切配合方法和战术要领 3. 提高学生的下肢力量素质		
教学重点	1. 正确示范移动动作和精讲技术要领 2. 正确示范传切配合动作和精讲战术要领 3. 正确示范立定跳远动作和精讲技术要领	教学难点	1. 掌握移动技术要领 2. 掌握传切配合的要领 3. 掌握立定跳远的技术要领
场地	1. 篮球场地 2 块 2. 每人 1 个篮球	课型	1. 新授课 2. 综合课

结构	课的内容及时间	教学方法与程序	教学组织	教学目的
准备部分	一 课堂常规（约 5min）	一 教法与程序 1 值日生整队，报告出勤人数 2 师生互相问好，登记考勤 3 提出篮球实践课学习要求 4 宣布本学期考核项目 5 宣布本次课的内容和任务 6 安排见习生	一 队形与要求 要求：整队快、静、齐	一 目的 明确要求和学习目标。
	二 球感练习（约 5min） 1 球绕全身练习 2 胯下双手交替绕球练习 3 胯下双手交替接球练习	二 教法与程序 1 教师示范 2 讲解要求 3 学生练习 6—8 次 4 教师纠正错误 5 小结 接左栏 4 原地体前后交替运球练习	二 队形与要求 要求：眼睛离开球，指根以上控球。	二 目的 熟悉球性，提高控球能力。

(续表)

结构	课的内容及时间	教学方法与程序	教学组织	教学目的
准备部分	见右栏 三 球操（约8min） 1 头部运动 2 头上运动 3 上肢运动 4 体侧运动 见右栏	5 胯下双手击地传接球练习 三 教法与程序 1 教师示范 2 讲解要求 3 学生练习6—8次 4 教师纠正错误 5 小结 接左栏 5 体转运动 6 腰部运动 7 腹背运动 见右栏	三 队形与要求 要求： 充分活动关节，指根以上控球。 接左栏 8 踢腿运动 9 全身运动 10 跳跃运动	三 目的 活动关节以热身，提高控球能力。
基本部分	一 步法练习（约20min） 1 慢跑 2 变速跑 3 后退跑转身加速跑 4 折线变向跑 5 折线后转身 6 侧身跑 7 横向滑步	一 教法与程序 1 教师示范 2 讲解要求 3 学生练习 4 教师纠正错误 5 巩固练习 6 小结	一 队形与要求 要求：滑步重心低，平稳，快。	一 目的 提高移动能力

(续表)

结构	课的内容及时间	教学方法与程序	教学组织	教学目的
基 本 部 分	8 向前滑步 9 侧滑后撤步 二 学习传切配合(约10min) 1 概念 传切配合是指队员之间利用传球和切入技术所组成的简单配合。 2 用途 当篮下腹地一带拉空或破紧逼防守时运用较多。 3 要点 (1) 拉开位置,拉空腹地 (2) 传球后利用假动作摆脱防守 (3) 启动突然,侧身接球 (4) 传球及时、到位	二 教法与程序 1 教师示范 2 讲解要求 3 学生练习 4 教师纠正错误 5 巩固练习 6 小结 接右栏 (2) 传切上篮练习 方法:⑦传球给④后,摆脱切入接④的回传球上篮,④跟进抢篮板球后,两人交换位置排到队尾。 要求 a. 传球到位,摆脱后突然切入 b. 传球及时到位,要用单手体侧或双手头上传球等,隐蔽方法传球	二 队形与要求 1 教师示范队形 要求:明确配合的位置、路线。 2 学生分组练习 (1) 徒手切入练习(包括纵切和横切) 方法:把学生分成两组如图落位,用一个球,⑤传给④后,摆脱切入篮下后,排到另一队尾,④在将球回传给⑥横切到篮下后,排到另一队尾,依次进行。 要求:a. 传球到位;b. 摆脱后再切入;c. 切入要侧身突然加速。	二 目的 掌握传切配合的方法。
	三 教学比赛(约20min) 1 外线进攻与防守的基本姿势 2 外线进攻和防守的手段 3 内线的进攻与防守 4 防守与进攻队员抢篮板球	三 教法与程序 1 教师示范 2 讲解要求 3 学生练习 4 教师纠正错误 5 巩固练习 6 小结	三 队形与要求	三 目的 巩固技术,提高战术配合能力

(续表)

结构	课的内容及时间	教学方法与程序	教学组织	教学目的
基本部分	四 素质练习(约20min) 力量练习	四 教法与程序 1 教师示范 2 讲解要求 3 学生练习 4 教师纠正错误 5 巩固练习 6 小结	四 队形与要求	四 目的 提高力量素质
结束部分	一 放松练习(约5min) 1 深呼吸 2 伸展上肢肌肉练习 3 体前屈转体运动 4 大腿后肌群伸展 5 拉伸腹股沟韧带 6 伸展股四头肌 见右栏 二 课堂常规(约2min)	一 教法与程序 1 教师示范 2 讲解要求 3 学生练习6—8次 4 教师纠正错误 5 小结 接左栏 7 伸展小腿后肌群 8 踢腿运动 二 教法与程序 1 小结本课 2 布置课外作业 3 归还器材 4 师生再见	一 队形与要求 要求：充分伸展、放松肌肉。 二 队形与要求 要求：集合迅速、认真听讲 课后复习	一 目的 促进恢复 二 目的
课后小结				

上海大学体育学院教案
（第 3 次课）

第二学年　秋季学期　篮球课程　90min

教学内容	1. 学习原地单手肩上投篮 2. 学习掩护配合 3. 素质（速度练习）		
教学目标	1. 初步掌握原地单手肩上投篮动作和技术要领 2. 初步掌握掩护配合方法和战术要领 3. 提高学生的移动速度		
教学重点	1. 正确示范原地单手肩上投篮动作和精讲技术要领 2. 正确示范掩护配合动作和精讲战术要领 3. 正确示范短距离跑的动作和精讲技术要领	教学难点	1. 掌握原地单手肩上投篮技术要领 2. 掌握掩护配合的要领 3. 掌握短距离跑的技术要领
场地	1. 球场 2 块 2. 每人 1 个篮球	课型	1. 新授课 2. 综合课

结构	课的内容及时间	教学方法与程序	教学组织	教学目的
准备部分	一 课堂常规（约 2min）	一 教法与程序 1 值日生整队，报告出勤人数 2 师生互相问好，登记考勤 3 提出篮球实践课学习要求 4 宣布本次课的内容和任务 5 安排见习生	一 队形与要求 要求：整队快、静、齐	一 目的 明确要求和学习目标。
	二 绕场移动（约 8min） 1 慢跑——喊数抱团 2 变速跑 3 后退跑转身加速跑 4 折线变向跑 5 折线后转身 6 侧身跑 7 横向滑步 8 向前滑步 9 侧滑后撤步	二 教法与程序 1 教师示范 2 讲解要求 3 学生练习 3—4 次 4 教师纠正错误 5 小结	二 队形与要求	二 目的 热身同时复习移动技术

(续表)

结构	课的内容及时间	教学方法与程序	教学组织	教学目的
准备部分	三 行进间操(约8min) 1 头部运动 2 上肢运动 3 扩胸运动 4 体侧体转运动 5 腹背运动 6 踢腿运动 7 全身运动 8 挺身跳	三 教法与程序 1 教师示范 2 讲解要求 3 学生练习4*8拍 4 教师纠正错误 5 小结	三 队形与要求	三 目的 活动关节以热身
基本部分	一 学习投篮(约15min) 动作要点：上下肢协调用力，抬肘伸臂充分，手腕前屈，中、食指柔和将球拨出，大拇指与小拇指控制方向。	一 教法与程序 1 教师示范 2 讲解要求 3 学生练习 4 教师纠正错误 5 巩固练习 6 小结	一 队形与要求 1 原地模仿投篮动作练习。 练习要求：体会正确的投篮动作。 2 学生分成两组，一人一球分别在罚球线后练习原地单手肩上投篮。 练习要求：进一步改进投篮技术动作。	一 目的 掌握技术
基本部分	二 掩护配合(约15min) 进攻者各采用合理的行动，用自己的身体为同伴挡住防守者的移动路线，使同伴借以摆脱防守，或利用同伴身体和位置使自己摆脱防守的一种配合战术，多用于半场阵地进攻，尤其是对手进行人盯人队守时。 做掩护者目的要明确，动作要隐蔽，避免造成犯规。被掩护者要配合掩护者的隐蔽行动意图与方向，运用假动作吸引对手，当同伴到达掩护位置时，要突然、快	二 教法与程序 1 教师示范 2 讲解要求 3 学生练习 4 教师纠正错误 5 巩固练习 6 小结	二 队形与要求	二 目的 掌握掩护配合

(续表)

结构	课的内容及时间	教学方法与程序	教学组织	教学目的
基本部分	速摆脱对手。整个掩护配合,在进攻者之间要配合默契、行动及时、节奏分明、动作果断,争取第二次配合机会。 三 教学比赛(约20min) 1 外线进攻与防守的基本姿势 2 外线进攻和防守的手段 3 内线的进攻与防守 4 防守与进攻队员抢篮板球 四 素质练习(约15min) 速度练习	三 教法与程序 1 教师示范 2 讲解要求 3 学生练习 4 教师纠正错误 5 巩固练习 6 小结 四 教法与程序 1 教师示范 2 讲解要求 3 学生练习 4 教师纠正错误 5 巩固练习 6 小结	三 队形与要求 四 队形与要求	三 目的 巩固技术,提高战术配合能力 四 目的 提高速度素质
结束部分	一 放松练习(约5min) 1 深呼吸 2 伸展上肢肌肉练习 3 体前屈转体运动 4 大腿后肌群伸展 5 拉伸腹股沟韧带	一 教法与程序 1 教师示范 2 讲解要求 3 学生练习6—8次 4 教师纠正错误 5 小结 接左栏 7 伸展小腿后肌群 8 踢腿运动	一 队形与要求 要求:充分伸展、放松肌肉。	一 目的 促进恢复

(续表)

结构	课的内容及时间	教学方法与程序	教学组织	教学目的
结束部分	6 伸展股四头肌 见右栏 二 课堂常规(约2min)	二 教法与程序 1 小结本课 2 布置课外作业 3 归还器材 4 师生再见	二 队形与要求 要求：集合迅速，认真听讲 课后练习今天学习的内容	二 目的
课后小结				

上海大学体育学院教案
（第4次课）

第二学年　秋季学期　篮球课程　90min

教学内容	1. 复习原地单手肩上投篮 2. 学习传接球 3. 学习突分配合 4. 素质（耐力练习） 5. 填写情境兴趣量表		
教学目标	1. 掌握原地单手肩上投篮动作和技术要领 2. 初步掌握传接球动作和技术要领 3. 初步掌握突分配合方法和战术要领 4. 提高学生的耐力素质		
教学重点	1. 纠正错误动作和巩固练习 2. 正确示范传接球动作和精讲技术要领 3. 正确示范突分配合动作和精讲战术要领 4. 正确示范中长距离跑动作和精讲技术要领	教学难点	1. 掌握投篮的技术要领和提高命中率 2. 掌握传接球的技术要领 3. 掌握突分配合的要领 4. 掌握中长距离跑的技术要领
场地	1. 篮球场2块 2. 每人1个篮球	课型	1. 新授课 2. 综合课

结构	课的内容及时间	教学方法与程序	教学组织	教学目的
准备部分	一　课堂常规（约2min）	一　教法与程序 1 值日生整队，报告出勤人数 2 师生互相问好，登记考勤 3 提出篮球实践课学习要求 4 宣布本次课的内容和任务 5 安排见习生	一　队形与要求 要求：整队快、静、齐	一　目的 明确要求和学习目标。
	二　原地徒手操（约8min） 1 头部运动 2 上肢运动 3 扩胸运动 4 体侧体转运动 5 腹背运动 6 踢腿运动 7 全身运动 8 挺身跳	二　教法与程序 1 教师示范 2 讲解要求 3 学生练习4*8拍 4 教师纠正错误 5 小结	二　队形与要求	二　目的 活动关节以热身

(续表)

结构	课的内容及时间	教学方法与程序	教学组织	教学目的
准备部分	三 游戏(约8min) 1 名称:叫号赛跑 2 做法:两列横队,前后两步距离,左右两臂间隔,从右向左报数,记住自己的数,教师喊数,前后两名同学快速向前一步,跑向排尾,绕过排尾,跑向排头,绕过排头,回到原来位置。 3 规则:按规定路线跑,不能拉人。	三 教法与程序 1 教师示范做法 2 教师讲解规则和要求 3 学生完成游戏4次 4 执行游戏规则 5 小结	三 队形与要求 要求:速度慢的同学做五个俯卧撑,或代表的列做五个俯卧撑。	三 目的 提高快速反应能力
基本部分	一 复习投篮(约10min) 动作要点:上下肢协调用力,抬肘伸臂充分,手腕前屈,中、食指柔和将球拨出,大拇指与小拇指控制方向。	一 教法与程序 1 教师示范 2 讲解要求 3 学生练习 4 教师纠正错误 5 巩固练习 6 小结	一 队形与要求	一 目的 巩固技术
	二 学习传接球(约15min) 1 双手胸前传球 动作方法: 双手持球于胸腹之间,两肘自然弯曲于体侧,身体成基本站立姿势,眼平视传球目标。传球时后脚蹬地发力,身体重心前移,两臂前伸,两手腕随之旋内,拇指用力下压,食、中指用力拨球并将球传出,球出手	二 教法与程序 1 教师示范 2 讲解要求 3 学生练习 4 教师纠正错误 5 巩固练习 6 小结 接左栏 3 学习行进间双手传接球 要点:常用右(左)脚落地	二 队形与要求	二 目的 提高移动传接球能力

(续表)

结构	课的内容及时间	教学方法与程序	教学组织	教学目的
基本部分	后,两手向下略向外翻。 动作要点:持球动作正确。用力协调连贯,食、中指拨球。 2 双手胸前接球 动作方法:两眼注视来球,两臂迎球伸出,双手五指自然张开,两拇指相对成八字形,其余手指向前伸出,两手成半圆形。当手指触球时,双手将球握住,两臂顺势屈肘后引缓冲来球的力量,两手持球于胸腹之间,成基本站立姿势。 动作要点:伸臂迎球,收臂后引缓冲,握球于胸腹之间,动作连贯一致。 易犯错误:持球动作不正确;肘关节外展;身体配合不协调。接球时;两手未成半圆形。 见右栏	接球,左(右)脚上步,右(左)脚抬起(未落地)前球出手。当双手触球时,顺势收臂后引,迅速伸臂、翻腕,最后拨指出球。	练习要求: 1 持球及接球的手法要正确 2 注意传球时肘关节不要外展 3 传、接球动作基本正确。	
分	三 学习突分配合(约15min) 进攻者运球突破后,主动或应变地通过传球给有利于攻击的同伴配合的技术。 常用于对付扩大防守,以运球突破,打乱对方的防守部署或使对方压缩防区,创造外围中、远距离投篮的机会,也可传给切入篮下的同伴得分。	三 教法与程序 1 教师示范 2 讲解要求 3 学生练习 4 教师纠正错误 5 巩固练习 6 小结	三 队形与要求	三 目的 掌握突分配合

(续表)

结构	课的内容及时间	教学方法与程序	教学组织	教学目的
基本部分	四 教学比赛(约20min) 1 外线进攻与防守的基本姿势 2 外线进攻和防守的手段 3 内线的进攻与防守 4 防守与进攻队员抢篮板球	四 教法与程序 1 教师示范 2 讲解要求 3 学生练习 4 教师纠正错误 5 巩固练习 6 小结	四 队形与要求	四 目的 巩固技术，提高战术配合能力
	五 素质(约15min) 耐力练习	五 教法与程序 1 教师示范 2 讲解要求 3 学生练习 4 教师纠正错误 5 巩固练习 6 小结	五 队形与要求	五 目的 提高耐力素质
结束部分	一 放松练习(约5min) 1 深呼吸 2 伸展上肢肌肉练习 3 体前屈转体运动 4 大腿后肌群伸展 5 拉伸腹股沟韧带	一 教法与程序 1 教师示范 2 讲解要求 3 学生练习6—8次 4 教师纠正错误 5 小结 接左栏 7 伸展小腿后肌群 8 踢腿运动	一 队形与要求 要求：充分伸展、放松肌肉。	一 目的 促进恢复

(续表)

结构	课的内容及时间	教学方法与程序	教学组织	教学目的
结束部分	6 伸展股四头肌 见右栏 二 课堂常规(约2min)	二 教法与程序 1 小结本课 2 布置课外作业 3 归还器材 4 师生再见	二 队形与要求 要求：集合迅速，认真听讲 课后练习今天学习的内容	二 目的 回忆巩固所学知识
课后小结				

上海大学体育学院教案

（第5次课）

第二学年　秋季学期　篮球课程　90min

教学内容	1. 复习传接球 2. 学习运球（后转身运球） 3. 学习策应配合 4. 素质（柔韧练习）			
教学目标	1. 掌握传接球动作和技术要领 2. 初步掌握后转身变向运球动作和技术要领 3. 初步掌握策应配合方法和技术要领 4. 提高学生的柔韧素质			
教学重点	1. 纠正错误动作和巩固练习 2. 正确示范后转身变向运球动作和精讲技术要领 3. 正确示范策应配合动作和精讲战术要领 4. 正确示范柔韧性和精讲技术要领		教学难点	1. 掌握传接球的技术要领 2. 掌握后转身变向运球的技术要领 3. 掌握策应配合的要领 4. 掌握柔韧性动作的技术要领
场地	1. 篮球场2块 2. 学生每人1个球		课型	1. 新授课 2. 综合课

结构	课的内容及时间	教学方法与程序	教学组织	教学目的
准备部分	一 课堂常规（约2min）	一 教法与程序 1 值日生整队，报告出勤人数 2 师生互相问好，登记考勤 3 提出篮球实践课学习要求 4 宣布本次课的内容和任务 5 安排见习生	一 队形与要求 要求：整队快、静、齐	一 目的 明确要求和学习目标
	二 原地徒手操（约8min） 1 头部运动 2 上肢运动 3 扩胸运动 4 体侧体转运动 5 腹背运动 6 踢腿运动 7 全身运动 8 挺身跳	二 教法与程序 1 教师示范 2 讲解要求 3 学生练习4*8拍 4 教师纠正错误 5 小结	二 队形与要求	二 目的 活动关节以热身
	三 游戏（约8min）	三 教法与程序	三 队形与要求	三 目的

(续表)

结构	课的内容及时间	教学方法与程序	教学组织	教学目的
准备部分	1 名称:胯下抛球赛跑 2 做法:两路纵队,后面同学两手搭在前面同学肩上,两脚开立大于肩宽,后面同学持球,跑向排头,从胯下抛球,后站在排头,排尾同学接球,跑向排头,依次进行。	1 教师示范做法 2 教师讲解规则和要求 3 学生完成游戏4次 4 执行游戏规则 5 小结	要求:要求按规定路线跑,速度慢的纵队做10个俯卧撑。	提高快速奔跑能力
基本部分	一 复习传接球(约10min) 1 双手胸前传球 动作方法: 双手持球于胸腹之间,两肘自然弯曲于体侧,身体成基本站立姿势,眼平视传球目标。传球时后脚蹬地发力,身体重心前移,两臂前伸,两手腕随之旋内,拇指用力下压,食、中指用力拨球并将球传出,球出手后,两手向下略向外翻。 动作要点:持球动作正确。用力协调连贯,食、中指拨球。 2 双手胸前接球 动作方法:两眼注视来球,两臂迎球伸出,双手五指自然张开,两拇指相对成八字形,其余手指向前伸出,两手成半圆形。当手指触球时,双手将球握住,两臂顺势屈肘后引缓冲来球的	一 教法与程序 1 教师示范 2 讲解要求 3 学生练习 4 教师纠正错误 5 巩固练习 6 小结 接左栏 3 学习行进间双手传接球 要点:常用右(左)脚落地接球,左(右)脚上步,右(左)脚抬起(未落地)前球出手。当双手触球时,顺势收臂后引,迅速伸臂、翻腕,最后拨指出球。	一 队形与要求 练习要求: 1 持球及接球的手法要正确 2 注意传球时肘关节不要外展 3 传、接球动作基本正确。	一 目的 提高移动传接球能力

(续表)

结构	课的内容及时间	教学方法与程序	教学组织	教学目的
基本部分	力量,两手持球于胸腹之间,成基本站立姿势。动作要点:伸臂迎球,收臂后引缓冲,握球于胸腹之间,动作连贯一致。易犯错误:持球动作不正确;肘关节外展;身体配合不协调。接球时:两手未成半圆形。见右栏 二 学习运球技术(约15min) 1 行进间高低运球 2 急起急停运球 3 体前变向换手运球 4 体前变向不换手运球 5 胯下运球 6 背后运球 7 后转身运球 要点:运球转身时,使上臂紧贴躯干来减小球的转动半径,同时运球臂提拉的动作和脚的蹬地、跨步、转身动作紧密结合。转身时要加力运球,以加大球的反作用力。 易犯错误:1)拉球转身时,球远离身体,脱手失控,球触身体,走步违例,前臂夹球。2)转身与拉球动作不协调,身体后倒,失去重心。	二 教法与程序 1 教师示范 2 讲解要求 3 学生练习 4 教师纠正错误 5 巩固练习 6 小结	二 队形与要求 指跟以上触球,屈腕拍球,眼睛离开球 要求:转身和拉球相结合。 纠正方法:1)原地两侧提拉球的练习,要求用单手将球从身体的一侧拉至到身体的另一侧。2)原地运球后转身不换手的练习,要求转身与拉球动作同步。3)由慢到快练习全场后转身变向换手运球的完整动作。	二 目的 巩固技术,提高运球能力
	三 学习策应配合(约10min) 进攻者背对球篮或侧对球篮接球,作为枢纽与同伴之间进行空切、绕切配合的战术。在比赛	三 教法与程序 1 教师示范 2 讲解要求 3 学生练习 4 教师纠正错误 5 巩固练习	三 队形与要求	三 目的 掌握策应配合方法

(续表)

结构	课的内容及时间	教学方法与程序	教学组织	教学目的
基本部分	中可用于对付全场紧逼人盯人防守、半场人盯人防守或区域联防。当突破对方防守时应与传切、掩护等战术配合使用。 四 教学比赛(约20min) 1 外线进攻与防守的基本姿势 2 外线进攻和防守的手段 3 内线的进攻与防守 4 防守与进攻队员抢篮板球 五 素质(约10min) 柔韧素质练习	6 小结 四 教法与程序 1 教师示范 2 讲解要求 3 学生练习 4 教师纠正错误 5 巩固练习 6 小结 五 教法与程序 1 教师示范 2 讲解要求 3 学生练习 4 教师纠正错误 5 巩固练习 6 小结	 四 队形与要求 五 队形与要求	 四 目的 巩固技术,提高战术配合能力 五 目的 提高柔韧素质

(续表)

结构	课的内容及时间	教学方法与程序	教学组织	教学目的
结束部分	一 放松练习（约5min） 1 深呼吸 2 伸展上肢肌肉练习 3 体前屈转体运动 4 大腿后肌群伸展 5 拉伸腹股沟韧带 6 伸展股四头肌 见右栏 二 课堂常规（约2min）	一 教法与程序 1 教师示范 2 讲解要求 3 学生练习6—8次 4 教师纠正错误 5 小结 接左栏 7 伸展小腿后肌群 8 踢腿运动 二 教法与程序 1 小结本课 2 布置课外作业 3 归还器材 4 师生再见	一 队形与要求 要求：充分伸展、放松肌肉。 二 队形与要求 要求：集合迅速，认真听讲 课后练习今天学习的内容	一 目的 促进恢复 二 目的 回忆巩固所学知识
课后小结	情境兴趣量表 (1) 课前打印好量表。 (2) 测量地点在篮球馆。 (3) 测量时间在第5次课结束前5min。 (4) 收集数据时，大声地朗读各项条目，并给学生足够的时间来回答(15—30sec)，在朗读下一个条目前，应确认全部的学生已经完成了上一条目的选择。 (5) 每次测试时，向学生解释无论怎样回答都没有错误、正确之分，让独立诚实地回答每一个问题，并向学生解释回答不会影响体育课的成绩。			

附录6 篮球教案（对照组）

上海大学体育学院教案
（第6次课）

第二学年　秋季学期　篮球课程　90min

教学内容	1. 复习运球（后转身运球） 2. 学习运球上篮 3. 介绍挤过、穿过和绕过配合 4. 素质（灵敏素质练习）			
教学目标	1. 掌握后转身变向运球动作和技术要领 2. 初步掌握运球上篮动作和技术要领 3. 了解挤过、穿过和绕过配合方法和技术要领 4. 提高学生的灵敏素质			
教学重点	1. 纠正错误动作和巩固练习 2. 正确示范运球上篮动作和精讲技术要领 3. 正确示范挤过、穿过和绕过配合动作和精讲战术要领 4. 正确示范灵敏性动作和精讲技术要领		教学难点	1. 熟练后转身变向运球 2. 掌握运球上篮的技术要领 3. 掌握挤过、穿过和绕过配合的要领 4. 掌握灵敏性动作的技术要领
场地	1. 篮球场2块 2. 学生每人1个球。		课型	1. 新授课 2. 综合课

结构	课的内容及时间	教学方法与程序	教学组织	教学目的
准备部分	一 课堂常规（约2min）	一 教法与程序 1 值日生整队，报告出勤人数 2 师生互相问好，登记考勤 3 提出篮球实践课学习要求 4 宣布本次课的内容和任务 5 安排见习生	一 队形与要求 要求：整队快、静、齐	一 目的 明确要求和学习目标
	二 原地徒手操（约8min） 1 头部运动 2 上肢运动 3 扩胸运动 4 体侧体转运动 5 腹背运动 6 踢腿运动 7 全身运动 8 挺身跳	二 教法与程序 1 教师示范 2 讲解要求 3 学生练习4*8拍 4 教师纠正错误 5 小结	二 队形与要求	二 目的 活动关节以热身

(续表)

结构	课的内容及时间	教学方法与程序	教学组织	教学目的
准备部分	三 专项练习(约8min) 1 名称:跳起空中传接球打板比赛	三 教法与程序 1 教师示范做法 2 教师讲解规则和要求 3 学生完成游戏2次 4 执行游戏规则 5 小结	三 队形与要求 要求:跳起空中接球打板,失误多的纵队做10个俯卧撑。	三 目的 提高空中控球能力
基本部分	一 复习运球(约10min) 1 行进间高低运球 2 急起急停运球 3 体前变向换手运球 4 体前变向不换手运球 5 胯下运球 6 背后运球 7 后转身运球 要点:运球转身时,使上臂紧贴躯干来减小球的转动半径,同时运球臂提拉的动作和脚的蹬地、跨步、转身动作紧密结合。转身时要加力运球,以加大球的反作用力。 易犯错误:1)拉球转身时,球远离身体,脱手失控,球触身体,走步违例,前臂夹球。2)转身与拉球动作不协调,身体后倒,失去重心。	一 教法与程序 1 教师示范 2 讲解要求 3 学生练习 4 教师纠正错误 5 巩固练习 6 小结	一 队形与要求 指跟以上触球,屈腕拍球,眼睛离开球 要求:转身和拉球相结合。 纠正方法:1)原地两侧提拉球的练习,要求用单手将球从身体的一侧拉至到身体的另一侧。2)原地运球后转身不换手的练习,要求转身与拉球动作同步。3)由慢到快练习全场后转身变向换手运球的完整动作。	一 目的 巩固技术,提高运球能力
	二 学习运球上篮(约10min) 1 行进间单手高手投篮	二 教法与程序 1 教师示范 2 讲解要求 3 学生练习 4 教师纠正错误 5 巩固练习 6 小结	二 队形与要求	二 目的 巩固技术

(续表)

结构	课的内容及时间	教学方法与程序	教学组织	教学目的
基本部分	动作要点：一大二小三高跳 三 介绍挤过、穿过和绕过配合 （约15min） （1）挤过配合：进攻者⑤传球给⑥后，移动去为无球者⑦做掩护，防守队员⑦主动挤到⑤之前继续防守进攻队员⑦。 （2）穿过配合：⑥传球给⑦后去给⑤做掩护，防守队员⑤当⑥掩护到位的一刹那主动后撤一步，从防守队员⑥和进攻队员⑥中间穿过，继续防守⑤。 （3）绕过配合：⑦传球给⑥后，移动去为⑥做侧掩护，⑥传球给⑤后利用⑦的掩护向篮下切	三 教法与程序 1 教师示范 2 讲解要求 3 学生练习 4 教师纠正错误 5 巩固练习 6 小结	要求：指根以上控球，眼睛注视擦板点，屈腕，拨球。 三 队形与要求	三 目的 掌握挤过、穿过和绕过配合的方法

(续表)

结构	课的内容及时间	教学方法与程序	教学组织	教学目的
基本部分	入，防守队员⑥后撤一步从防守队员⑦和进攻队员⑦后面绕过。 四 教学比赛(约20min) 1 外线进攻与防守的基本姿势 2 外线进攻和防守的手段 3 内线的进攻与防守 4 防守与进攻队员抢篮板球 五 素质(约10min) 灵敏素质练习	四 教法与程序 1 教师示范 2 讲解要求 3 学生练习 4 教师纠正错误 5 巩固练习 6 小结 五 教法与程序 1 教师示范 2 讲解要求 3 学生练习 4 教师纠正错误 5 巩固练习 6 小结	四 队形与要求 五 队形与要求	四 目的 巩固技术，提高战术配合能力 五 目的 提高灵敏素质
结束部分	一 放松练习(约5min) 1 深呼吸 2 伸展上肢肌肉练习 3 体前屈转体运动 4 大腿后肌群伸展 5 拉伸腹股沟韧带	一 教法与程序 1 教师示范 2 讲解要求 3 学生练习6—8次 4 教师纠正错误 5 小结 接左栏 7 伸展小腿后肌群 8 踢腿运动	一 队形与要求 要求：充分伸展、放松肌肉。	一 目的 促进恢复

(续表)

结构	课的内容及时间	教学方法与程序	教学组织	教学目的
结束部分	6 伸展股四头肌 见右栏 二 课堂常规(约2min)	二 教法与程序 1 小结本课 2 布置课外作业 3 归还器材 4 师生再见	二 队形与要求 要求:集合迅速,认真听讲 课后练习今天学习的内容	二 目的 回忆巩固所学知识
课后小结				

上海大学体育学院教案
（第 7 次课）

第二学年　秋季学期　篮球课程　90min

教学内容	1. 复习半场运球上篮 2. 学习跳起单手肩上投篮 3. 介绍夹击和关门配合 4. 素质（立定跳远练习）			
教学目标	1. 掌握运球上篮动作和技术要领 2. 初步掌握跳起单手肩上投篮动作和技术要领 3. 了解夹击和关门配合方法和技术要领 4. 提高学生的下肢力量素质			
教学重点	1. 纠正错误动作和巩固练习 2. 正确示范跳起单手肩上投篮动作和精讲技术要领 3. 正确示范夹击和关门配合动作和精讲战术要领 4. 纠正立定跳远动作的错误细节和巩固练习		教学难点	1. 掌握运球上篮的技术要领和提高命中率 2. 掌握跳起单手肩上投篮的技术要领 3. 掌握夹击和关门配合的要领 4. 掌握立定跳远动作的技术要领
场地	1. 篮球场 2 块 2. 学生每人 1 个球		课型	1. 新授课 2. 综合课

结构	课的内容及时间	教学方法与程序	教学组织	教学目的
准备部分	一 课堂常规(约2min)	一 教法与程序 1 值日生整队，报告出勤人数 2 师生互相问好，登记考勤 3 提出篮球实践课学习要求 4 宣布本次课的内容和任务 5 安排见习生	一 队形与要求 要求：整队快、静、齐	一 目的 明确要求和学习目标
	二 原地徒手操(约8min) 1 头部运动 2 上肢运动 3 扩胸运动 4 体侧体转运动 5 腹背运动	二 教法与程序 1 教师示范 2 讲解要求 3 学生练习 4＊8 拍 4 教师纠正错误 5 小结	二 队形与要求	二 目的 活动关节以热身

(续表)

结构	课的内容及时间	教学方法与程序	教学组织	教学目的
准备部分	6 踢腿运动 7 全身运动 8 挺身跳 三 专项练习(约8min) 1 名称:跳起空中传接球打板比赛	三 教法与程序 1 教师示范做法 2 教师讲解规则和要求 3 学生完成游戏2次 4 执行游戏规则 5 小结	三 队形与要求 要求:跳起空中接球打板,失误的纵队做10个俯卧撑。	三 目的 提高空中控球能力
基本部分	一 复习半场运球上篮(约10min) 1 行进间单手高手投篮 动作要点:一大二小三高跳	一 教法与程序 1 教师示范 2 讲解要求 3 学生练习 4 教师纠正错误 5 巩固练习 6 小结	一 队形与要求 要求:指根以上控球,眼睛注视擦板点,屈腕,拨球。	一 目的 巩固技术
	二 学习投篮(约15min) 1 原地 动作要点:上下肢协调用力,抬肘伸臂充分,手腕前屈,中、食指柔和将	二 教法与程序 1 教师示范 2 讲解要求 3 学生练习 4 教师纠正错误 5 巩固练习 6 小结	二 队形与要求 易犯错误与纠正方法 1 易犯错误:跳起投篮时身体前冲,出手时间或早或晚,上下肢配合不协调。 2 纠正方法:多做徒手练习,体会协调用力。	二 目的 掌握技术

(续表)

结构	课的内容及时间	教学方法与程序	教学组织	教学目的
基本部分	球拨出,大拇指与小拇指控制方向。 2 跳投 动作方法: 以右手投篮为例。两手持球于胸前,两脚左右或前后开立。两膝微屈,重心落在两脚之间。起跳时,迅速屈膝,脚掌用力蹬地向上起跳,同时双手举球到右肩上方,右手持球,左手扶球的左侧方,当身体接近最高点时,左手离球,右臂向前上方伸展,手腕前屈,食、中指拨球,通过指端将球投出。落地时屈膝缓冲。 三 介绍夹击和关门配合(约10min) 1 夹击配合 2 关门配合	动作要点: 起跳垂直向上,起跳与举球、出手动作应协调一致,在接近最高点时出手。 三 教法与程序 1 教师示范 2 讲解要求 3 学生练习 4 教师纠正错误 5 巩固练习 6 小结	 三 队形与要求	 三 目的掌握夹击和关门配合的方法

(续表)

结构	课的内容及时间	教学方法与程序	教学组织	教学目的
基本部分	四 教学比赛(约20min) 1 外线进攻与防守的基本姿势 2 外线进攻和防守的手段 3 内线的进攻与防守 4 防守与进攻队员抢篮板球	四 教法与程序 1 教师示范 2 讲解要求 3 学生练习 4 教师纠正错误 5 巩固练习 6 小结	四 队形与要求	四 目的 巩固技术,提高战术配合能力
	五 素质(约10min) 立定跳远练习	五 教法与程序 1 教师示范 2 讲解要求 3 学生练习 4 教师纠正错误 5 巩固练习 6 小结	五 队形与要求	五 目的 提高下肢力量
结束部分	一 放松练习(约5min) 1 深呼吸 2 伸展上肢肌肉练习 3 体前屈转体运动 4 大腿后肌群伸展 5 拉伸腹股沟韧带	一 教法与程序 1 教师示范 2 讲解要求 3 学生练习6—8次 4 教师纠正错误 5 小结 接左栏 7 伸展小腿后肌群 8 踢腿运动	一 队形与要求 要求:充分伸展、放松肌肉。	一 目的 促进恢复

(续表)

结构	课的内容及时间	教学方法与程序	教学组织	教学目的
结束部分	6 伸展股四头肌 见右栏 二 课堂常规(约2min)	二 教法与程序 1 小结本课 2 布置课外作业 3 归还器材 4 师生再见	二 队形与要求 要求:集合迅速,认真听讲 课后练习今天学习的内容	二 目的 回忆巩固所学知识
课后小结				

上海大学体育学院教案
（第 8 次课）

第二学年　秋季学期　篮球课程　90min

教学内容	1. 复习半场运球上篮 2. 复习跳起单手肩上投篮 3. 介绍补防和换防配合 4. 素质练习（立定跳远）		
教学目标	1. 掌握运球上篮动作和技术要领 2. 掌握跳起单手肩上投篮动作和技术要领 3. 了解补防和换防配合方法和技术要领 4. 提高学生的下肢力量素质		
教学重点	1. 正确示范运球上篮的变式和精讲技术要领 2. 纠正跳起单手肩上投篮错误动作和巩固练习 3. 正确示范补防和换防配合动作和精讲战术要领 4. 加强理论指导和巩固练习	教学难点	1. 熟练运球上篮 2. 掌握跳起单手肩上投篮的技术要领 3. 掌握补防和换防配合的要领 4. 提高立定跳远成绩
场地	1. 篮球场 2 块 2. 学生每人 1 个球	课型	1. 新授课 2. 综合课

结构	课的内容及时间	教学方法与程序	教学组织	教学目的
准备部分	一 课堂常规（约 2min）	一 教法与程序 1 值日生整队，报告出勤人数 2 师生互相问好，登记考勤 3 提出篮球实践课学习要求 4 宣布本次课的内容和任务 5 安排见习生	一 队形与要求 要求：整队快、静、齐	一 目的 明确要求和学习目标
	二 原地徒手操（约 8min） 1 头部运动 2 上肢运动 3 扩胸运动 4 体侧体转运动 5 腹背运动 6 踢腿运动 7 全身运动 8 挺身跳	二 教法与程序 1 教师示范 2 讲解要求 3 学生练习 4 * 8 拍 4 教师纠正错误 5 小结	二 队形与要求	二 目的 活动关节以热身

(续表)

结构	课的内容及时间	教学方法与程序	教学组织	教学目的
准备部分	三 专项练习(约8min) 1 名称:传接球结合投篮练习	三 教法与程序 1 教师示范 2 讲解要求 3 学生练习 4 教师纠正错误 5 小结	三 队形与要求 要求:	三 目的 提高传接球和上篮能力
基本部分	一 复习半场运球上篮(约10min) 1 行进间单手高手投篮 动作要点:一大二小三高跳	一 教法与程序 1 教师示范 2 讲解要求 3 学生练习 4 教师纠正错误 5 巩固练习 6 小结	一 队形与要求 要求:不走步,指根以上控球,眼睛注视擦板点,屈腕,拨球。 要求:两次上篮必须进球,不进需要补进。	一 目的 巩固技术
基本部分	二 复习投篮(约10min) 1 原地 动作要点:上下肢协调用力,抬肘伸臂充分,手腕前屈,中、食指柔和将球拨出,大拇指与小拇	二 教法与程序 1 教师示范 2 讲解要求 3 学生练习 4 教师纠正错误 5 巩固练习 6 小结 动作要点: 起跳垂直向上,起跳与举球、出手动作应协调一致,在接近最高点时出手。	二 队形与要求 易犯错误与纠正方法 1 易犯错误:跳起投篮时身体前冲,出手时间或早或晚,上下肢配合不协调。 2 纠正方法:多做徒手练习,体会协调用力。	二 目的 巩固技术

(续表)

结构	课的内容及时间	教学方法与程序	教学组织	教学目的
基本部分	指控制方向。 2 跳投 动作方法： 以右手投篮为例。两手持球于胸前，两脚左右或前后开立。两膝微屈，重心落在两脚之间。起跳时，迅速屈膝，脚掌用力蹬地向上起跳，同时双手举球到右肩上方，右手持球，左手扶球的左侧方，当身体接近最高点时，左手离球，右臂向前上方伸展，手腕前屈，食、中指拨球，通过指端将球投出。落地时屈膝缓冲。 三 介绍补防和换防配合 （约10min） 1 补防配合 2 换防配合	三 教法与程序 1 教师示范 2 讲解要求 3 学生练习 4 教师纠正错误 5 巩固练习 6 小结	三 队形与要求	三 目的 掌握战术配合方法

(续表)

结构	课的内容及时间	教学方法与程序	教学组织	教学目的
基本部分	四 教学比赛(约15min) 1 外线进攻与防守的基本姿势 2 外线进攻和防守的手段 3 内线的进攻与防守 4 防守与进攻队员抢篮板球	四 教法与程序 1 教师示范 2 讲解要求 3 学生练习 4 教师纠正错误 5 巩固练习 6 小结	四 队形与要求	四 目的 巩固技术，提高战术配合能力
	五 素质(约20min) 立定跳远考试	五 教法与程序 1 讲解要求 2 测试 3 小结	五 队形与要求	五 目的 提高下肢力量
结束部分	一 放松练习(约5min) 1 深呼吸 2 伸展上肢肌肉练习 3 体前屈转体运动 4 大腿后肌群伸展 5 拉伸腹股沟韧带 6 伸展股四头肌 见右栏	一 教法与程序 1 教师示范 2 讲解要求 3 学生练习6—8次 4 教师纠正错误 5 小结 接左栏 7 伸展小腿后肌群 8 踢腿运动	一 队形与要求 要求：充分伸展、放松肌肉。	一 目的 促进恢复
	二 课堂常规(约2min)	二 教法与程序 1 小结本课 2 布置课外作业 3 归还器材 4 师生再见	二 队形与要求	二 目的 回忆巩固所学知识

(续表)

结构	课的内容及时间	教学方法与程序	教学组织	教学目的
结束部分			要求:集合迅速,认真听讲 课后练习今天学习的内容	
课后小结				

上海大学体育学院教案

（第9次课）

第二学年　秋季学期　篮球课程　90min

教学内容	1. 自选项目考试:(1)原地单手肩上投篮;(2)半场运球上篮。 2. 必考项目考试:全场教学比赛 3. 实践课总结		
教学目标	1. 了解学生的技术水平 2. 了解学生的战术水平 3. 以考促进提高		
教学重点	1. 端正学生考试态度,提高技术水平 2. 端正学生考试态度,提高战术水平 3. 对技战术存在问题进行总结	教学难点	对学生进行思想教育,端正考试态度
场地	1. 篮球场2块 2. 学生每人1个球	课型	1. 测试课

结构	课的内容及时间	教学方法与程序	教学组织	教学目的
准备部分	一 课堂常规(约2min)	一 教法与程序 1 值日生整队,报告出勤人数 2 师生互相问好,登记考勤 3 提出篮球实践课学习要求 4 宣布本次课的内容和任务 5 安排见习生	一 队形与要求 要求:整队快、静、齐	一 目的 明确要求和学习目标
	二 原地徒手操(约8min) 1 头部运动 2 上肢运动 3 扩胸运动 4 体侧体转运动 5 腹背运动 6 踢腿运动 7 全身运动 8 挺身跳	二 教法与程序 1 教师示范 2 讲解要求 3 学生练习4＊8拍 4 教师纠正错误 5 小结	二 队形与要求	二 目的 活动关节以热身
	三 专项练习(约8min) 1 传接球结合投篮练习	三 教法与程序 1 教师示范 2 讲解要求 3 学生练习4—5次	三 队形与要求	三 目的 提高传接球、投篮和弹跳能力

(续表)

结构	课的内容及时间	教学方法与程序	教学组织	教学目的
准备部分	2 罚球区两翼跳投练习	4 教师纠正错误 5 小结 3 跳起空中传接球打板练习	要求：练习认真，指根以上控球。	
基本部分	一 自选考试项目考试（约45min） 1.单手肩上投篮 （1）方法：在罚球线投篮10次，计进球个数 （2）要求：不得踩线 （3）考核标准 2 半场运球上篮 （1）方法：从中线与边线的交接点出发运球上篮，抢得篮板球后，运至另侧中线与边线的交接点绕障碍物，返回运球上篮，并再次抢到篮板球，运回至起点。 （2）要求：两次上篮必须进球，不进需要补进。 （3）考核标准 二 必考项目考试（约20min） （1）方法：按照点名册顺序，5人一组，将全班分为若干组，两组之间进行全场对抗赛，参赛队员按照点名册顺序佩	一 教法与程序 1 教师示范 2 讲解要求 3 测试 4 小结 二 教法与程序 1 教师示范 2 讲解要求 3 学生比赛 4 教师纠正错误 5 小结	一 队形与要求 二 队形与要求 要求：	一 目的 提高技术 二 目的 巩固技术，提高战术配合能力

(续表)

结构	课的内容及时间	教学方法与程序	教学组织	教学目的
基本部分	戴号码簿或穿号码比赛服,以便教师确认,人数不足5人队,自行组队与任意一队比赛。 (2) 要求动作规范,运用合理,比赛积极主动,不准有恶意危险动作。 (3) 考核标准与分值 三 实践课总结(约5min) 1 技术 2 战术 3 素质	三 教法与程序 1 讲解 2 示范 3 小结	三 队形与要求	三 目的 回顾巩固所学知识
结束部分	一 放松练习(约5min) 1 深呼吸 2 伸展上肢肌肉练习 3 体前屈转体运动 4 大腿后肌群伸展 5 拉伸腹股沟韧带 6 伸展股四头肌 见右栏 二 课堂常规(约2min)	一 教法与程序 1 教师示范 2 讲解要求 3 学生练习6—8次 4 教师纠正错误 5 小结 接左栏 7 伸展小腿后肌群 8 踢腿运动 二 教法与程序 1 小结本课 2 布置课外作业 3 归还器材	一 队形与要求 要求:充分伸展、放松肌肉。 二 队形与要求	一 目的 促进恢复 二 目的 回忆巩固所学知识

(续表)

结构	课的内容及时间	教学方法与程序	教学组织	教学目的
结束部分		4 师生再见	要求：集合迅速，认真听讲 课后练习今天学习的内容	
课后小结				

上海大学体育学院教案
（第10次课）

第二学年　秋季学期　篮球课程　90min

测试内容	1. 体育知识和体能测试 2. 填写期望价值和锻炼态度量表 3. 填写三天课外体育活动问卷		
测试目标	1. 了解学生的体育知识和体能水平 2. 了解学生的体育意识水平 3. 了解学生的体育行为		
测试重点	1. 测试前的准备工作 2. 按测试的要求填写量表 3. 按测试要求填写和回收问卷	测试难点	1. 端正学生考试态度，提高积极性 2. 让学生认真回答，提高准确性 3. 让学生如实回答，提高可靠性
场地	1. 篮球场地 2 块 2. 每人 1 个篮球	课型	1. 测试课

结构	课的内容及时间	教学方法与程序	教学组织	教学目的
准备部分	一 课堂常规（约5min）	一 教法与程序 1 值日生整队，报告出勤人数 2 师生互相问好，登记考勤 3 提出篮球实践课学习要求 4 宣布本学期考核项目 5 宣布本次课的内容和任务 6 安排见习生	一 队形与要求 要求：整队快、静、齐	一 目的 明确要求和学习目标。
	二 球感练习（约5min） 1 球绕全身练习 2 胯下双手交替绕球练习	二 教法与程序 1 教师示范 2 讲解要求 3 学生练习 6—8 次 4 教师纠正错误 5 小结 接左栏 4 原地体前后交替运球练习	二 队形与要求 要求：眼睛离开球，指根以上控球。	二 目的 熟悉球性，提高控球能力。

(续表)

结构	课的内容及时间	教学方法与程序	教学组织	教学目的
准备部分	3 胯下双手交替接球练习 见右栏 三 球操(约8min) 1 头部运动 2 头上运动 3 上肢运动 4 体侧运动 见右栏	5 胯下双手击地传接球练习 三 教法与程序 1 教师示范 2 讲解要求 3 学生练习6—8次 4 教师纠正错误 5 小结 接左栏 5 体转运动 6 腰部运动 7 腹背运动 见右栏	三 队形与要求 要求： 充分活动关节，指根以上控球。 接左栏 8 踢腿运动 9 全身运动 10 跳跃运动	三 目的 活动关节以热身，提高控球能力。

(续表)

结构	课的内容及时间	教学方法与程序	教学组织	教学目的
基本部分	一 体育知识、技能和体能测试 （约20min） 1 填写体育知识试题 2 技能测试 A 单手肩上投篮 （1）方法：在罚球线投篮10次，计进球个数 （2）要求：不得踩线 （3）考核标准 B 半场运球上篮 （1）方法：从中线与边线的交接点出发运球上篮，抢得篮板球后，运至另侧中线与边线的交接点绕障碍物，返回运球上篮，并再次抢到篮板球，运回至起点。 （2）要求：两次上篮必须进球，不进需要补进。 （3）考核标准	一 教法与程序 1 体育知识测试 （1）教师示范 （2）讲解要求 （3）学生填写 （4）小结 2 技能测试 A 单手肩上投篮 （1）教师示范 （2）讲解要求 （3）测试 （4）小结 B 半场运球上篮 （1）教师示范 （2）讲解要求 （3）测试 （4）小结	一 队形与要求 1 体育知识测试 （1）课前打印好试题，并按班级进行包装。 （2）测试时间在第一次课。 （3）测试要求学生独立完成。 2 技能测试 A 单手肩上投篮 （1）课前要准备好记录表和测试工具。 （2）课前准备好场地器材。 （3）测试按照篮球技能考核的要求进行。 B 半场运球上篮 （1）课前要准备好记录表和测试工具。 （2）课前准备好场地器材。 （3）测试按照篮球技能考核的要求进行。	一 目的 1 知识测试 了解学生知识掌握情况 2 技能测试 A 单手肩上投篮 了解学生技能掌握情况 B 半场运球上篮 了解学生技能掌握情况

(续表)

结构	课的内容及时间	教学方法与程序	教学组织	教学目的
基本部分	C 教学比赛 (1) 方法:按照点名册顺序,5 人一组,将全班分为若干组,两组之间进行全场对抗赛,参赛队员按照点名册顺序佩戴号码簿或穿号码比赛服,以便教师确认,人数不足 5 人队,自行组队与任意一队比赛。 (2) 要求动作规范,运用合理,比赛积极主动,不准有恶意危险动作。 (3) 考核标准与分值	C 教学比赛 (1) 教师示范 (2) 讲解要求 (3) 测试 (4) 小结	C 教学比赛 (1) 课前要准备好记录表和测试工具。 (2) 课前准备好场地器材。 (3) 测试按照篮球技能考核的要求进行。	C 教学比赛 了解学生技能掌握情况
	3 体能 立定跳远	3 体能测试 (1) 教师示范 (2) 讲解要求 (3) 测试 (4) 小结	3 体能测试 （队形图） (1) 课前要准备好记录表和测试工具。 (2) 课前准备好场地器材。 (3) 测试按照体质测试的要求进行。	3 体能测试 了解学生的体能水平
	二 填写期望价值和锻炼态度量表(约 10min) 1 填写期望价值量表	二 教法与程序 1 填写期望价值量表 (1) 教师示范 (2) 讲解要求 (3) 学生填写 (4) 小结	二 队形与要求 1 填写期望价值量表 （队形图） (1) 课前打印好量表。 (2) 收集数据时,大声地朗读各项条目,并给学生足够的时间来回答(15—30sec),在朗读下一个条目前,确认全部的学生都已经完成了上一条目的选择。 (3) 每次测试时,向学生解释无论怎样回答都没有错误、正确之分,让独立诚实地回答每一个问题,并向学生解释回答不会影响体	二 目的 1 填写期望价值量表 了解学生的体育意识水平

(续表)

结构	课的内容及时间	教学方法与程序	教学组织	教学目的
基本部分	2 填写锻炼态度量表	2 填写锻炼态度量表 (1) 教师示范 (2) 讲解要求 (3) 学生填写 (4) 小结	育课的成绩。 2 填写锻炼态度量表 (1) 课前打印好量表。 (2) 收集数据时，大声地朗读各项条目，并给学生足够的时间来回答（15—30sec），在朗读下一个条目前，确认全部的学生都已经完成了上一条目的选择。 (3) 每次测试时，向学生解释无论怎样回答都没有错误、正确之分，让独立诚实地回答每一个问题，并向学生解释回答不会影响体育课的成绩。	2 填写锻炼态度量表 了解学生的体育意识水平
	三 填写三天课外体育活动问卷 (约20min) 1 周五课外体育活动问卷	三 教法与程序 1 周五课外体育活动问卷 (1) 教师示范 (2) 讲解要求 (3) 学生填写 (4) 小结	三 队形与要求 1 周五课外体育活动问卷 (1) 课前打印好调查表。 (2) 填写地点在篮球馆，也可以让学生将《课外体育活动调查表》带回去填写。 (3) 要求学生第二次课交上调查表，学生经常会忘记交回调查表，可以通过短信提醒。 (4) 填写时可以让同学或家人帮助回忆自己的活动情况，以真实地回答每一个问题。 (5) 要解释回答不会影响体育课的成绩。	三 目的 1 周五课外体育活动问卷 了解学生的体育行为

(续表)

结构	课的内容及时间	教学方法与程序	教学组织	教学目的
基本部分	2周六课外体育活动问卷	2周六课外体育活动问卷 (1) 教师示范 (2) 讲解要求 (3) 学生填写 (4) 小结	2周六课外体育活动问卷 (1) 课前打印好调查表。 (2) 填写地点在篮球馆,也可以让学生将《课外体育活动调查表》带回去填写。 (3) 要求学生第二次课交上调查表,学生经常会忘记交回调查表,可以通过短信提醒。 (4) 填写时可以让同学或家人帮助回忆自己的活动情况,以真实地回答每一个问题。 (5) 要解释回答不会影响体育课的成绩。	2周六课外体育活动问卷 了解学生的体育行为
	3周日课外体育活动问卷	3周日课外体育活动问卷 (1) 教师示范 (2) 讲解要求 (3) 学生填写 (4) 小结	3周日课外体育活动问卷 (1) 课前打印好调查表。 (2) 填写地点在篮球馆,也可以让学生将《课外体育活动调查表》带回去填写。 (3) 要求学生第二次课交上调查表,学生经常会忘记交回调查表,可以通过短信提醒。 (4) 填写时可以让同学或家人帮助回忆自己的活动情况,以真实地回答每一个问题。 (5) 要解释回答不会影响体育课的成绩。	3周日课外体育活动问卷 了解学生的体育行为

(续表)

结构	课的内容及时间	教学方法与程序	教学组织	教学目的
结束部分	一 放松练习（约5min） 1 深呼吸 2 伸展上肢肌肉练习 3 体前屈转体运动 4 大腿后肌群伸展 5 拉伸腹股沟韧带 6 伸展股四头肌 见右栏 二 课堂常规（约2min）	一 教法与程序 1 教师示范 2 讲解要求 3 学生练习6—8次 4 教师纠正错误 5 小结 接左栏 7 伸展小腿后肌群 8 踢腿运动 二 教法与程序 1 小结本课 2 布置课外作业 3 归还器材 4 师生再见	一 队形与要求 要求：充分伸展、放松肌肉。 二 队形与要求 要求：集合迅速	一 目的 促进恢复 二 目的 总结测试情况，促进学生提高认识
课后小结				

上海大学体育学院教案
（第1次课）

第二学年　冬季学期　篮球课程　90min

测试内容	1. 体育知识、技能和体能测试 2. 填写期望价值和锻炼态度量表 3. 填写三天课外体育活动问卷		
测试目标	1. 了解学生的体育知识、技能和体能水平 2. 了解学生的体育意识水平 3. 了解学生的体育行为		
测试重点	1. 测试前的准备工作 2. 按测试的要求填写量表 3. 按测试要求填写和回收问卷	测试难点	1. 端正学生考试态度，提高积极性 2. 让学生认真回答，提高准确性 3. 让学生如实回答，提高可靠性
场地	1. 篮球场地2块 2. 每人1个篮球	课型	1. 测试课

结构	课的内容及时间	教学方法与程序	教学组织	教学目的
准备部分	一　课堂常规(约5min)	一　教法与程序 1 值日生整队，报告出勤人数 2 师生互相问好，登记考勤 3 提出篮球实践课学习要求 4 宣布本学期考核项目 5 宣布本次课的内容和任务 6 安排见习生	一　队形与要求 要求：整队快、静、齐	一　目的 明确要求和学习目标。
	二　球感练习(约5min) 1 球绕全身练习 2 胯下双手交替绕球练习 3 胯下双手交替接球练习	二　教法与程序 1 教师示范 2 讲解要求 3 学生练习6—8次 4 教师纠正错误 5 小结 接左栏 4 原地体前后交替运球练习	二　队形与要求 要求：眼睛离开球，指根以上控球。	二　目的 熟悉球性，提高控球能力。

(续表)

结构	课的内容及时间	教学方法与程序	教学组织	教学目的
准备部分	见右栏 三 球操(约 8min) 1 头部运动 2 头上运动 3 上肢运动 4 体侧运动 见右栏	5 胯下双手击地传接球练习 三 教法与程序 1 教师示范 2 讲解要求 3 学生练习 6—8 次 4 教师纠正错误 5 小结 接左栏 5 体转运动 6 腰部运动 7 腹背运动 见右栏	三 队形与要求 要求： 充分活动关节，指根以上控球。 接左栏 8 踢腿运动 9 全身运动 10 跳跃运动	三 目的 活动关节以热身，提高控球能力。
基本部分	一 体育知识、技能和体能测试(约 20min) 1 填写体育知识试题	一 教法与程序 1 体育知识测试 (1) 教师示范 (2) 讲解要求 (3) 学生填写 (4) 小结	一 队形与要求 1 体育知识测试	一 目的 1 知识测试了解学生知识掌握情况

(续表)

结构	课的内容及时间	教学方法与程序	教学组织	教学目的
基本部分	2 技能测试 A 1分钟限制区外投篮考试(约20min) 动作要点:上下肢协调用力,抬肘伸臂充分,手腕前屈,中、食指柔和将球拨出,大拇指与小拇指控制方向。 B "∞"字运球上篮考试 (分组约20min) 1 方法:从端线出发,绕过中圈、罚球圈后上篮 2 要求:全程要做两个以上运球变向动作(体前、背后、胯下、转身等任选两个以上变向动作,若少于两个则将根据评价标准扣分);投篮必须进球,不进要补篮,得到篮板球计时结束。 3 标准	2 技能测试 A 单手肩上投篮 (1) 教师示范 (2) 讲解要求 (3) 测试 (4) 小结 B "∞"字运球上篮考试 (1) 教师示范 (2) 讲解要求 (3) 测试 (4) 小结	(1) 课前打印好试题,并按班级进行包装。 (2) 测试时间在第一次课。 (3) 测试要求学生独立完成。 2 技能测试 A 单手肩上投篮 (1) 课前要准备好记录表和测试工具。 (2) 课前准备好场地器材。 (3) 测试按照篮球技能考核的要求进行。 B "∞"字运球上篮考试 (1) 课前要准备好记录表和测试工具。 (2) 课前准备好场地器材。 (3) 测试按照篮球技能考核的要求进行。	2 技能测试 A 单手肩上投篮 了解学生技能掌握情况 B "∞"字运球上篮考试 了解学生技能掌握情况

(续表)

结构	课的内容及时间	教学方法与程序	教学组织	教学目的
基本部分	C 教学比赛 (1) 方法：按照点名册顺序，5人一组，将全班分为若干组，两组之间进行全场对抗赛，参赛队员按照点名册顺序佩戴号码簿或穿号码比赛服，以便教师确认，人数不足5人队，自行组队与任意一队比赛。 (2) 要求动作规范，运用合理，比赛积极主动，不准有恶意危险动作。 (3) 考核标准与分值	C 教学比赛 (1) 教师示范 (2) 讲解要求 (3) 测试 (4) 小结	C 教学比赛 (1) 课前要准备好记录表和测试工具。 (2) 课前准备好场地器材。 (3) 测试按照篮球技能考核的要求进行。	C 教学比赛 了解学生技能掌握情况
	3 体能 1000 米	3 体能测试 (1) 教师示范 (2) 讲解要求 (3) 测试 (4) 小结	3 体能测试 (1) 课前要准备好记录表和测试工具。 (2) 课前准备好场地器材。 (3) 测试按照体质测试的要求进行。	3 体能测试 了解学生的体能水平
	二 填写期望价值和锻炼态度量表(约10min) 1 填写期望价值量表	二 教法与程序 1 填写期望价值量表 (1) 教师示范 (2) 讲解要求 (3) 学生填写 (4) 小结	二 队形与要求 1 填写期望价值量表 (1) 课前打印好量表。 (2) 收集数据时，大声地朗读各项条目，并给学生足够的时间来回答(15—30sec)，在朗读下一个条目前，确认全部的学生都已经完成了上一条目的选择。 (3) 每次测试时，向学生解释无论怎样回答都没有错误、正确之分，让独立诚实地回答每一个问题，并向学生解释回答不会影响体	二 目的 1 填写期望价值量表 了解学生的体育意识水平

(续表)

结构	课的内容及时间	教学方法与程序	教学组织	教学目的
基本部分	2 填写锻炼态度量表	2 填写锻炼态度量表 (1) 教师示范 (2) 讲解要求 (3) 学生填写 (4) 小结	2 填写锻炼态度量表 (1) 课前打印好量表。 (2) 收集数据时,大声地朗读各项条目,并给学生足够的时间来回答(15—30sec),在朗读下一个条目前,确认全部的学生都已经完成了上一条目的选择。 (3) 每次测试时,向学生解释无论怎样回答都没有错误、正确之分,让独立诚实地回答每一个问题,并向学生解释回答不会影响体育课的成绩。	2 填写锻炼态度量表 了解学生的体育意识水平
	三 填写三天课外体育活动问卷(约 20min) 1 周五课外体育活动问卷	三 教法与程序 1 周五课外体育活动问卷 (1) 教师示范 (2) 讲解要求 (3) 学生填写 (4) 小结	三 队形与要求 1 周五课外体育活动问卷 (1) 课前打印好调查表。 (2) 填写地点在篮球馆,也可以让学生将《课外体育活动调查表》带回去填写。 (3) 要求学生第二次课交上调查表,学生经常会忘记交回调查表,可通过短信提醒。 (4) 填写时可以让同学或家人帮助回忆自己的活动情况,以真实地回答每一个问题。 (5) 要解释回答不会	三 目的 1 周五课外体育活动问卷 了解学生的体育行为

(续表)

结构	课的内容及时间	教学方法与程序	教学组织	教学目的
基本部分	2周六课外体育活动问卷	2周六课外体育活动问卷 （1）教师示范 （2）讲解要求 （3）学生填写 （4）小结	2周六课外体育活动问卷 （1）课前打印好调查表。 （2）填写地点在篮球馆，也可以让学生将《课外体育活动调查表》带回去填写。 （3）要求学生第二次课交上调查表，学生经常会忘记交回调查表，可以通过短信提醒。 （4）填写时可以让同学或家人帮助回忆自己的活动情况，以真实地回答每一个问题。 （5）要解释回答不会影响体育课的成绩。	2周六课外体育活动问卷 了解学生的体育行为
	3周日课外体育活动问卷	3周日课外体育活动问卷 （1）教师示范 （2）讲解要求 （3）学生填写 （4）小结	3周日课外体育活动问卷 （1）课前打印好调查表。 （2）填写地点在篮球馆，也可以让学生将《课外体育活动调查表》带回去填写。 （3）要求学生第二次课交上调查表，学生经常会忘记交回调查表，可以通过短信提醒。 （4）填写时可以让同学或家人帮助回忆自己的活动情况，以真实地回答每一个问题。 （5）要解释回答不会影响体育课的成绩。	3周日课外体育活动问卷 了解学生的体育行为

(续表)

结构	课的内容及时间	教学方法与程序	教学组织	教学目的
结束部分	一 放松练习（约5min） 1 深呼吸 2 伸展上肢肌肉练习 3 体前屈转体运动 4 大腿后肌群伸展 5 拉伸腹股沟韧带 6 伸展股四头肌 见右栏 二 课堂常规（约2min）	一 教法与程序 1 教师示范 2 讲解要求 3 学生练习6—8次 4 教师纠正错误 5 小结 接左栏 7 伸展小腿后肌群 8 踢腿运动 二 教法与程序 1 小结本课 2 布置课外作业 3 归还器材 4 师生再见	一 队形与要求 要求：充分伸展、放松肌肉。 二 队形与要求 要求：集合迅速	一 目的 促进恢复 二 目的 总结测试情况，促进学生提高认识
课后小结				

上海大学体育学院教案
(第2次课)

第二学年　冬季学期　篮球课程　90min

教学内容	1. 学习运球("∞"字运球上篮) 2. 复习传切配合 3. 素质(力量练习)		
教学目标	1. 初步掌握"∞"字运球上篮动作和技术要领 2. 掌握传切配合方法和战术要领 3. 提高学生的上肢力量素质		
教学重点	1. 正确示范"∞"字运球上篮动作和精讲技术要领 2. 纠正传切配合错误细节和巩固练习 3. 正确示范俯卧撑动作和精讲技术要领	教学难点	1. 掌握"∞"字运球上篮的技术要领 2. 熟练传切配合 3. 掌握俯卧撑动作的技术要领
场地	1. 篮球场地2块 2. 每人1个篮球	课型	1. 新授课 2. 综合课

结构	课的内容及时间	教学方法与程序	教学组织	教学目的
准备部分	一 课堂常规(约5min) 1 值日生整队,报告出勤人数 2 师生互相问好,登记考勤 3 提出篮球实践课学习要求 4 宣布本学期考核项目 5 宣布本次课的内容和任务 6 安排见习生	一 教法与程序 1 值日生整队,报告出勤人数 2 师生互相问好,登记考勤 3 提出篮球实践课学习要求 4 宣布本学期考核项目 5 宣布本次课的内容和任务 6 安排见习生	一 队形与要求 要求:整队快、静、齐	一 目的 明确要求和学习目标。
	二 绕场移动(约5min) 1 慢跑 2 变速跑 3 后退跑转身加速跑 4 横向滑步 5 向前滑步 6 侧滑后撤步 7 折线变向跑 8 折线后转身跑 9 侧向跑	二 教法与程序 1 教师示范 2 讲解要求 3 学生练习2次 4 教师纠正错误 5 小结	二 队形与要求	二 目的 热身同时复习移动技术
	三 行进间操(约8min)	三 教法与程序	三 队形与要求	三 目的

(续表)

结构	课的内容及时间	教学方法与程序	教学组织	教学目的
准备部分	1 头部运动 2 上肢运动 3 扩胸运动 4 体侧体转运动 5 腹背运动 6 踢腿运动 7 全身运动 8 挺身跳 四 跳起空中传接球打板练习(约5min)	1 教师示范 2 讲解要求 3 学生练习4*8拍 4 教师纠正错误 5 小结 四 教法与程序 1 教师示范 2 讲解要求 3 学生练习4组 4 小结	(队形示意图) 四 队形与要求	活动关节以热身 四 目的 提高弹跳、传接球、控球能力
基本部分	一 学习运球(约15min) 1 行进间高低运球 2 急起急停运球 3 体前变向换手运球 4 体前变向不换手运球 5 胯下变向 6 背后变向 7 后转身变向 8 "∞"字运球 动作要点:一大二小三高跳 二 复习传切配合(约7min) 1 概念 传切配合是指队员之间利用传球和切入技术所组成的简单配合。 2 用途 当篮下腹地一带拉空或破紧逼防守时运用较多。 3 要点 (1) 拉开位置,拉空腹地	一 教法与程序 1 教师示范 2 教师讲解要求 3 学生练习 4 教师纠正错误 5 学生练习 6 小结 二 教法与程序 1 教师示范 2 教师讲解要求 3 学生练习 4 教师纠正错误 5 学生练习 6 小结 接右栏 (2) 传切上篮练习 方法:⑦传球给④后,摆脱切入接④的回传球上	一 队形与要求 指跟以上触球,屈腕拍球,眼睛离开球 二 队形与要求 1 教师示范队形 要求: 明确配合的位置,路线。	一 目的 提高运球能力 二 目的 掌握传切配合的方法。

(续表)

结构	课的内容及时间	教学方法与程序	教学组织	教学目的
基本部分	(2) 传球后利用假动作摆脱防守 (3) 启动突然,侧身接球 (4) 传球及时、到位 (5) 跟强篮板球	篮,④跟进抢篮板球后,两人交换位置排到队尾。 要求 a.传球到位,摆脱后突然切入 b.传球及时到位,要用单手体侧或双手头上传球等,隐蔽方法传球	2 学生分组练习 (1) 徒手切入练习(包括纵切和横切) 方法:把学生分成两组如图落位,用一个球,⑤传给④后,摆脱切入篮下后,排到另一队尾,④在将球回传给⑥横切到篮下后,排到另一队尾,依次进行。 要求:a.传球到位;b.摆脱后再切入;c.切入要侧身突然加速。	
	三 教学比赛(约20min) 1 外线进攻与防守的基本姿势 2 外线进攻和防守的手段 3 内线的进攻与防守 4 防守与进攻队员抢篮板球	三 教法与程序 1 教师示范 2 教师讲解要求 3 学生练习 4 教师纠正错误 5 学生练习 6 小结	三 队形与要求	三 目的 应用技术,提高战术配合能力
	四 素质(约5min) 力量练习	四 教法与程序 1 教师示范 2 教师讲解要求 3 学生练习 4 教师纠正错误 5 学生练习 6 小结	四 队形与要求	四 目的 提高力量素质
结束部分	一 放松练习(约5min) 1 深呼吸 2 伸展上肢肌肉练习 3 体前屈转体运动 4 大腿后肌群伸展	一 教法与程序 1 教师示范 2 讲解要求 3 学生练习6—8次 4 教师纠正错误 5 小结	一 队形与要求 要求:充分伸展、放松	一 目的 促进恢复

(续表)

结构	课的内容及时间	教学方法与程序	教学组织	教学目的
结束部分	5 拉伸腹股沟韧带 6 伸展股四头肌 见右栏 二 课堂常规(约 3min)	接左栏 7 伸展小腿后肌群 8 踢腿运动 二 教法与程序 1 小结本课 2 布置课外作业 3 归还器材 4 师生再见	肌肉。 二 队形与要求 要求：集合迅速，认真听讲 课后复习	二 目的 回忆巩固所学知识
课后小结				

上海大学体育学院教案

(第3次课)

第二学年　冬季学期　篮球课程　90min

教学内容	1. 学习投篮(1分钟限制区外投篮) 2. 复习掩护配合 3. 素质(速度练习)			
教学目标	1. 初步掌握1分钟限制区外投篮动作和技术要领 2. 掌握掩护配合方法和战术要领 3. 提高学生的移动速度			
教学重点	1. 正确示范1分钟限制区外投篮动作和精讲技术要领 2. 纠正掩护配合错误细节和巩固练习 3. 纠正短距离跑的错误细节和巩固练习		教学难点	1. 掌握1分钟限制区外投篮的技术要领 2. 熟练掩护配合 3. 熟练短距离跑动作
场地	1. 球场2块 2. 每人1个篮球		课型	1. 新授课 2. 综合课

结构	课的内容及时间	教学方法和程序	教学组织	教学目的
准备部分	一 课堂常规(约2min) 1值日生整队,报告出勤人数 2师生互相问好,登记考勤 3提出篮球实践课学习要求 4宣布本次课的内容和任务 5安排见习生	一 教法与程序 1值日生整队,报告出勤人数 2师生互相问好,登记考勤 3提出篮球实践课学习要求 4宣布本次课的内容和任务 5安排见习生	一 队形与要求 要求:整队快、静、齐	一 目的 明确要求和学习目标。
	二 绕场移动(约10min) 1慢跑——找伙伴游戏 2小步跑高抬腿加速跑 3后退跑转身加速跑 4横向滑步交叉加速 5向前滑步 6侧滑后撤步 7折线变向跑 8折线后转身跑 9侧身跑	二 教法与程序 1教师示范 2讲解要求 3学生练习2组 4教师纠正错误 5小结	二 队形与要求	二 目的 热身同时复习移动技术
	三 双人操(约8min) 1头部运动	三 教法与程序 1教师示范	三 队形与要求	三 目的 活动关节以

(续表)

结构	课的内容及时间	教学方法与程序	教学组织	教学目的
准备部分	2 压肩 3 体侧 4 背后 5 体转运动 6 压腿 7 膝关节 8 腕踝关节 9 较力	2 讲解要求 3 学生练习 4*8 拍 4 教师纠正错误 5 小结		热身
基本部分	一 学习投篮(约20min) 1 原地投篮 动作要点：上下肢协调用力，抬肘伸臂充分，手腕前屈，中、食指柔和将球拨出，大拇指与小拇指控制方向。 2 跳投 动作方法： 以右手投篮为例。两手持球于胸前，两脚左右或前后开立。两膝微屈，重心落在两脚之间。起跳时，迅速屈膝，脚掌用力蹬地向上起跳，同时双手举球到右肩上方，右手持球，左手扶球的左侧方，当身体接近最高点时，左手离球，右臂向前上方伸展，手腕	一 教法与程序 1 教师示范 2 教师讲解要求 3 学生练习 4 教师纠正错误 5 学生练习 6 小结	一 队形与要求 1 原地模仿投篮动作练习。 练习要求：体会正确的投篮动作。 2 学生分成两组，一人一球分别在罚球线后练习原地单手肩上投篮。 要求：进一步改进投篮技术动作。 易犯错误与纠正方法 1 易犯错误：跳起投篮时身体前冲，出手时间或早或晚，上下肢配合不协调。 2 纠正方法：多做徒手练习，体会协调用力。	一 目的 掌握技术

（续表）

结构	课的内容及时间	教学方法与程序	教学组织	教学目的
基 本 部 分	前屈,食、中指拨球,通过指端将球投出。落地时屈膝缓冲。 动作要点: 起跳垂直向上,起跳与举球、出手动作应协调一致,在接近最高点时出手。 3 一分钟限制区外投篮 二 复习掩护配合(约9min) 做掩护者目的要明确,动作要隐蔽,避免造成犯规。 被掩护者要配合掩护者的隐蔽行动意图与方向,运用假动作吸引对手,当同伴到达掩护位置时,要突然、快速摆脱对手。 整个掩护配合,在进攻者之间要配合默契、行动及时、节奏分明、动作果断,争取第二次配合机会。 二打二练习 三 教学比赛(约 20min) 1 外线进攻与防守的基本姿势 2 外线进攻和防守的手段 3 内线的进攻与防守 4 防守与进攻队员抢篮板球 四 素质(约5min)			
		二 教法与程序 1 教师示范 2 教师讲解要求 3 学生练习 4 教师纠正错误 5 学生练习 6 小结	二 队形与要求	二 目的 巩固掩护配合
		三 教法与程序 1 教师示范 2 教师讲解要求 3 学生练习 4 教师纠正错误 5 学生练习 6 小结	三 队形与要求	三 目的 巩固技术,提高战术配合能力
		四 教法与程序	四 队形与要求	四 目的

(续表)

结构	课的内容及时间	教学方法与程序	教学组织	教学目的
基本部分	速度练习	1 教师示范 2 教师讲解要求 3 学生练习 4 教师纠正错误 5 学生练习 6 小结		提高速度素质
结束部分	一 放松练习(约5min) 1 深呼吸 2 伸展上肢肌肉练习 3 体前屈转体运动 4 大腿后肌群伸展 5 拉伸腹股沟韧带 6 伸展股四头肌 见右栏 二 课堂常规(约2min)	一 教法与程序 1 教师示范 2 讲解要求 3 学生练习6—8次 4 教师纠正错误 5 小结 接左栏 7 伸展小腿后肌群 8 踢腿运动 二 教法与程序 1 小结本课 2 布置课外作业 3 归还器材 4 师生再见	一 队形与要求 要求：充分伸展、放松肌肉。 二 队形与要求 要求：集合迅速，认真听讲 课后练习今天学习的内容	一 目的 促进恢复 二 目的 巩固回忆所学内容
课后小结				

上海大学体育学院教案
（第 4 次课）

第二学年　冬季学期　篮球课程　90min

教学内容	1. 学习传接球（四角传接球） 2. 复习突分配合 3. 素质（耐力练习） 4. 填写情境兴趣量表			
教学目标	1. 初步掌握四角传接球动作和技术要领 2. 掌握突分配合方法和战术要领 3. 提高学生的耐力素质			
教学重点	1. 正确示范四角传接球动作和精讲技术要领 2. 纠正突分配合错误细节和巩固练习 3. 纠正中长跑动作错误细节和巩固练习		教学难点	1. 掌握四角传接球的技术要领 2. 熟练突分配合 3. 熟练中长跑动作
场地	1. 篮球场 2 块 2. 每人 1 个篮球		课型	1. 新授课 2. 综合课

结构	课的内容及时间	教学方法与程序	教学组织	教学目的
准备部分	一 课堂常规（约 2min）	一 教法与程序 1 值日生整队，报告出勤人数 2 师生互相问好，登记考勤 3 提出篮球实践课学习要求 4 宣布本次课的内容和任务 5 安排见习生	一 队形与要求 要求：整队快、静、齐	一 目的 明确要求和学习目标。
	二 游戏（约 5min） 1 名称：长江黄河 2 做法：两列横队，相向站立，教师喊黄河，往北跑，南面同学追北面的同学；教师喊长江，北面的追南面的。被抓到，做俯卧撑，抓不到，做俯卧撑。	二 教法与程序 1 教师示范做法 2 教师讲解规则和要求 3 学生完成游戏 2 次 4 执行游戏规则 5 小结	二 队形与要求 要求：速度慢的纵队做 5 个俯卧撑。	二 目的 提高快速反应和奔跑能力
	三 绕场移动（约 5min） 1 慢跑长江黄河游戏 2 变速跑	三 教法与程序 1 教师示范 2 讲解要求	三 队形与要求	三 目的 热身同时复习移动技术

(续表)

结构	课的内容及时间	教学方法与程序	教学组织	教学目的
准备部分	3 后退跑转身加速跑 4 横向滑步 5 向前滑步 6 侧滑后撤步 7 折线变向跑 8 折线后转身跑 9 侧身跑 四 原地徒手操(约 8min) 1 头部运动 2 上肢运动 3 扩胸运动 4 体侧体转运动 5 腹背运动 6 踢腿运动 7 全身运动 8 挺身跳	3 学生练习 2 组 4 教师纠正错误 5 小结 四 教法与程序 1 教师示范 2 讲解要求 3 学生练习 4*8 拍 4 教师纠正错误 5 小结	（球场队形示意图） 四 队形与要求 （球场队形示意图） 要求：用力，幅度大	四 目的 活动关节以热身
基本部分	一 学习传接球(约 20min) 1 双手胸前传接球 （动作示意图） 动作方法：双手持球于胸腹之间，两肘自然弯曲于体侧，身体成基本站立姿势，眼平视传球目标。传球时后脚蹬地发力，身体重心前移，两臂前伸，两手腕随之旋内，拇指用力下压，食、中指用力拨球并将球传出，球出手后，两手向下略向外翻。 动作要点：持球动作正确。用力协调连贯，食、中指拨球。 （动作示意图） 动作方法：两眼注视来	一 教法与程序 1 教师示范 2 教师讲解要求 3 学生练习 4 教师纠正错误 5 学生练习 6 小结	一 队形与要求 （球场队形示意图） （球场队形示意图） 练习要求： 1 持球及接球的手法要正确 2 注意传球时肘关节不要外展 3 传、接球动作基本正确。	一 目的 巩固技术，提高移动传球能力

(续表)

结构	课的内容及时间	教学方法与程序	教学组织	教学目的
基本部分	球,两臂迎球伸出,双手五指自然张开,两拇指相对成八字形,其余手指向前伸出,两手成半圆形。当手指触球时,双手将球握住,两臂顺势屈肘后引缓冲来球的力量,两手持球于胸腹之间,成基本站立姿势。 动作要点:伸臂迎球,收臂后引缓冲,握球于胸腹之间,动作连贯一致。 易犯错误:持球动作不正确;肘关节外展;身体配合不协调。接球时;两手未成半圆形。 2 学习行进间四角传球			
	二 复习突分配合(约10min) 进攻者运球突破后,主动或应变地通过传球给有利于攻击的同伴配合的技术。 常用于对付扩大防守,以运球突破,打乱对方的防守部署或使对方压缩防区,创造外围中、远距离投篮的机会,也可传给切入篮下的同伴得分。	二 教法与程序 1 教师示范 2 教师讲解要求 3 学生练习 4 教师纠正错误 5 学生练习 6 小结	二 队形与要求	二 目的 掌握突分配合

(续表)

结构	课的内容及时间	教学方法与程序	教学组织	教学目的
基本部分	三 教学比赛(约20min) 1 外线进攻与防守的基本姿势 2 外线进攻和防守的手段 3 内线的进攻与防守 4 防守与进攻队员抢篮板球	三 教法与程序 1 教师示范 2 教师讲解要求 3 学生练习 4 教师纠正错误 5 学生练习 6 小结	三 队形与要求	三 目的 巩固技术，提高战术配合能力
	四 素质(约10min) 耐力练习	四 教法与程序 1 教师示范 2 教师讲解要求 3 学生练习 4 教师纠正错误 5 学生练习 6 小结	四 队形与要求	四 目的 提高耐力素质
结束部分	一 放松练习(约5min) 1 深呼吸 2 伸展上肢肌肉练习 3 体前屈转体运动 4 大腿后肌群伸展 5 拉伸腹股沟韧带 6 伸展股四头肌 见右栏 二 课堂常规(约5min)	一 教法与程序 1 教师示范 2 讲解要求 3 学生练习6—8次 4 教师纠正错误 5 小结 接左栏 7 伸展小腿后肌群 8 踢腿运动 二 教法与程序 1 小结本课	一 队形与要求 要求：充分伸展、放松肌肉。 二 队形与要求	一 目的 促进恢复 二 目的 回忆巩固所

(续表)

结构	课的内容及时间	教学方法与程序	教学组织	教学目的
结束部分		2 布置课外作业 3 归还器材 4 师生再见	要求：集合迅速，认真听讲 课后练习今天学习的内容	学知识
课后小结				

上海大学体育学院教案

（第5次课）

第二学年　冬季学期　篮球课程　90min

教学内容	1. 学习抢篮板球 2. 复习策应配合 3. 素质（柔韧练习）		
教学目标	1. 初步掌握抢篮板球动作和技术要领 2. 掌握策应配合方法和战术要领 3. 提高学生的柔韧素质		
教学重点	1. 正确示范抢篮板球动作和精讲技术要领 2. 纠正策应配合错误细节和巩固练习 3. 纠正柔性动作错误细节和巩固练习	教学难点	1. 掌握抢篮板球动作的技术要领 2. 熟练策应配合 3. 熟练柔性动作和提高柔韧性
场地	1. 篮球场2块 2. 学生每人1个球	课型	1. 新授课 2. 综合课

结构	课的内容及时间	教学方法与程序	教学组织	教学目的
准备部分	一 课堂常规（约2min） 二 游戏（约5min） 1 名称：胯下头上传球比赛 2 做法：两路纵队，前面同学持球，经胯下传第二名同学，第二名同学经头上传给第三名，依次进行，最后同学接球跑到前面，继续，直到最后一名同学跑完。 三 绕场移动（约5min） 1 慢跑 2 变速跑	一 教法与程序 1 值日生整队，报告出勤人数 2 师生互相问好，登记考勤 3 提出篮球实践课学习要求 4 宣布本次课的内容和任务 5 安排见习生 二 教法与程序 1 教师示范做法 2 教师讲解规则和要求 3 学生完成游戏2次 4 执行游戏规则 5 小结 三 教法与程序 1 教师示范 2 讲解要求	一 队形与要求 要求：整队快、静、齐 二 队形与要求 要求：要求按规定路线跑，速度慢的纵队做10个俯卧撑。 三 队形与要求	一 目的 明确要求和学习目标。 二 目的 提高传球和快速奔跑能力 三 目的 热身同时复习移动技术

（续表）

结构	课的内容及时间	教学方法与程序	教学组织	教学目的
准备部分	3 后退跑转身加速跑 4 横向滑步 5 向前滑步 6 侧滑后撤步 7 折线变向跑 8 折线后转身跑 9 侧身跑 四 球操（约8min） 1 头部运动 2 上肢运动 3 扩胸运动 4 体侧体转运动 5 腹背运动 6 踢腿运动 7 全身运动 8 跳跃运动	3 学生练习2组 4 教师纠正错误 5 小结 四 教法与程序 1 教师示范 2 讲解要求 3 学生练习4*8拍 4 教师纠正错误 5 小结	（篮球场示意图） 四 队形与要求 （篮球场示意图）	四 目的 活动关节以热身
基本部分	一 学习抢篮板球（约8min） 1 防守队员抢篮板球 (1) 快速地向你所防守的对手移动并与他有一定的身体接触，用手掌或手臂轻轻地触摸对手，来感觉他在场上的移动路线，如图5。 (2) 保持这种接触背靠对手转身面向球篮。 (3) 转身挡人后，立刻举起你的双臂。 (4) 当球弹离篮圈时，向球的方向伸展手臂并跳离地面，双手抓住篮板球。	一 教法与程序 1 教师示范 2 教师讲解要求 3 学生练习 4 教师纠正错误 5 学生练习 6 小结 2 进攻队员抢篮板球 (1) 转身能够帮助进攻队员摆脱防守人的阻挡。进攻队员确定一只中枢脚，当球从篮圈反弹回来的时候迅速向无人防守的篮下空当方向转身。把两手伸得很高准备接球，利用转身至少可以使进攻人从侧向获得一个抢到篮板球的空间，而不至于被防守人完全地挡在身后。	一 队形与要求 （篮球场示意图） 要求： (2) 虚晃绕步能够帮助进攻队员摆脱防守人的阻挡。当防守人转身阻挡进攻人的时候，进攻人向一个方向迈出一到两步。当防守人还没降低重心的时候，快速向另一个方向迈出大大的一步，至少保证有一条腿在防守人的前面落位，这个绕步有助于你在防守人的身前或一侧抢占一个抢篮板球的有利位置。	一 目的 掌握技术，提高抢篮板球能力

(续表)

结构	课的内容及时间	教学方法与程序	教学组织	教学目的
基本部分	二 复习策应配合（约8min）进攻者背对球篮或侧对球篮接球，作为枢纽与同伴之间进行空切、绕切配合的战术。在比赛中可用于对付全场紧逼人盯人防守、半场人盯人防守或区域联防。当突破对方防守时应与传切、掩护等战术配合使用。	二 教法与程序 1 教师示范 2 教师讲解要求 3 学生练习 4 教师纠正错误 5 学生练习 6 小结	（3）当不能用双手抓住球时，可以用单手挑拨球补篮。 二 队形与要求	二 目的 掌握策应配合方法
基本部分	三 教学比赛(约25min) 1 外线进攻与防守的基本姿势 2 外线进攻和防守的手段 3 内线的进攻与防守	三 教法与程序 1 教师示范 2 教师讲解要求 3 学生练习 4 教师纠正错误 5 学生练习	三 队形与要求	三 目的 巩固技术，提高战术配合能力

(续表)

结构	课的内容及时间	教学方法与程序	教学组织	教学目的
基本部分	4 防守与进攻队员抢篮板球 四 素质(约10min) 柔韧素质练习	6 小结 四 教法与程序 1 教师示范 2 教师讲解要求 3 学生练习 4 教师纠正错误 5 学生练习 6 小结	四 队形与要求	四 目的 提高柔韧素质
结束部分	一 放松练习(约5min) 1 深呼吸 2 伸展上肢肌肉练习 3 体前屈转体运动 4 大腿后肌群伸展 5 拉伸腹股沟韧带 6 伸展股四头肌 见右栏 二 课堂常规(约2min)	一 教法与程序 1 教师示范 2 讲解要求 3 学生练习6—8次 4 教师纠正错误 5 小结 接左栏 7 伸展小腿后肌群 8 踢腿运动 二 教法与程序 1 小结本课 2 布置课外作业 3 归还器材 4 师生再见	一 队形与要求 要求：充分伸展、放松肌肉。 二 队形与要求 要求：集合迅速，认真听讲 课后练习今天学习的内容	一 目的 促进恢复 二 目的 回忆巩固所学知识

(续表)

结构	课的内容及时间	教学方法与程序	教学组织	教学目的
课后小结	情境兴趣量表 (1) 课前打印好量表。 (2) 测量地点在篮球馆。 (3) 测量时间在第 5 次课结束前 5min。 (4) 收集数据时,大声地朗读各项条目,并给学生足够的时间来回答(15—30sec),在朗读下一个条目前,应确认全部的学生都已经完成了上一条目的选择。 (5) 每次测试时,向学生解释无论怎样回答都没有错误、正确之分,让独立诚实地回答每一个问题,并向学生解释回答不会影响体育课的成绩。			

上海大学体育学院教案
（第6次课）

第二学年　冬季学期　篮球课程　90min

教学内容	1. 学习三人绕"∞"字行进间传接球上篮 2. 学习快攻战术 3. 素质（灵敏练习）			
教学目标	1. 初步掌握三人绕"∞"字行进间传接球上篮动作和技术要领 2. 初步掌握长传快攻战术方法和战术要领 3. 提高学生的灵敏素质			
教学重点	1. 正确示范三人绕"∞"字行进间传接球上篮动作和精讲要领 2. 正确示范长传快攻动作和精讲战术要领 3. 纠正灵敏性动作错误细节和巩固练习	教学难点	1. 掌握"∞"字行进间传接球上篮的技术要领 2. 掌握长传快攻的战术要领 3. 熟练灵敏性行动和提高灵敏性	
场地	1. 篮球场2块 2. 学生每人1个球	课型	1. 新授课 2. 综合课	

结构	课的内容及时间	教学方法与程序	教学组织	教学目的
准备部分	一 课堂常规（约2min）	一 教法与程序 1 值日生整队，报告出勤人数 2 师生互相问好，登记考勤 3 提出篮球实践课学习要求 4 宣布本次课的内容和任务 5 安排见习生	一 队形与要求 要求：整队快、静、齐；	一 目的 明确要求和学习目标
	二 游戏（约8min） 1 名称：网鱼 2 做法：在一个篮球场内，两名同学牵手构成网，追其他同学，触到加入网，追其余同学，直到所有同学被抓到。	二 教法与程序 1 教师示范做法 2 教师讲解规则和要求 3 学生完成游戏2次 4 执行游戏规则 5 小结	二 队形与要求 要求：不越界，网不断	二 目的 提高快速反应能力
	三 原地徒手操（约8min） 1 头部运动 2 上肢运动 3 扩胸运动 4 体侧体转运动	三 教法与程序 1 教师示范 2 讲解要求 3 学生练习4*8拍 4 教师纠正错误	三 队形与要求	三 目的 活动关节以热身

(续表)

结构	课的内容及时间	教学方法与程序	教学组织	教学目的
准备部分	5 腹背运动 6 踢腿运动 7 全身运动 8 挺身跳	5 小结		
基本部分	一 学习"∞"字行进间传接球上篮（约20min）	一 教法与程序 1 教师示范 2 教师讲解要求 3 学生练习 4 教师纠正错误 5 学生练习 6 小结	一 队形与要求	一 目的 掌握行进间传接球技术
	二 学习快攻战术（约20min） 1 长传快攻	二 教法与程序 1 教师示范 2 教师讲解要求 3 学生练习 4 教师纠正错误 5 学生练习 6 小结	二 队形与要求 1 长传快攻练习	二 目的 掌握长传快攻战术
	2 快攻的接应与推进		2 快攻的接应与推进练习	
	3 快攻结束打法		3 快攻结束打法练习	

(续表)

结构	课的内容及时间	教学方法与程序	教学组织	教学目的
基本部分				

(续表)

结构	课的内容及时间	教学方法与程序	教学组织	教学目的
基本部分	三 教学比赛（约20min） 1 外线进攻与防守的基本姿势 2 外线进攻和防守的手段 3 内线的进攻与防守 4 防守与进攻队员抢篮板球	三 教法与程序 1 教师示范 2 教师讲解要求 3 学生练习 4 教师纠正错误 5 学生练习 6 小结	三 队形与要求	三 目的 巩固技术，提高战术配合能力
	四 素质（约5min） 灵敏素质练习	四 教法与程序 1 教师示范 2 教师讲解要求 3 学生练习 4 教师纠正错误 5 学生练习 6 小结	四 队形与要求	四 目的 提高灵敏素质
结束部分	一 放松练习（约5min） 1 深呼吸 2 伸展上肢肌肉练习 3 体前屈转体运动 4 大腿后肌群伸展 5 拉伸腹股沟韧带 6 伸展股四头肌 见右栏	一 教法与程序 1 教师示范 2 讲解要求 3 学生练习6—8次 4 教师纠正错误 5 小结 接左栏 7 伸展小腿后肌群 8 踢腿运动	一 队形与要求 要求：充分伸展、放松肌肉。	一 目的 促进恢复
	二 课堂常规（约2min）	二 教法与程序 1 小结本课	二 队形与要求	二 目的 回忆巩固所

(续表)

结构	课的内容及时间	教学方法与程序	教学组织	教学目的
结束部分		2 布置课外作业 3 归还器材 4 师生再见	要求：集合迅速，认真听讲 课后练习今天学习的内容	学知识
课后小结				

上海大学体育学院教案

（第7次课）

第二学年　冬季学期　篮球课程　90min

教学内容	1. 复习快攻战术 2. 教学比赛 3. 素质(1000米跑)			
教学目标	1. 掌握长传快攻战术方法和要领 2. 初步掌握外线、内线进攻和防守移动动作和技术要领 3. 提高学生的耐力素质			
教学重点	1. 纠正长传快攻错误细节和巩固练习 2. 正确示范外线、内线进攻和防守移动动作和精讲技术要领 3. 加强中长跑的理论指导和巩固练习		教学难点	1. 熟练长传快攻战术 2. 掌握外线、内线进攻和防守移动的技术要领 3. 中长跑技术的应用和提高耐力成绩
场地	1. 篮球场2块 2. 学生每人1个球		课型	1. 复习课 2. 综合课

结构	课的内容及时间	教学方法与程序	教学组织	教学目的
准备部分	一 课堂常规(约2min)	一 教法与程序 1 值日生整队，报告出勤人数 2 师生互相问好，登记考勤 3 提出篮球实践课学习要求 4 宣布本次课的内容和任务 5 安排见习生	一 队形与要求 要求：整队快、静、齐	一 目的 明确要求和学习目标
	二 原地徒手操(约8min) 1 头部运动 2 上肢运动 3 扩胸运动 4 体侧体转运动 5 腹背运动 6 踢腿运动 7 全身运动 8 挺身跳	二 教法与程序 1 教师示范 2 讲解要求 3 学生练习4*8拍 4 教师纠正错误 5 小结	二 队形与要求	二 目的 活动关节以热身
	三 游戏(约8min) 1 名称：贴烧饼 2 做法：学生围成双层	三 教法与程序 1 教师示范做法 2 教师讲解规则和要求	三 队形与要求	三 目的 提高快速反应能力

(续表)

结构	课的内容及时间	教学方法与程序	教学组织	教学目的
准备部分	圆,选两名同学追逐,被追同学喊贴,后面同学跑,追后面的同学。 3 规则:在限制区域内跑,喊贴之前触到身体反追。	3 学生完成游戏2次 4 执行游戏规则 5 小结	要求:根据规则执行练习	
基本部分	一 复习快攻战术(约20min) 1 长传快攻 2 快攻的接应与推进 3 快攻结束打法	一 教法与程序 1 教师示范 2 教师讲解要求 3 学生练习 4 教师纠正错误 5 学生练习 6 小结	一 队形与要求 1 长传快攻练习 2 快攻的接应与推进练习 3 快攻结束打法练习	一 目的 巩固长传快攻战术

(续表)

结构	课的内容及时间	教学方法与程序	教学组织	教学目的
基本部分				

(续表)

结构	课的内容及时间	教学方法与程序	教学组织	教学目的
基本部分	二 教学比赛(约20min) 1 外线进攻与防守的基本姿势 2 外线进攻和防守的手段 3 内线的进攻与防守 4 防守与进攻队员抢篮板球	二 教法与程序 1 教师示范 2 教师讲解要求 3 学生练习 4 教师纠正错误 5 学生练习 6 小结	二 队形与要求	二 目的 提高技术应用和战术配合能力。
基本部分	四 素质(约5min) (1000米跑)	四 教法与程序 1 教师示范 2 教师讲解要求 3 学生练习 4 教师纠正错误 5 学生练习 6 小结	四 队形与要求	四 目的 提高耐力素质
结束部分	一 放松练习(约5min) 1 深呼吸 2 伸展上肢肌肉练习 3 体前屈转体运动 4 大腿后肌群伸展 5 拉伸腹股沟韧带 6 伸展股四头肌 见右栏	一 教法与程序 1 教师示范 2 讲解要求 3 学生练习6—8次 4 教师纠正错误 5 小结 接左栏 7 伸展小腿后肌群 8 踢腿运动	一 队形与要求 要求：充分伸展、放松肌肉。	一 目的 促进恢复
结束部分	二 课堂常规(约2min)	二 教法与程序	二 队形与要求	二 目的

(续表)

结构	课的内容及时间	教学方法与程序	教学组织	教学目的
结束部分		1 小结本课 2 布置课外作业 3 归还器材 4 师生再见	要求：集合迅速，认真听讲 课后练习今天学习的内容	回忆巩固所学知识
课后小结				

上海大学体育学院教案
（第8次课）

第二学年　冬季学期　篮球课程　90min

教学内容	1. 运球、传接球、跳投循环练习 2. 自选项目练习:(1)1分钟限制区外投篮;(2)"∞"字运球上篮。 3. 必考项目练习:全场教学比赛		
教学目标	1. 初步掌握运球、传接球、跳投循环练习方法和技术要领 2. 提高投篮和上篮成绩 3. 提高技术应用和战术配合能力		
教学重点	1. 正确示范循环练习方法和精讲技术要领 2. 加强投篮、上篮的理论指导和巩固练习 3. 加强战术和规则指导	教学难点	1. 掌握循环练习方法和技术要领 2. 提高投篮和上篮成绩 3. 掌握战术配合和规则要求
场地	1. 场地1块 2. 每人1个篮球	课型	1. 复习课 2. 综合课

结构	课的内容及时间	教学方法与程序	教学组织	教学目的
准备部分	一 课堂常规(约2min)	一 教法与程序 1 值日生整队，报告出勤人数 2 师生互相问好，登记考勤 3 提出篮球实践课学习要求 4 宣布本次课的内容和任务 5 安排见习生	一 队形与要求 要求:整队快、静、齐	一 目的 明确要求和学习目标。
	二 原地徒手操（约8min) 1 头部运动 2 上肢运动 3 扩胸运动 4 体侧体转运动 5 腹背运动 6 踢腿运动 7 全身运动 8 挺身跳	二 教法与程序 1 教师示范 2 讲解要求 3 学生练习4*8拍 4 教师纠正错误 5 小结	二 队形与要求	二 目的 活动关节以热身
	三 专项练习(约8min) 1 跳起空中传接球打板练习	三 教法与程序 1 教师示范 2 讲解要求	三 队形与要求	三 目的 熟练技术和热身

(续表)

结构	课的内容及时间	教学方法与程序	教学组织	教学目的
准备部分	2 传接球结合投篮练习	3 学生练习 4—5 次 4 教师纠正错误 5 小结		
基本部分	一 运球、传球、跳投循环练习 1 背后变向过标志物 2 体前变向过标志物 3 胸前传球 4 接球 5 罚球线右翼接球 6 跳投 二 1 分钟限制区外投篮 （分组约 10min） 动作要点：上下肢协调用力，抬肘伸臂充分，手腕前屈，中、食指柔和将球拨出，大拇指与小拇指控制方向。 三 "∞"字运球上篮 （分组约 10min） 1 方法：从端线出发，绕过中圈、罚球圈后上篮	一 教法与程序 1 教师示范 2 教师讲解要求 3 学生练习 4 教师纠正错误 5 学生练习 6 小结 二 教法与程序 1 教师示范 2 教师讲解要求 3 学生练习 4 教师纠正错误 5 学生练习 6 小结 三 教法与程序 1 教师示范 2 教师讲解要求 3 学生练习	一 队形与要求 二 队形与要求 要求：不走步，指根以上控球，眼睛注视擦板点，屈腕、拨球。 三 队形与要求	一 目的 巩固运球、传接球和跳投技术 二 目的 巩固技术 三 目的 巩固技术

(续表)

结构	课的内容及时间	教学方法与程序	教学组织	教学目的
基本部分	2 要求：全程要做两个以上运球变向动作（体前、背后、胯下、转身等任选两个以上变向动作，若少于两个则将根据评价标准扣分）；投篮必须进球，不进要补篮，得到篮板球计时结束。 3 标准 四 教学比赛（约20min） 1 外线进攻与防守的基本姿势 2 外线进攻和防守的手段 3 内线的进攻与防守 4 防守与进攻队员抢篮板球	4 教师纠正错误 5 学生练习 6 小结 四 教法与程序 1 讲解要求 2 测试 3 小结	 四 队形与要求	 四 目的 提高技术应用和战术配合能力。
结束部分	一 放松练习（约5min） 1 深呼吸 2 伸展上肢肌肉练习 3 体前屈转体运动 4 大腿后肌群伸展 5 拉伸腹股沟韧带 6 伸展股四头肌 见右栏 二 课堂常规（约2min）	一 教法与程序 1 教师示范 2 讲解要求 3 学生练习6—8次 4 教师纠正错误 5 小结 接左栏 7 伸展小腿后肌群 8 踢腿运动 二 教法与程序	一 队形与要求 要求：充分伸展、放松肌肉。 二 队形与要求	一 目的 促进恢复 二 目的

(续表)

结构	课的内容及时间	教学方法与程序	教学组织	教学目的
结束部分		1 小结本课 2 布置课外作业 3 归还器材 4 师生再见	要求：集合迅速，认真听讲 课后练习今天学习的内容	回忆巩固所学知识
课后小结				

上海大学体育学院教案

（第 9 次课）

第二学年　冬季学期　篮球课程　90min

教学内容	1. 自选项目考试：(1)1 分钟限制区外投篮；(2)"∞"字运球上篮。 2. 必考项目考试：全场教学比赛 3. 实践课总结		
教学目标	1. 了解学生的技术水平 2. 了解学生的战术水平 3. 以考促进提高		
教学重点	1. 端正学生考试态度，提高技术水平 2. 端正学生考试态度，提高战术水平 3. 对技战术存在问题进行总结	教学难点	对学生进行思想教育，端正考试态度
场地	1. 场地 1 块 2. 每人 1 个篮球	课型	1. 测试课

结构	课的内容及时间	教学方法与程序	教学组织	教学目的
准备部分	一　课堂常规（约2min）	一　教法与程序 1 值日生整队，报告出勤人数 2 师生互相问好，登记考勤 3 提出篮球实践课学习要求 4 宣布本次课的内容和任务 5 安排见习生	一　队形与要求 要求：整队快、静、齐	一　目的 明确要求和学习目标。
	二　原地徒手操（约8min） 1 头部运动 2 上肢运动 3 扩胸运动 4 体侧体转运动 5 腹背运动 6 踢腿运动 7 全身运动 8 挺身跳	二　教法与程序 1 教师示范 2 讲解要求 3 学生练习 4＊8 拍 4 教师纠正错误 5 小结	二　队形与要求	二　目的 活动关节以热身
	三　专项练习（约8min） 1 跳起空中传接球打板练习 2 传接球结合投篮练习	三　教法与程序 1 教师示范 2 讲解要求 3 学生练习 4—5 次	三　队形与要求	三　目的 熟练技术和热身

（续表）

结构	课的内容及时间	教学方法与程序	教学组织	教学目的
准备部分		4 教师纠正错误 5 小结		
基本部分	一 1分钟限制区外投篮考试(约20min) 动作要点：上下肢协调用力，抬肘伸臂充分，手腕前屈，中、食指柔和将球拨出，大拇指与小拇指控制方向。 二 "∞"字运球上篮考试(分组约20min) 1 方法：从端线出发，绕过中圈、罚球圈后上篮 2 要求：全程要做两个以上运球变向动作(体前、背后、胯下、转身等任两个以上变向动作，若少于两个则将根据评价标准扣分)；投篮必须进球，不进要补篮，得到篮板球计时结束。 3 标准 三 必考项目考试(约20min) (1) 方法：按照点名册顺序，5人一组，将全班分为若干组，两组之间	一 教法与程序 1 讲解要求 2 测试 3 小结 二 教法与程序 1 讲解要求 2 测试 3 小结 三 教法与程序 1 教师示范 2 讲解要求 3 学生比赛 4 教师纠正错误	一 队形与要求 要求：不走步，指根以上控球，眼睛注视擦板点，屈腕，拨球。 二 队形与要求 三 队形与要求	一 目的 巩固技术 二 目的 巩固技术 三 目的 巩固技术，提高战术配合能力

(续表)

结构	课的内容及时间	教学方法与程序	教学组织	教学目的
基本部分	进行全场对抗赛，参赛队员按照点名册顺序佩戴号码簿或穿号码比赛服，以便教师确认，人数不足5人队，自行组队与任意一队比赛。 (2) 要求动作规范，运用合理，比赛积极主动，不准有恶意危险动作。 (3) 考核标准与分值	5 小结	要求：	
	四 实践课总结(约5min) 1 技术 2 战术 3 素质	四 教法与程序 1 讲解 2 示范 3 小结	四 队形与要求	四 目的 回顾巩固所学知识
结束部分	一 放松练习(约5min) 1 深呼吸 2 伸展上肢肌肉练习 3 体前屈转体运动 4 大腿后肌群伸展 5 拉伸腹股沟韧带 6 伸展股四头肌 见右栏	一 教法与程序 1 教师示范 2 讲解要求 3 学生练习6—8次 4 教师纠正错误 5 小结 接左栏 7 伸展小腿后肌群 8 踢腿运动	一 队形与要求 要求：充分伸展、放松肌肉。	一 目的 促进恢复
	二 课堂常规(约2min)	二 教法与程序 1 小结本课	二 队形与要求	二 目的 回忆巩固所

(续表)

结构	课的内容及时间	教学方法与程序	教学组织	教学目的
结束部分		2 布置课外作业 3 归还器材 4 师生再见	要求：集合迅速，认真听讲 课后练习今天学习的内容	学知识
课后小结				

上海大学体育学院教案

（第 10 次课）

第二学年　冬季学期　篮球课程　90min

测试内容	1. 体育知识、技能和体能测试 2. 填写期望价值和锻炼态度量表 3. 填写三天课外体育活动问卷			
测试目标	1. 了解学生的体育知识、技能和体能水平 2. 了解学生的体育意识水平 3. 了解学生的运动行为			
测试重点	1. 测试前的准备工作 2. 按测试的要求填写量表 3. 按测试要求填写和回收问卷		测试难点	1. 端正学生考试态度，提高积极性 2. 让学生认真回答，提高准确性 3. 让学生如实回答，提高可靠性
场地	1. 篮球场地 2 块 2. 每人 1 个篮球		课型	1. 测试课

结构	课的内容及时间	教学方法与程序	教学组织	教学目的
准备部分	一 课堂常规（约 5min） 1 值日生整队，报告出勤人数 2 师生互相问好，登记考勤 3 提出篮球实践课学习要求 4 宣布本学期考核项目 5 宣布本次课的内容和任务 6 安排见习生 二 球感练习（约 5min） 1 球绕全身练习 2 胯下双手交替绕球练习 3 胯下双手交替接球练习	一 教法与程序 1 值日生整队，报告出勤人数 2 师生互相问好，登记考勤 3 提出篮球实践课学习要求 4 宣布本学期考核项目 5 宣布本次课的内容和任务 6 安排见习生 二 教法与程序 1 教师示范 2 讲解要求 3 学生练习 6—8 次 4 教师纠正错误 5 小结 接左栏 4 原地体前后交替运球练习	一 队形与要求 要求：整队快、静、齐 二 队形与要求 要求：眼睛离开球，指根以上控球。	一 目的 明确要求和学习目标。 二 目的 熟悉球性，提高控球能力。

(续表)

结构	课的内容及时间	教学方法与程序	教学组织	教学目的
准备部分	见右栏 三 球操(约8min) 1 头部运动 2 头上运动 3 上肢运动 4 体侧运动 见右栏	5 胯下双手击地传接球练习 三 教法与程序 1 教师示范 2 讲解要求 3 学生练习6—8次 4 教师纠正错误 5 小结 接左栏 5 体转运动 6 腰部运动 7 腹背运动 见右栏	三 队形与要求 要求： 充分活动关节,指根以上控球。 接左栏 8 踢腿运动 9 全身运动 10 跳跃运动	三 目的 活动关节以热身,提高控球能力。
基本部分	一 体育知识、技能和体能测试(约20min) 1 填写体育知识试题	一 教法与程序 1 体育知识测试 (1) 教师示范 (2) 讲解要求 (3) 学生填写 (4) 小结	一 队形与要求 1 体育知识测试 (1) 课前打印好试题,	一 目的 1 知识测试了解学生体育知识掌握情况

(续表)

结构	课的内容及时间	教学方法与程序	教学组织	教学目的
基本部分	2 技能测试 A 1分钟限制区外投篮考试（约20min） 动作要点：上下肢协调用力，抬肘伸臂充分，手腕前屈，中、食指柔和将球拨出，大拇指与小拇指控制方向。 B"∞"字运球上篮考试（分组约20min） 1 方法：从端线出发，绕过中圈、罚球圈后上篮 2 要求：全程要做两个以上运球变向动作（体前、背后、胯下、转身等任选两个以上变向动作，若少于两个则将根据评价标准扣分）；投篮必须进球，不进要补篮，得到篮板球计时结束。 3 标准	2 技能测试 A 单手肩上投篮 (1) 教师示范 (2) 讲解要求 (3) 测试 (4) 小结 B"∞"字运球上篮考试 (1) 教师示范 (2) 讲解要求 (3) 测试 (4) 小结	并按班级进行包装。 (2) 测试时间在第一次课。 (3) 测试要求学生独立完成。 2 技能测试 A 单手肩上投篮 (1) 课前要准备好记录表和测试工具。 (2) 课前准备好场地器材。 (3) 测试按照篮球技能考核的要求进行。 B"∞"字运球上篮考试 (1) 课前要准备好记录表和测试工具。 (2) 课前准备好场地器材。 (3) 测试按照篮球技能考核的要求进行。	2 技能测试 A 单手肩上投篮 了解学生技能掌握情况 B"∞"字运球上篮考试 了解学生技能掌握情况

(续表)

结构	课的内容及时间	教学方法与程序	教学组织	教学目的
基本部分	C 教学比赛 (1) 方法：按照点名册顺序，5人一组，将全班分为若干组，两组之间进行全场对抗赛，参赛队员按照点名册顺序佩戴号码簿或穿号码比赛服，以便教师确认，人数不足5人队，自行组队与任意一队比赛。 (2) 要求动作规范，运用合理，比赛积极主动，不准有恶意危险动作。 (3) 考核标准与分值	C 教学比赛 (1) 教师示范 (2) 讲解要求 (3) 测试 (4) 小结	C 教学比赛 (1) 课前要准备好记录表和测试工具。 (2) 课前准备好场地器材。 (3) 测试按照篮球技能考核的要求进行。	C 教学比赛 了解学生技能掌握情况
	3 体能 1000米	3 体能测试 (1) 教师示范 (2) 讲解要求 (3) 测试 (4) 小结	3 体能测试 (1) 课前要准备好记录表和测试工具。 (2) 课前准备好场地器材。 (3) 测试按照体质测试的要求进行。	3 体能测试 了解学生的体能水平
	二 填写期望价值和锻炼态度量表(约10min) 1 填写期望价值量表	二 教法与程序 1 填写期望价值量表 (1) 教师示范 (2) 讲解要求 (3) 学生填写 (4) 小结	二 队形与要求 1 填写期望价值量表 (1) 课前打印好量表。 (2) 收集数据时，大声地朗读各项条目，并给学生足够的时间来回答(15—30sec)，在朗读下一个条目前，确认全部的学生都已经完成了上一条目的选择。 (3) 每次测试时，向学生解释无论怎样回答都没有错误、正确之	二 目的 1 填写期望价值量表 了解学生的体育意识水平

(续表)

结构	课的内容及时间	教学方法与程序	教学组织	教学目的
基本部分	2 填写锻炼态度量表	2 填写锻炼态度量表 (1) 教师示范 (2) 讲解要求 (3) 学生填写 (4) 小结	分,让独立诚实地回答每一个问题,并向学生解释回答不会影响体育课的成绩。 2 填写锻炼态度量表 (1) 课前打印好量表。 (2) 收集数据时,大声地朗读各项条目,并给学生足够的时间来回答(15—30sec),在朗读下一个条目前,确认全部的学生都已经完成了上一条目的选择。 (3) 每次测试时,向学生解释无论怎样回答都没有错误、正确之分,让独立诚实地回答每一个问题,并向学生解释回答不会影响体育课的成绩。	2 填写锻炼态度量表 了解学生的体育意识水平
	三 填写三天课外体育活动问卷 (约20min) 1 周五课外体育活动问卷	三 教法与程序 1 周五课外体育活动问卷 (1) 教师示范 (2) 讲解要求 (3) 学生填写 (4) 小结	三 队形与要求 1 周五课外体育活动问卷 (1) 课前打印好调查表。 (2) 填写地点在篮球馆,也可以让学生将《课外体育活动调查表》带回去填写。 (3) 要求学生第二次课交上调查表,学生经常会忘记交回调查表,可以通过短信提醒。 (4) 填写时可以让同	三 目的 1 周五课外体育活动问卷 了解学生的体育行为

(续表)

结构	课的内容及时间	教学方法与程序	教学组织	教学目的
基本部分	2 周六课外体育活动问卷	2 周六课外体育活动问卷 (1) 教师示范 (2) 讲解要求 (3) 学生填写 (4) 小结	2 周六课外体育活动问卷 (1) 课前打印好调查表。 (2) 填写地点在篮球馆，也可以让学生将《课外体育活动调查表》带回去填写。 (3) 要求学生第二次课交上调查表，学生经常会忘记交回调查表，可以通过短信提醒。 (4) 填写时可以让同学或家人帮助回忆自己的活动情况，以真实地回答每一个问题。 (5) 要解释回答不会影响体育课的成绩。	2 周六课外体育活动问卷 了解学生的体育行为
	3 周日课外体育活动问卷	3 周日课外体育活动问卷 (1) 教师示范 (2) 讲解要求 (3) 学生填写 (4) 小结	3 周日课外体育活动问卷 (1) 课前打印好调查表。 (2) 填写地点在篮球馆，也可以让学生将《课外体育活动调查表》带回去填写。 (3) 要求学生第二次课交上调查表，学生经	3 周日课外体育活动问卷 了解学生的体育行为

（接上）学或家人帮助回忆自己的活动情况，以真实地回答每一个问题。
(5) 要解释回答不会影响体育课的成绩。

(续表)

结构	课的内容及时间	教学方法与程序	教学组织	教学目的
基本部分			可以通过短信提醒。 （4）填写时可以让同学或家人帮助回忆自己的活动情况，以真实地回答每一个问题。 （5）要解释回答不会影响体育课的成绩。	
结束部分	一 放松练习（约5min） 1 深呼吸 2 伸展上肢肌肉练习 3 体前屈转体运动 4 大腿后肌群伸展 5 拉伸腹股沟韧带 6 伸展股四头肌 见右栏 二 课堂常规（约2min）	一 教法与程序 1 教师示范 2 讲解要求 3 学生练习6—8次 4 教师纠正错误 5 小结 接左栏 7 伸展小腿后肌群 8 踢腿运动 二 教法与程序 1 小结本课 2 布置课外作业 3 归还器材 4 师生再见	一 队形与要求 要求：充分伸展、放松肌肉。 二 队形与要求 要求：集合迅速	一 目的 促进恢复 二 目的 总结测试情况，促进学生提高认识
课后小结				

附录7　篮球教案设计(实验组)

上海大学体育学院教案
(第1次课)

第二学年　秋季学期　篮球课程　90min

测试内容	1. 体育知识、技能和体能测试 2. 填写期望价值和锻炼态度量表 3. 填写三天课外体育活动问卷			
测试目标	1. 了解学生的体育知识、技能和体能水平 2. 了解学生的体育意识水平 3. 了解学生的体育行为			
测试重点	1. 测试前的准备工作 2. 按测试的要求填写量表 3. 按测试要求填写和回收问卷		测试难点	1. 端正学生考试态度,提高积极性 2. 让学生认真回答,提高准确性 3. 让学生如实回答,提高可靠性
场地	1. 篮球场地2块 2. 每人1个篮球		课型	1. 测试课

结构	课的内容及时间	教学方法与程序	教学组织	教学目的
准备部分	一　课堂常规(约5min)	一　教法与程序 1 值日生整队,报告出勤人数 2 师生互相问好,登记考勤 3 提出篮球实践课学习要求 4 宣布本学期考核项目 5 宣布本次课的内容和任务 6 安排见习生	一　队形与要求 要求:整队快、静、齐	一　目的 明确要求和学习目标。

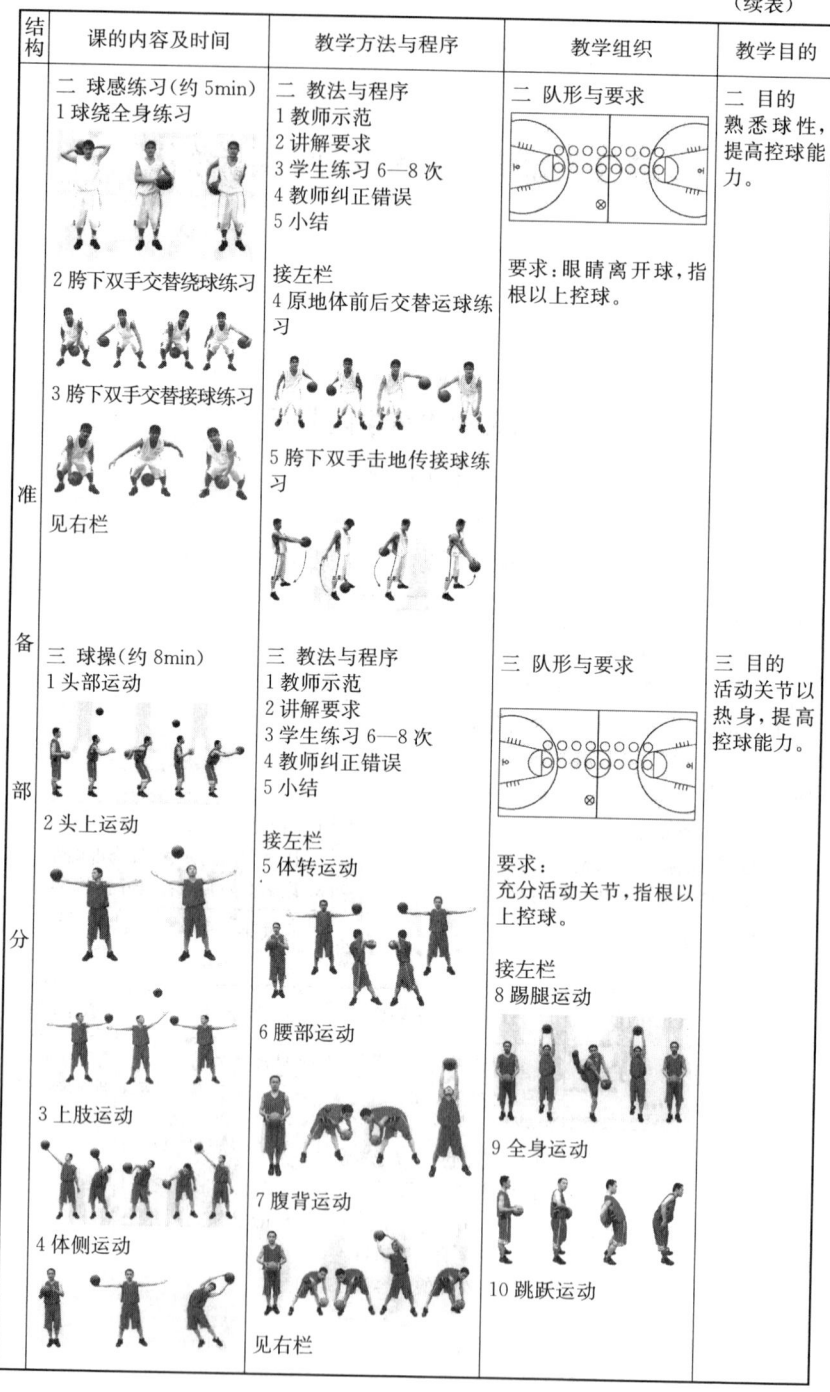

(续表)

结构	课的内容及时间	教学方法与程序	教学组织	教学目的
准备部分	二 球感练习(约5min) 1 球绕全身练习 2 胯下双手交替绕球练习 3 胯下双手交替接球练习 见右栏 三 球操(约8min) 1 头部运动 2 头上运动 3 上肢运动 4 体侧运动	二 教法与程序 1 教师示范 2 讲解要求 3 学生练习6—8次 4 教师纠正错误 5 小结 接左栏 4 原地体前后交替运球练习 5 胯下双手击地传接球练习 三 教法与程序 1 教师示范 2 讲解要求 3 学生练习6—8次 4 教师纠正错误 5 小结 接左栏 5 体转运动 6 腰部运动 7 腹背运动 见右栏	二 队形与要求 要求:眼睛离开球,指根以上控球。 三 队形与要求 要求: 充分活动关节,指根以上控球。 接左栏 8 踢腿运动 9 全身运动 10 跳跃运动	二 目的 熟悉球性,提高控球能力。 三 目的 活动关节以热身,提高控球能力。

(续表)

结构	课的内容及时间	教学方法与程序	教学组织	教学目的
准备部分	见右栏			
基本部分	一 体育知识、技能和体能测试（约20min） 1 填写体育知识试题 2 技能测试 A 单手肩上投篮 (1) 方法：在罚球线投篮10次，计进球个数 (2) 要求：不得踩线 (3) 考核标准 B 半场运球上篮 (1) 方法：从中线与边线的交接点出发运球上篮，抢得篮球板球后，运至另侧中线与边线的交接点绕障碍物，返回运球上篮，并再次抢到篮板球，运回至起点。 (2) 要求：两次上篮必	一 教法与程序 1 体育知识测试 (1) 教师示范 (2) 讲解要求 (3) 学生填写 (4) 小结 2 技能测试 A 单手肩上投篮 (1) 教师示范 (2) 讲解要求 (3) 测试 (4) 小结 B 半场运球上篮 (1) 教师示范 (2) 讲解要求 (3) 测试 (4) 小结	一 队形与要求 1 体育知识测试 (1) 课前打印好试题，并按班级进行包装。 (2) 测试时间在第一次课。 (3) 测试要求学生独立完成。 2 技能测试 A 单手肩上投篮 (1) 课前要准备好记录表和测试工具。 (2) 课前准备好场地器材。 (3) 测试按照篮球技能考核的要求进行。 B 半场运球上篮 (1) 课前要准备好记录表和测试工具。 (2) 课前准备好场地器材。 (3) 测试按照篮球技能考核的要求进行。	一 目的 1 体育知识测试 了解学生体育知识掌握情况 2 技能测试 A 单手肩上投篮 了解学生技能掌握情况 B 半场运球上篮 了解学生技能掌握情况

(续表)

结构	课的内容及时间	教学方法与程序	教学组织	教学目的
基本部分	须进球,不进需要补进。 (3) 考核标准 C 教学比赛 (1) 方法:按照点名册顺序,5人一组,将全班分为若干组,两组之间进行全场对抗赛,参赛队员按照点名册顺序佩戴号码簿或穿号码比赛服,以便教师确认,人数不足5人队,自行组队与任意一队比赛。 (2) 要求动作规范,运用合理,比赛积极主动,不准有恶意危险动作。 (3) 考核标准与分值 3 体能 立定跳远 二 填写期望价值和锻炼态度量表(约10min) 1 填写期望价值量表	C 教学比赛 (1) 教师示范 (2) 讲解要求 (3) 测试 (4) 小结 3 体能测试 (1) 教师示范 (2) 讲解要求 (3) 测试 (4) 小结 二 教法与程序 1 填写期望价值量表 (1) 教师示范 (2) 讲解要求 (3) 学生填写 (4) 小结	C 教学比赛 (1) 课前要准备好记录表和测试工具。 (2) 课前准备好场地器材。 (3) 测试按照篮球技能考核的要求进行。 3 体能测试 (1) 课前要准备好记录表和测试工具。 (2) 课前准备好场地器材。 (3) 测试按照体质测试的要求进行。 二 队形与要求 1 填写期望价值量表 (1) 课前打印好量表。 (2) 收集数据时,大声地朗读各项条目,并给学生足够的时间来回答(15—30sec),在朗读下一个条目前,确认全部的学生都已经完成了上一条目的选择。	C 教学比赛 了解学生技能掌握情况 3 体能测试 了解学生的体能水平 二 目的 1 填写期望价值量表 了解学生的体育意识水平

(续表)

结构	课的内容及时间	教学方法与程序	教学组织	教学目的
基本部分	2 填写锻炼态度量表	2 填写锻炼态度量表 (1) 教师示范 (2) 讲解要求 (3) 学生填写 (4) 小结	(3) 每次测试时,向学生解释无论怎样回答都没有错误、正确之分,让独立诚实地回答每一个问题,并向学生解释回答不会影响体育课的成绩。 2 填写锻炼态度量表 (1) 课前打印好量表。 (2) 收集数据时,大声地朗读各项条目,并给学生足够的时间来回答(15—30sec),在朗读下一个条目前,确认全部的学生都已经完成了上一条目的选择。 (3) 每次测试时,向学生解释无论怎样回答都没有错误、正确之分,让独立诚实地回答每一个问题,并向学生解释回答不会影响体育课的成绩。	2 填写锻炼态度量表 了解学生的体育意识水平
	三 填写三天课外体育活动问卷 (约 20min) 1 周五课外体育活动问卷	三 教法与程序 1 周五课外体育活动问卷 (1) 教师示范 (2) 讲解要求 (3) 学生填写 (4) 小结	三 队形与要求 1 周五课外体育活动问卷 (1) 课前打印好调查表。 (2) 填写地点在篮球馆,也可以让学生将《课外体育活动调查表》带回去填写。 (3) 要求学生第二次课交上调查表,学生经	三 目的 1 周五课外体育活动问卷 了解学生的体育行为

(续表)

结构	课的内容及时间	教学方法与程序	教学组织	教学目的
基本部分	2 周六课外体育活动问卷	2 周六课外体育活动问卷 (1) 教师示范 (2) 讲解要求 (3) 学生填写 (4) 小结	常会忘记交回调查表，可以通过短信提醒。 (4) 填写时可以让同学或家人帮助回忆自己的活动情况，以真实地回答每一个问题。 (5) 要解释回答不会影响体育课的成绩。 2 周六课外体育活动问卷 (1) 课前打印好调查表。 (2) 填写地点在篮球馆，也可以让学生将《课外体育活动调查表》带回去填写。 (3) 要求学生第二次课交上调查表，学生经常会忘记交回调查表，可以通过短信提醒。 (4) 填写时可以让同学或家人帮助回忆自己的活动情况，以真实地回答每一个问题。 (5) 要解释回答不会影响体育课的成绩。	2 周六课外体育活动问卷 了解学生的体育行为
	3 周日课外体育活动问卷	3 周日课外体育活动问卷 (1) 教师示范 (2) 讲解要求 (3) 学生填写 (4) 小结	3 周日课外体育活动问卷 (1) 课前打印好调查表。 (2) 填写地点在篮球馆，也可以让学生将《课外体育活动调查表》带回去填写。	3 周日课外体育活动问卷 了解学生的体育行为

(续表)

结构	课的内容及时间	教学方法与程序	教学组织	教学目的
基本部分			（3）要求学生第二次课交上调查表，学生经常会忘记交回调查表，可以通过短信提醒。 （4）填写时可以让同学或家人帮助回忆自己的活动情况，以真实地回答每一个问题。 （5）要解释回答不会影响体育课的成绩。	
结束部分	一 放松练习（约5min） 1 深呼吸 2 伸展上肢肌肉练习 3 体前屈转体运动 4 大腿后肌群伸展 5 拉伸腹股沟韧带 6 伸展股四头肌 见右栏 二 课堂常规（约2min）	一 教法与程序 1 教师示范 2 讲解要求 3 学生练习6—8次 4 教师纠正错误 5 小结 接左栏 7 伸展小腿后肌群 8 踢腿运动 二 教法与程序 1 小结本课 2 布置课外作业 3 归还器材 4 师生再见	一 队形与要求 要求：充分伸展、放松肌肉。 二 队形与要求 要求：集合迅速	一 目的促进恢复 二 目的总结测试情况，促进学生提高认识

(续表)

结构	课的内容及时间	教学方法与程序	教学组织	教学目的
课后小结				

上海大学体育学院教案
（第 2 次课）

第二学年　秋季学期　篮球课程　90min

教学内容	1. 学习跑的技术和防守步法 2. 学习传切配合 3. 素质(力量练习方法)		
教学目标	1. 大部分学生能正确地说出移动技术要领和正确地做出移动动作。 2. 大部分学生能正确地说出传切配合方法和正确地做出传切配合动作。 3. 大部分学生能正确地说出力量素质分类和练习方法。		
教学重点	1. 正确示范移动动作和探讨技术原理 2. 正确示范传切配合方法和探讨战术应用 3. 正确示范力量练习动作和探讨练习方法	教学难点	1. 理解移动技术原理 2. 应用传切配合 3. 理解力量练习方法和原则
场地	1. 篮球场地2块 2. 每人1个篮球	课型	1. 新授课 2. 综合课

结构	课的内容及时间	教学方法与程序	教学组织	教学目的
准备部分	一 课堂常规(约5min) 二 球感练习(约5min) 1 球绕全身练习 2 胯下双手交替绕球练习 3 胯下双手交替接球练习	一 教法与程序 1 值日生整队，报告出勤人数 2 师生互相问好，登记考勤 3 提出篮球实践课学习要求 4 宣布本学期考核项目 5 宣布本次课的内容和任务 6 安排见习生 二 教法与程序 1 教师示范 2 讲解要求 3 学生练习 4 教师纠正错误 5 小结 接左栏 4 原地体前后交替运球练习	一 队形与要求 要求：整队快、静、齐 二 队形与要求 要求： 眼睛离开球，指根以上控球。	一 目的 明确要求和学习目标。 二 目的 熟悉球性，提高控球能力。

（续表）

结构	课的内容及时间	教学方法与程序	教学组织	教学目的
准备部分	见右栏 三 球操(约8min) 1 头部运动 2 头上运动 3 上肢运动 4 体侧运动 见右栏	5 胯下双手击地传接球练习 三 教法与程序 1 教师示范 2 讲解要求 3 学生练习 4 教师纠正错误 5 小结 接左栏 5 体转运动 6 腰部运动 7 腹背运动 见右栏	三 队形与要求 要求： 充分活动关节,指根以上控球。 接左栏 8 踢腿运动 9 全身运动 10 跳跃运动	三 目的 活动关节以热身,提高控球能力。
基本部分	一 步法练习(约20min) 1 慢跑 2 变速跑 3 后退跑转身加速跑 4 折线变向跑 5 折线后转身跑	一 教法与程序 1 学生示范讲解 2 教师示范讲解提出问题 3 学生根据问题探究体验 4 学生总结回答问题 5 学生之间讨论	一 队形与要求	一 目的 提高移动能力

(续表)

结构	课的内容及时间	教学方法与程序	教学组织	教学目的
基本部分	6 侧身跑 7 横向滑步 8 向前滑步 9 侧滑后撤步 二 学习传切配合(约10min) 1 概念 传切配合是指队员之间利用传球和切入技术所组成的简单配合。 2 用途 当篮下腹地一带拉空或破紧逼防守时运用较多。 3 要点 (1) 拉开位置,拉空腹地 (2) 传球后利用假动作摆脱防守 (3) 启动突然,侧身接球 (4) 传球及时、到位	6 教师引入运动原理性知识 7 学生巩固练习 8 教师纠正错误 9 小结 10 布置概念图作业 二 教法与程序 1 学生示范讲解 2 教师示范讲解提出问题 3 学生根据问题探究体验 4 学生总结回答问题 5 学生之间讨论 6 教师引入运动原理性知识 7 学生巩固练习 8 教师纠正错误 9 小结 10 布置概念图作业 接右栏 (2) 传球上篮练习 方法:⑦传球给④后,摆脱切入接④的回传球上篮,⑦跟进抢篮板球后,两人交换位置排到队尾。 要求 a. 传球到位,摆脱后突然切入 b. 传球及时到位,要用单手体侧或双手头上传球等,隐蔽方法传球	要求:滑步重心低,平稳,快。 二 队形与要求 1 教师示范队形 [示意图] 要求: 明确配合的位置,路线。 2 学生分组练习 (1) 徒手切入练习(包括纵切和横切) 方法:把学生分成两组如图落位,用一个球,⑤传给④后,摆脱切入篮下后,排到另一队尾,④在将球回传给⑥横切到篮下后,排到另一队尾,依次进行。 [示意图] 要求:a. 传球到位;b. 摆脱后再切入;c. 切入要侧身突然加速。	二 目的 掌握传切配合的方法。
	三 教学比赛(约20min) 1 外线进攻与防守的基本姿势 2 外线进攻和防守的手段	三 教法与程序 1 学生示范讲解 2 教师示范讲解提出问题 3 学生根据问题探究体验 4 学生总结回答问题	三 队形与要求 [示意图]	三 目的 应用技术,提高战术配合能力

(续表)

结构	课的内容及时间	教学方法与程序	教学组织	教学目的
基本部分	3 内线的进攻与防守 4 防守与进攻队员抢篮板球	5 学生之间讨论 6 教师引入运动原理性知识 7 学生巩固练习 8 教师纠正错误 9 小结 10 布置概念图作业		
基本部分	四 素质练习(约20min) 力量练习方法	四 教法与程序 1 学生示范讲解 2 教师示范讲解提出问题 3 学生根据问题探究体验 4 学生总结回答问题 5 学生之间讨论 6 教师引入运动原理性知识 7 学生巩固练习 8 教师纠正错误 9 小结 10 布置概念图作业	四 队形与要求	四 目的 掌握力量练习的方法
结束部分	一 放松练习(约5min) 1 深呼吸 2 伸展上肢肌肉练习 3 体前屈转体运动 4 大腿后肌群伸展 5 拉伸腹股沟韧带 6 伸展股四头肌	一 教法与程序 1 教师示范 2 讲解要求 3 学生练习 4 教师纠正错误 5 小结 接左栏 7 伸展小腿后肌群 8 踢腿运动	一 队形与要求 要求： 充分伸展、放松肌肉。	一 目的 促进恢复

(续表)

结构	课的内容及时间	教学方法与程序	教学组织	教学目的
结束部分	见右栏 二 课堂常规(约2min)	二 教法与程序 1 小结本课 2 布置课外作业 3 归还器材 4 师生再见	二 队形与要求 要求:集合迅速,认真听讲 课后复习	二 目的
课后小结				

上海大学体育学院教案

（第3次课）

第二学年　秋季学期　篮球课程　90min

教学内容	1. 学习原地单手肩上投篮 2. 学习掩护配合 3. 素质（速度练习方法）		
教学目标	1. 大部分学生能正确地说出原地单手肩上投篮技术要领和正确地做出动作 2. 大部分学生能正确地说出掩护配合方法和正确地做出掩护配合动作 3. 大部分学生能正确地说出速度素质分类和练习方法。		
教学重点	1. 正确示范原地单手肩上投篮动作和探讨技术原理 2. 正确示范掩护配合方法和探讨战术应用 3. 正确示范速度练习动作和探讨练习方法	教学难点	1. 理解原地单手肩上投篮技术原理 2. 应用掩护配合 3. 理解速度练习方法和原则
场地	1. 球场2块 2. 每人1个篮球	课型	1. 新授课 2. 综合课

结构	课的内容及时间	教学方法和程序	教学组织	教学目的
准备部分	一 课堂常规（约2min）	一 教法与程序 1 值日生整队，报告出勤人数 2 师生互相问好，登记考勤 3 提出篮球实践课学习要求 4 宣布本次课的内容和任务 5 安排见习生	一 队形与要求 要求：整队快、静、齐	一 目的 明确要求和学习目标。
	二 绕场移动（约8min） 1 慢跑——喊数抱团 2 变速跑 3 后退跑转身加速跑 4 折线变向跑 5 折线后转身跑 6 侧向跑 7 横向滑步 8 向前滑步 9 侧滑后撤步	二 教法与程序 1 教师示范 2 讲解要求 3 学生练习 4 教师纠正错误 5 小结	二 队形与要求	二 目的 热身同时复习移动技术
	三 行进间操（约8min） 1 头部运动	三 教法与程序 1 教师示范	三 队形与要求	三 目的 活动关节以

(续表)

结构	课的内容及时间	教学方法与程序	教学组织	教学目的
准备部分	2 上肢运动 3 扩胸运动 4 体侧体转运动 5 腹背运动 6 踢腿运动 7 全身运动 8 挺身跳	2 讲解要求 3 学生练习 4 * 8 拍 4 教师纠正错误 5 小结		热身
基本部分	一 学习投篮技术(约15min) 动作要点:上下肢协调用力,抬肘伸臂充分,手腕前屈,中、食指柔和将球拨出,大拇指与小拇指控制方向。	一 教法与程序 1 学生示范讲解 2 教师示范讲解提出问题 3 学生根据问题探究体验 4 学生总结回答问题 5 学生之间讨论 6 教师引入运动原理性知识 7 学生巩固练习 8 教师纠正错误 9 小结 10 布置概念图作业	一 队形与要求 1 原地模仿投篮动作练习。 练习要求:体会正确的投篮动作。 2 学生分成两组,一人一球分别在罚球线后练习原地单手肩上投篮。 练习要求:进一步改进投篮技术动作。	一 目的 掌握技术
本部分	二 掩护配合(约 15min) 进攻者各采用合理的行动,用自己的身体与同伴挡住防守者的移动路线,使同伴借以摆脱防守,或利用同伴身体和位置使自己摆脱防守的一种配合战术,多用于半场阵地进攻,尤其是对手进行人盯人队守时。 做掩护者目的要明确,动作要隐蔽,避免造成犯规。被掩护者要配合掩护者的隐蔽行动意图与方向,运用假动作吸引对手,当同伴到达掩护位置时,要突然、快速摆脱对手。整个掩护配合,在进攻者之间要配	二 教法与程序 1 学生示范讲解 2 教师示范讲解提出问题 3 学生根据问题探究体验 4 学生总结回答问题 5 学生之间讨论 6 教师引入运动原理性知识 7 学生巩固练习 8 教师纠正错误 9 小结 10 布置概念图作业	二 队形与要求	二 目的 掌握掩护配合

(续表)

结构	课的内容及时间	教学方法与程序	教学组织	教学目的
基本部分	合默契、行动及时、节奏分明、动作果断，争取第二次配合机会。 三 教学比赛(约20min) 1 外线进攻与防守的基本姿势 2 外线进攻和防守的手段 3 内线的进攻与防守 4 防守与进攻队员抢篮板球	三 教法与程序 1 学生示范讲解 2 教师示范讲解提出问题 3 学生根据问题探究体验 4 学生总结回答问题 5 学生之间讨论 6 教师引入运动原理性知识 7 学生巩固练习 8 教师纠正错误 9 小结 10 布置概念图作业	三 队形与要求	三 目的 巩固技术，提高战术配合能力
基本部分	四 素质练习(约15min) 速度练习方法	四 教法与程序 1 学生示范讲解 2 教师示范讲解提出问题 3 学生根据问题探究体验 4 学生总结回答问题 5 学生之间讨论 6 教师引入运动原理性知识 7 学生巩固练习 8 教师纠正错误 9 小结 10 布置概念图作业	四 队形与要求	四 目的 掌握速度练习方法
结束部分	一 放松练习(约5min) 1 深呼吸 2 伸展上肢肌肉练习 3 体前屈转体运动 4 大腿后肌群伸展	一 教法与程序 1 教师示范 2 讲解要求 3 学生练习 4 教师纠正错误 5 小结 接左栏 7 伸展小腿后肌群	一 队形与要求 要求:充分伸展、放松肌肉。	一 目的 促进恢复

(续表)

结构	课的内容及时间	教学方法与程序	教学组织	教学目的
结束部分	5 拉伸腹股沟韧带 6 伸展股四头肌 见右栏 二 课堂常规(约2min)	8 踢腿运动 二 教法与程序 1 小结本课 2 布置课外作业 3 归还器材 4 师生再见	二 队形与要求 要求：集合迅速，认真听讲 课后练习今天学习的内容	二 目的
课后小结				

上海大学体育学院教案

（第4次课）

第二学年　秋季学期　篮球课程　90min

教学内容	1. 复习原地单手肩上投篮 2. 学习传接球 3. 学习突分配合 4. 素质（耐力练习方法） 5. 填写情境兴趣量表		
教学目标	1. 提高原地单手肩上投篮动作的熟练性和投篮命中率 2. 大部分学生能正确地说出传接球技术要领和正确地做出传接球动作 3. 大部分学生能正确地说出突分配合方法和正确地做出突分配合动作 4. 大部分学生能正确地说出耐力素质分类和练习方法		
教学重点	1. 加强原地单手肩上投篮的理论指导和巩固练习 2. 正确示范传接球动作和探讨技术原理 3. 正确示范突分配合方法和探讨战术应用 4. 正确示范耐力练习动作和探讨练习方法 || 教学难点	1. 提高投篮动作的熟练性和投篮命中率 2. 理解传接球的技术原理 3. 应用突分配合 4. 理解耐力练习方法和原则
场地	1. 篮球场2块 2. 每人1个篮球 || 课型	1. 新授课 2. 综合课

结构	课的内容及时间	教学方法与程序	教学组织	教学目的
准备部分	一 课堂常规（约2min）	一 教法与程序 1 值日生整队，报告出勤人数 2 师生互相问好，登记考勤 3 提出篮球实践课学习要求 4 宣布本次课的内容和任务 5 安排见习生	一 队形与要求 要求：整队快、静、齐	一 目的 明确要求和学习目标。
	二 原地徒手操（约8min） 1 头部运动 2 上肢运动 3 扩胸运动 4 体侧体转运动 5 腹背运动 6 踢腿运动 7 全身运动 8 挺身跳	二 教法与程序 1 教师示范 2 讲解要求 3 学生练习4*8拍 4 教师纠正错误 5 小结	二 队形与要求	二 目的 活动关节以热身

附录7 篮球教案设计(实验组) 399

(续表)

结构	课的内容及时间	教学方法与程序	教学组织	教学目的
准备部分	三 游戏(约8min) 1 名称:叫号赛跑 2 做法:两列横队,前后两步距离,左右两臂间隔,从右向左报数,记住自己的数,教师喊数,前后两名同学快速向前一步,跑向排尾,绕过排尾,跑向排头,绕过排头,回到原来位置。 3 规则:按规定路线跑,不能拉人。	三 教法与程序 1 教师示范做法 2 教师讲解规则和要求 3 学生完成游戏 4 执行游戏规则 5 小结	三 队形与要求 要求:按规定路线跑,速度慢的同学做五个俯卧撑,或代表的列做五个俯卧撑。	三 目的 提高快速反应能力
基本部分	一 复习投篮技术(约10min) 动作要点:上下肢协调用力,抬肘伸臂充分,手腕前屈,中、食指柔和将球拨出,大拇指与小拇指控制方向。	一 教法与程序 1 学生示范讲解 2 教师示范讲解提出问题 3 学生根据问题探究体验 4 学生总结回答问题 5 学生之间讨论 6 教师引入运动原理性知识 7 学生巩固练习 8 教师纠正错误 9 小结 10 布置概念图作业	一 队形与要求	一 目的 巩固技术
	二 学习传接球技术(约15min) 1 双手胸前传球 动作方法: 双手持球于胸腹之间,两肘自然弯曲于体侧,身体成基本站立姿势,眼平视传球目标。传球时后脚蹬地发力,身体重心前移,两臂前伸,两手腕随之旋内,拇指用	二 教法与程序 1 学生示范讲解 2 教师示范讲解提出问题 3 学生根据问题探究体验 4 学生总结回答问题 5 学生之间讨论 6 教师引入运动原理性知识 7 学生巩固练习 8 教师纠正错误 9 小结 10 布置概念图作业 接左栏 3 学习行进间双手传接球	二 队形与要求	二 目的 提高传接球能力

(续表)

结构	课的内容及时间	教学方法与程序	教学组织	教学目的
基本部分	力下压,食、中指用力拨球并将球传出,球出手后,两手向下略向外翻。动作要点:持球动作正确。用力协调连贯,食、中指拨球。 2 双手胸前接球 动作方法:两眼注视来球,两臂迎球伸出,双手五指自然张开,两拇指相对成八字形,其余手指向前伸出,两手成半圆形。当手指触球时,双手将球握住,两臂顺势屈肘后引缓冲来球的力量,两手持球于胸腹之间,成基本站立姿势。动作要点:伸臂迎球,收臂后引缓冲,握球于胸腹之间,动作连贯一致。易犯错误:持球动作不正确;肘关节外展;身体配合不协调。接球时;两手未成半圆形。 见右栏	要点:常用右(左)脚落地接球,左(右)脚上步,右(左)脚抬起(未落地)前球出手。当双手触球时,顺势收臂后引,迅速伸臂、翻腕,最后拨指出球。	练习要求: 1 持球及接球的手法要正确 2 注意传球时肘关节不要外展 3 传、接球动作基本正确。	
	三 学习突分配合(约15min) 进攻者运球突破后,主动或应变地通过传球给有利于攻击的同伴配合的技术。 常用于对付扩大防守,以运球突破,打乱对方的防守部署或使对方压缩防区,创造外围中、远距离投篮的机会,也可传给切入篮下的同伴得分。	三 教法与程序 1 学生示范讲解 2 教师示范讲解提出问题 3 学生根据问题探究体验 4 学生总结回答问题 5 学生之间讨论 6 教师引入运动原理性知识 7 学生巩固练习 8 教师纠正错误 9 小结 10 布置概念图作业	三 队形与要求	三 目的 掌握突分配合

(续表)

结构	课的内容及时间	教学方法与程序	教学组织	教学目的
基本部分	四 教学比赛(约20min) 1 外线进攻与防守的基本姿势 2 外线进攻和防守的手段 3 内线的进攻与防守 4 防守与进攻队员抢篮板球	四 教法与程序 1 学生示范讲解 2 教师示范讲解提出问题 3 学生根据问题探究体验 4 学生总结回答问题 5 学生之间讨论 6 教师引入运动原理性知识 7 学生巩固练习 8 教师纠正错误 9 小结 10 布置概念图作业	四 队形与要求	四 目的 巩固技术,提高战术配合能力
	五 素质(约15min) 耐力练习方法	五 教法与程序 1 学生示范讲解 2 教师示范讲解提出问题 3 学生根据问题探究体验 4 学生总结回答问题 5 学生之间讨论 6 教师引入运动原理性知识 7 学生巩固练习 8 教师纠正错误 9 小结 10 布置概念图作业	五 队形与要求	五 目的 掌握耐力练习方法
结束部分	一 放松练习(约5min) 1 深呼吸 2 伸展上肢肌肉练习 3 体前屈转体运动 4 大腿后肌群伸展	一 教法与程序 1 教师示范 2 讲解要求 3 学生练习 4 教师纠正错误 5 小结 接左栏 7 伸展小腿后肌群	一 队形与要求 要求:充分伸展、放松肌肉。	一 目的 促进恢复

(续表)

结构	课的内容及时间	教学方法与程序	教学组织	教学目的
结束部分	5 拉伸腹股沟韧带 6 伸展股四头肌 见右栏 二 课堂常规(约2min)	8 踢腿运动 二 教法与程序 1 小结本课 2 布置课外作业 3 归还器材 4 师生再见	二 队形与要求 要求：集合迅速，认真听讲 课后练习今天学习的内容	二 目的 回忆巩固所学知识
课后小结				

上海大学体育学院教案
（第5次课）

第二学年　秋季学期　篮球课程　90min

教学内容	1. 复习传接球 2. 学习运球（后转身运球） 3. 学习策应配合 4. 素质（柔韧练习方法）		
教学目标	1. 提高传接球动作的熟练性和隐蔽性 2. 大部分学生能正确地说出后转身变向运球动作技术要领和正确地做出后转身变向运球动作 3. 大部分学生能正确地说出策应配合方法和正确地做出策应配合动作 4. 大部分学生能正确地说出柔韧素质分类和练习方法		
教学重点	1. 加强传接球的理论指导和巩固练习 2. 正确示范后转身变向运球动作和探讨技术原理 3. 正确示范策应配合方法和探讨战术应用 4. 正确示范柔韧练习动作和探讨练习方法	教学难点	1. 提高传接球动作的熟练性和隐蔽性 2. 理解后转身变向运球的技术原理 3. 应用策应配合 4. 理解柔韧练习方法和原则
场地	1. 篮球场2块。 2. 学生每人1个球。	课型	1. 新授课 2. 综合课

结构	课的内容及时间	教学方法与程序	教学组织	教学目的
准备部分	一 课堂常规（约2min）	一 教法与程序 1 值日生整队，报告出勤人数 2 师生互相问好，登记考勤 3 提出篮球实践课学习要求 4 宣布本次课的内容和任务 5 安排见习生	一 队形与要求 要求：整队快、静、齐	一 目的 明确要求和学习目标
	二 原地徒手操（约8min） 1 头部运动 2 上肢运动 3 扩胸运动 4 体侧体转运动 5 腹背运动 6 踢腿运动 7 全身运动 8 挺身跳	二 教法与程序 1 教师示范 2 讲解要求 3 学生练习 4*8 拍 4 教师纠正错误 5 小结	二 队形与要求	二 目的 活动关节以热身

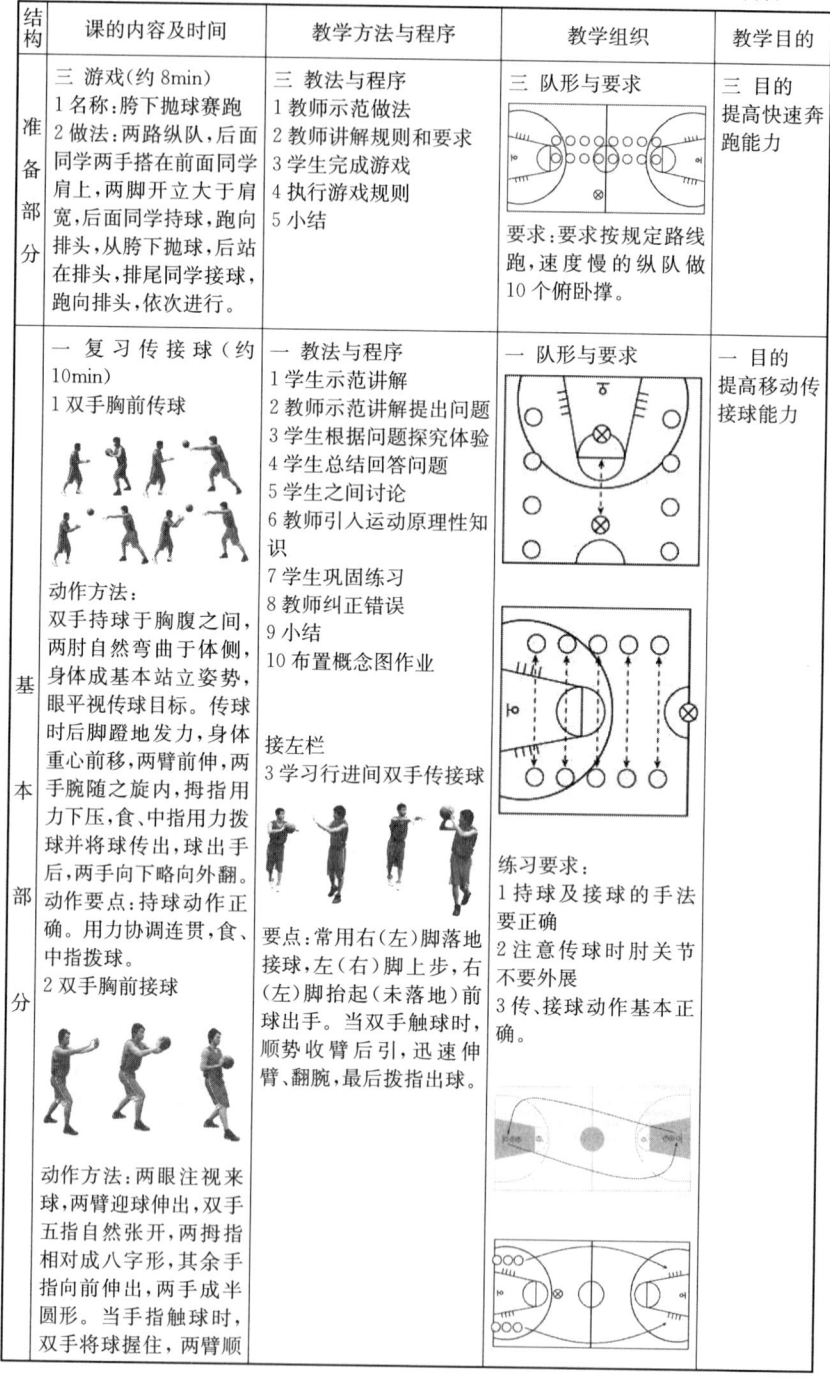

(续表)

结构	课的内容及时间	教学方法与程序	教学组织	教学目的
准备部分	三 游戏(约8min) 1 名称:胯下抛球赛跑 2 做法:两路纵队,后面同学两手搭在前面同学肩上,两脚开立大于肩宽,后面同学持球,跑向排头,从胯下抛球,后站在排头,排尾同学接球,跑向排头,依次进行。	三 教法与程序 1 教师示范做法 2 教师讲解规则和要求 3 学生完成游戏 4 执行游戏规则 5 小结	三 队形与要求 要求:要求按规定路线跑,速度慢的纵队做10个俯卧撑。	三 目的 提高快速奔跑能力
基本部分	一 复习传接球(约10min) 1 双手胸前传球 动作方法: 双手持球于胸腹之间,两肘自然弯曲于体侧,身体成基本站立姿势,眼平视传球目标。传球时后脚蹬地发力,身体重心前移,两臂前伸,两手腕随之旋内,拇指用力下压,食、中指用力拨球并将球传出,球出手后,两手向下略向外翻。 动作要点:持球动作正确。用力协调连贯,食、中指拨球。 2 双手胸前接球 动作方法:两眼注视来球,两臂迎球伸出,双手五指自然张开,两拇指相对成八字形,其余手指向前伸出,两手成半圆形。当手指触球时,双手将球握住,两臂顺	一 教法与程序 1 学生示范讲解 2 教师示范讲解提出问题 3 学生根据问题探究体验 4 学生总结回答问题 5 学生之间讨论 6 教师引入运动原理性知识 7 学生巩固练习 8 教师纠正错误 9 小结 10 布置概念图作业 接左栏 3 学习行进间双手传接球 要点:常用右(左)脚落地接球,左(右)脚上步,右(左)脚抬起(未落地)前球出手。当双手触球时,顺势收臂后引,迅速伸臂、翻腕,最后拨指出球。	一 队形与要求 练习要求: 1 持球及接球的手法要正确 2 注意传球时肘关节不要外展 3 传、接球动作基本正确。	一 目的 提高移动传接球能力

(续表)

结构	课的内容及时间	教学方法与程序	教学组织	教学目的
基本部分	势屈肘后引缓冲来球的力量,两手持球于胸腹之间,成基本站立姿势。动作要点:伸臂迎球,收臂后引缓冲,握球于胸腹之间,动作连贯一致。易犯错误:持球动作不正确;肘关节外展;身体配合不协调。接球时;两手未成半圆形。见右栏 二 学习运球(约15min) 1 行进间高低运球 2 急起急停运球 3 体前变向换手运球 4 体前变向不换手运球 5 胯下运球 6 背后运球 7 后转身运球 要点:运球转身时,使上臂紧贴躯干来减小球的转动半径,同时运球臂提拉的动作和脚的蹬地、跨步、转身动作紧密结合。转身时要加力运球,以加大球的反作用力。 易犯错误:1)拉球转身时,球远离身体,脱手失控,球触身体,走步违例,前臂夹球。2)转身与拉球动作不协调,身体后倒,失去重心。 三 学习策应配合(约10min) 进攻者背对球篮或侧对球篮接球,作为枢纽与同伴之间进行空切、绕	二 教法与程序 1 学生示范讲解 2 教师示范讲解提出问题 3 学生根据问题探究体验 4 学生总结回答问题 5 学生之间讨论 6 教师引入运动原理性知识 7 学生巩固练习 8 教师纠正错误 9 小结 10 布置概念图作业 三 教法与程序 1 学生示范讲解 2 教师示范讲解提出问题 3 学生根据问题探究体验 4 学生总结回答问题	二 队形与要求 指跟以上触球,屈腕拍球,眼睛离开球 要求:转身和拉球相结合。 纠正方法:1)原地两侧提拉球的练习,要求用单手将球从身体的一侧拉至身体的另一侧。2)原地运球后转身不换手的练习,要求转身与拉球动作同步。3)由慢到快练习全场后转身变向换手运球的完整动作。 三 队形与要求	二 目的 巩固技术,提高运球能力 三 目的 掌握策应配合方法

(续表)

结构	课的内容及时间	教学方法与程序	教学组织	教学目的
基本部分	切配合的战术。在比赛中可用于对付全场紧逼人盯人防守、半场人盯人防守或区域联防。当突破对方防守时应与传切、掩护等战术配合使用。	5 学生之间讨论 6 教师引入运动原理性知识 7 学生巩固练习 8 教师纠正错误 9 小结 10 布置概念图作业		
	四 教学比赛(约20min) 1 外线进攻与防守的基本姿势 2 外线进攻和防守的手段 3 内线的进攻与防守 4 防守与进攻队员抢篮板球	四 教法与程序 1 学生示范讲解 2 教师示范讲解提出问题 3 学生根据问题探究体验 4 学生总结回答问题 5 学生之间讨论 6 教师引入运动原理性知识 7 学生巩固练习 8 教师纠正错误 9 小结 10 布置概念图作业	四 队形与要求	四 目的 巩固技术,提高战术配合能力
	五 素质(约10min) 柔韧素质练习方法	五 教法与程序 1 学生示范讲解 2 教师示范讲解提出问题 3 学生根据问题探究体验 4 学生总结回答问题 5 学生之间讨论	五 队形与要求	五 目的 掌握柔韧素质练习方法

(续表)

结构	课的内容及时间	教学方法与程序	教学组织	教学目的
基本部分		6 教师引入运动原理性知识 7 学生巩固练习 8 教师纠正错误 9 小结 10 布置概念图作业		
结束部分	一 放松练习(约5min) 1 深呼吸 2 伸展上肢肌肉练习 3 体前屈转体运动 4 大腿后肌群伸展 5 拉伸腹股沟韧带 6 伸展股四头肌 见右栏	一 教法与程序 1 教师示范 2 讲解要求 3 学生练习 4 教师纠正错误 5 小结 接左栏 7 伸展小腿后肌群 8 踢腿运动	一 队形与要求 要求:充分伸展、放松肌肉。	一 目的 促进恢复
	二 课堂常规(约2min)	二 教法与程序 1 小结本课 2 布置课外作业 3 归还器材 4 师生再见	二 队形与要求 要求:集合迅速,认真听讲 课后练习今天学习的内容	二 目的 回忆巩固所学知识

(续表)

结构	课的内容及时间	教学方法与程序	教学组织	教学目的
课后小结	情境兴趣量表 (1) 课前打印好量表。 (2) 测量地点在篮球馆。 (3) 测量时间在第 5 次课结束前 5min。 (4) 收集数据时,大声地朗读各项条目,并给学生足够的时间来回答(15—30sec),在朗读下一个条目前,应确认全部的学生都已经完成了上一条目的选择。 (5) 每次测试时,向学生解释无论怎样回答都没有错误、正确之分,让独立诚实地回答每一个问题,并向学生解释回答不会影响体育课的成绩。			

上海大学体育学院教案

（第6次课）

第二学年 秋季学期 篮球课程 90min

教学内容	1. 复习运球（后转身运球） 2. 学习运球上篮 3. 介绍挤过、穿过和绕过配合 4. 素质（灵敏练习方法）		
教学目标	1. 提高后转身变向运球的熟练性 2. 大部分学生能正确地说出运球上篮动作技术要领和正确地做出运球上篮动作 3. 大部分学生能正确地说出挤过、穿过和绕过配合方法 4. 大部分学生能正确地说出灵敏素质分类和练习方法		
教学重点	1. 加强后转身变向运球的理论指导和巩固练习 2. 正确示范运球上篮和探讨技术原理 3. 正确示范挤过、穿过和绕过配合方法和探讨战术应用 4. 正确示范灵敏练习动作和探讨练习方法	教学难点	1. 提高后转身变向运球的熟练性 2. 理解运球上篮的技术原理 3. 应用挤过、穿过和绕过配合 4. 理解灵敏练习方法和原则
场地	1. 篮球场 2 块 2. 学生每人 1 个球	课型	1. 新授课 2. 综合课

结构	课的内容及时间	教学方法与程序	教学组织	教学目的
准备部分	一 课堂常规（约2min）	一 教法与程序 1 值日生整队，报告出勤人数 2 师生互相问好，登记考勤 3 提出篮球实践课学习要求 4 宣布本次课的内容和任务 5 安排见习生	一 队形与要求 要求：整队快、静、齐	一 目的 明确要求和学习目标
	二 原地徒手操（约8min） 1 头部运动 2 上肢运动 3 扩胸运动 4 体侧体转运动 5 腹背运动 6 踢腿运动 7 全身运动 8 挺身跳	二 教法与程序 1 教师示范 2 讲解要求 3 学生练习 4*8拍 4 教师纠正错误 5 小结	二 队形与要求	二 目的 活动关节以热身

(续表)

结构	课的内容及时间	教学方法与程序	教学组织	教学目的
准备部分	三 专项练习(约8min) 1 名称:跳起空中传接球打板比赛	三 教法与程序 1 教师示范做法 2 教师讲解规则和要求 3 学生完成练习 4 执行游戏规则 5 小结	三 队形与要求 要求:跳起空中接球打板,失误多的纵队做10个俯卧撑。	三 目的 提高空中控球能力
基本部分	一 复习运球(约10min) 1 行进间高低运球 2 急起急停运球 3 体前变向换手运球 4 体前变向不换手运球 5 胯下运球 6 背后运球 7 后转身运球 要点:运球转身时,使上臂紧贴躯干来减小球的转动半径,同时运球臂提拉的动作和脚的蹬地、跨步、转身动作紧密结合。转身时要加力运球,以加大球的反作用力。 易犯错误:1)拉球转身时,球远离身体,脱手失控,球触身体,走步违例,前臂夹球。2)转身与拉球动作不协调,身体后倒,失去重心。	一 教法与程序 1 学生示范讲解 2 教师示范讲解提出问题 3 学生根据问题探究体验 4 学生总结回答问题 5 学生之间讨论 6 教师引入运动原理性知识 7 学生巩固练习 8 教师纠正错误 9 小结 10 布置概念图作业	一 队形与要求 指跟以上触球,屈腕拍球,眼睛离开球 要求:转身和拉球相结合。 纠正方法:1)原地两侧提拉球的练习,要求用单手将球从身体的一侧拉至到身体的另一侧。2)原地运球后转身不换手的练习,要求转身与拉球动作同步。3)由慢到快练习全场后转身变向换手运球的完整动作。	一 目的 巩固技术,提高运球能力
	二 学习运球上篮(约10min) 1 行进间单手高手投篮	二 教法与程序 1 学生示范讲解 2 教师示范讲解提出问题 3 学生根据问题探究体验 4 学生总结回答问题 5 学生之间讨论 6 教师引入运动原理性知识 7 学生巩固练习	二 队形与要求	二 目的 巩固技术

(续表)

结构	课的内容及时间	教学方法与程序	教学组织	教学目的
基本部分	动作要点：一大二小三高跳 三 介绍挤过、穿过和绕过配合 (约15min) (1) 挤过配合：进攻者⑤传球给⑥后，移动去为无球者⑦做掩护，防守队员⑦主动挤到⑤之前继续防守进攻队员⑦。 (2) 穿过配合：⑥传球给⑦后去给⑤做掩护，防守队员⑤当⑥掩护到位的一刹那主动后撤一步，从防守队员⑥和进攻队员⑥中间穿过，继续防守⑤。 (3) 绕过配合：⑦传球给⑥后，移动去为⑥做侧掩护，传球给⑤后	8 教师纠正错误 9 小结 10 布置概念图作业 三 教法与程序 1 学生示范讲解 2 教师示范讲解提出问题 3 学生根据问题探究体验 4 学生总结回答问题 5 学生之间讨论 6 教师引入运动原理性知识 7 学生巩固练习 8 教师纠正错误 9 小结 10 布置概念图作业	要求：指根以上控球，眼睛注视擦板点，屈腕，拨球。 三 队形与要求	三 目的 掌握挤过、穿过和绕过配合的方法

(续表)

结构	课的内容及时间	教学方法与程序	教学组织	教学目的
基本部分	利用⑦的掩护向篮下切入,防守队员⑥后撤一步从防守队员⑦和进攻队员⑦后面绕过。			
	四 教学比赛(约20min) 1 外线进攻与防守的基本姿势 2 外线进攻和防守的手段 3 内线的进攻与防守 4 防守与进攻队员抢篮板球	四 教法与程序 1 学生示范讲解 2 教师示范讲解提出问题 3 学生根据问题探究体验 4 学生总结回答问题 5 学生之间讨论 6 教师引入运动原理性知识 7 学生巩固练习 8 教师纠正错误 9 小结 10 布置概念图作业	四 队形与要求	四 目的 巩固技术,提高战术配合能力
	五 素质(约10min) 灵敏素质练习方法	五 教法与程序 1 学生示范讲解 2 教师示范讲解提出问题 3 学生根据问题探究体验 4 学生总结回答问题 5 学生之间讨论 6 教师引入运动原理性知识 7 学生巩固练习 8 教师纠正错误 9 小结 10 布置概念图作业	五 队形与要求	五 目的 掌握灵敏素质练习的方法
结束部分	一 放松练习(约5min) 1 深呼吸 2 伸展上肢肌肉练习 3 体前屈转体运动 4 大腿后肌群伸展	一 教法与程序 1 教师示范 2 讲解要求 3 学生练习 4 教师纠正错误 5 小结	一 队形与要求 要求:充分伸展、放松	一 目的 促进恢复

(续表)

结构	课的内容及时间	教学方法与程序	教学组织	教学目的
结束部分	5 拉伸腹股沟韧带 6 伸展股四头肌 见右栏 二 课堂常规(约2min)	接左栏 7 伸展小腿后肌群 8 踢腿运动 二 教法与程序 1 小结本课 2 布置课外作业 3 归还器材 4 师生再见	肌肉。 二 队形与要求 要求：集合迅速，认真听讲 课后练习今天学习的内容	二 目的 回忆巩固所学知识
课后小结				

上海大学体育学院教案

（第7次课）

第二学年　秋季学期　篮球课程　90min

教学内容	1. 复习半场运球上篮 2. 学习跳起单手肩上投篮 3. 介绍夹击和关门配合 4. 素质（立定跳远练习）			
教学目标	1. 提高半场运球上篮的熟练性和命中率 2. 大部分学生能正确地说出跳起单手肩上投篮动作技术要领和正确地做出跳起单手肩上投篮动作 3. 大部分学生能正确地说出夹击和关门配合方法 4. 提高立定跳远成绩			
教学重点	1. 加强半场运球上篮的理论指导和巩固练习 2. 正确示范跳起单手肩上投篮和探讨技术原理 3. 正确示范夹击和关门配合方法和探讨战术应用 4. 合理安排运动负荷	教学难点	1. 提高半场运球上篮的熟练性和命中率 2. 理解跳起单手肩上投篮的技术原理 3. 应用夹击和关门配合 4. 提高立定跳远成绩	
场地	1. 篮球场2块 2. 学生每人1个球	课型	1. 新授课 2. 综合课	
结构	课的内容及时间	教学方法与程序	教学组织	教学目的
准备部分	一 课堂常规（约2min）	一 教法与程序 1 值日生整队，报告出勤人数 2 师生互相问好，登记考勤 3 提出篮球实践课学习要求 4 宣布本次课的内容和任务 5 安排见习生	一 队形与要求 要求：整队快、静、齐	一 目的 明确要求和学习目标
	二 原地徒手操（约8min） 1 头部运动 2 上肢运动 3 扩胸运动 4 体侧体转运动 5 腹背运动 6 踢腿运动	二 教法与程序 1 教师示范 2 讲解要求 3 学生练习4*8拍 4 教师纠正错误 5 小结	二 队形与要求	二 目的 活动关节以热身

(续表)

结构	课的内容及时间	教学方法与程序	教学组织	教学目的
准备部分	7 全身运动 8 挺身跳 三 专项练习(约 8min) 1 名称:跳起空中传接球打板比赛	三 教法与程序 1 教师示范做法 2 教师讲解规则和要求 3 学生完成练习 4 执行游戏规则 5 小结	三 队形与要求 要求:跳起空中接球打板,失误的纵队做 10 个俯卧撑。	三 目的 提高空中控球能力
基本部分	一 复习半场运球上篮 (约 10min) 1 行进间单手高手投篮 动作要点:一大二小三高跳	一 教法与程序 1 学生示范讲解 2 教师示范讲解提出问题 3 学生根据问题探究体验 4 学生总结回答问题 5 学生之间讨论 6 教师引入运动原理性知识 7 学生巩固练习 8 教师纠正错误 9 小结 10 布置概念图作业	一 队形与要求 要求:指根以上控球,眼睛注视擦板点,屈腕,拨球。	一 目的 巩固技术
	二 学习投篮(约 15min) 1 原地 动作要点:上下肢协调用力,抬肘伸臂充分,手腕前屈,中、食指柔和将球拨出,大拇指与小拇	二 教法与程序 1 学生示范讲解 2 教师示范讲解提出问题 3 学生根据问题探究体验 4 学生总结回答问题 5 学生之间讨论 6 教师引入运动原理性知识 7 学生巩固练习 8 教师纠正错误 9 小结 10 布置概念图作业	二 队形与要求 易犯错误与纠正方法 1 易犯错误:跳起投篮时身体前冲,出手时间或早或晚,上下肢配合不协调 2 纠正方法:多做徒手练习,体会协调用力。	二 目的 掌握技术

(续表)

结构	课的内容及时间	教学方法与程序	教学组织	教学目的
基本部分	指控制方向。 2 跳投 动作方法： 以右手投篮为例。两手持球于胸前,两脚左右或前后开立。两膝微屈,重心落在两脚之间。起跳时,迅速屈膝,脚掌用力蹬地向上起跳,同时双手举球到右肩上方,右手持球,左手扶球的左侧方,当身体接近最高点时,左手离球,右臂向前上方伸展,手腕前屈,食、中指拨球,通过指端将球投出。落地时屈膝缓冲。 三 介绍夹击和关门配合(约10min) 1 夹击配合 2 关门配合	动作要点： 起跳垂直向上,起跳与举球、出手动作应协调一致,在接近最高点时出手。 三 教法与程序 1 学生示范讲解 2 教师示范讲解提出问题 3 学生根据问题探究体验 4 学生总结回答问题 5 学生之间讨论 6 教师引入运动原理性知识 7 学生巩固练习 8 教师纠正错误 9 小结 10 布置概念图作业	三 队形与要求	三 目的 掌握夹击和关门配合的方法

附录7　篮球教案设计(实验组)　417

(续表)

结构	课的内容及时间	教学方法与程序	教学组织	教学目的
基本部分	四 教学比赛(约20min) 1 外线进攻与防守的基本姿势 2 外线进攻和防守的手段 3 内线的进攻与防守 4 防守与进攻队员抢篮板球	四 教法与程序 1 学生示范讲解 2 教师示范讲解提出问题 3 学生根据问题探究体验 4 学生总结回答问题 5 学生之间讨论 6 教师引入运动原理性知识 7 学生巩固练习 8 教师纠正错误 9 小结 10 布置概念图作业	四 队形与要求	四 目的 巩固技术,提高战术配合能力
	五 素质(约10min) 立定跳远练习	五 教法与程序 1 学生示范讲解 2 教师示范讲解提出问题 3 学生根据问题探究体验 4 学生总结回答问题 5 学生之间讨论 6 教师引入运动原理性知识 7 学生巩固练习 8 教师纠正错误 9 小结 10 布置概念图作业	五 队形与要求	五 目的 提高下肢力量
结束部分	一 放松练习(约5min) 1 深呼吸 2 伸展上肢肌肉练习 3 体前屈转体运动 4 大腿后肌群伸展 5 拉伸腹股沟韧带	一 教法与程序 1 教师示范 2 讲解要求 3 学生练习 4 教师纠正错误 5 小结 接左栏 7 伸展小腿后肌群 8 踢腿运动	一 队形与要求 要求:充分伸展、放松肌肉。	一 目的 促进恢复

(续表)

结构	课的内容及时间	教学方法与程序	教学组织	教学目的
结束部分	6 伸展股四头肌 见右栏 二 课堂常规（约2min）	二 教法与程序 1 小结本课 2 布置课外作业 3 归还器材 4 师生再见	二 队形与要求 要求：集合迅速，认真听讲 课后练习今天学习的内容	二 目的 回忆巩固所学知识
课后小结				

上海大学体育学院教案

（第8次课）

第二学年　秋季学期　篮球课程　90min

教学内容	1. 复习半场运球上篮 2. 复习跳起单手肩上投篮 3. 介绍补防和换防配合 4. 素质练习（立定跳远）		
教学目标	1. 进一步提高半场运球上篮的熟练性和命中率 2. 提高跳起单手肩上投篮的熟练性和命中率 3. 大部分学生能说出正确的补防和换防配合方法 4. 进一步提高立定跳远成绩		
教学重点	1. 进一步加强半场运球上篮的理论指导和巩固练习 2. 加强跳起单手肩上投篮的理论指导和巩固练习 3. 正确示范补防和换防配合方法和探讨战术应用 4. 合理安排运动负荷	教学难点	1. 进一步提高半场运球上篮的熟练性和命中率 2. 提高跳起单手肩上投篮的熟练性和命中率 3. 应用补防和换防配合 4. 进一步提高立定跳远成绩
场地	1. 篮球场2块 2. 学生每人1个球	课型	1. 新授课 2. 综合课

结构	课的内容及时间	教学方法与程序	教学组织	教学目的
准备部分	一　课堂常规（约2min） 二　原地徒手操（约8min） 1 头部运动 2 上肢运动 3 扩胸运动 4 体侧体转运动 5 腹背运动 6 踢腿运动	一　教法与程序 1 值日生整队，报告出勤人数 2 师生互相问好，登记考勤 3 提出篮球实践课学习要求 4 宣布本次课的内容和任务 5 安排见习生 二　教法与程序 1 教师示范 2 讲解要求 3 学生练习4＊8拍 4 教师纠正错误 5 小结	一　队形与要求 要求：整队快、静、齐 二　队形与要求	一　目的 明确要求和学习目标 二　目的 活动关节以热身

(续表)

结构	课的内容及时间	教学方法与程序	教学组织	教学目的
准备部分	7 全身运动 8 挺身跳 三 专项练习(约 8min) 1 名称:传接球结合投篮练习	三 教法与程序 1 教师示范 2 讲解要求 3 学生练习 4 教师纠正错误 5 小结	三 队形与要求 要求:	三 目的 提高传接球和上篮能力
基本部分	一 复习半场运球上篮(约 10min) 1 行进间单手高手投篮 动作要点:一大二小三高跳	一 教法与程序 1 学生示范讲解 2 教师示范讲解提出问题 3 学生根据问题探究体验 4 学生总结回答问题 5 学生之间讨论 6 教师引入运动原理性知识 7 学生巩固练习 8 教师纠正错误 9 小结 10 布置概念图作业	一 队形与要求 要求:不走步,指根以上控球,眼睛注视擦板点,屈腕,拨球。 要求:两次上篮必须进球,不进需要补进。	一 目的 巩固技术
	二 复习投篮(约 10min) 1 原地 动作要点:上下肢协调	二 教法与程序 1 学生示范讲解 2 教师示范讲解提出问题 3 学生根据问题探究体验 4 学生总结回答问题 5 学生之间讨论 6 教师引入运动原理性知识 7 学生巩固练习 8 教师纠正错误 9 小结	二 队形与要求 易犯错误与纠正方法 1 易犯错误:跳起投篮时身体前冲,出手时间或早或晚,上下肢配合	二 目的 巩固技术

(续表)

结构	课的内容及时间	教学方法与程序	教学组织	教学目的
基本部分	用力,抬肘伸臂充分,手腕前屈,中、食指柔和将球拨出,大拇指与小拇指控制方向。 2 跳投 动作方法: 以右手投篮为例。两手持球于胸前,两脚左右或前后开立。两膝微屈,重心落在两脚之间。起跳时,迅速屈膝,脚掌用力蹬地向上起跳,同时双手举球到右肩上方,右手持球,左手扶球的左侧方,当身体接近最高点时,左手离球,右臂向前上方伸展,手腕前屈,食、中指拨球,通过指端将球投出。落地时屈膝缓冲。	10 布置概念图作业 动作要点: 起跳垂直向上,起跳与举球、出手动作应协调一致,在接近最高点时出手。	不协调。 2 纠正方法:多做徒手练习,体会协调用力。	
分	三 介绍补防和换防配合(约 10min) 1 补防配合 2 换防配合	三 教法与程序 1 学生示范讲解 2 教师示范讲解提出问题 3 学生根据问题探究体验 4 学生总结回答问题 5 学生之间讨论 6 教师引入运动原理性知识 7 学生巩固练习 8 教师纠正错误 9 小结 10 布置概念图作业	三 队形与要求	三 目的 掌握战术配合方法

(续表)

结构	课的内容及时间	教学方法与程序	教学组织	教学目的
基本部分	四 教学比赛(约15min) 1 外线进攻与防守的基本姿势 2 外线进攻和防守的手段 3 内线的进攻与防守 4 防守与进攻队员抢篮板球	四 教法与程序 1 学生示范讲解 2 教师示范讲解提出问题 3 学生根据问题探究体验 4 学生总结回答问题 5 学生之间讨论 6 教师引入运动原理性知识 7 学生巩固练习 8 教师纠正错误 9 小结 10 布置概念图作业	四 队形与要求	四 目的 巩固技术，提高战术配合能力
	五 素质(约20min) 立定跳远考试	五 教法与程序 1 讲解要求 2 测试 3 小结	五 队形与要求	五 目的 提高下肢力量
结束部分	一 放松练习(约5min) 1 深呼吸 2 伸展上肢肌肉练习 3 体前屈转体运动 4 大腿后肌群伸展 5 拉伸腹股沟韧带 接左栏 7 伸展小腿后肌群 8 踢腿运动	一 教法与程序 1 教师示范 2 讲解要求 3 学生练习 4 教师纠正错误 5 小结	一 队形与要求 要求：充分伸展、放松肌肉。	一 目的 促进恢复

(续表)

结构	课的内容及时间	教学方法与程序	教学组织	教学目的
结束部分	6 伸展股四头肌 见右栏 二 课堂常规(约2min)	二 教法与程序 1 小结本课 2 布置课外作业 3 归还器材 4 师生再见	二 队形与要求 要求：集合迅速，认真听讲 课后练习今天学习的内容	二 目的 回忆巩固所学知识
课后小结				

上海大学体育学院教案

（第 9 次课）

第二学年　秋季学期　篮球课程　90min

教学内容	1. 自选项目考试：(1) 原地单手肩上投篮；(2) 半场运球上篮。 2. 必考项目考试：全场教学比赛 3. 实践课总结			
教学目标	1. 了解学生的技术水平 2. 了解学生的战术水平 3. 以考促进提高			
教学重点	1. 端正学生考试态度，提高技术水平 2. 端正学生考试态度，提高战术水平 3. 对技战术存在问题进行总结		教学难点	对学生进行思想教育，端正考试态度
场地	1. 篮球场 2 块 2. 学生每人 1 个球		课型	1. 测试课

结构	课的内容及时间	教学方法与程序	教学组织	教学目的
准备部分	一 课堂常规（约 2min） 二 原地徒手操（约 8min） 1 头部运动 2 上肢运动 3 扩胸运动 4 体侧体转运动 5 腹背运动 6 踢腿运动 7 全身运动 8 挺身跳 三 专项练习（约 8min） 1 传接球结合投篮练习	一 教法与程序 1 值日生整队，报告出勤人数 2 师生互相问好，登记考勤 3 提出篮球实践课学习要求 4 宣布本次课的内容和任务 5 安排见习生 二 教法与程序 1 教师示范 2 讲解要求 3 学生练习 4*8 拍 4 教师纠正错误 5 小结 三 教法与程序 1 教师示范 2 讲解要求 3 学生练习	一 队形与要求 要求：整队快、静、齐 二 队形与要求 三 队形与要求	一 目的 明确要求和学习目标 二 目的 活动关节以热身 三 目的 提高传接球、投篮和弹跳能力

(续表)

结构	课的内容及时间	教学方法与程序	教学组织	教学目的
准备部分	2 罚球区两翼跳投练习	4 教师纠正错误 5 小结 3 跳起空中传接球打板练习		要求：练习认真，指根以上控球。
基本部分	一 自选考试项目考试（约45min） 1.单手肩上投篮 (1) 方法：在罚球线投篮10次，计进球个数 (2) 要求：不得踩线 (3) 考核标准 2 半场运球上篮 (1) 方法：从中线与边线的交接点出发运球上篮，抢得篮球板球后，运至另侧中线与边线的交接点绕障碍物，返回运球上篮，并再次抢到篮板球，运回至起点。 (2) 要求：两次上篮必须进球，不进需要补进。 (3) 考核标准 二 必考项目考试（约20min） (1) 方法：按照点名册	一 教法与程序 1 教师示范 2 讲解要求 3 测试 4 小结 二 教法与程序 1 教师示范 2 讲解要求	一 队形与要求 二 队形与要求	一 目的 提高技术 二 目的 巩固技术，提高战术配

(续表)

结构	课的内容及时间	教学方法与程序	教学组织	教学目的
基本部分	顺序,5人一组,将全班分为若干组,两组之间进行全场对抗赛,参赛队员按照点名册顺序佩戴号码簿或穿号码比赛服,以便教师确认,人数不足5人队,自行组队与任意一队比赛。 (2) 要求动作规范,运用合理,比赛积极主动,不准有恶意危险动作。 (3) 考核标准与分值	3 学生比赛 4 教师纠正错误 5 小结	（篮球场示意图） 要求：	合能力
	三 实践课总结（约5min） 1 技术 2 战术 3 素质	三 教法与程序 1 讲解 2 示范 3 小结	三 队形与要求 （篮球场示意图）	三 目的 回顾巩固所学知识
结束部分	一 放松练习(约5min) 1 深呼吸 2 伸展上肢肌肉练习 3 体前屈转体运动 4 大腿后肌群伸展 5 拉伸腹股沟韧带 6 伸展股四头肌 见右栏	一 教法与程序 1 教师示范 2 讲解要求 3 学生练习 4 教师纠正错误 5 小结 接左栏 7 伸展小腿后肌群 8 踢腿运动	一 队形与要求 （篮球场示意图） 要求:充分伸展、放松肌肉。	一 目的 促进恢复

(续表)

结构	课的内容及时间	教学方法与程序	教学组织	教学目的
结束部分	二 课堂常规(约2min)	二 教法与程序 1 小结本课 2 布置课外作业 3 归还器材 4 师生再见	二 队形与要求 要求：集合迅速，认真听讲 课后练习今天学习的内容	二 目的 回忆巩固所学知识
课后小结				

上海大学体育学院教案

（第10次课）

第二学年　秋季学期　篮球课程　90min

测试内容	1. 体育知识、技能和体能测试 2. 填写期望价值和锻炼态度量表 3. 填写三天课外体育活动问卷		
测试目标	1. 了解学生的体育知识、技能和体能水平 2. 了解学生的体育意识水平 3. 了解学生的体育行为		
测试重点	1. 测试前的准备工作 2. 按测试的要求填写量表 3. 按测试要求填写和回收问卷	测试难点	1. 端正学生考试态度，提高积极性 2. 让学生认真回答，提高准确性 3. 让学生如实回答，提高可靠性
场地	1. 篮球场地2块 2. 每人1个篮球	课型	1. 测试课

结构	课的内容及时间	教学方法与程序	教学组织	教学目的
准备部分	一　课堂常规（约5min）	一　教法与程序 1 值日生整队，报告出勤人数 2 师生互相问好，登记考勤 3 提出篮球实践课学习要求 4 宣布本学期考核项目 5 宣布本次课的内容和任务 6 安排见习生	一　队形与要求 要求：整队快、静、齐	一　目的 明确要求和学习目标。
	二　球感练习（约5min） 1 球绕全身练习 2 胯下双手交替绕球练习 3 胯下双手交替接球练习	二　教法与程序 1 教师示范 2 讲解要求 3 学生练习6—8次 4 教师纠正错误 5 小结 接左栏 4 原地体前后交替运球练习	二　队形与要求 要求：眼睛离开球，指根以上控球。	二　目的 熟悉球性，提高控球能力。

(续表)

结构	课的内容及时间	教学方法与程序	教学组织	教学目的
准备部分	见右栏 三 球操(约8min) 1 头部运动 2 头上运动 3 上肢运动 4 体侧运动 见右栏	5 胯下双手击地传接球练习 三 教法与程序 1 教师示范 2 讲解要求 3 学生练习6—8次 4 教师纠正错误 5 小结 接左栏 5 体转运动 6 腰部运动 7 腹背运动 见右栏	三 队形与要求 要求： 充分活动关节,指根以上控球。 接左栏 8 踢腿运动 9 全身运动 10 跳跃运动	三 目的 活动关节以热身,提高控球能力。
基本部分	一 体育知识、技能和体能测试 (约20min) 1 填写体育知识试题	一 教法与程序 1 体育知识测试 (1) 教师示范 (2) 讲解要求 (3) 学生填写 (4) 小结	一 队形与要求 1 体育知识测试	一 目的 1 体育知识测试 了解学生体育知识掌握情况

(续表)

结构	课的内容及时间	教学方法与程序	教学组织	教学目的
基本部分	2 技能测试 A 单手肩上投篮 (1) 方法：在罚球线投篮10次，计进球个数 (2) 要求：不得踩线 (3) 考核标准	2 技能测试 A 单手肩上投篮 (1) 教师示范 (2) 讲解要求 (3) 测试 (4) 小结	(1) 课前打印好试题，并按班级进行包装。 (2) 测试时间在第一次课。 (3) 测试要求学生独立完成。 2 技能测试 A 单手肩上投篮 (1) 课前要准备好记录表和测试工具。 (2) 课前准备好场地器材。 (3) 测试按照篮球技能考核的要求进行。	2 技能测试 A 单手肩上投篮 了解学生技能掌握情况
	B 半场运球上篮 (1) 方法：从中线与边线的交接点出发运球上篮，抢得篮球板球后，运至另侧中线与边线的交接点绕障碍物，返回运球上篮，并再次抢到篮板球，运回至起点。 (2) 要求：两次上篮必须进球，不进需要补进。 (3) 考核标准	B 半场运球上篮 (1) 教师示范 (2) 讲解要求 (3) 测试 (4) 小结	B 半场运球上篮 (1) 课前要准备好记录表和测试工具。 (2) 课前准备好场地器材。 (3) 测试按照篮球技能考核的要求进行。	B 半场运球上篮 了解学生技能掌握情况
	C 教学比赛 (1) 方法：按照点名册顺序，5人一组，将全班分为若干组，两组之间进行全场对抗赛，参赛队员按照点名册顺序佩戴号码簿或穿号码比赛	C 教学比赛 (1) 教师示范 (2) 讲解要求 (3) 测试 (4) 小结	C 教学比赛 (1) 课前要准备好记录表和测试工具。 (2) 课前准备好场地器材。 (3) 测试按照篮球技能考核的要求进行。	C 教学比赛 了解学生技能掌握情况

(续表)

结构	课的内容及时间	教学方法与程序	教学组织	教学目的
基本部分	服,以便教师确认,人数不足5人队,自行组队与任意一队比赛。 (2) 要求动作规范,运用合理,比赛积极主动,不准有恶意危险动作。 (3) 考核标准与分值 3 体能 立定跳远	3 体能测试 (1) 教师示范 (2) 讲解要求 (3) 测试 (4) 小结	3 体能测试 (1) 课前要准备好记录表和测试工具。 (2) 课前准备好场地器材。 (3) 测试按照体质测试的要求进行。	3 体能测试 了解学生的体能水平
	二 填写期望价值和锻炼态度量表(约10min) 1 填写期望价值量表	二 教法与程序 1 填写期望价值量表 (1) 教师示范 (2) 讲解要求 (3) 学生填写 (4) 小结	二 队形与要求 1 填写期望价值量表 (1) 课前打印好量表。 (2) 收集数据时,大声地朗读各项条目,并给学生足够的时间来回答(15—30sec),在朗读下一个条目前,确认全部的学生都已经完成了上一条目的选择。 (3) 每次测试时,向学生解释无论怎样回答都没有错误、正确之分,让独立诚实地回答每一个问题,并向学生解释回答不会影响体育课的成绩。	二 目的 1 填写期望价值量表 了解学生的体育意识水平
	2 填写锻炼态度量表	2 填写锻炼态度量表 (1) 教师示范	2 填写锻炼态度量表	2 填写锻炼态度量表

(续表)

结构	课的内容及时间	教学方法与程序	教学组织	教学目的
基本部分		(2) 讲解要求 (3) 学生填写 (4) 小结	(1) 课前打印好量表。 (2) 收集数据时,大声地朗读各项条目,并给学生足够的时间来回答(15—30sec),在朗读下一个条目前,确认全部的学生都已经完成了上一条目的选择。 (3) 每次测试时,向学生解释无论怎样回答都没有错误、正确之分,让独立诚实地回答每一个问题,并向学生解释回答不会影响体育课的成绩。	了解学生的体育意识水平
	三 填写三天课外体育活动问卷(约20min) 1 周五课外体育活动问卷	三 教法与程序 1 周五课外体育活动问卷 (1) 教师示范 (2) 讲解要求 (3) 学生填写 (4) 小结	三 队形与要求 1 周五课外体育活动问卷 (1) 课前打印好调查表。 (2) 填写地点在篮球馆,也可以让学生将《课外体育活动调查表》带回去填写。 (3) 要求学生第二次课交上调查表,学生经常会忘记交回调查表,可以通过短信提醒。 (4) 填写时可以让同学或家人帮助回忆自己的活动情况,以真实地回答每一个问题。 (5) 要解释回答不会影响体育课的成绩。	三 目的 1 周五课外体育活动问卷 了解学生的体育行为

(续表)

结构	课的内容及时间	教学方法与程序	教学组织	教学目的
基本部分	2 周六课外体育活动问卷	2 周六课外体育活动问卷 （1）教师示范 （2）讲解要求 （3）学生填写 （4）小结	2 周六课外体育活动问卷 （1）课前打印好调查表。 （2）填写地点在篮球馆，也可以让学生将《课外体育活动调查表》带回去填写。 （3）要求学生第二次课交上调查表，学生经常会忘记交回调查表，可以通过短信提醒。 （4）填写时可以让同学或家人帮助回忆自己的活动情况，以真实地回答每一个问题。 （5）要解释回答不会影响体育课的成绩。	2 周六课外体育活动问卷 了解学生的体育行为
	3 周日课外体育活动问卷	3 周日课外体育活动问卷 （1）教师示范 （2）讲解要求 （3）学生填写 （4）小结	3 周日课外体育活动问卷 （1）课前打印好调查表。 （2）填写地点在篮球馆，也可以让学生将《课外体育活动调查表》带回去填写。 （3）要求学生第二次课交上调查表，学生经常会忘记交回调查表，可以通过短信提醒。 （4）填写时可以让同学或家人帮助回忆自己的活动情况，以真实地回答每一个问题。 （5）要解释回答不会影响体育课的成绩。	3 周日课外体育活动问卷 了解学生的体育行为

(续表)

结构	课的内容及时间	教学方法与程序	教学组织	教学目的
结束部分	一 放松练习(约5min) 1 深呼吸 2 伸展上肢肌肉练习 3 体前屈转体运动 4 大腿后肌群伸展 5 拉伸腹股沟韧带 6 伸展股四头肌 见右栏 二 课堂常规(约2min)	一 教法与程序 1 教师示范 2 讲解要求 3 学生练习6—8次 4 教师纠正错误 5 小结 接左栏 7 伸展小腿后肌群 8 踢腿运动 二 教法与程序 1 小结本课 2 布置课外作业 3 归还器材 4 师生再见	一 队形与要求 要求：充分伸展、放松肌肉。 二 队形与要求 要求：集合迅速	一 目的 促进恢复 二 目的 总结测试情况，促进学生提高认识
课后小结				

上海大学体育学院教案

（第1次课）

第二学年　冬季学期　篮球课程　90min

测试内容	1. 体育知识、技能和体能测试 2. 填写期望价值和锻炼态度量表 3. 填写三天课外体育活动问卷			
测试目标	1. 了解学生的体育知识、技能和体能水平 2. 了解学生的体育意识水平 3. 了解学生的体育行为			
测试重点	1. 测试前的准备工作 2. 按测试的要求填写量表 3. 按测试要求填写和回收问卷		测试难点	1. 端正学生考试态度，提高积极性 2. 让学生认真回答，提高准确性 3. 让学生如实回答，提高可靠性
场地	1. 篮球场地2块 2. 每人1个篮球		课型	1. 测试课

结构	课的内容及时间	教学方法与程序	教学组织	教学目的
准备部分	一　课堂常规（约5min）	一　教法与程序 1 值日生整队，报告出勤人数 2 师生互相问好，登记考勤 3 提出篮球实践课学习要求 4 宣布本学期考核项目 5 宣布本次课的内容和任务 6 安排见习生	一　队形与要求 要求：整队快、静、齐	一　目的 明确要求和学习目标。
	二　球感练习（约5min） 1 球绕全身练习 2 胯下双手交替绕球练习	二　教法与程序 1 教师示范 2 讲解要求 3 学生练习6—8次 4 教师纠正错误 5 小结 接左栏 4 原地体前后交替运球练习	二　队形与要求 要求：眼睛离开球，指根以上控球。	二　目的 熟悉球性，提高控球能力。

(续表)

结构	课的内容及时间	教学方法与程序	教学组织	教学目的
准备部分	3 胯下双手交替接球练习 见右栏 三 球操(约8min) 1 头部运动 2 头上运动 3 上肢运动 4 体侧运动 见右栏	5 胯下双手击地传接球练习 三 教法与程序 1 教师示范 2 讲解要求 3 学生练习6—8次 4 教师纠正错误 5 小结 接左栏 5 体转运动 6 腰部运动 7 腹背运动 见右栏	三 队形与要求 要求： 充分活动关节,指根以上控球。 接左栏 8 踢腿运动 9 全身运动 10 跳跃运动	三 目的 活动关节以热身,提高控球能力。

(续表)

结构	课的内容及时间	教学方法与程序	教学组织	教学目的
基本部分	一 体育知识、技能和体能测试(约20min) 1 填写体育知识试题 2 技能测试 A 1分钟限制区外投篮考试(约20min) 动作要点：上下肢协调用力，抬肘伸臂充分，手腕前屈，中、食指柔和将球拨出，大拇指与小拇指控制方向。 B "∞"字运球上篮考试(分组约20min) 1 方法：从端线出发，绕过中圈、罚球圈后上篮 2 要求：全程要做两个以上运球变向动作(体	一 教法与程序 1 体育知识测试 (1) 教师示范 (2) 讲解要求 (3) 学生填写 (4) 小结 2 技能测试 A 单手肩上投篮 (1) 教师示范 (2) 讲解要求 (3) 测试 (4) 小结 B "∞"字运球上篮考试 (1) 教师示范 (2) 讲解要求 (3) 测试 (4) 小结	一 队形与要求 1 体育知识测试 (1) 课前打印好试题，并按班级进行包装。 (2) 测试时间在第一次课。 (3) 测试要求学生独立完成。 2 技能测试 A 单手肩上投篮 (1) 课前要准备好记录表和测试工具。 (2) 课前准备好场地器材。 (3) 测试按照篮球技能考核的要求进行。 B "∞"字运球上篮考试	一 目的 1 知识测试 了解学生体育知识掌握情况 2 技能测试 A 单手肩上投篮 了解学生技能掌握情况 B "∞"字运球上篮考试 了解学生技能掌握情况

(续表)

结构	课的内容及时间	教学方法与程序	教学组织	教学目的
基本部分	前、背后、胯下、转身等任选两个以上变向动作,若少于两个则将根据评价标准扣分;投篮必须进球,不进要补篮,得到篮板球计时结束。 3 标准		(1) 课前要准备好记录表和测试工具。 (2) 课前准备好场地器材。 (3) 测试按照篮球技能考核的要求进行。	
	C 教学比赛 (1) 方法:按照点名册顺序,5人一组,将全班分为若干组,两组之间进行全场对抗赛,参赛队员按照点名册顺序佩戴号码簿或穿号码比赛服,以便教师确认,人数不足5人队,自行组队与任意一队比赛。 (2) 要求动作规范,运用合理,比赛积极主动,不准有恶意危险动作。 (3) 考核标准与分值	C 教学比赛 (1) 教师示范 (2) 讲解要求 (3) 测试 (4) 小结	C 教学比赛 (1) 课前要准备好记录表和测试工具。 (2) 课前准备好场地器材。 (3) 测试按照篮球技能考核的要求进行。	C 教学比赛 了解学生技能掌握情况
	3 体能 1000米	3 体能测试 (1) 教师示范 (2) 讲解要求 (3) 测试 (4) 小结	3 体能测试 (1) 课前要准备好记录表和测试工具。 (2) 课前准备好场地器材。 (3) 测试按照体质测试的要求进行。	3 体能测试 了解学生的体能水平
	二 填写期望价值和锻炼态度量表(约10min) 1 填写期望价值量表	二 教法与程序 1 填写期望价值量表 (1) 教师示范 (2) 讲解要求 (3) 学生填写 (4) 小结	二 队形与要求 1 填写期望价值量表	二 目的 1 填写期望价值量表 了解学生的体育意识水平

(续表)

结构	课的内容及时间	教学方法与程序	教学组织	教学目的
基本部分	2 填写锻炼态度量表	2 填写锻炼态度量表 (1) 教师示范 (2) 讲解要求 (3) 学生填写 (4) 小结	(1) 课前打印好量表。 (2) 收集数据时,大声地朗读各项条目,并给学生足够的时间来回答(15—30sec),在朗读下一个条目前,确认全部的学生都已经完成了上一条目的选择。 (3) 每次测试时,向学生解释无论怎样回答都没有错误、正确之分,让独立诚实地回答每一个问题,并向学生解释回答不会影响体育课的成绩。 2 填写锻炼态度量表 (1) 课前打印好量表。 (2) 收集数据时,大声地朗读各项条目,并给学生足够的时间来回答(15—30sec),在朗读下一个条目前,确认全部的学生都已经完成了上一条目的选择。 (3) 每次测试时,向学生解释无论怎样回答都没有错误、正确之分,让独立诚实地回答每一个问题,并向学生解释回答不会影响体育课的成绩。	2 填写锻炼态度量表 了解学生的体育意识水平
	三 填写三天课外体育活动问卷(约20min) 1 周五课外体育活动问卷	三 教法与程序 1 周五课外体育活动问卷 (1) 教师示范 (2) 讲解要求 (3) 学生填写 (4) 小结	三 队形与要求 1 周五课外体育活动问卷	三 目的 1 周五课外体育活动问卷 了解学生的体育行为

(续表)

结构	课的内容及时间	教学方法与程序	教学组织	教学目的
基本部分	2周六课外体育活动问卷	2周六课外体育活动问卷 (1) 教师示范 (2) 讲解要求 (3) 学生填写 (4) 小结	(1) 课前打印好调查表。 (2) 填写地点在篮球馆,也可以让学生将《课外体育活动调查表》带回去填写。 (3) 要求学生第二次课交上调查表,学生经常会忘记交回调查表,可以通过短信提醒。 (4) 填写时可以让同学或家人帮助回忆自己的活动情况,以真实地回答每一个问题。 (5) 要解释回答不会影响体育课的成绩。 2周六课外体育活动问卷 (1) 课前打印好调查表。 (2) 填写地点在篮球馆,也可以让学生将《课外体育活动调查表》带回去填写。 (3) 要求学生第二次课交上调查表,学生经常会忘记交回调查表,可以通过短信提醒。 (4) 填写时可以让同学或家人帮助回忆自己的活动情况,以真实地回答每一个问题。 (5) 要解释回答不会影响体育课的成绩。	2周六课外体育活动问卷 了解学生的体育行为
	3周日课外体育活动问卷	3周日课外体育活动问卷 (1) 教师示范 (2) 讲解要求 (3) 学生填写 (4) 小结	3周日课外体育活动问卷	3周日课外体育活动问卷 了解学生的体育行为

(续表)

结构	课的内容及时间	教学方法与程序	教学组织	教学目的
基本部分			(1) 课前打印好调查表。 (2) 填写地点在篮球馆,也可以让学生将《课外体育活动调查表》带回去填写。 (3) 要求学生第二次课交上调查表,学生经常会忘记交回调查表,可以通过短信提醒。 (4) 填写时可以让同学或家人帮助回忆自己的活动情况,以真实地回答每一个问题。 (5) 要解释回答不会影响体育课的成绩。	
结束部分	一 放松练习(约5min) 1 深呼吸 2 伸展上肢肌肉练习 3 体前屈转体运动 4 大腿后肌群伸展 5 拉伸腹股沟韧带 6 伸展股四头肌	一 教法与程序 1 教师示范 2 讲解要求 3 学生练习6—8次 4 教师纠正错误 5 小结 接左栏 7 伸展小腿后肌群 8 踢腿运动	一 队形与要求 要求:充分伸展、放松肌肉。	一 目的 促进恢复

(续表)

结构	课的内容及时间	教学方法与程序	教学组织	教学目的
结束部分	见右栏 二 课堂常规（约2min）	二 教法与程序 1 小结本课 2 布置课外作业 3 归还器材 4 师生再见	二 队形与要求 要求：集合迅速	二 目的 总结测试情况，促进学生提高认识
课后小结				

上海大学体育学院教案
（第 2 次课）

第二学年　冬季学期　篮球课程　90min

教学内容	1. 学习运球（"∞"字运球上篮） 2. 复习传切配合 3. 素质（力量练习方法）			
教学目标	1. 大部分学生能正确地说出"∞"字运球上篮技术要领和正确地做出动作 2. 提高传切配合的熟练性和隐蔽性 3. 熟练掌握力量素质分类和练习方法			
教学重点	1. 正确示范"∞"字运球上篮和探讨技术原理 2. 正确示范传切配合方法和探讨战术应用 3. 正确示范力量练习动作和探讨练习方法	教学难点	1. 理解"∞"字运球上篮的技术原理 2. 应用传切配合 3. 应用力量练习方法和原则	
场地	1. 篮球场地 2 块 2. 每人 1 个篮球	课型	1. 新授课 2. 综合课	

结构	课的内容及时间	教学方法与程序	教学组织	教学目的
准备部分	一 课堂常规（约 5min）	一 教法与程序 1 值日生整队，报告出勤人数 2 师生互相问好，登记考勤 3 提出篮球实践课学习要求 4 宣布本学期考核项目 5 宣布本次课的内容和任务 6 安排见习生	一 队形与要求 要求：整队快、静、齐	一 目的 明确要求和学习目标。
	二 绕场移动（约 5min） 1 慢跑 2 变速跑 3 后退跑转身加速跑 4 横向滑步 5 向前滑步 6 侧滑后撤步 7 折线变向跑 8 折线后转身跑 9 侧向跑	二 教法与程序 1 教师示范 2 讲解要求 3 学生练习 4 教师纠正错误 5 小结	二 队形与要求	二 目的 热身同时复习移动技术
	三 行进间操（约 8min） 1 头部运动	三 教法与程序 1 教师示范	三 队形与要求	三 目的 活动关节以

(续表)

结构	课的内容及时间	教学方法与程序	教学组织	教学目的
准备部分	2 上肢运动 3 扩胸运动 4 体侧体转运动 5 腹背运动 6 踢腿运动 7 全身运动 8 挺身跳 四 跳起空中传接球打板练习 (约5min)	2 讲解要求 3 学生练习4*8拍 4 教师纠正错误 5 小结 四 教法与程序 1 教师示范 2 讲解要求 3 学生练习 4 小结	热身 四 队形与要求	热身 四 目的 提高弹跳、传接球、控球能力
基本部分	一 学习运球(约15min) 1 行进间高低运球 2 急起急停运球 3 体前变向换手 4 体前变向不换手运球 5 胯下变向 6 背后变向 7 后转身变向 8 "∞"字形运球 动作要点:一大二小三高跳	一 教法与程序 1 学生示范讲解 2 教师示范讲解提出问题 3 学生根据问题探究体验 4 学生总结回答问题 5 学生之间讨论 6 教师引入运动原理性知识 7 学生巩固练习 8 教师纠正错误 9 小结 10 布置概念图作业	一 队形与要求 指跟以上触球,屈腕拍球,眼睛离开球	一 目的 提高运球能力
	二 复习传切配合(约7min) 1 概念 传切配合是指队员之间利用传球和切入技术所组成的简单配合。 2 用途 当篮下腹地一带拉空或破紧逼防守时运用较多。 3 要点 (1) 拉开位置,拉空腹地	二 教法与程序 1 学生示范讲解 2 教师示范讲解提出问题 3 学生根据问题探究体验 4 学生总结回答问题 5 学生之间讨论 6 教师引入运动原理性知识 7 学生巩固练习 8 教师纠正错误 9 小结 10 布置概念图作业	二 队形与要求 1 教师示范队形 要求: 明确配合的位置,路线。 2 学生分组练习	二 目的 掌握传切配合的方法。

(续表)

结构	课的内容及时间	教学方法与程序	教学组织	教学目的
基本部分	(2) 传球后利用假动作摆脱防守 (3) 启动突然,侧身接球 (4) 传球及时、到位 (5) 跟强篮板球	接右栏 (2) 传球上篮练习 方法:⑦传球给④后,摆脱切入接④的回传球上篮,④跟进抢篮板球后,两人交换位置排到队尾。 要求 a. 传球到位,摆脱后突然切入 b. 传球及时到位,要用单手体侧或双手头上传球等,隐蔽方法传球	(1) 徒手切入练习(包括纵切和横切) 方法:把学生分成两组如图落位,用一个球,⑤传给④后,摆脱切入篮下后,排到另一队尾,④在将球回传给⑥横切到篮下后,排到另一队尾,依次进行。 要求:a. 传球到位;b. 摆脱后再切入;c. 切入要侧身突然加速。	
	三 教学比赛(约20min) 1 外线进攻与防守的基本姿势 2 外线进攻和防守的手段 3 内线的进攻与防守 4 防守与进攻队员抢篮板球	三 教法与程序 1 学生示范讲解 2 教师示范讲解提出问题 3 学生根据问题探究体验 4 学生总结回答问题 5 学生之间讨论 6 教师引入运动原理性知识 7 学生巩固练习 8 教师纠正错误 9 小结 10 布置概念图作业	三 队形与要求	三 目的 应用技术,提高战术配合能力
	四 素质(约5min) 力量练习方法	四 教法与程序 1 学生示范讲解 2 教师示范讲解提出问题 3 学生根据问题探究体验 4 学生总结回答问题 5 学生之间讨论 6 教师引入运动原理性知识 7 学生巩固练习 8 教师纠正错误 9 小结 10 布置概念图作业	四 队形与要求	四 目的 掌握力量练习方法

(续表)

结构	课的内容及时间	教学方法与程序	教学组织	教学目的
结束部分	一 放松练习(约5min) 1 深呼吸 2 伸展上肢肌肉练习 3 体前屈转体运动 4 大腿后肌群伸展 5 拉伸腹股沟韧带 6 伸展股四头肌 见右栏 二 课堂常规(约3min)	一 教法与程序 1 教师示范 2 讲解要求 3 学生练习 4 教师纠正错误 5 小结 接左栏 7 伸展小腿后肌群 8 踢腿运动 二 教法与程序 1 小结本课 2 布置课外作业 3 归还器材 4 师生再见	一 队形与要求 要求：充分伸展、放松肌肉。 二 队形与要求 要求：集合迅速，认真听讲	一 目的 促进恢复 二 目的 回忆巩固所学知识
课后小结				

上海大学体育学院教案

（第 3 次课）

第二学年　冬季学期　篮球课程　90min

教学内容	1. 学习投篮（1 分钟限制区外投篮） 2. 复习掩护配合 3. 素质（速度练习方法）		
教学目标	1. 大部分学生能正确地说出 1 分钟限制区外投篮的技术要领和正确地做出动作 2. 提高掩护配合的熟练性和隐蔽性 3. 熟练掌握速度质素分类和练习方法		
教学重点	1. 正确示范 1 分钟限制区外投篮和探讨技术原理 2. 正确示范掩护配合方法和探讨战术应用 3. 正确示范速度练习动作和探讨练习方法	教学难点	1. 理解 1 分钟限制区外投篮的技术原理 2. 应用掩护配合 3. 应用力量练习方法和原则
场地	1. 球场 2 块 2. 每人 1 个篮球	课型	1. 新授课 2. 综合课

结构	课的内容及时间	教学方法和程序	教学组织	教学目的
准备部分	一 课堂常规（约 2min） 二 绕场移动（约 10min） 1 慢跑——找伙伴游戏 2 小步跑高抬腿加速跑 3 后退跑转身加速跑 4 横向滑步交叉加速 5 向前滑步 6 侧滑后撤步 7 折线变向跑 8 折线后转身跑 9 侧身跑 三 双人操（约 8min） 1 头部运动	一 教法与程序 1 值日生整队，报告出勤人数 2 师生互相问好，登记考勤 3 提出篮球实践课学习要求 4 宣布本次课的内容和任务 5 安排见习生 二 教法与程序 1 教师示范 2 讲解要求 3 学生练习 4 教师纠正错误 5 小结 三 教法与程序 1 教师示范	一 队形与要求 要求：整队快、静、齐 二 队形与要求 三 队形与要求	一 目的 明确要求和学习目标。 二 目的 热身同时复习移动技术 三 目的 活动关节以

(续表)

结构	课的内容及时间	教学方法与程序	教学组织	教学目的
准备部分	2 压肩 3 体侧 4 背后 5 体转运动 6 压腿 7 膝关节 8 腕踝关节 9 较力	2 讲解要求 3 学生练习 4*8 拍 4 教师纠正错误 5 小结		热身
基本部分	一 学习投篮(约20min) 1 原地投篮 动作要点:上下肢协调用力,抬肘伸臂充分,手腕前屈,中、食指柔和将球拨出,大拇指与小拇指控制方向。 2 跳投 动作方法: 以右手投篮为例。两手持球于胸前,两脚左右或前后开立。两膝微屈,重心落在两脚之间。起跳时,迅速屈膝,脚掌用力蹬地向上起跳,同时双手举球到右肩上方,右手持球,左手扶球的左侧方,当身体接近最高点时,左手离球,右臂向前上方伸展,手腕	一 教法与程序 1 学生示范讲解 2 教师示范讲解提出问题 3 学生根据问题探究体验 4 学生总结回答问题 5 学生之间讨论 6 教师引入运动原理性知识 7 学生巩固练习 8 教师纠正错误 9 小结 10 布置概念图作业	一 队形与要求 1 原地模仿投篮动作练习。 练习要求:体会正确的投篮动作。 2 学生分成两组,一人一球分别在罚球线后练习原地单手肩上投篮。 要求:进一步改进投篮技术动作。 易犯错误与纠正方法 1 易犯错误:跳起投篮时身体前冲,出手时间或早或晚,上下肢配合不协调。 2 纠正方法:多做徒手练习,体会协调用力。	一 目的 掌握技术

(续表)

结构	课的内容及时间	教学方法与程序	教学组织	教学目的
基本部分	前屈,食、中指拨球,通过指端将球投出。落地时屈膝缓冲。 动作要点: 起跳垂直向上,起跳与举球、出手动作应协调一致,在接近最高点时出手。 3 一分钟限制区外投篮 二 复习掩护配合(约9min) 做掩护者目的要明确,动作要隐蔽,避免造成犯规。 被掩护者要配合掩护者的隐蔽行动意图与方向,运用假动作吸引对手,当同伴到达掩护位置时,要突然、快速摆脱对手。 整个掩护配合,在进攻者之间要配合默契、行动及时、节奏分明、动作果断,争取第二次配合机会。 二打二练习	二 教法与程序 1 学生示范讲解 2 教师示范讲解提出问题 3 学生根据问题探究体验 4 学生总结回答问题 5 学生之间讨论 6 教师引入运动原理性知识 7 学生巩固练习 8 教师纠正错误 9 小结 10 布置概念图作业	二 队形与要求	二 目的 巩固掩护配合
	三 教学比赛(约20min) 1 外线进攻与防守的基本姿势 2 外线进攻和防守的手段 3 内线的进攻与防守 4 防守与进攻队员抢篮板球	三 教法与程序 1 学生示范讲解 2 教师示范讲解提出问题 3 学生根据问题探究体验 4 学生总结回答问题 5 学生之间讨论 6 教师引入运动原理性知识 7 学生巩固练习 8 教师纠正错误 9 小结	三 队形与要求	三 目的 巩固技术,提高战术配合能力

(续表)

结构	课的内容及时间	教学方法与程序	教学组织	教学目的
基本部分	四 素质(约5min) 速度练习方法	10 布置概念图作业 四 教法与程序 1 学生示范讲解 2 教师示范讲解提出问题 3 学生根据问题探究体验 4 学生总结回答问题 5 学生之间讨论 6 教师引入运动原理性知识 7 学生巩固练习 8 教师纠正错误 9 小结 10 布置概念图作业	四 队形与要求	四 目的 掌握速度练习方法
结束部分	一 放松练习(约5min) 1 深呼吸 2 伸展上肢肌肉练习 3 体前屈转体运动 4 大腿后肌群伸展 5 拉伸腹股沟韧带 6 伸展股四头肌 见右栏 二 课堂常规(约2min)	一 教法与程序 1 教师示范 2 讲解要求 3 学生练习 4 教师纠正错误 5 小结 接左栏 7 伸展小腿后肌群 8 踢腿运动 二 教法与程序 1 小结本课 2 布置课外作业 3 归还器材	一 队形与要求 要求:充分伸展、放松肌肉。 二 队形与要求	一 目的 促进恢复 二 目的 巩固回忆所学内容

(续表)

结构	课的内容及时间	教学方法与程序	教学组织	教学目的
结束部分		4 师生再见	要求:集合迅速,认真听讲 课后练习今天学习的内容	
课后小结				

上海大学体育学院教案

（第4次课）

第二学年　冬季学期　篮球课程　90min

教学内容	1. 学习传接球（四角传接球） 2. 复习突分配合 3. 素质（耐力练习方法） 4. 填写情境兴趣量表			
教学目标	1. 大部分学生能正确地说出四角传接球的技术要领和正确地做出动作 2. 提高突分配合的熟练性和隐蔽性 3. 熟练掌握耐力素质分类和练习方法			
教学重点	1. 正确示范四角传接球和探讨技术原理 2. 正确示范突分配合方法和探讨战术应用 3. 正确示范耐力练习动作和探讨练习方法	教学难点	1. 理解四角传接球的技术原理 2. 应用突分配合 3. 应用耐力练习方法和原则	
场地	1. 篮球场2块 2. 每人1个篮球	课型	1. 新授课 2. 综合课	
结构	课的内容及时间	教学方法与程序	教学组织	教学目的
准备部分	一　课堂常规（约2min）	一　教法与程序 1 值日生整队，报告出勤人数 2 师生互相问好，登记考勤 3 提出篮球实践课学习要求 4 宣布本次课的内容和任务 5 安排见习生	一　队形与要求 要求：整队快、静、齐	一　目的 明确要求和学习目标。
	二　游戏（约5min） 1 名称：长江黄河 2 做法：两列横队，相向站立，教师喊黄河，往北跑，南面同学追北面的同学；教师喊长江，北面的追南面的。被抓到，做俯卧撑，抓不到，做俯卧撑。	二　教法与程序 1 教师示范做法 2 教师讲解规则和要求 3 学生完成游戏 4 执行游戏规则 5 小结	二　队形与要求 要求：速度慢的纵队做5个俯卧撑。	二　目的 提高快速反应和奔跑能力
	三　绕场移动（约5min） 1 慢跑长江黄河游戏 2 变速跑	三　教法与程序 1 教师示范 2 讲解要求	三　队形与要求	三　目的 热身同时复习移动技术

附录 7　篮球教案设计（实验组）　453

（续表）

结构	课的内容及时间	教学方法与程序	教学组织	教学目的
基本部分	3 后退跑转身加速跑 4 横向滑步 5 向前滑步 6 侧滑后撤步 7 折线变向跑 8 折线后转身跑 9 侧身跑 四 原地徒手操(约8min) 1 头部运动 2 上肢运动 3 扩胸运动 4 体侧体转运动 5 腹背运动 6 踢腿运动 7 全身运动 8 挺身跳	3 学生练习 4 教师纠正错误 5 小结 四 教法与程序 1 教师示范 2 讲解要求 3 学生练习 4×8 拍 4 教师纠正错误 5 小结	 四 队形与要求 要求：	 四 目的 活动关节以热身
基本部分	一 学习传接球（约20min） 1 双手胸前传接球 动作方法：双手持球于胸腹之间，两肘自然弯曲于体侧，身体成基本站立姿势，眼平视传球目标。传球时后脚蹬地发力，身体重心前移，两臂前伸，两手腕随之旋内，拇指用力下压，食、中指用力拨球并将球传出，球出手后，两手向下略向外翻。 动作要点：持球动作正确。用力协调连贯，食、中指拨球。	一 教法与程序 1 学生示范讲解 2 教师示范讲解提出问题 3 学生根据问题探究体验 4 学生总结回答问题 5 学生之间讨论 6 教师引入运动原理性知识 7 学生巩固练习 8 教师纠正错误 9 小结 10 布置概念图作业	一 队形与要求 练习要求： 1 持球及接球的手法要正确 2 注意传接球时肘关节不要外展 3 传、接球动作基本正确。	一 目的 巩固技术，提高移动传球能力

(续表)

结构	课的内容及时间	教学方法与程序	教学组织	教学目的
基本部分	动作方法：两眼注视来球，两臂迎球伸出，双手五指自然张开，两拇指相对成八字形，其余手指向前伸出，两手成半圆形。当手指触球时，双手将球握住，两臂顺势屈肘后引缓冲来球的力量，两手持球于胸腹之间，成基本站立姿势。 动作要点：伸臂迎球，收臂后引缓冲，握球于胸腹之间，动作连贯一致。 易犯错误：持球动作不正确；肘关节外展；身体配合不协调。接球时：两手未成半圆形。 2 学习行进间四角传球 二 复习突分配合（约10min） 进攻者运球突破后，主动或应变地通过传球给有利于攻击的同伴配合的技术。常用于对付扩大防守，以运球突破，打乱对方的防守部署或使对方压缩防区，创造外围中、远距离投篮的机会，也可传给切入篮下的同伴得分。	二 教法与程序 1 学生示范讲解 2 教师示范讲解提出问题 3 学生根据问题探究体验 4 学生总结回答问题 5 学生之间讨论 6 教师引入运动原理性知识 7 学生巩固练习 8 教师纠正错误 9 小结 10 布置概念图作业	二 队形与要求	二 目的 掌握突分配合的方法

(续表)

结构	课的内容及时间	教学方法与程序	教学组织	教学目的
基本部分	三 教学比赛(约20min) 1 外线进攻与防守的基本姿势 2 外线进攻和防守的手段 3 内线的进攻与防守 4 防守与进攻队员抢篮板球	三 教法与程序 1 学生示范讲解 2 教师示范讲解提出问题 3 学生根据问题探究体验 4 学生总结回答问题 5 学生之间讨论 6 教师引入运动原理性知识 7 学生巩固练习 8 教师纠正错误 9 小结 10 布置概念图作业	三 队形与要求	三 目的 巩固技术，提高战术配合能力
基本部分	四 素质(约10min) 耐力练习方法	四 教法与程序 1 学生示范讲解 2 教师示范讲解提出问题 3 学生根据问题探究体验 4 学生总结回答问题 5 学生之间讨论 6 教师引入运动原理性知识 7 学生巩固练习 8 教师纠正错误 9 小结 10 布置概念图作业	四 队形与要求	四 目的 掌握耐力练习方法
结束部分	一 放松练习(约5min) 1 深呼吸 2 伸展上肢肌肉练习 3 体前屈转体运动 4 大腿后肌群伸展 5 拉伸腹股沟韧带	一 教法与程序 1 教师示范 2 讲解要求 3 学生练习 4 教师纠正错误 5 小结 接左栏 7 伸展小腿后肌群 8 踢腿运动	一 队形与要求 要求：充分伸展、放松肌肉。	一 目的 促进恢复

(续表)

结构	课的内容及时间	教学方法与程序	教学组织	教学目的
结束部分	6 伸展股四头肌 见右栏 二 课堂常规(约5min)	二 教法与程序 1 小结本课 2 布置课外作业 3 归还器材 4 师生再见	二 队形与要求 要求：集合迅速，认真听讲 课后练习今天学习的内容	二 目的 回忆巩固所学知识
课后小结				

上海大学体育学院教案

（第5次课）

第二学年　冬季学期　篮球课程　90min

教学内容	1. 学习抢篮板球 2. 复习策应配合 3. 素质（柔韧练习方法）			
教学目标	1. 大部分学生能正确地说出抢篮板球的技术要领和正确地做出动作 2. 提高策应配合的熟练性和隐蔽性 3. 熟练掌握柔韧素质分类和练习方法			
教学重点	1. 正确示范抢篮板球动作和探讨技术原理 2. 正确示范策应配合方法和探讨战术应用 3. 正确示范柔韧练习动作和探讨练习方法		教学难点	1. 理解抢篮板球动作技术原理 2. 应用策应配合 3. 应用柔韧练习方法和原则
场地	1. 篮球场2块， 2. 学生每人1个球。		课型	1. 新授课 2. 综合课

结构	课的内容及时间	教学方法与程序	教学组织	教学目的
准备部分	一 课堂常规（约2min）	一 教法与程序 1 值日生整队，报告出勤人数 2 师生互相问好，登记考勤 3 提出篮球实践课学习要求 4 宣布本次课的内容和任务 5 安排见习生	一 队形与要求 要求：整队快、静、齐	一 目的 明确要求和学习目标。
	二 游戏（约5min） 1 名称：胯下头上传球比赛 2 做法：两路纵队，前面同学持球，经胯下传第二名同学，第二名同学经头上传给第三名，依次进行，最后同学接球跑到前面，继续，直到最后一名同学跑完。	二 教法与程序 1 教师示范做法 2 教师讲解规则和要求 3 学生完成游戏 4 执行游戏规则 5 小结	二 队形与要求 要求：要求按规定路线跑，速度慢的纵队做10个俯卧撑。	二 目的 提高传球和快速奔跑能力
	三 绕场移动（约5min） 1 慢跑 2 变速跑	三 教法与程序 1 教师示范 2 讲解要求	三 队形与要求	三 目的 热身同时复习移动技术

(续表)

结构	课的内容及时间	教学方法与程序	教学组织	教学目的
准备部分	3 后退跑转身加速跑 4 横向滑步 5 向前滑步 6 侧滑后撤步 7 折线变向跑 8 折线后转身跑 9 侧身跑 四 球操（约8min） 1 头部运动 2 上肢运动 3 扩胸运动 4 体侧体转运动 5 腹背运动 6 踢腿运动 7 全身运动 8 跳跃运动	3 学生练习 4 教师纠正错误 5 小结 四 教法与程序 1 教师示范 2 讲解要求 3 学生练习4*8拍 4 教师纠正错误 5 小结	（队形示意图） 四 队形与要求 （队形示意图）	四 目的 活动关节以热身
基本部分	二 学习抢篮板球（约8min） 1 防守队员抢篮板球 （1）快速地向你所防守的对手移动并与他有一定的身体接触，用手掌或手臂轻轻地触摸对手，来感觉他在场上的移动路线，如图5。 （2）保持这种接触背靠对手转身面向球篮，如图6。 （3）转身挡人后，立刻举起你的双臂，如图7。 （4）当球弹离篮圈时，向球的方向伸展手臂并跳离地面，双手抓住篮板球，如图8。	一 教法与程序 1 学生示范讲解 2 教师示范讲解提出问题 3 学生根据问题探究体验 4 学生总结回答问题 5 学生之间讨论 6 教师引入运动原理性知识 7 学生巩固练习 8 教师纠正错误 9 小结 10 布置概念图作业 2 进攻队员抢篮板球 （1）转身能够帮助进攻队员摆脱防守人的阻挡。进攻队员确定一只中枢脚，当球从篮圈反弹回来的时候迅速向无人防守的篮下空当方向转身。把两手伸得很高来准备接球，利用转身至少可以使进攻人从侧向获得一个抢到篮板球的空间，而不至于被防守人完全地挡在身后，如图9和图10。	一 队形与要求 （队形示意图） 要求： （2）虚晃绕步能够帮助进攻队员摆脱防守人的阻挡。当防守人转身阻挡进攻人的时候，进攻人向一个方向迈出一到两步。当防守人还没降低重心的时候，快速向另一个方向迈出大大的一步，至少保证有一条腿在防守人的前面落位，这个绕步有助于你在防守人的身前或一侧抢占一个抢篮板球的有利位置，如图11和图12。 （3）当不能用双手抓住球时，可以用单手挑	一 目的 掌握技术，提高抢篮板球能力

(续表)

结构	课的内容及时间	教学方法与程序	教学组织	教学目的
基本部分	二 复习策应配合（约8min） 进攻者背对球篮或侧对球篮接球，作为枢纽与同伴之间进行空切、绕切配合的战术。在比赛中可用于对付全场紧逼人盯人防守、半场人盯人防守或区域联防。 当突破对方防守时应与传切、掩护等战术配合使用。	二 教法与程序 1 学生示范讲解 2 教师示范讲解提出问题 3 学生根据问题探究体验 4 学生总结回答问题 5 学生之间讨论 6 教师引入运动原理性知识 7 学生巩固练习 8 教师纠正错误 9 小结 10 布置概念图作业	二 队形与要求 拨球补篮，如图13。	二 目的 掌握策应配合的方法
	三 教学比赛（约25min） 1 外线进攻与防守的基本姿势 2 外线进攻和防守的手段 3 内线的进攻与防守 4 防守与进攻队员抢篮板球	三 教法与程序 1 学生示范讲解 2 教师示范讲解提出问题 3 学生根据问题探究体验 4 学生总结回答问题 5 学生之间讨论 6 教师引入运动原理性知识 7 学生巩固练习	三 队形与要求	三 目的 巩固技术，提高战术配合能力

(续表)

结构	课的内容及时间	教学方法与程序	教学组织	教学目的
基本部分	四 素质(约10min) 柔韧素质练习方法	8 教师纠正错误 9 小结 10 布置概念图作业 四 教法与程序 1 学生示范讲解 2 教师示范讲解提出问题 3 学生根据问题探究体验 4 学生总结回答问题 5 学生之间讨论 6 教师引入运动原理性知识 7 学生巩固练习 8 教师纠正错误 9 小结 10 布置概念图作业	四 队形与要求	四 目的 掌握柔韧素质练习方法
结束部分	一 放松练习(约5min) 1 深呼吸 2 伸展上肢肌肉练习 3 体前屈转体运动 4 大腿后肌群伸展 5 拉伸腹股沟韧带 6 伸展股四头肌 见右栏 二 课堂常规(约2min)	一 教法与程序 1 教师示范 2 讲解要求 3 学生练习 4 教师纠正错误 5 小结 接左栏 7 伸展小腿后肌群 8 踢腿运动 二 教法与程序 1 小结本课	一 队形与要求 要求：充分伸展、放松肌肉。 二 队形与要求	一 目的 促进恢复 二 目的 回忆巩固所

结构	课的内容及时间	教学方法与程序	教学组织	教学目的
结束部分		2 布置课外作业 3 归还器材 4 师生再见	要求：集合迅速，认真听讲 课后练习	学知识
课后小结	情境兴趣量表 (1) 课前打印好量表。 (2) 测量地点在篮球馆。 (3) 测量时间在第 5 次课结束前 5min。 (4) 收集数据时，大声地朗读各项条目，并给学生足够的时间来回答(15—30sec)，在朗读下一个条目前，应确认全部的学生都已经完成了上一条目的选择。 (5) 每次测试时，向学生解释无论怎样回答都没有错误、正确之分，让独立诚实地回答每一个问题，并向学生解释回答不会影响体育课的成绩。			

上海大学体育学院教案

（第6次课）

第二学年　冬季学期　篮球课程　90min

教学内容	1. 学习三人绕"∞"字行进间传接球上篮 2. 学习长传快攻战术 3. 素质（灵敏练习）		
教学目标	1. 大部分学生能正确地说出三人绕"∞"字行进间传接球上篮的技术要领和正确地做出动作 2. 大部分学生能正确地说出长传快攻战术的战术要领和正确地做出动作 3. 熟练掌握灵敏素质分类和练习方法		
教学重点	1. 正确示范三人绕"∞"字行进间传接球上篮动作和探讨技术原理 2. 正确示范长传快攻战术方法和探讨战术应用 3. 正确示范灵敏练习动作和探讨练习方法		教学难点	1. 理解"∞"字行进间传接球动作技术原理 2. 理解长传快攻战术要领 3. 应用灵敏练习方法和原则
场地	1. 篮球场2块 2. 学生每人1个球		课型	1. 新授课 2. 综合课

结构	课的内容及时间	教学方法与程序	教学组织	教学目的
准备部分	一 课堂常规（约2min）	一 教法与程序 1 值日生整队，报告出勤人数 2 师生互相问好，登记考勤 3 提出篮球实践课学习要求 4 宣布本次课的内容和任务 5 安排见习生	一 队形与要求 要求：整队快、静、齐	一 目的 明确要求和学习目标
	二 游戏（约8min） 1 名称：网鱼 2 做法：在一个篮球场内，两名同学牵手构成网，追其他同学，触到加入网，追其余同学，直到所有同学被抓到。	二 教法与程序 1 教师示范做法 2 教师讲解规则和要求 3 学生完成游戏 4 执行游戏规则 5 小结	二 队形与要求 要求：不越界，网不断	二 目的 提高快速反应能力
	三 原地徒手操（约8min） 1 头部运动 2 上肢运动	三 教法与程序 1 教师示范 2 讲解要求	三 队形与要求	三 目的 活动关节以热身

(续表)

结构	课的内容及时间	教学方法与程序	教学组织	教学目的
准备部分	3 扩胸运动 4 体侧体转运动 5 腹背运动 6 踢腿运动 7 全身运动 8 挺身跳	3 学生练习 4*8 拍 4 教师纠正错误 5 小结		
基本部分	一 学习"∞"字行进间传接球上篮（约 20min）	一 教法与程序 1 学生示范讲解 2 教师示范讲解提出问题 3 学生根据问题探究体验 4 学生总结回答问题 5 学生之间讨论 6 教师引入运动原理性知识 7 学生巩固练习 8 教师纠正错误 9 小结 10 布置概念图作业	一 队形与要求	一 目的 掌握行进间传接球技术
	二 学习快攻战术（约 20min） 1 长传快攻 2 快攻的接应与推进 3 快攻结束打法	二 教法与程序 1 学生示范讲解 2 教师示范讲解提出问题 3 学生根据问题探究体验 4 学生总结回答问题 5 学生之间讨论 6 教师引入运动原理性知识 7 学生巩固练习 8 教师纠正错误 9 小结 10 布置概念图作业	二 队形与要求 1 长传快攻练习 2 快攻的接应与推进练习 3 快攻结束打法练习	二 目的 掌握长传快攻战术

（续表）

结构	课的内容及时间	教学方法与程序	教学组织	教学目的
基本部分				

(续表)

结构	课的内容及时间	教学方法与程序	教学组织	教学目的
基本部分	三 教学比赛(约20min) 1 外线进攻与防守的基本姿势 2 外线进攻和防守的手段 3 内线的进攻与防守 4 防守与进攻队员抢篮板球	三 教法与程序 1 学生示范讲解 2 教师示范讲解提出问题 3 学生根据问题探究体验 4 学生总结回答问题 5 学生之间讨论 6 教师引入运动原理性知识 7 学生巩固练习 8 教师纠正错误 9 小结 10 布置概念图作业	三 队形与要求	三 目的 巩固技术，提高战术配合能力
	四 素质(约5min) 灵敏素质练习方法	四 教法与程序 1 学生示范讲解 2 教师示范讲解提出问题 3 学生根据问题探究体验 4 学生总结回答问题 5 学生之间讨论 6 教师引入运动原理性知识 7 学生巩固练习 8 教师纠正错误 9 小结 10 布置概念图作业	四 队形与要求	四 目的 掌握灵敏素质练习方法
结束部分	一 放松练习(约5min) 1 深呼吸 2 伸展上肢肌肉练习 3 体前屈转体运动 4 大腿后肌群伸展	一 教法与程序 1 教师示范 2 讲解要求 3 学生练习 4 教师纠正错误 5 小结 接左栏 7 伸展小腿后肌群	一 队形与要求 要求：充分伸展、放松肌肉。	一 目的 促进恢复

(续表)

结构	课的内容及时间	教学方法与程序	教学组织	教学目的
结束部分	5 拉伸腹股沟韧带 6 伸展股四头肌 见右栏 二 课堂常规(约2min)	8 踢腿运动 二 教法与程序 1 小结本课 2 布置课外作业 3 归还器材 4 师生再见	二 队形与要求 要求：集合迅速，认真听讲 课后练习今天学习的内容	二 目的 回忆巩固所学知识
课后小结				

上海大学体育学院教案

（第 7 次课）

第二学年　冬季学期　篮球课程　90min

教学内容	1. 复习快攻战术 2. 教学比赛 3. 素质练习（1000 米）			
教学目标	1. 提高长传快攻战术的熟练性 2. 大部分学生能正确地说出外线、内线进攻和防守移动动作的技术要领和正确地做出动作 3. 熟练耐力素质分类、练习方法和提高 1000 米跑的成绩			
教学重点	1. 正确示范长传快攻战术方法和探讨战术应用 2. 正确示范外线、内线进攻和防守移动动作和探讨技术原理 3. 正确示范耐力练习动作和探讨练习方法		教学难点	1. 应用长传快攻战术 2. 理解外线、内线进攻和防守移动技术原理 3. 应用耐力练习方法和提高 1000 米成绩
场地	1. 篮球场 2 块 2. 学生每人 1 个球		课型	1. 复习课 2. 综合课

结构	课的内容及时间	教学方法与程序	教学组织	教学目的
准备部分	一 课堂常规（约 2min）	一 教法与程序 1 值日生整队，报告出勤人数 2 师生互相问好，登记考勤 3 提出篮球实践课学习要求 4 宣布本次课的内容和任务 5 安排见习生	一 队形与要求 要求：整队快、静、齐	一 目的 明确要求和学习目标
	二 原地徒手操（约 8min） 1 头部运动 2 上肢运动 3 扩胸运动 4 体侧体转运动 5 腹背运动 6 踢腿运动 7 全身运动 8 挺身跳	二 教法与程序 1 教师示范 2 讲解要求 3 学生练习 4 * 8 拍 4 教师纠正错误 5 小结	二 队形与要求	二 目的 活动关节以热身

(续表)

结构	课的内容及时间	教学方法与程序	教学组织	教学目的
准备部分	三 游戏(约8min) 1 名称:贴烧饼 2 做法:学生围成双层圆,选两名同学追逐,被追同学喊贴,后面同学跑,追后面的同学。 3 规则:在限制区域内跑,喊贴之前触到身体反追。	三 教法与程序 1 教师示范做法 2 教师讲解规则和要求 3 学生完成游戏 4 执行游戏规则 5 小结	三 队形与要求 要求:根据规则执行练习	三 目的 提高快速反应能力
基本部分	一 复习快攻战术(约20min) 1 长传快攻 2 快攻的接应与推进 3 快攻结束打法	一 教法与程序 1 学生示范讲解 2 教师示范讲解提出问题 3 学生根据问题探究体验 4 学生总结回答问题 5 学生之间讨论 6 教师引入运动原理性知识 7 学生巩固练习 8 教师纠正错误 9 小结 10 布置概念图作业	一 队形与要求 1 长传快攻练习 2 快攻的接应与推进练习 3 快攻结束打法练习	一 目的 巩固长传快攻战术

(续表)

结构	课的内容及时间	教学方法与程序	教学组织	教学目的
基本部分				

(续表)

结构	课的内容及时间	教学方法与程序	教学组织	教学目的
基本部分	三 教学比赛(约20min) 1 外线进攻与防守的基本姿势 2 外线进攻和防守的手段 3 内线的进攻与防守 4 防守与进攻队员抢篮板球	三 教法与程序 1 学生示范讲解 2 教师示范讲解提出问题 3 学生根据问题探究体验 4 学生总结回答问题 5 学生之间讨论 6 教师引入运动原理性知识 7 学生巩固练习 8 教师纠正错误 9 小结 10 布置概念图作业	三 队形与要求	三 目的 提高技术应用和战术配合能力。
基本部分	四 素质(约5min) (1000米跑)	四 教法与程序 1 学生示范讲解 2 教师示范讲解提出问题 3 学生根据问题探究体验 4 学生总结回答问题 5 学生之间讨论 6 教师引入运动原理性知识 7 学生巩固练习 8 教师纠正错误 9 小结 10 布置概念图作业	四 队形与要求	四 目的 提高耐力素质
结束部分	一 放松练习(约5min) 1 深呼吸 2 伸展上肢肌肉练习 3 体前屈转体运动 4 大腿后肌群伸展 5 拉伸腹股沟韧带	一 教法与程序 1 教师示范 2 讲解要求 3 学生练习 4 教师纠正错误 5 小结 接左栏 7 伸展小腿后肌群 8 踢腿运动	一 队形与要求 要求：充分伸展、放松肌肉。	一 目的 促进恢复

(续表)

结构	课的内容及时间	教学方法与程序	教学组织	教学目的
结束部分	6 伸展股四头肌 见右栏 二 课堂常规(约2min)	二 教法与程序 1 小结本课 2 布置课外作业 3 归还器材 4 师生再见	二 队形与要求 要求:集合迅速,认真听讲 课后练习今天学习的内容	二 目的 回忆巩固所学知识
课后小结				

上海大学体育学院教案

（第 8 次课）

第二学年　冬季学期　篮球课程　90min

教学内容	1. 运球、传接球、跳投循环练习 2. 自选项目练习：(1)1分钟限制区外投篮；(2)"∞"字运球上篮。 3. 必考项目练习：全场教学比赛		
教学目标	1. 大部分学生能正确地说出运球、传接球、跳投循环练习动作的技术要领和正确地做出动作 2. 熟练投篮和运球上篮动作和提高命中率 3. 巩固技术和提高战术配合能力		
教学重点	1. 正确示范运球、传接球、跳投循环练习动作和探讨技术原理 2. 正确示范投篮和运球上篮动作和探讨技术原理 3. 加强战术理论和规则的指导	教学难点	1. 理解运球、传接球和跳投动作技术要领 2. 应用投篮、运球上篮技术原理提高命中率 3. 应用战术配合和规则
场地	1. 场地 1 块 2. 每人 1 个篮球	课型	1. 复习课 2. 综合课

结构	课的内容及时间	教学方法与程序	教学组织	教学目的
准备部分	一 课堂常规（约 2min）	一 教法与程序 1 值日生整队，报告出勤人数 2 师生互相问好，登记考勤 3 提出篮球实践课学习要求 4 宣布本次课的内容和任务 5 安排见习生	一 队形与要求 要求：整队快、静、齐	一 目的 明确要求和学习目标。
	二 原地徒手操（约 8min） 1 头部运动 2 上肢运动 3 扩胸运动 4 体侧体转运动 5 腹背运动 6 踢腿运动 7 全身运动 8 挺身跳	二 教法与程序 1 教师示范 2 讲解要求 3 学生练习 4 * 8 拍 4 教师纠正错误 5 小结	二 队形与要求	二 目的 活动关节以热身
	三 专项练习（约 8min）	三 教法与程序	三 队形与要求	三 目的

(续表)

结构	课的内容及时间	教学方法与程序	教学组织	教学目的
准备部分	1 跳起空中传接球打板练习 2 传接球结合投篮练习	1 教师示范 2 讲解要求 3 学生练习 4 教师纠正错误 5 小结		熟练技术和热身
基本部分	一 运球、传接球、跳投循环练习 1 背后变向过标志物 2 体前变向过标志物 3 胸前传球 4 接球 5 罚球线右翼接球 6 跳投	一 教法与程序 1 学生示范讲解 2 教师示范讲解提出问题 3 学生根据问题探究体验 4 学生总结回答问题 5 学生之间讨论 6 教师引入运动原理性知识 7 学生巩固练习 8 教师纠正错误 9 小结 10 布置概念图作业	一 队形与要求	一 目的 巩固运球、传接球和跳投技术
	二 1分钟限制区外投篮(分组约10min) 动作要点：上下肢协调用力，抬肘伸臂充分，手腕前屈，中、食指柔和将球拨出，大拇指与小拇指控制方向。	二 教法与程序 1 学生示范讲解 2 教师示范讲解提出问题 3 学生根据问题探究体验 4 学生总结回答问题 5 学生之间讨论 6 教师引入运动原理性知识 7 学生巩固练习 8 教师纠正错误 9 小结 10 布置概念图作业	二 队形与要求 要求：不走步，指根以上控球，眼睛注视擦板点，屈腕、拨球。	二 目的 巩固技术

(续表)

结构	课的内容及时间	教学方法与程序	教学组织	教学目的
基本部分	三 "∞"字运球上篮（分组约10min） 1 方法：从端线出发，绕过中圈、罚球圈后上篮 2 要求：全程要做两个以上运球变向动作（体前、背后、胯下、转身等任选两个以上变向动作，若少于两个则将根据评价标准扣分）；投篮必须进球，不进要补篮，得到篮板球计时结束。 3 标准	三 教法与程序 1 学生示范讲解 2 教师示范讲解提出问题 3 学生根据问题探究体验 4 学生总结回答问题 5 学生之间讨论 6 教师引入运动原理性知识 7 学生巩固练习 8 教师纠正错误 9 小结 10 布置概念图作业	三 队形与要求	三 目的 巩固技术
	四 教学比赛（约20min） 1 外线进攻与防守的基本姿势 2 外线进攻和防守的手段 3 内线的进攻与防守 4 防守与进攻队员抢篮板球	四 教法与程序 1 学生示范讲解 2 教师示范讲解提出问题 3 学生根据问题探究体验 4 学生总结回答问题 5 学生之间讨论 6 教师引入运动原理性知识 7 学生巩固练习 8 教师纠正错误 9 小结 10 布置概念图作业	四 队形与要求	四 目的 提高技术应用和战术配合能力。
结束部分	一 放松练习（约5min） 1 深呼吸 2 伸展上肢肌肉练习 3 体前屈转体运动 4 大腿后肌群伸展 5 拉伸腹股沟韧带	一 教法与程序 1 教师示范 2 讲解要求 3 学生练习 4 教师纠正错误 5 小结 接左栏 7 伸展小腿后肌群 8 踢腿运动	一 队形与要求 要求：充分伸展、放松肌肉。	一 目的 促进恢复

(续表)

结构	课的内容及时间	教学方法与程序	教学组织	教学目的
结束部分	6 伸展股四头肌 见右栏 二 课堂常规(约2min)	二 教法与程序 1 小结本课 2 布置课外作业 3 归还器材 4 师生再见	二 队形与要求 要求：集合迅速，认真听讲 课后练习今天学习的内容	二 目的 回忆巩固所学知识
课后小结				

上海大学体育学院教案

（第 9 次课）

第二学年　冬季学期　篮球课程　90min

教学内容	1. 自选项目考试：(1)1 分钟限制区外投篮；(2)"∞"字运球上篮。 2. 必考项目考试：全场教学比赛 3. 实践课总结			
教学目标	1. 了解学生的技术水平 2. 了解学生的战术水平 3. 以考促进提高			
教学重点	1. 端正学生考试态度，提高技术水平 2. 端正学生考试态度，提高战术水平 3. 对技战术存在问题进行总结		教学难点	对学生进行思想教育，端正考试态度
场地	1. 场地 1 块 2. 每人 1 个篮球		课型	1. 测试

结构	课的内容及时间	教学方法与程序	教学组织	教学目的
准备部分	一 课堂常规(约 2min)	一 教法与程序 1 值日生整队，报告出勤人数 2 师生互相问好，登记考勤 3 提出篮球实践课学习要求 4 宣布本次课的内容和任务 5 安排见习生	一 队形与要求 要求：整队快、静、齐	一 目的 明确要求和学习目标。
	二 原地徒手操(约 8min) 1 头部运动 2 上肢运动 3 扩胸运动 4 体侧体转运动 5 腹背运动 6 踢腿运动 7 全身运动 8 挺身跳	二 教法与程序 1 教师示范 2 讲解要求 3 学生练习 4*8 拍 4 教师纠正错误 5 小结	二 队形与要求	二 目的 活动关节以热身
	三 专项练习(约 8min) 1 跳起空中传接球打板练习	三 教法与程序 1 教师示范 2 讲解要求 3 学生练习	三 队形与要求	三 目的 熟练技术和热身

(续表)

结构	课的内容及时间	教学方法与程序	教学组织	教学目的
准备部分	2 传接球结合投篮练习	4 教师纠正错误 5 小结		
基本部分	一 1分钟限制区外投篮考试(约20min) 动作要点:上下肢协调用力,抬肘伸臂充分,手腕前屈,中、食指柔和将球拨出,大拇指与小拇指控制方向。	一 教法与程序 1 讲解要求 2 测试 3 小结	一 队形与要求 要求:不走步,指根以上控球,眼睛注视擦板点,屈腕,拨球。	一 目的 巩固技术
	二 "∞"字运球上篮考试 (分组约20min) 1 方法:从端线出发,绕过中圈、罚球圈后上篮 2 要求:全程要做两个以上运球变向动作(体前、背后、胯下、转身等任选两个以上变向动作,若少于两个则将根据评价标准扣分);投篮必须进球,不进要补篮,得到篮板球计时结束。	二 教法与程序 1 讲解要求 2 测试 3 小结	二 队形与要求	二 目的 巩固技术

(续表)

结构	课的内容及时间	教学方法与程序	教学组织	教学目的
基本部分	3 标准 三 必考项目考试（约20min） (1) 方法：按照点名册顺序，5人一组，将全班分为若干组，两组之间进行全场对抗赛，参赛队员按照点名册顺序佩戴号码簿或穿号码比赛服，以便教师确认，人数不足5人队，自行组队与任意一队比赛。 (2) 要求动作规范，运用合理，比赛积极主动，不准有恶意危险动作。 (3) 考核标准与分值	三 教法与程序 1 教师示范 2 讲解要求 3 学生比赛 4 教师纠正错误 5 小结	三 队形与要求 要求：	三 目的 巩固技术，提高战术配合能力
基本部分	四 实践课总结（约5min） 1 技术 2 战术 3 素质	四 教法与程序 1 讲解 2 示范 3 小结	四 队形与要求	四 目的 回顾巩固所学知识
结束部分	一 放松练习（约5min） 1 深呼吸 2 伸展上肢肌肉练习 3 体前屈转体运动 4 大腿后肌群伸展 5 拉伸腹股沟韧带 6 伸展股四头肌 7 伸展小腿后肌群 8 踢腿运动	一 教法与程序 1 教师示范 2 讲解要求 3 学生练习 4 教师纠正错误 5 小结 接左栏 7 伸展小腿后肌群	一 队形与要求 要求：充分伸展、放松肌肉。	一 目的 促进恢复

(续表)

结构	课的内容及时间	教学方法与程序	教学组织	教学目的
结束部分	见右栏 二 课堂常规(约2min)	二 教法与程序 1 小结本课 2 布置课外作业 3 归还器材 4 师生再见	二 队形与要求 要求:集合迅速,认真听讲 课后练习今天学习的内容	二 目的 回忆巩固所学知识
课后小结				

上海大学体育学院教案

（第10次课）

第二学年　冬季学期　篮球课程　90min

测试内容	1. 体育知识、技能和体能测试 2. 填写期望价值和锻炼态度量表 3. 填写三天课外体育活动问卷		
测试目标	1. 了解学生的体育知识、技能和体能水平 2. 了解学生的体育意识水平 3. 了解学生的体育行为		
测试重点	1. 测试前的准备工作 2. 按测试的要求填写量表 3. 按测试要求填写和回收问卷	测试难点	1. 端正学生考试态度，提高积极性 2. 让学生认真回答，提高准确性 3. 让学生如实回答，提高可靠性
场地	1. 篮球场地2块 2. 每人1个篮球	课型	1. 测试课

结构	课的内容及时间	教学方法与程序	教学组织	教学目的
准备部分	一 课堂常规(约5min) 1 值日生整队，报告出勤人数 2 师生互相问好，登记考勤 3 提出篮球实践课学习要求 4 宣布本学期考核项目 5 宣布本次课的内容和任务 6 安排见习生	一 教法与程序 1 值日生整队，报告出勤人数 2 师生互相问好，登记考勤 3 提出篮球实践课学习要求 4 宣布本学期考核项目 5 宣布本次课的内容和任务 6 安排见习生	一 队形与要求 要求：整队快、静、齐	一 目的 明确要求和学习目标。
	二 球感练习(约5min) 1 球绕全身练习 2 胯下双手交替绕球练习 3 胯下双手交替接球练习	二 教法与程序 1 教师示范 2 讲解要求 3 学生练习6—8次 4 教师纠正错误 5 小结 接左栏 4 原地体前后交替运球练习	二 队形与要求 要求：眼睛离开球，指根以上控球。	二 目的 熟悉球性，提高控球能力。

(续表)

结构	课的内容及时间	教学方法与程序	教学组织	教学目的
准备部分	见右栏 三 球操(约 8min) 1 头部运动 2 头上运动 3 上肢运动 4 体侧运动 见右栏	5 胯下双手击地传接球练习 三 教法与程序 1 教师示范 2 讲解要求 3 学生练习 6—8 次 4 教师纠正错误 5 小结 接左栏 5 体转运动 6 腰部运动 7 腹背运动 见右栏	三 队形与要求 要求： 充分活动关节，指根以上控球。 接左栏 8 踢腿运动 9 全身运动 10 跳跃运动	三 目的 活动关节以热身，提高控球能力。
基本部分	一 体育知识、技能和体能测试(约 20min) 1 填写体育知识试题	一 教法与程序 1 体育知识测试 (1) 教师示范 (2) 讲解要求 (3) 学生填写 (4) 小结	一 队形与要求 1 体育知识测试	一 目的 体育知识测试 了解学生体育知识掌握情况

(续表)

结构	课的内容及时间	教学方法与程序	教学组织	教学目的
基本部分	2 技能测试 A 1分钟限制区外投篮考试(约20min) 动作要点：上下肢协调用力，抬肘伸臂充分，手腕前屈，中、食指柔和将球拨出，大拇指与小拇指控制方向。 B "∞"字运球上篮考试(分组约20min) 1 方法：从端线出发，绕过中圈、罚球圈后上篮 2 要求：全程要做两个以上运球变向动作(体前、背后、胯下、转身等任选两个以上变向动作，若少于两个则将根据评价标准扣分)；投篮必须进球，不进要补篮，得到篮板球计时结束。 3 标准	2 技能测试 A 单手肩上投篮 (1) 教师示范 (2) 讲解要求 (3) 测试 (4) 小结 B "∞"字运球上篮考试 (1) 教师示范 (2) 讲解要求 (3) 测试 (4) 小结	(1) 课前打印好试题，并按班级进行包装。 (2) 测试时间在第一次课。 (3) 测试要求学生独立完成。 2 技能测试 A 单手肩上投篮 (1) 课前要准备好记录表和测试工具。 (2) 课前准备好场地器材。 (3) 测试按照篮球技能考核的要求进行。 B "∞"字运球上篮考试 (1) 课前要准备好记录表和测试工具。 (2) 课前准备好场地器材。 (3) 测试按照篮球技能考核的要求进行。	2 技能测试 A 单手肩上投篮 了解学生技能掌握情况 B "∞"字运球上篮考试 了解学生技能掌握情况

附录7 篮球教案设计(实验组)

(续表)

结构	课的内容及时间	教学方法与程序	教学组织	教学目的
基本部分	C 教学比赛 (1) 方法：按照点名册顺序，5人一组，将全班分为若干组，两组之间进行全场对抗赛，参赛队员按照点名册顺序佩戴号码簿或穿号码比赛服，以便教师确认，人数不足5人队，自行组队与任意一队比赛。 (2) 要求动作规范，运用合理，比赛积极主动，不准有恶意危险动作。 (3) 考核标准与分值	C 教学比赛 (1) 教师示范 (2) 讲解要求 (3) 测试 (4) 小结	C 教学比赛 (1) 课前要准备好记录表和测试工具。 (2) 课前准备好场地器材。 (3) 测试按照篮球技能考核的要求进行。	C 教学比赛 了解学生技能掌握情况
	3 体能 1000米	3 健康体能测试 (1) 教师示范 (2) 讲解要求 (3) 测试 (4) 小结	3 健康体能测试 (1) 课前要准备好记录表和测试工具。 (2) 课前准备好场地器材。 (3) 测试按照体质测试的要求进行。	3 健康体能测试 了解学生的体能水平
	二 填写期望价值和锻炼态度量表(约10min) 1 填写期望价值量表	二 教法与程序 1 填写期望价值量表 (1) 教师示范 (2) 讲解要求 (3) 学生填写 (4) 小结	二 队形与要求 1 填写期望价值量表 (1) 课前打印好量表。 (2) 收集数据时，大声地朗读各项条目，并给学生足够的时间来回答(15—30sec)，在朗读下一个条目前，确认全部的学生都已经完成了上一条目的选择。 (3) 每次测试时，向学生解释无论怎样回答都没有错误、正确之分，让独立诚实地回答	二 目的 1 填写期望价值量表 了解学生的体育意识水平

(续表)

结构	课的内容及时间	教学方法与程序	教学组织	教学目的
基本部分	2 填写锻炼态度量表	2 填写期望价值量表 (1) 教师示范 (2) 讲解要求 (3) 学生填写 (4) 小结	每一个问题，并向学生解释回答不会影响体育课的成绩。 2 填写期望价值量表 (1) 课前打印好量表。 (2) 收集数据时，大声地朗读各项条目，并给学生足够的时间来回答(15—30 秒)，在朗读下一个条目前，确认全部的学生都已经完成了上一条目的选择。 (3) 每次测试时，向学生解释无论怎样回答都没有错误、正确之分，让独立诚实地回答每一个问题，并向学生解释回答不会影响体育课的成绩。	2 填写期望价值量表 了解学生的体育意识水平
	三 填写三天课外体育活动问卷(约20min) 1 周五课外体育活动问卷	三 教法与程序 1 周五课外体育活动问卷 (1) 教师示范 (2) 讲解要求 (3) 学生填写 (4) 小结	三 队形与要求 1 周五课外体育活动问卷 (1) 课前打印好调查表。 (2) 填写地点在篮球馆，也可以让学生将《课外体育活动调查表》带回去填写。 (3) 要求学生第二次课交上调查表，学生经常会忘记交回调查表，可以通过短信提醒。 (4) 填写时可以让同学或家人帮助回忆自	三 目的 1 周五课外体育活动问卷 了解学生的体育行为

(续表)

结构	课的内容及时间	教学方法与程序	教学组织	教学目的
基本部分	2周六课外体育活动问卷	2周六课外体育活动问卷 (1) 教师示范 (2) 讲解要求 (3) 学生填写 (4) 小结	己的活动情况,以真实地回答每一个问题。 (5) 要解释回答不会影响体育课的成绩。 2周六课外体育活动问卷 (1) 课前打印好调查表。 (2) 填写地点在篮球馆,也可以让学生将《课外体育活动调查表》带回去填写。 (3) 要求学生第二次课交上调查表,学生经常会忘记交回调查表,可以通过短信提醒。 (4) 填写时可以让同学或家人帮助回忆自己的活动情况,以真实地回答每一个问题。 (5) 要解释回答不会影响体育课的成绩。	2周六课外体育活动问卷 了解学生的体育行为
	3周日课外体育活动问卷	3周日课外体育活动问卷 (1) 教师示范 (2) 讲解要求 (3) 学生填写 (4) 小结	3周日课外体育活动问卷 (1) 课前打印好调查表。 (2) 填写地点在篮球馆,也可以让学生将《课外体育活动调查表》带回去填写。 (3) 要求学生第二次课交上调查表,学生经常会忘记交回调查表,可以通过短信提醒。	3周日课外体育活动问卷 了解学生的体育行为

(续表)

结构	课的内容及时间	教学方法与程序	教学组织	教学目的
基本部分			(4) 填写时可以让同学或家人帮助回忆自己的活动情况,以真实地回答每一个问题。 (5) 要解释回答不会影响体育课的成绩。	
结束部分	一 放松练习(约5min) 1 深呼吸 2 伸展上肢肌肉练习 3 体前屈转体运动 4 大腿后肌群伸展 5 拉伸腹股沟韧带 6 伸展股四头肌 见右栏 二 课堂常规(约2min)	一 教法与程序 1 教师示范 2 讲解要求 3 学生练习6—8次 4 教师纠正错误 5 小结 接左栏 7 伸展小腿后肌群 8 踢腿运动 二 教法与程序 1 小结本课 2 布置课外作业 3 归还器材 4 师生再见	一 队形与要求 要求:充分伸展、放松肌肉。 二 队形与要求 要求:集合迅速	一 目的 促进恢复 二 目的 总结测试情况,促进学生提高认识
课后小结				

附录8　概念图作业

秋季学期

概念图作业一

一　技战术内容与分类

1. 技术部分

（1）移动技术

进攻移动（三威胁姿势、策应、同侧步突破、交叉步突破、跳步急停、假动作、转身）；防守移动（基本姿势、滑步、撤步、防接球、防空切、防运球突破）。

（2）运球技术

原地高低运球、急起急停运球、体前变向换手或不换手运球、胯下运球、背后运球、后转身运球等。

（3）投篮技术

原地单手投篮技术；运球三步上篮技术；跳投技术。

（4）传接球技术

传接球技术（单双手胸前、反弹、肩上、行进间传接球等）。

（5）抢篮板球技术

争抢进攻篮板球；争抢防守篮板球。

2. 战术部分

（1）进攻战术

基础配合：传切、掩护、突分和策应配合。

快攻战术：发动与接应、推进和结束战术（长传、短传结合运球推进和运球突破快攻）。

进攻半场人盯人防守战术：双中锋为主的进攻战术、换位进攻战术、∞字形进攻战术

进攻区域联防战术：1—3—1进攻2—1—2、组织中远距离投篮、组织背插进攻、组织底线进攻、组织中锋策应进攻、组织突破分球进攻。

（2）防守战术

基础配合：挤过、穿过、绕过、夹击、关门、补防和交换防守配合战术。

防守快攻战术：封堵快攻一传和堵截接应、破坏长传推进快攻、1防2和2防3。

半场人盯人防守战术：强弱侧转移防守战术、防掩护战术、防中锋战术、防突破紧逼战术、夹击配合战术。

区域联防战术：（阵形：2—1—2、2—3、3—2、1—2—2），以2—1—2为例：以防守有球区域为主的战术、防守背插战术、防守溜底线战术、围守夹击中锋战术。

二 符号图示和战术图例

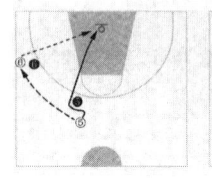

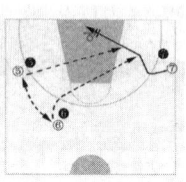

进攻队员4号	④	投篮
防守队员4号	❹	掩护
教练员或教师	ⓒ	掩护后转身
标杆		转身
移动路线	→	
传球路线	⇢	夹击
运球路线	⌇→	

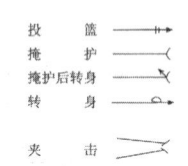

请根据以上符号图示和战术图例画出低位切入、中位切入和高位切入的战术配合图，空白图如下。

三 传切配合

1 低位切入

思考问题：

低位切入传切配合会用到哪些技术？如：哪些移动技术？哪些传接球技术？哪些运

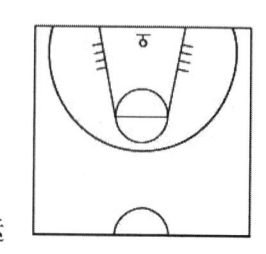

球技术？

哪些投篮技术？哪些抢篮板球技术？

运用这些技术应该注意什么？自己的掌握程度如何？

2 中位切入

思考问题：

中位切入传切配合会用到哪些技术？如：

哪些移动技术？哪些传接球技术？哪些运球技术？

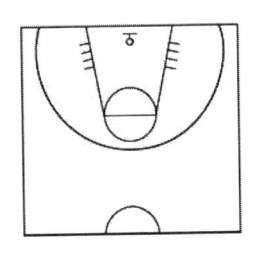

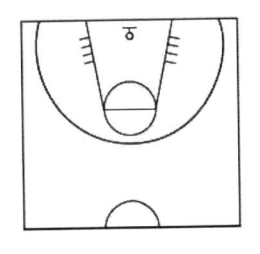

哪些投篮技术？哪些抢篮板球技术？

运用这些技术应该注意什么？自己的掌握程度如何？

3 高位切入

思考问题：

高位切入传切配合会用到哪些技术？如：

哪些移动技术？哪些传接球技术？哪些运球技术？

哪些投篮技术？哪些抢篮板球技术？

运用这些技术应该注意什么？自己的掌握程度如何？

四 力量素质的概念分类与练习方法

力量素质是指人体神经肌肉系统在工作时克服或对抗阻力的能力。根据练习实践的需要，介绍最大力量（相对力量）、快速力量（含爆发力）和力量耐力。最大力量是指肌肉通过最大随意收缩克服阻力时所表现出来的最高力值。相对力量是指运动员单位体重所具有的最大力量。快速力量是指肌肉快速发挥力量的能力，是力量与速度的有机结合。爆发力是快速力量的一种表现形式，只是在做爆发力练习时，所用的力量是不遗余力的，所用的时间是最短的。力量耐力是指肌肉长时间克服阻力的能力。

根据以上概念，如何发展最大力量、快速力量和力量耐力？（从运动强度是多大、运动量是多少和间歇时间多长三个方面考虑)。发展最大力量、快速力量和力量耐力,三者相比较:发展最大力量的运动强度最大(接近极限强度100%)、运动量小(表现为练习次数少、时间短)、间歇时间充分;发展力量耐力的运动强度最小(通常是极限强度的40%以下)、运动量大(表现为练习次数多、时间长)、间歇时间不充分;发展快速力量的运动强度、运动量在最大力量与力量耐力之间,强调力量与速度的结合,间歇时间相对充分。

从能量代谢的角度,发展最大力量和快速力量是人体无氧代谢系统供能,即ATP-CP无氧分解供能和糖无氧酵解供能,糖无氧酵解供能会产生代谢物乳酸,因而在最大力量和快速力量练习后,身体会感觉酸痛。而发展力量耐力是人体有氧代谢系统供能,即糖和脂肪的有氧氧化产生能量,其代谢产物是二氧化碳和水,因而在力量耐力练习之后,身体的酸痛很轻。

思考问题:立定跳远练习是发展什么力量?篮球教学比赛是发展什么力量?

概念图作业二
一 技战术内容与分类
1. 技术部分
(1) 移动技术

进攻移动(三威胁姿势、策应、同侧步突破、交叉步突破、跳步急停、假动作、转身);防守移动(基本姿势、滑步、撤步、防接球、防空切、防运球突破)。

(2) 运球技术

原地高低运球、急起急停运球、体前变向换手或不换手运球、胯下运球、背后运球、后转身运球。

(3) 投篮技术

原地单手投篮技术;运球三步上篮技术;跳投技术。

(4) 传接球技术

传接球技术(单双手胸前、反弹、肩上、行进间传接球等)。

(5) 抢篮板球技术

争抢进攻篮板球;争抢防守篮板球。

2.战术部分

(1) 进攻战术

基础配合:传切、掩护、突分和策应配合。

快攻战术:发动与接应、推进和结束战术(长传、短传结合运球推进和运球突破快攻)。

进攻半场人盯人防守战术:双中锋为主的进攻战术、换位进攻战术、∞字形进攻战术

进攻区域联防战术:1—3—1 进攻 2—1—2、组织中远距离投篮、组织背插进攻、组织底线进攻、组织中锋策应进攻、组织突破分球进攻。

(2) 防守战术

基础配合:挤过、穿过、绕过、夹击、关门、补防和交换防守配合战术。

防守快攻战术:封堵快攻一传和堵截接应、破坏长传推进快攻、1防2和2防3。

半场人盯人防守战术:强弱侧转移防守战术、防掩护战术、防中锋战术、防突破紧逼战术、夹击配合战术。

区域联防战术:(阵形:2—1—2、2—3、3—2、1—2—2),以 2—1—2 为例:以防守有球区域为主的战术、防守背插战术、防守溜底线战术、围守夹击中锋战术。

二 符号图示和战术图例

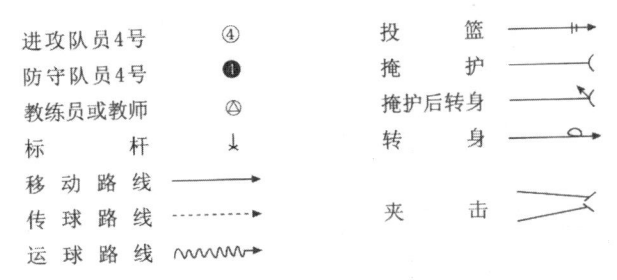

进攻队员4号	④	投　　篮
防守队员4号	●	掩　　护
教练员或教师	△	掩护后转身
标　　杆	↓	转　　身
移动路线	→	
传球路线	----→	夹　　击
运球路线	∿→	

图 1　给持球者做侧掩护 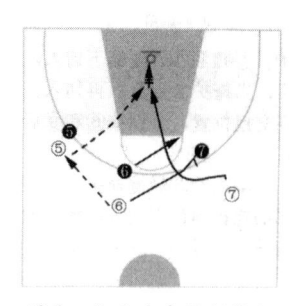　　图 2　给无球者做侧掩护

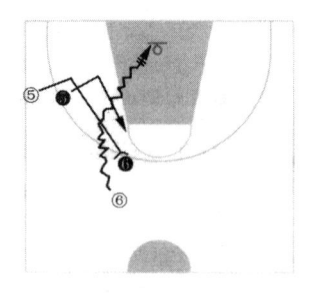

图 3　给持球者做后掩护 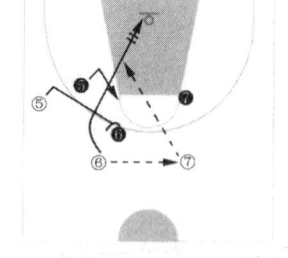　　图 4　给无球者做后掩护

请根据以上符号图示和战术图例,画出给持球者做侧掩护和给无球者做侧掩护的战术配合图,空白图如下。

三　掩护配合

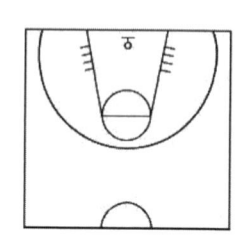

1 给持球者做侧掩护

思考问题:

给持球者做侧掩护会用到哪些技术?如:

哪些移动技术?哪些传接球技术?哪些运球技术?

哪些投篮技术?哪些抢篮板球技术?

运用这些技术应该注意什么?自己的掌握程度如何?

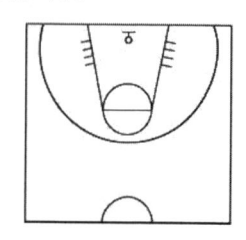

2 给无球者做侧掩护

思考问题:

给无球者做侧掩护会用到哪些技术?如:

哪些移动技术?哪些传接球技术?哪些运球

技术?

哪些投篮技术?哪些抢篮板球技术?

运用这些技术应该注意什么?自己的掌握程度如何?

四 速度素质的概念分类与练习方法

速度素质是指人体快速运动的能力,包括反应速度、动作速度和移动速度。反应速度是指人体对各种信号刺激(声、光、触等)快速应答的能力,如起跑反应速度。动作速度是指人体或人体某一部分快速完成某一个动作的能力,如网球手臂挥拍速度、排球扣球挥臂速度、立定跳远腿的蹬伸速度。移动速度是指人体在特定方向上位移的速度,如100米速度。

根据以上概念,如何发展反应速度、动作速度和移动速度?发展反应速度的手段有:信号刺激法、运动感觉法、移动目标练习和选择性练习。发展动作速度的手段有:利用外界助力控制动作速度、减少外界阻力、利用动作加速或利用器械重量变化而获得的后效作用、借助信号刺激提高动作速度、缩小完成练习的空间和时间界限。发展移动速度的手段有:一是快速力量训练,使运动员力量增长,进而提高速度,负荷强度30%—100%都可以,关键是快速完成,每组1—5次即可,组数不宜过多,组间间歇相对充分;另一个是反复进行专项练习,如短跑,负荷速度85%—95%之间,负荷距离通常在10秒以内完成,重复次数不宜过多,以免练习强度下降,间歇相对充分。

从能量代谢的角度,发展速度素质是人体无氧代谢系统供能(ATP-CP无氧分解供能和糖无氧酵解供能),是以ATP-CP无氧分解供能为主,糖无氧酵解供能为辅。在速度素质练习后,身体会感觉酸痛,可能跟少量乳酸产生有关,也可能跟快速运动导致的肌肉组织微损伤有关,在恢复初期肌纤维结构重组可能会导致肌肉僵硬、收缩和伸展功能下降、酸痛感。

思考问题:篮球运动员的速度能力具体表现在哪些方面?

五 关节扭伤的处理方法

1应减少受伤部位活动,以免充血水肿增加;2应冷敷,促使血管收缩减少出血;3四十八小时后应热敷和按摩,活血化瘀,4轻微康复运动。

有些扭伤与骨折、骨裂难以区分,如果感觉较重,要去医院做检查。骨折、骨裂应固定伤处,三个月后康复运动。

概念图作业三
一 技术部分
1 进攻姿势与防守姿势
(1)进攻姿势

三威胁姿势要求两脚脚跟稍稍离地,重心落在前脚掌上。两脚分开与肩同宽,两脚尖指向篮圈方向。膝关节微微弯曲,上身稍前倾。肘关节弯曲,上臂和前臂成L形,手腕与前臂在间一水平线上。投篮手指根以上部分持球,肩膀与篮筐垂直。头保持不动与篮筐水平面垂直,两眼注视篮筐,见图1。

(2)防守姿势

两脚分开与肩同宽,重心前移,脚后跟微微离地,膝关节弯曲,后背挺直,伸出手臂和手指,两眼注视进攻人的臀部而不是光盯着球看。"一臂距离"的原则,即距离进攻人一臂距离防守,见图2。

图1 三威胁姿势　　图2 防守姿势

图 3　举手臂封堵传球　　　图 4　原地单手肩上投篮

图 5　行进间单手肩上投篮

2 原地单手肩上投篮

要点:蹬地、展体、伸臂、屈腕、拨球,见图 3。

易犯错误:(1)没有指根以上部位持球,掌心触球,五指没有分开,持球不稳;(2)腕关节僵硬,向前上方推球,出手点低,球的抛物线平直;(3)肘关节外展,出球的方向不正;(4)没有屈膝、蹬地、展体,下肢力量没有传递到上肢。

3 行进间单手肩上投篮

要点:第一步跨步大,第二步要小,第三起跳要高,见图 4。

易犯错误:(1)第一步前跨小,第二步前冲力大,起跳失去平衡;(2)没有指根以上部位持球,掌心持球;(3)身体没有充分伸展,没有在最高点柔和将球拨出,手腕僵硬;(4)眼睛没有注视擦板点直至球进框。

二 符号图示和战术图例

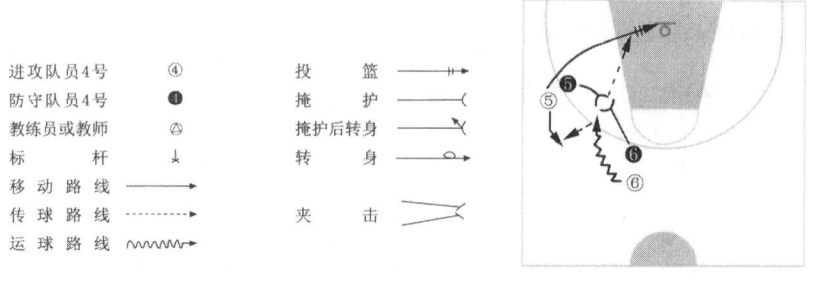

进攻队员4号	④	投　　篮
防守队员4号	●	掩　　护
教练员或教师	⊘	掩护后转身
标　　杆	↓	转　　身
移动路线	→	
传球路线	⇢	夹　　击
运球路线	⌇→	

请根据以上符号图示和战术图例,画出突分配合图,空白图如下。

三 突分配合

常用于对付扩大防守,以运球突破,打乱对方的防守部署或使对方压缩防区,创造外围中、远距离投篮的机会,也可传给切入篮下的同伴得分。

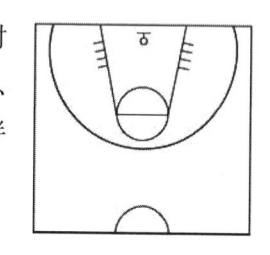

思考问题:

突分配合会用到哪些技术? 如:

哪些移动技术? 哪些传接球技术? 哪些运球技术?

哪些投篮技术? 哪些抢篮板球技术?

运用这些技术应该注意什么? 自己的掌握程度如何?

四 耐力素质的概念分类与练习方法

耐力素质是指有机体坚持长时间运动的能力。按人体的生理系统分类,耐力素质可分为肌肉耐力和心血管耐力。肌肉耐力也称为力量耐力,心血管耐力又分为无氧耐力和有氧耐力。无氧耐力也叫速度耐力,它是指机体以无氧代谢为主要供能形式,坚持较长时间工作的能力。无氧耐力又分为磷酸原供能的无氧耐力和糖酵解供能的无氧耐力。有氧耐力是指机体在氧气供应比较充足的情况下能坚持长时间工作的能力。

针对不同的运动项目,如何发展专项耐力? 对于体能主导类快速力量项目,如铅球、标枪、铁饼,采用的手段是多次重复完成比赛动作或接近比赛要求的专门性练习,采用极限或极限下强度,中大负荷量。对于技能主导类表现性项目,如体操、武术套路,采用的手段是多次重复完整练习、成套或半套以上的练习,采用大负荷强度,中负荷量。对于技能主导类对抗性项目,如篮球、足球、排球,采用的手段是长时间的专项对抗或专项练习,采用最大或次最大负荷强度,中大负荷量。

对于体能主导类周期性竞速项目,如100米、400米、5000米。如果采用重复训练法发展100米运动员的专项耐力,常采用大强度,跑3—10个100米;如果采用重复训练法发展400米运动员的专项耐力,常采用大强度,跑3—6个400米;如果采用重复训练法发展5000米运动员的专项耐力,常采用大强度,跑1—3个5000米。

重复训练法与间歇训练法的不同在于,前者练习间歇充分,而后者练习间歇很不充分,通常控制心率恢复到120—140次/分钟,就进行下一次练习,因而采用间歇训练法发展运动员的专项耐力,对机体的刺激深刻,负荷距离通常减少,在全程距离的1/4—1/2之间。

思考问题:如何发展1000米运动员的专项耐力?如果采用重复训练法,负荷强度应多大?负荷量应多少?如果采用间歇训练法,负荷强度应多大?负荷量应多少?

五 中长跑的呼吸方法

人体只有通过呼吸摄取充足的氧气才能维持长时间的运动,也就是要维持吸氧量与耗氧量的平衡才能长时间地运动,如果平衡被打破,吸氧量不能满足机体的耗氧量,机体很快就会疲劳,出现"极点",因而在中长跑过程中要十分注意呼吸的方法。

呼吸包括吸气和呼气,吸气时膈肌和肋间外肌收缩,胸腔扩大,增加吸气量;呼气时肋间内肌和腹肌收缩,胸腔缩小,加深呼气。在中长跑过程中应闭口用鼻主动用力呼气,之后口鼻被动吸气,原因是这样可以加深呼吸,节省呼吸肌能量,延长呼吸肌疲劳出现的时间。在主动用力呼气后,胸内压是低于外界大气压的,在外界大气压的作用下,空气会自然压入肺部,因而完全没有必要主动用力吸气。

强调用鼻用力呼气是因为,一是用鼻呼气要比用口呼气要深,能呼出更多的二氧化碳;二是用口呼气会带走口腔内的水分,会导致口干舌燥。强调用鼻自然吸气是因为鼻腔能够减少尘埃和冷气进入肺部。如果用鼻自然吸气不够,可以用口辅以自然吸气,但冬季应舌顶上颚,温暖气流。

在中长跑过程中,应将注意力放在呼吸节奏与动作节奏的协调一致上,具体应采用"几步一呼",因人而异,可以"两步一呼",也可以"三步一呼",每个人应在实践中摸索适合自己的呼吸节奏和动作节奏。

概念图作业四
一 技术部分——后转身变向换手运球

1 用途:后转身变向换手运球是行进间运球技术之一。当对手堵截一侧时,运球者利用后转身变向换手运球,改变运球路线以突破防守。

2 优点:以身体护球,易改变方向,快速突破防守距离较近的对手。

3 方法:以右手运球为例,当对手逼近时,运球队员降低重心,左脚在前并做轴,右脚蹬地做后转身的同时,右手将球拉至身体右侧前方,然后换手运球或在做后转身的同时,右手离开球,然后用左手将球拍至身体左侧前方,右脚用力蹬地,左脚向前侧方跨出,加速运球超越防守队员,见图1。

4 要点:运球转身时,使上臂紧贴躯干来减小球的转动半径,同时运球臂提拉的动作和脚的蹬地、跨步、转身动作紧密结合。转身时要加力运球,以加大球的反作用力。

5 易犯错误:1)拉球转身时,球远离身体,脱手失控,球触身体,走步违例,前臂夹球。2)转身与拉球动作不协调,身体后倒,失去重心。

6 纠正方法:1)原地两侧提拉球的练习,要求用单手将球从身体的一侧拉至到身体的另一侧。2)原地运球后转身不换手的练习,要求转身与拉球动作同步。3)由慢到快练习全场后转身变向换手运球的完整动作。

图 1　后转身变向换手运球

二　战术部分——策应配合

1 符号图示和战术图例

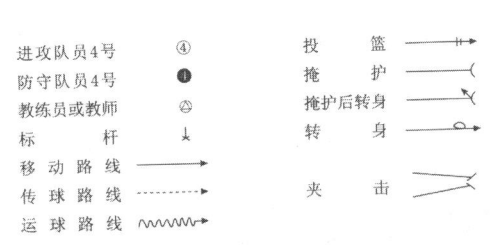

进攻队员4号　④
防守队员4号　❹
教练员或教师　△
标　　　　杆　↓
移 动 路 线　→
传 球 路 线　⇢
运 球 路 线　〰→

投　　　　篮
掩　　　　护
掩 护 后 转 身
转　　　　身
夹　　　　击

图 2　符号图示 　　　　图 3　战术图例

2 策应配合

（1）概念及适用

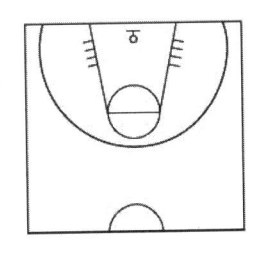

进攻者背对球篮或侧对球篮接球，作为枢纽与同伴之间进行空切、绕切配合的战术。在比赛中可用于对付全场紧逼人盯人防守、半场人盯人防守或区域联防。当突破对方防守时应与传切、掩护等战术配合使用，见图3。

（2）思考问题

策应配合会用到哪些技术？如：哪些移动技术？哪些传接球技术？哪些运球技术？哪些投篮技术？哪些抢篮板球技术？运用这些技术应该注意什么？自己的掌握程度如何？

请根据以上符号图示和战术图例，画出策应配合图，空白图见右侧。

三 柔韧素质的概念分类与练习方法

1 柔韧素质:是指人体关节在不同方向上的运动能力以及肌肉、韧带等软组织的伸展能力。柔韧素质分为一般柔韧素质和专门柔韧素质。一般柔韧素质是指机体中最主要的那些关节活动的幅度,如肩、膝、髋等关节活动的幅度,这对任何运动项目都是必要的。专门柔韧素质是指专项运动所需要的特殊柔韧性,专门的柔韧素质是掌握专项运动技术必不可少的重要条件。

2 负荷强度:柔韧素质练习大多数情况下是采用自身用力的拉伸法,自身用力的大小应依练习者自我感觉来安排。如:肌肉酸痛时可以减轻一点用力;肌肉胀痛时可以坚持一下;当肌肉感到麻时,则应停止练习。进行柔韧性练习有时也采用负重练习,负重量不能超过被拉长肌肉力量的50%。一般地讲,长时间中等强度拉伸练习的效果优于短时间大强度练习的作用。

3 负荷量:为保持关节运动的最大幅度,应根据关节的不同特点,确定适宜的练习次数。运动员的年龄与性别不同,练习的次数也应有所区别。少年练习者(12—14岁)练习的重复次数,应为成年练习者的30%—40%,女子应比男子少10%—15%。每组持续练习的时间为6—12秒,摆动动作可稍长一些。在做静力性练习时,当关节角度伸展到最大限度时,可停留固定30秒钟左右的时间。

4 间歇时间:应保证运动员在完全恢复的条件下完成下一个练习。休息时间与练习的性质、动作持续时间密切相。例如,多次完成提高脊柱活动的躯干弯曲动作,比完成15秒钟踝关节的强制伸展练习,休息时间要长很多。休息时应安排肌肉放松练习或进行按摩等。

5 练习方法:采用拉伸法,分动力拉伸法和静力拉伸法。在这两种方法中又都有主动拉伸和被动拉伸两种不同的练习方式。

6 练习手段:发展肩部、腿部、臀部和脚部的柔韧性的主要手段有:压、搬、劈、摆、踢、绷及绕环等练习。发展腰部的柔韧性的主要手段有:站立体前屈、俯卧背伸、转体、甩腰及绕环等练习。

四 准备活动的生理学原理及负荷

1 生理机理:通过预先进行的肌肉活动在神经中枢的相应部位留下了兴奋性提高的痕迹,这一痕迹产生的生理效应能使正式比赛时中枢神经系统的兴奋性处于最适宜水平,调节功能得到改善,内脏器官的机能惰性得到克服,新陈代谢加快,有利于机体发挥最佳机能水平。但痕迹效应不能保持很久时间,准备活动后间隔45分钟,其痕迹效应将全部消失。

2 具体作用:(1)对神经系统:准备活动可以提高中枢神经系统的兴奋性,调节不良的赛前状态,使大脑反应速度加快,参加活动的运动中枢间相互协调,为正式练习或比赛时生理功能迅速达到适宜程度做好准备。(2)对心血管和呼吸系统:准备活动可使肺通气量及心输出量增加,心肌和骨骼肌的毛细血管网扩张,使工作肌能获得更多的氧,同时增强皮肤的血流量有利于散热,防止正式比赛时体温过高。(3)对骨骼肌系统:准备活动可使体温升高,体温升高可降低肌肉粘滞性,提高肌肉收缩和舒张速度,增加肌肉力量;在体温较高的情况下,血红蛋白和肌红蛋白可释放更多的氧,增加肌肉的氧供应;体温升高可增加体内酶的活性,物质代谢水平提高,保证在运动中有较充足的能量供应;体温升高还可以提高中枢神经系统和肌肉组织的兴奋性;同时体温升高使肌肉的伸展性、柔韧性和弹性增加,从而预防运动损伤。

3 准备活动的负荷:准备活动的强度通常心率达100—120次/分,或最大摄氧量强度的45%为宜,时间在10—30分钟之间。具体负荷应根据项目特点、个人习惯、练习水平和季节气候等因素适当加以调整,通常以微微出汗及自我感觉已活动开为宜。准备活动结束到正式练习开始的时间间隔一般不超过15分钟,在一般性教学中通常间隔2—3分钟。

五 运动后饮水

1 内环境与渗透压:细胞外液是细胞直接生活的环境,包括血浆和组织液。为了区别人体生存的外界环境,把细胞外液称为机体的内环境。机体内环境理化性质的相对稳定,如渗透压、酸碱度的相对稳定,细胞新陈代谢才能正常进行。渗透压是一切溶液所固有的一种特性,它是由溶液中溶质分子运动所造成的。溶液促使膜外水分子向内渗透的力量即为渗透压或渗透吸水力,也就是溶液增大的压强,其数值相当于阻止水向膜内扩散的压强。血液的渗透压一般指血浆渗透压。血浆渗透压由两部分组成,即晶体渗透压和胶体渗透压。血浆渗透压主要为晶体渗透压,胶体渗透压虽小,但可防止过多水分渗透出毛细血管外,对水分出入毛细血管具有调节作用。

2 溶血:血浆渗透压相对稳定是维持血细胞正常机能活动所必需的条件。在剧烈运动大量出汗后,血浆晶体渗透压会升高,红细胞会由于血浆晶体渗透压的升高而失水,发生皱缩,功能下降。如果这时大量饮用纯净水,会使血浆晶体渗透压突然下降,会使水分进入红细胞内过多,引起红细胞膨胀,最终破裂。红细胞解体,血红蛋白被释放,这一现象总称为红细胞溶解,简称溶血。

3 氧气的运输:进入血液的氧气只有约1.5%溶于血浆,98.5%进入红细胞,与血红蛋白结合进行运输。如果发生溶血现象,会影响氧气的运输能力,不利于练习者耐力素质的提高,因而在剧烈运动大量出汗后,应少量多次饮水,并且要补充少量盐水,以避免血浆渗透压的突然下降。

概念图作业五
一 技术部分
1 如何防守内线队员

(1) 站位:建议在内线队员的前侧方防守,见图1。

(2) 防接球:要领是快速的移动,紧紧跟防进攻人,与对手始终保持在一臂距离之内,始终伸出一只手臂封堵进攻人和持球人之间的传球路线,见图2。

(3) 防空切:首先要预测到空切的发生,通过移动到空切路线上来封堵空切,这样就能迫使进攻人只能向远离球篮的无人防守区域移动接球,见图3。

(4) 防运球突破:如果内线队员接到球,通过横向滑步、变向撤步等步法防突破投篮,见图4。

图 1　站位 　　　图 2　防接球

图 3　防空切 　　图 4　防运球突破

2　如何抢篮板球

（1）防守队员抢篮板球：1）快速地向你所防守的对手移动并与他有一定的身体接触，用手掌或手臂轻轻地触摸对手，来感觉他在场上的移动路线，如图 5。2）保持这种接触背靠对手转身面向球篮，如图 6。3）转身挡人后，立刻举起你的双臂，如图 7。4）当球弹离篮圈时，向球的方向伸展手臂并跳离地面，双手抓住篮板球，如图 8。

图 5 　　　　图 6

图 7 　　　　　　　　　图 8

(2) 进攻队员抢篮板球:1)转身能够帮助进攻队员摆脱防守人的阻挡。进攻队员确定一只中枢脚,当球从篮圈反弹回来的时候迅速向无人防守的篮下空当方向转身。把两手伸得很高来准备接球,利用转身至少可以使进攻人从侧向获得一个抢到篮板球的空间,而不至于被防守人完全地挡在身后,如图9和图10。2)虚晃绕步能够帮助进攻队员摆脱防守人的阻挡。当防守人转身阻挡进攻人的时候,进攻人向一个方向迈出一到两步。当防守人还没降低重心的时候,快速向另一个方向迈出大大的一步,至少保证有一条腿在防守人的前面落位,这个绕步有助于你在防守人的身前或一侧抢占一个抢篮板球的有利位置,如图11和图12。3)当不能用双手抓住球时,可以用单手挑拨球补篮,如图13。

图 9 　　　　　　　　　图 10

图 11　　　　　　　　图 12　　　　　　图 13　挑拨球补篮

二　战术部分

1　符号图示和战术图例

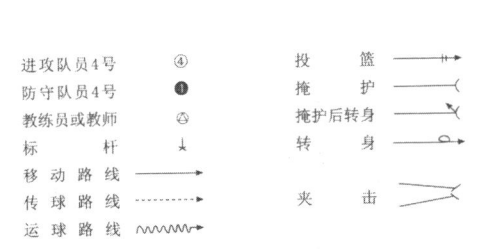

图 14　符号图示

进攻队员4号　　④
防守队员4号　　❹
教练员或教师　　◎
标　杆　　★
移动路线　　——→
传球路线　　----→
运球路线　　～～→
投　　篮
掩　　护
掩护后转身
转　　身
夹　　击

图 15　挤过配合

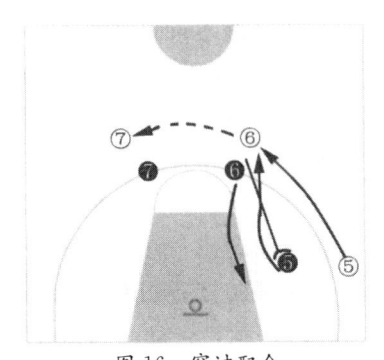

图 16　穿过配合

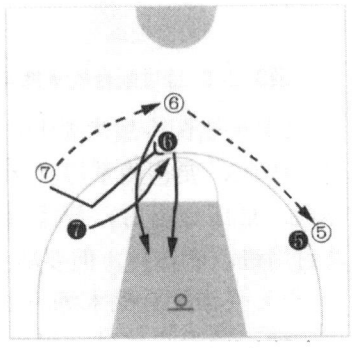

图 17　绕过配合

2　防守战术基础配合

（1）挤过配合：进攻者⑤传球给⑥后，移动去为无球者⑦做掩护，防守队员⑦主动挤到⑤之前继续防守进攻队员⑦，如图15。

（2）穿过配合：⑥传球给⑦后去给⑤做掩护，防守队员⑤当⑥掩护到位的一刹那主动后撤一步，从防守队员⑥和进攻队员⑥中间穿过，继续防守⑤，如图16。

（3）绕过配合：⑦传球给⑥后，移动去为⑥做侧掩护，⑥传球给⑤后利用⑦的掩护向篮下切入，防守队员⑥后撤一步从防守队员⑦和进攻队员⑦后面绕过，如图17。

请根据以上符号图示和战术图例，画出挤过、穿过和绕过战术配合图，空白图如下。

图18　挤过配合　　　图19　穿过配合　　　图20　绕过配合

三　灵敏素质的概念分类与练习方法

灵敏素质是指在各种突然变换的条件下，练习者能够迅速、准确、协调地改变身体运动的空间位置和运动方向，以适应变化着的外环境的能力。灵敏素质可分为一般灵敏素质和专门灵敏素质两类。一般灵敏素质是指在完成各种复杂动作时所表现出来的适应变化着的外环境的能力。专门灵敏素质是指根据各专项所需要的，与专项技术合密切关系的，以及适应变化着的外环境的能力。

负荷强度：发展灵敏素质主要采用变换训练法。练习强度一般较大，速度较快。负荷量：练习次数不宜过多，练习时间不宜过长，因为机体疲劳，力量就会下降、速度变慢、反应迟钝，不利于灵敏素质的发展。间歇时间：每次练习之后应有足够的休息时间，以保障氧气的补充和肌肉中高能物质的再合成；但休息时间过长，又会使神经系统的兴奋性下降，一般练习时间与休息时间之比为1∶3。

练习手段：

（1）让练习者在跑、跳当中迅速、准确、协调地做出各种动作，如快速改变方向的各种跑、各种躲闪和突然起动的练习,各种快速急停和迅速转体的练习等。

(2) 各种调整身体方位的练习,如利用体操器械做各种较复杂的动作等。

(3) 专门设计的各种复杂多变的练习,如立卧撑、十字变向跑及综合变向跑等。

(4) 各种改变方向的追逐性游戏和对各种信号作出复杂应答的游戏等。

四 不同性质负荷的恢复时间

相关研究表明,一次大负荷后,需要48—72小时才能出现超量恢复。无氧磷酸原供能的练习,如反应速度、动作速度、移动速度、最大力量、快速力量(爆发力)练习,需要48小时才能出现超量恢复。无氧糖酵解供能的练习,如400米、800米跑,需要48—72小时才能出现超量恢复。有氧氧化供能的练习,如中长跑,需要72小时才能出现超量恢复。

因而进行大负荷的健身锻炼,每周2—3次为宜,且速度力量、速度耐力、有氧耐力练习在每周内交替进行,有利于恢复。

概念图作业六
一 技术部分
1 传球技术
(1) 双手胸前传球

双臂发力前伸,手腕向外翻转,食指、中指弹拨球,拇指顺势下压,肩、肘关节放松,全身协调用力,见图1。

图1

图2

图3

(2) 双手反弹传球

传球时手腕与手指急促抖动用力,选择击地点距自身2/3处,球弹腰腹部高,传球力量适宜,快速准确到位,见图2。

2 接球技术

(1) 双手接球

双手伸臂迎球,手指自然张开,形似球状,待接,当指端触球时,迅速收臂,后引缓冲来球力量,护球置于胸前,见图3。易犯错误,见图4。

(2) 单手接球

伸臂迎球,掌心朝向来球,指端触球后引,另一手护球,准备下一个连接动作,见图5。

图4

图5

二 战术部分

1 符号图示和战术图例

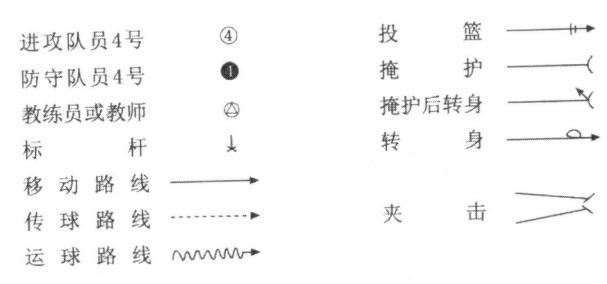

```
进攻队员4号        ④              投      篮  ——+
防守队员4号        ●              掩      护  ——|
教练员或教师       △              掩护后转身  
标       杆       ↓              转      身  
移 动 路 线  ——→
传 球 路 线  ----→                夹      击  
运 球 路 线  ～～→
```

图6 符号图示

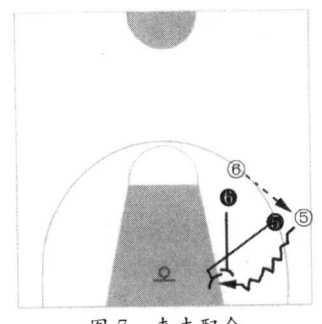

图7 夹击配合 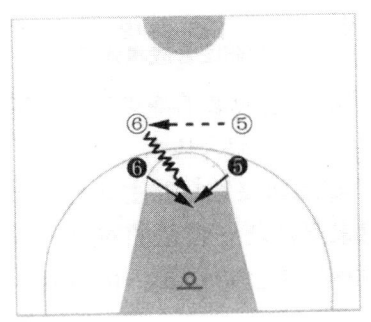　　　　图8 关门配合

2 防守战术基础配合

（1）夹击配合：⑥传球给⑤，⑤向底角运球，防守队员⑤封堵底线，迫使⑤停球，同时防守队员⑥迅速跑去与防守队员⑤协同夹击⑤，封堵其传球路线，迫使其违例或失误，见图7。

（2）关门配合：⑤传球给⑥，⑥向中路运球突破，防守队员⑥紧追防守和防守队员⑤及时移动堵截，两人协同形成"关门"配合，见图8。

（3）练习：请画出夹击和关门战术配合图。

图9 夹击配合 　　　　图10 关门配合

三 为什么立定跳远起跳前要"快速屈膝、快速起跳"?

肌肉、肌腱和关节囊中分布有各种各样的本体感受器(肌梭与腱器官),其中肌梭的结构,见图11。

肌梭内的肌纤维称梭内肌,肌梭外的肌纤维称梭外肌。梭内肌是感受器,当肌肉被拉长时,梭内肌兴奋,神经冲动通过 r 神经元传入到脊髓,然后通过 a 运动神经元能反射性地引起梭外肌加强收缩。

这一反射弧称为 r-环路。肌肉收缩除受高位脑中枢直接控制外,还受 r-环路间接控制。立定跳远起跳前的膝屈动作,是利用牵张反射的原理牵拉跳跃的主动肌,使其收缩更有力。因此立定跳远起跳前要"快速屈膝、快速起跳",不应缓慢屈膝,不应屈膝后停顿再起跳。

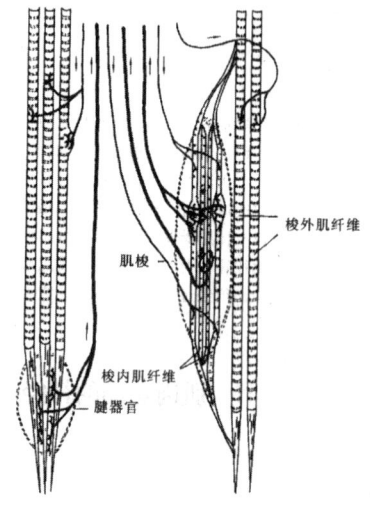

图11 肌梭与腱器官模式图

四 肌纤维类型与运动能力

根据肌肉收缩速度,肌纤维可以分为快肌纤维和慢肌纤维。快肌纤维受大 a 运动神经元支配,收缩力量大,收缩速度快。慢肌纤维受小 a 运动神经元支配,收缩力量小,收缩速度慢,但不宜疲劳。

运动能否引起肌纤维类型发生改变?相关研究显示,速度力量项目运动员的肌肉中快肌纤维所占比例高,耐力项目运动员的肌肉中慢肌纤维所占比例高,速度耐力项目运动员的肌肉中快慢肌纤维的比例相当。但这不能说明运动会改变肌纤维的类型,因为运动员在接受训练前的肌纤维比例并不清楚,速度力量、速度耐力和耐力项目运动员肌肉中的肌纤维比例不同,可能在训练前已经存在。

也有观点认为,快肌纤维能转化为慢肌纤维,而慢肌纤维不能转化为快肌纤维。其依据是:如果用耐力训练的负荷强度和负荷量来训练速度力量项目的运动员,其耐力成绩提高,但速度力量成绩下降。如果用速度力量训练的负荷强度和负荷量来训练耐力运动员,其速度力量成绩很难提高,但耐力成绩不会下降。

不管运动能否引起肌纤维类型发生改变,运动应该遵循专项化原则,应根据运动的目的选择相应的负荷强度和负荷量,不能用耐力训练的负荷强度和负荷量去发展速度力量,也不能用速度力量训练的负荷强度和负荷量去发展耐力。

对于力量、速度、耐力、柔韧和灵敏素质的练习方法,前面已经提供,在此不再赘述。

概念图作业七

一 裁判手势

图1 得两分 　　图2 三分试投 　　图3 三分投篮成功

图4 替换 　　图5 暂停

图6 带球走　　　　　图7 两次运球

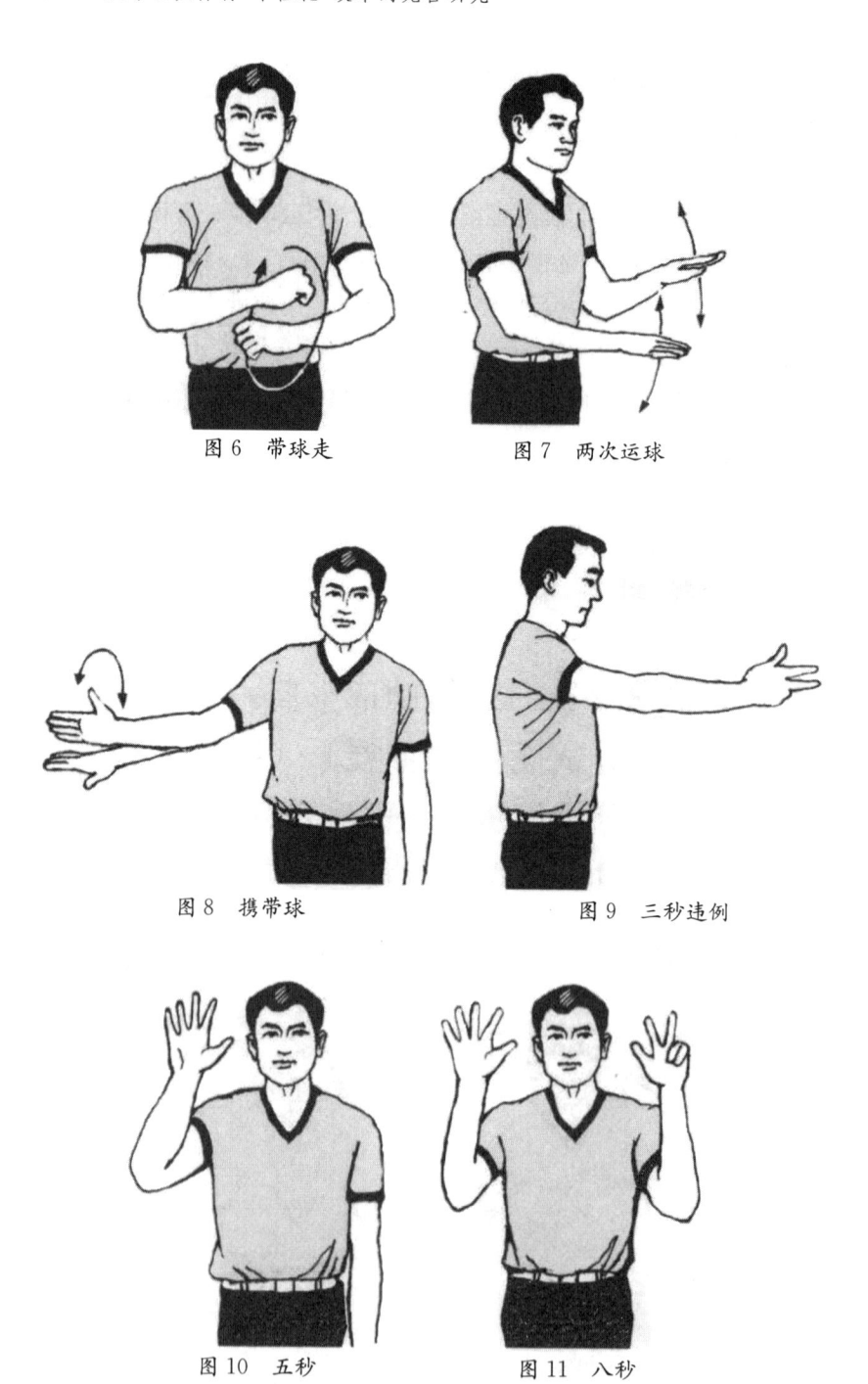

图8 携带球　　　　　图9 三秒违例

图10 五秒　　　　　图11 八秒

图 12　二十四秒

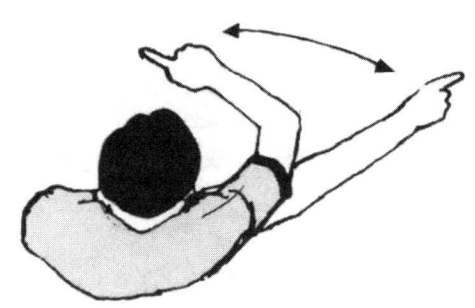

图 13　球回后场

图 14　故意脚球

图 15　出界或比赛方向

图 16　跳球

图 17　非法用手

图 18　阻挡 　　　　　　　图 19　过分挥肘

图 20　拉人 　　　　　　　图 21　推人或不带球撞人

图 22　带球撞人 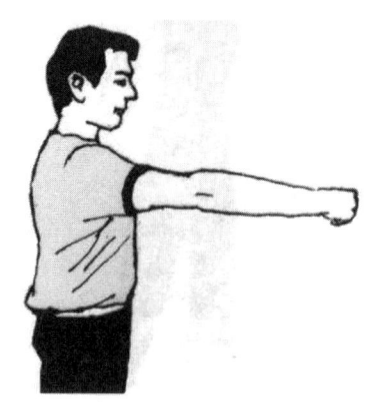　　　　　图 23　控制球队犯规

图 24　双方犯规　　图 25　技术犯规

图 26　违反体育道德　　图 27　取消比赛资格

二　战术部分

1 符号图示和战术图例

进攻队员 4 号　　④　　　　投　　篮
防守队员 4 号　　●　　　　掩　　护
教练员或教师　　△　　　　掩护后转身
标　　杆　　　　　　　　　转　　身
移 动 路 线　　　　　　　　
传 球 路 线　　　　　　　　夹　　击
运 球 路 线

图 28　符号图示

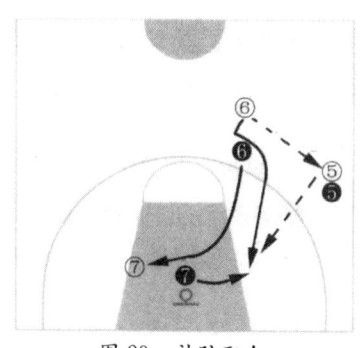

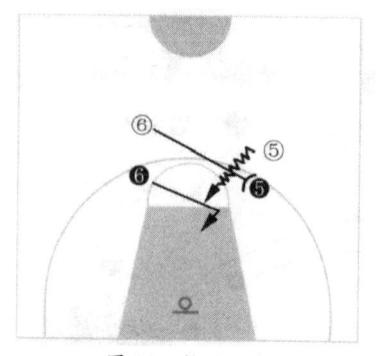

图29 补防配合　　　图30 换防配合

2 防守战术基础配合

(1) 补防配合：⑥传球给⑤，突然摆脱防守队员⑥的防守直插篮下，接⑤的回传球，防守队员⑦放弃对⑦的防守去补防⑥，防守队员⑥去补防⑦，保持防守的连续性，见图29。

(2) 换防配合：⑥主动给⑤做掩护，⑤运球突破，当⑤向篮下运球突破时，防守队员⑤来不及队守自己的对手，提示同伴防守队员⑥进行交换防守，防守队员⑥及时调整位置去防守⑤，堵截其向篮下切入的路线，见图30。

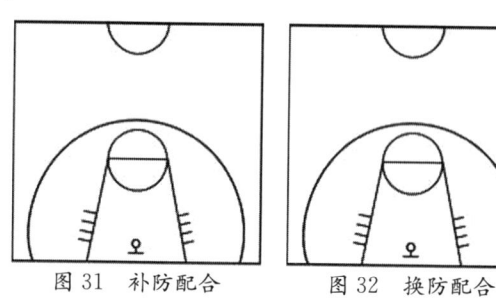

图31 补防配合　　　图32 换防配合

(3) 练习：请画出补防和换防战术配合图。

三　运动与体重控制

一般认为，最适宜的体脂含量：男性为体重的 6%—14%，女性为 10%—14%。充沛的脂肪贮备为机体提供了丰富的能源。但若男性体脂大于 20%、女性大于 30% 则属肥胖。肥胖增加机体负担，并易发高血压、冠心病等疾病。

体脂的积聚是由于摄入食量高于人体所需的能量,过多的能量会在体内转化成脂肪,而且机体储存脂肪的能力几乎没有限度。所以,只有设法保持摄入量与消耗量两者间的平衡,才能保持人体的正常体重。

运动减肥通过增加人体肌肉的能量消耗,促进脂肪的分解氧化,降低运动后脂肪酸进入脂肪组织的速度,抑制脂肪的合成而达到减肥的目的。因此,减肥的方式一是参加运动,二是控制食物摄入量。

近年的研究认为,采取单纯运动或单纯节食的方式减肥效果均不如采取运动与节食相结合的方式,因为,运动加节食在减少体脂重量的同时,亦增加了瘦体重。

减体重的运动量,通常根据要减轻体重的数量及减重速度决定。许多学者提出. 每周减轻体重 0.45 公斤较适宜,每周减轻体重 0.9 公斤为可以接受的上限,但不宜超过此限度,约相当于每日亏空能量 500—1000 千卡,每周累计的热能短缺量为 3500—7000 千卡。具体措施为:每周运动 3—5 次,每次持续 30—60 分钟,运动强度为 50%—85%最大摄氧量或最大心率的 60%—70%。

四 酸碱平衡

正常人体液的 pH 值约为 7.35—7.45,平均值为 7.4,人体生命活动所能耐受的最大 pH 值变化范围为 6.9—7.8。体液的 pH 值的相对稳定受三大系统的调节和控制。

消化系统:小肠是首先参与酸碱平衡调节的器官,它能根据食物的成分来调节对胰液中碱的再吸收,从而来调节血液中碱的浓度。此外,小肠还可以通过调节对食物中碱离子,比如镁、钙、钾的吸收来维持酸碱平衡。

呼吸系统:肺在调节酸碱平衡时堪称效率最高的器官,它时时刻刻都在工作着,不断地将二氧化碳排出体外,因为我们吃进去的糖、脂肪和蛋白质经过体内代谢反应后的最终产物之一就是二氧化碳,它能与水结合生成碳酸,这是体内产生最多的酸性物质。

排泄系统:主要依靠肾,它一方面通过过滤把身体代谢产生的酸性物质排出体外,另一方面会回吸一部分碱性物质,维持身体的酸碱平衡。

美国一位病理学家经过长期研究指出，只有体液呈弱碱性，才能保持人体健康。正常人体液呈弱碱性，人在体育锻炼后，感到肌肉、关节酸胀和精神疲乏，其主要原因是体内的糖、脂肪、蛋白质被大量分解，在分解过程中，产生乳酸、磷酸等酸性物质。这些酸性物质刺激人体组织器官，使人感到肌肉、关节酸胀和精神疲乏。

而此时若单纯食用易产生酸性物质的肉、蛋、鱼等，会使体液更加酸性化，不利于疲劳的解除。而食用蔬菜、甘薯、柑橘、苹果之类的水果，由于它们的成碱作用，可以消除体内过剩的酸，降低尿的酸度，增加尿酸的溶解度，可减少酸在膀胱中形成结石的可能。

强酸性食品：牛肉、猪肉、鸡肉、金枪鱼、牡蛎、比目鱼、乌鱼子、柴鱼（肉类）；糖、饼干、面包、奶酪、米、小麦、酒类、薄肠、蛋黄、白糖做的西点或柿子等（碳水化合物）。

中酸性食品：火腿、培根、鲔鱼、鳗鱼、马肉等（肉类）。

弱酸性食品：龙虾、章鱼、鱿鱼、鳗鱼、河鱼、文蛤、泥鳅（肉类）；白米、花生、酒、油炸豆腐、海苔、鸡蛋、荞麦、奶油、豌豆、巧克力、葱、空心粉、炸豆腐等。

强碱性食品：柿子、黄瓜、胡萝卜、萝卜、菠菜、柑橘类、葡萄、芋头、海带、海带芽（蔬果类）；牛乳、无花果、葡萄干、恰玛古、茶叶。

中碱性食品：柠檬、萝卜干、大豆、红萝卜、番茄、香蕉、橘子、番瓜、草莓、蛋白、梅干等。

弱碱性食品：红豆、萝卜、甘蓝菜、洋葱、豆腐、马铃薯、卷心菜、笋、香菇类、油菜、南瓜、豆腐、苹果、梨、香蕉、樱桃等。

食用酸性食品，尤其是肉类，一定要同时食用充足的蔬菜，蔬菜中的钙和钾化合物可中和肉类中的硫酸和磷酸。

冬季学期

概念图作业一

一　技战术内容与分类

1. 技术部分

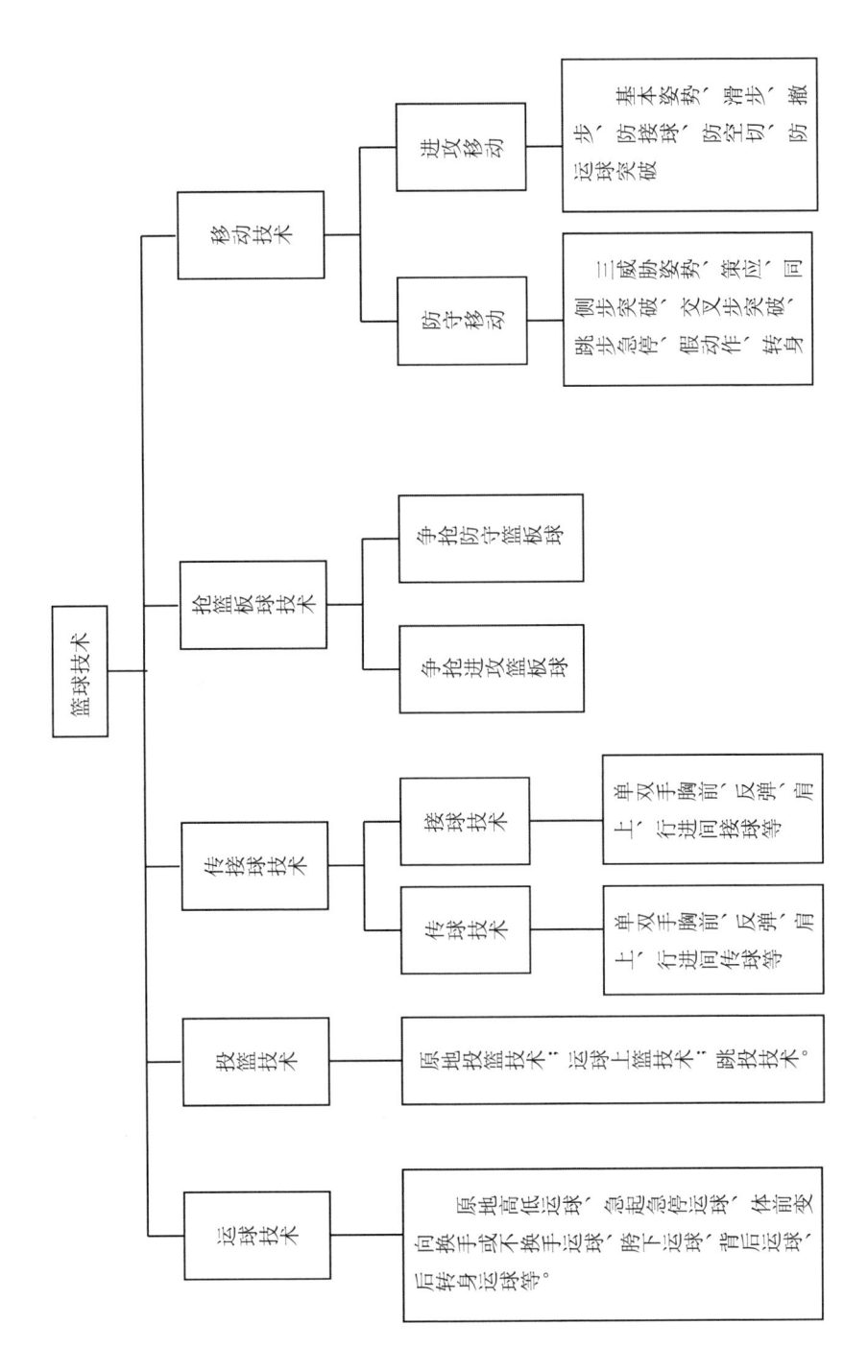

```
                                    ┌── 进攻移动 ── 基本姿势、滑步、撤步、运球突破、防接球、防空切、防掩护
                ┌── 移动技术 ──┤
                │                   └── 防守移动 ── 三威胁姿势、策应、同侧步突破、交叉步突破、跳步急停、假动作、转身
                │
                │                   ┌── 争抢防守篮板球
                ├── 抢篮板球技术 ──┤
                │                   └── 争抢进攻篮板球
                │
                │                   ┌── 接球技术 ── 单手、双手胸前、反弹、肩上、行进间接球等
篮球技术 ──┤── 传接球技术 ──┤
                │                   └── 传球技术 ── 单手、双手胸前、反弹、肩上、行进间传球等
                │
                ├── 投篮技术 ── 原地投篮技术；运球上篮技术；跳投技术。
                │
                └── 运球技术 ── 原地高低运球、急起急停运球、体前变向换手运球、胯下运球、背后运球、后转身运球等。
```

2. 战术部分

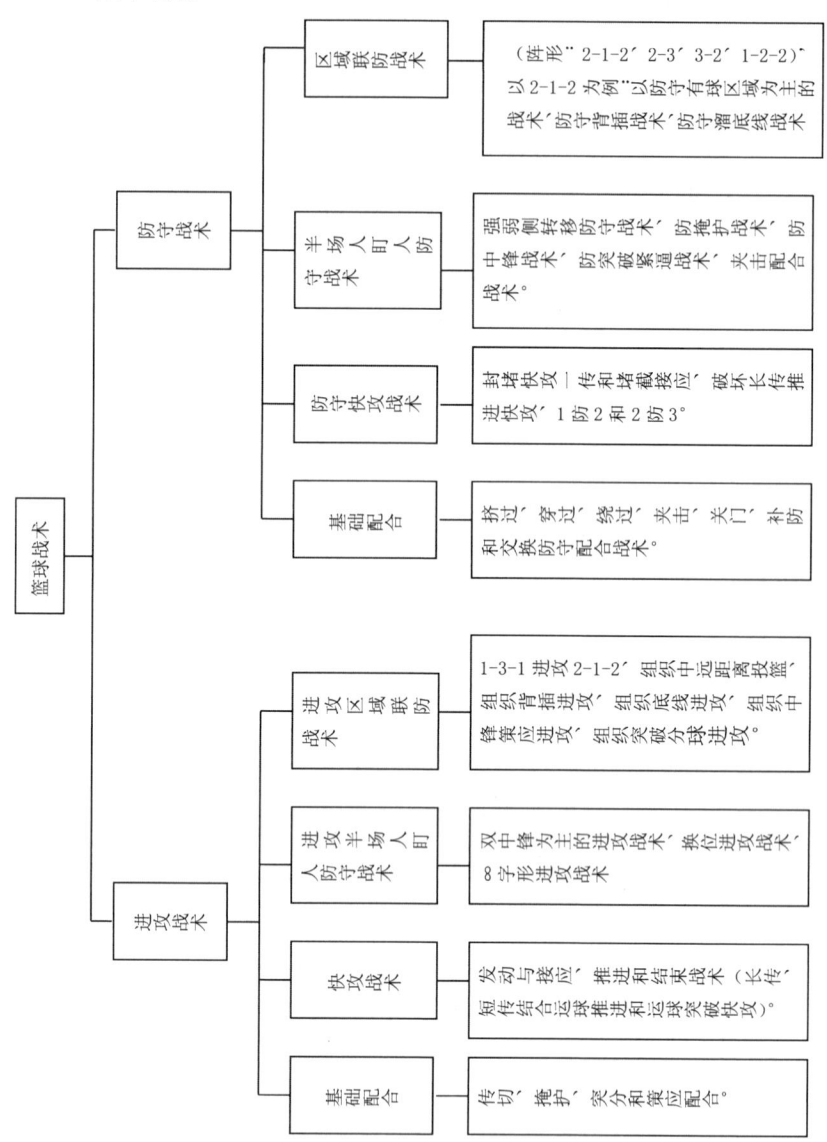

```
                    ┌─ 区域联防战术 ─── （阵形：2-1-2、2-3、3-2、1-2-2）。
                    │                   以2-1-2为例"以防守有球区为主的
                    │                   战术、防守背捕战术、防守溜底线战术
                    │
                    ├─ 半场人盯人防     强弱侧转移防守战术、掩护战术、
                    │  守战术           中锋突破紧逼战术、夹击配合
        防守战术 ───┤                   战术。
                    │
                    │                   封堵快攻一传和接应、堵截长传推
                    ├─ 防守快攻战术     进攻、防1和2、防2和3。
                    │
                    └─ 基础配合         挤过、穿过、绕过、夹击、关门、补防
篮球战术 ──┤                           和交换防守配合战术。
                    
                    ┌─ 进攻区域联防     1-3-1进攻2-1-2、组织中远距离投篮、
                    │  战术             组织背捕进攻、组织底线进攻、组织中
                    │                   锋策应进攻、组织突破分球进攻。
                    │
                    ├─ 进攻半场人盯     双中锋为主的进攻战术、换位进攻
        进攻战术 ───┤  人防守战术       战术、8字形进攻战术
                    │
                    ├─ 快攻战术         发动与接应、推进和结束战术（长传
                    │                   短传结合运球推进和运球突破快攻）。
                    │
                    └─ 基础配合         传切、掩护、突分和策应配合。
```

思考：能否记住上述技战术分类图？请把它画出来。

二 符号图示和战术图例

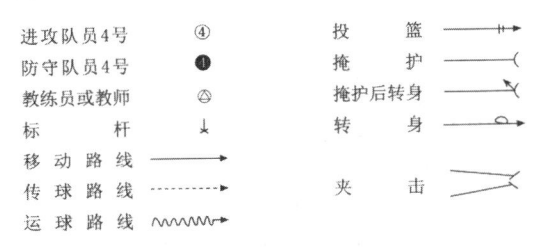

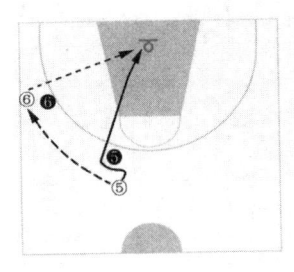

进攻队员4号	④	投　　篮
防守队员4号	❹	掩　　护
教练员或教师	△	掩护后转身
标　　杆		转　　身
移动路线	—→	
传球路线	--→	夹　　击
运球路线	∿∿→	

图1　一传一切配合　　　图2　一传空切配合

图3　给持球者做侧掩护

请根据以上符号图示和战术图例画出传切配合和掩护配合的战术配合图，空白图如下。

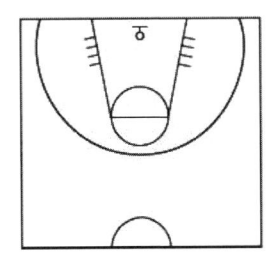

三 传切配合和掩护配合

思考：传切配合和掩护配合会用到哪些技术？

如:哪些移动技术？哪些传接球技术？哪些运球技术？哪些投篮技术？哪些抢篮板球技术？

运用这些技术应该注意什么？自己的掌握程度如何？

四　力量素质的概念分类与练习方法

力量素质是指人体神经肌肉系统在工作时克服或对抗阻力的能力。

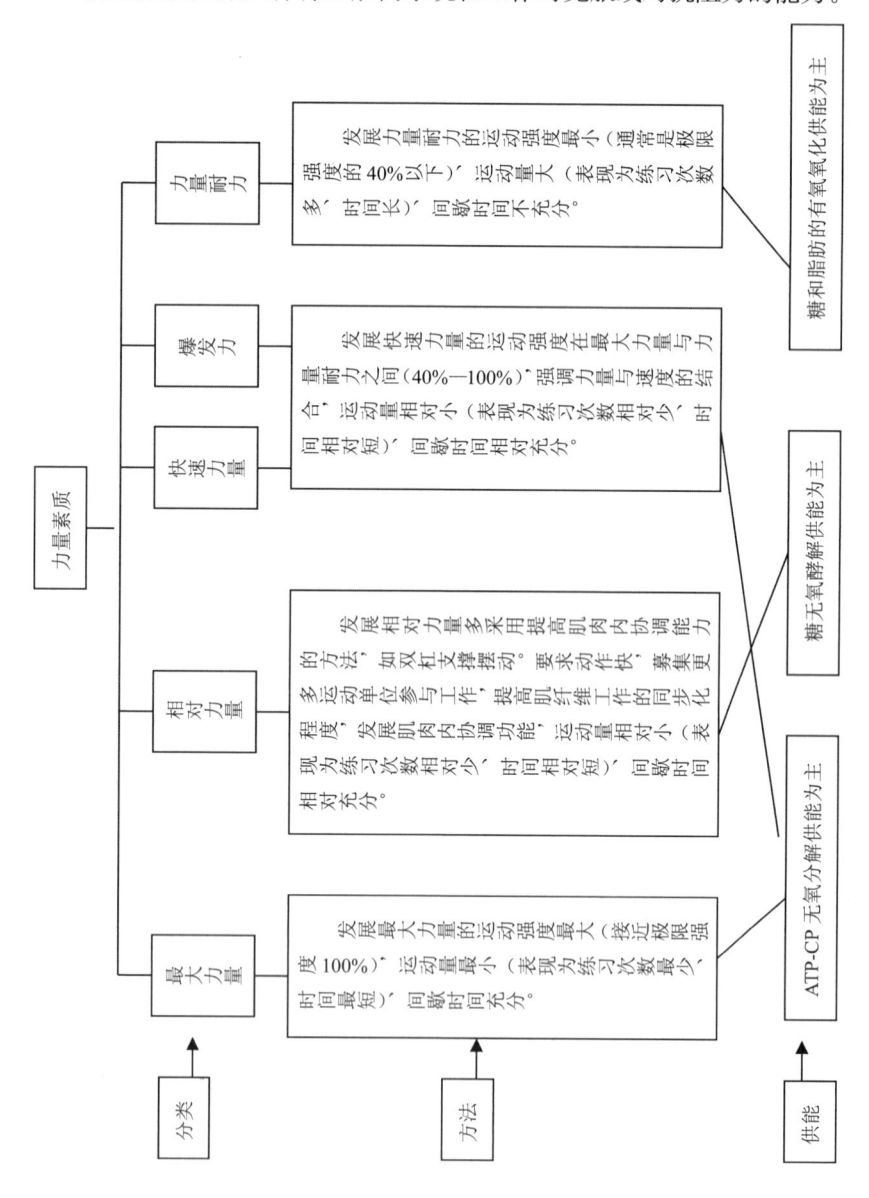

力量素质 分类、方法、供能：

分类	方法	供能
力量耐力	发展力量耐力的运动强度最小（通常是极限强度的40%以下），运动量大（表现为练习次数多，时间长），间歇时间不充分。	糖和脂肪的有氧氧化供能为主
爆发力 / 快速力量	发展快速力量的运动强度在最大力量与力量耐力之间（40%—100%），强调力量与速度的结合，运动量相对小（表现为练习次数相对少，时间相对短），间歇时间相对充分。	糖无氧酵解供能为主
相对力量	发展相对力量多采用的方法，如双杠支撑摆动作快，要求动员更多运动单位参与工作，提高肌纤维工作的同步化，提高肌肉协调功能，运动量相对小（表现为练习次数相对少，时间相对短），间歇时间相对充分。	
最大力量	发展最大力量的运动强度最大（接近极限强度100%），运动量最小（表现为练习次数最少），间歇时间最短，间歇时间充分。	ATP-CP 无氧分解供能为主

根据练习实践的需要,本节介绍最大力量(相对力量)、快速力量(含爆发力)和力量耐力。最大力量是指肌肉通过最大随意收缩克服阻力时所表现出来的最高力值。相对力量是指运动员单位体重所具有的最大力量。快速力量是指肌肉快速发挥力量的能力,是力量与速度的有机结合。爆发力是快速力量的一种表现形式,只是在做爆发力练习时,所用的力量是不遗余力的,所用的时间是最短的。力量耐力是指肌肉长时间克服阻力的能力。

思考:根据上图,立定跳远练习是发展什么力量?篮球教学比赛是发展什么力量?

概念图作业二

一 运球技术

原地高低运球

急起急停运球

体前变向换手运球

体前变向不换手运球

(1) 原地高低运球

要点:运。

易犯错误:1)拉球转身时,球远离身体,脱手失控,球触身体,走步违例,前臂夹球。2)转身与拉球动作不协调,身体后倒,失去重心。

(2) 急起急停运球

要点:运球转身时,使上臂紧贴躯干来减小球的转动半径,同时运球臂提拉的动作和脚的蹬地、跨步、转身动作紧密结合。转身时要加力运球,以加大球的反作用力。

易犯错误:1)拉球转身时,球远离身体,脱手失控,球触身体,走步违例,前臂夹球。2)转身与拉球动作不协调,身体后倒,失去重心。

(3) 体前变向换手运球

要点:运球转身时,使上臂紧贴躯干来减小球的转动半径,同时运球臂提拉的动作和脚的蹬地、跨步、转身动作紧密结合。转身时要加力运球,以加大球的反作用力。

易犯错误:1)拉球转身时,球远离身体,脱手失控,球触身体,走步违例,前臂夹球。2)转身与拉球动作不协调,身体后倒,失去重心。

(4) 体前变向不换手运球

要点:运球转身时,使上臂紧贴躯干来减小球的转动半径,同时运球臂提拉的动作和脚的蹬地、跨步、转身动作紧密结合。转身时要加力运球,以加大球的反作用力。

易犯错误:1)拉球转身时,球远离身体,脱手失控,球触身体,走步违例,前臂夹球。2)转身与拉球动作不协调,身体后倒,失去重心。

(5) 胯下变向运球

(6) 背后变向运球

(7) 后转身变向运球

要点：运球转身时，使上臂紧贴躯干来减小球的转动半径，同时运球臂提拉的动作和脚的蹬地、跨步、转身动作紧密结合。转身时要加力运球，以加大球的反作用力。

易犯错误：1)拉球转身时，球远离身体，脱手失控，球触身体，走步违例，前臂夹球。2)转身与拉球动作不协调，身体后倒，失去重心。

纠正方法：1)原地两侧提拉球的练习，要求用单手将球从身体的一侧拉至到身体的另一侧。2)原地运球后转身不换手的练习，要求转身与拉球动作同步。3)由慢到快练习全场后转身变向换手运球的完整动作。

二 投篮技术

原地单手肩上投篮　　　　　行进间单手肩上投篮

1 原地单手肩上投篮

动作要点：蹬地、展体、伸臂、屈腕、拨球，见上图。

易犯错误：(1)没有指根以上部位持球，掌心触球，五指没有分开，持球不稳；(2)腕关节僵硬，向前上方推球，出手点低，球的抛物线平直；(3)肘关节外展，出球的方向不正；(4)没有屈膝、蹬地、展体，下肢力量没有传递到上肢。

2 跳起单手肩上投篮

动作方法：以右手投篮为例。两手持球于胸前，两脚左右或前后开立。两膝微屈，重心落在两脚之间。起跳时，迅速屈膝，脚掌用力蹬地向上起跳，同时双手举球到右肩上方，右手持球，左手扶球的左侧方，当身体接近最高点时，左手离球，右臂向前上方伸展，手腕前屈，食、中指拨球，通过指端将球投出，见上图。

动作要点：起跳垂直向上，起跳与举球、出手动作应协调一致，在接近最高点时出手。

3 行进间单手肩上投篮

动作要点：第一步跨步大，第二步要小，第三起跳要高，见上图。

易犯错误：(1)第一步前跨小，第二步前冲力大，起跳失去平衡；(2)没有指根以上部位持球，掌心持球；(3)身体没有充分伸展，没有在最高点柔和将球拨出，手腕僵硬；(4)眼睛没有注视擦板点直至球进框。

三 速度素质的概念分类与练习方法

速度素质是指人体快速运动的能力，包括反应速度、动作速度和移动速度。反应速度是指人体对各种信号刺激(声、光、触等)快速应答的能力，如起跑反应速度。动作速度是指人体或人体某一部分快速完成某一个动作的能力，如网球手臂挥拍速度、排球扣球挥臂速度、立定跳远腿的蹬伸速度。移动速度是指人体在特定方向上位移的速度，如100米速度。

根据以上概念，如何发展反应速度、动作速度和移动速度？发展反应速度的手段有：信号刺激法、运动感觉法、移动目标练习和选择性练习。发展动作速度的手段有：利用外界助力控制动作速度、减少外界阻力、利用动作加速或利用器械重量变化而获得的后效作用、借助信号刺激提高动作速度、缩小完成练习的空间和时间界限。发展移动速度的手段有：一是快速力量训练，使运动员力量增长，进而提高速度，负荷强度30%—100%都可以，关键是快速完成，每组1—5次即可，组数不宜过多，组间间歇相对充分；另一个是反复进行专项练习，如短跑，负荷速度85%—95%之间，负荷距离通常在10秒以内完成，重复次数不宜过多，以免练习强度下降，间歇相对充分。

从能量代谢的角度，发展速度素质是人体无氧代谢系统供能（ATP-CP无氧分解供能和糖无氧酵解供能），是以ATP-CP无氧分解供能为主，糖无氧酵解供能为辅。在速度素质练习后，身体会感觉酸痛，可能跟少量乳酸产生有关，也可能跟快速运动导致的肌肉组织微损伤有关，在恢复初期肌纤维结构重组可能会导致肌肉僵硬、收缩和伸展功能下降、酸痛感。

思考：篮球运动员的速度能力具体表现在哪些方面？

四 关节扭伤的处理方法

1应减少受伤部位活动，以免充血水肿增加；2应冷敷，促使血管收缩减少出血；3四十八小时后应热敷和按摩，活血化瘀，4轻微康复运动。

有些扭伤与骨折、骨裂难以区分，如果感觉较重，要去医院做检查。骨折、骨裂应固定伤处，三个月后康复运动。

概念图作业三

一 投篮技术

二 符号图示和战术图例

进攻队员4号	④	投 篮
防守队员4号	●	掩 护
教练员或教师	Ⓐ	掩护后转身
标 杆	↓	转 身
移动路线	→	
传球路线	⇢	夹 击
运球路线	∿	

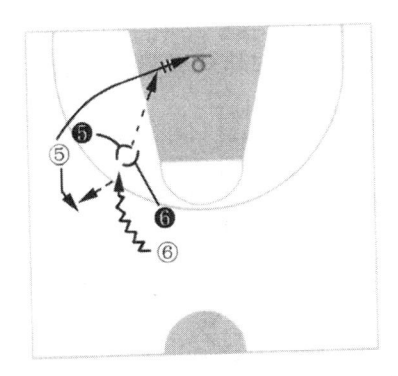

请根据以上符号图示和战术图例,画出突分配合图,空白图如下。

三 突分配合

常用于对付扩大防守,以运球突破,打乱对方的防守部署或使对方压缩防区,创造外围中、远距离投篮的机会,也可传给切入篮下的同伴得分。

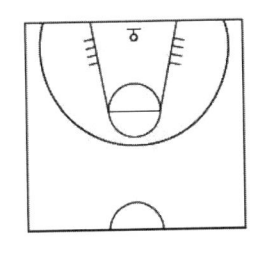

思考问题:

突分配合会用到哪些技术?如:

哪些移动技术?哪些传接球技术?哪些运球技术?

哪些投篮技术?哪些抢篮板球技术?

运用这些技术应该注意什么?自己的掌握程度如何?

四 耐力素质的概念分类与练习方法

耐力素质是指有机体坚持长时间运动的能力。按人体的生理系统分类,耐力素质可分为肌肉耐力和心血管耐力。肌肉耐力也称为力量耐力,心血管耐力又分为无氧耐力和有氧耐力。无氧耐力也叫速度耐力,它是指机体以无氧代谢为主要供能形式,坚持较长时间工作的能力。无氧耐力又分为磷酸原供能的无氧耐力和糖酵解供能的无氧耐力。有氧耐力是指机体在氧气供应比较充足的情况下能坚持长时间工作的能力。

针对不同的运动项目,如何发展专项耐力?对于体能主导类快速力量项目,如铅球、标枪、铁饼,采用的手段是多次重复完成比赛动作或接近比赛要求的专门性练习,采用极限或极限下强度,中大负荷量。对于技能主导类表现性项目,如体操、武术套路,采用的手段是多次重复完整练习、成套或半套以上的练习,采用大负荷强度,中负荷量。对于技能主导类对抗性项目,如篮球、足球、排球,采用的手段是长时间的专项对抗或专项练习,采用最大或次最大负荷强度,中大负荷量。

对于体能主导类周期性竞速项目,如 100 米、400 米、5000 米。如果采用重复训练法发展 100 米运动员的专项耐力,常采用大强度,跑 3—10 个 100 米;如果采用重复训练法发展 400 米运动员的专项耐力,常采用大强度,跑 3—6 个 400 米;如果采用重复训练法发展 5000 米运动员的专项耐力,常采用大强度,跑 1—3 个 5000 米。

重复训练法与间歇训练法的不同在于,前者练习间歇充分,而后者练习间歇很不充分,通常控制心率恢复到 120—140 次/分钟,就进行下一次练习,因而采用间歇训练法发展运动员的专项耐力,对机体的刺激深刻,负荷距离通常减少,在全程距离的 1/4—1/2 之间。

思考问题:如何发展 1000 米运动员的专项耐力?如果采用重复训练法,负荷强度应多大?负荷量应多少?如果采用间歇训练法,负荷强度应多大?负荷量应多少?

五 中长跑的呼吸方法

人体只有通过呼吸摄取充足的氧气才能维持长时间的运动,也就是要维持吸氧量与耗氧量的平衡才能长时间地运动,如果平衡被打破,吸氧量不能满足机体的耗氧量,机体很快就会疲劳,出现"极点",因而在中长跑过程中要十分注意呼吸的方法。

呼吸包括吸气和呼气,吸气时膈肌和肋间外肌收缩,胸腔扩大,增加吸气量;呼气时肋间内肌和腹肌收缩,胸腔缩小,加深呼气。在中长跑过程中应闭口用鼻主动用力呼气,之后口鼻被动吸气,原因是这样可以加深呼吸,节省呼吸肌能量,延长呼吸肌疲劳出现的时间。在主动用力呼气后,胸内压是低于外界大气压的,在外界大气压的作用下,空气会自然压入肺部,因而完全没有必要主动用力吸气。

强调用鼻用力呼气是因为,一是用鼻呼气要比用口呼气要深,能呼出更多的二氧化碳;二是用口呼气会带走口腔内的水分,会导致口干舌燥。强调用鼻自然吸气是因为鼻腔能够减少尘埃和冷气进入肺部。如果用鼻自然吸气不够,可以用口辅以自然吸气,但冬季应舌顶上颚,温暖气流。

在中长跑过程中,应将注意力放在呼吸节奏与动作节奏的协调一致上,具体应采用"几步一呼",因人而异,可以"两步一呼",也可以"三步一呼",每个人应在实践中摸索适合自己的呼吸节奏和动作节奏。

概念图作业四
一　传球技术
1　传球技术
(1) 双手胸前传球

双臂发力前伸,手腕向外翻转,食指、中指弹拨球,拇指顺势下压,肩、肘关节放松,全身协调用力,见图1。

图1

(2) 双手反弹传球

传球时手腕与手指急促抖动用力,选择击地点距自身2/3处,球弹腰腹部高,传球力量适宜,快速准确到位,见图2。

图 2

2 接球技术

（1）双手接球

双手伸臂迎球，手指自然张开，形似球状，待接，当指端触球时，迅速收臂，后引缓冲来球力量，护球置于胸前，见图 3。易犯错误，见图 4。

图 3　　　　　图 4

（2）单手接球

伸臂迎球，掌心朝向来球，指端触球后引，另一手护球，准备下一个连接动作，见图 5。

图 5

二 战术部分——策应配合

1 符号图示和战术图例

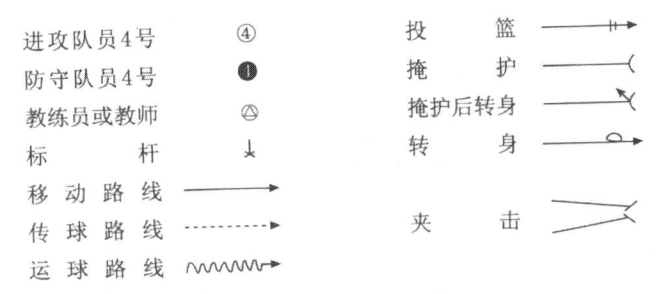

```
进攻队员4号      ④              投    篮    ⟶⟶
防守队员4号      ●              掩    护    ⟶⊣
教练员或教师     △              掩护后转身  ⟶↗
标    杆         ⊥              转    身    ⟶○
移 动 路 线      ⟶
传 球 路 线      ---⟶           夹    击    ⟩⟨
运 球 路 线      ∿∿∿⟶
```

图 6　符号图示

2 策应配合

（1）概念及适用

进攻者背对球篮或侧对球篮接球，作为枢纽与同伴之间进行空切、绕切配合的战术。在比赛中可用于对付全场紧逼人盯人防守、半场人盯人防守或区域联防。当突破对方防守时应与传切、掩护等战术配合使用，见图 3。

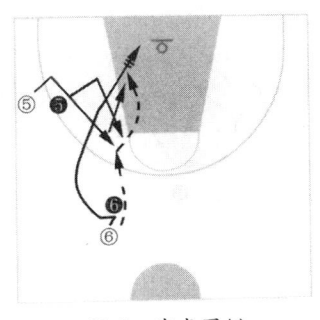

图 7　战术图例

（2）思考问题：

策应配合会用到哪些技术？如：哪些移动技术？哪些传接球技术？哪些运球技术？哪些投篮技术？哪些抢篮板球技术？运用这些技术应该注意什么？自己的掌握程度如何？

请根据以上符号图示和战术图例，画出策应配合图，空白图见右侧。

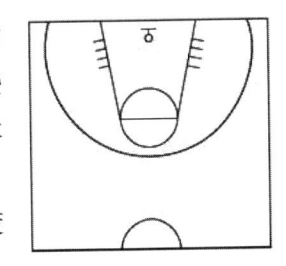

三 柔韧素质的概念分类与练习方法

1 柔韧素质：是指人体关节在不同方向上的运动能力以及肌肉、韧带等软组织的伸展能力。柔韧素质分为一般柔韧素质和专门柔韧素质。一般柔韧素质是指机体中最主要的那些关节活动的幅度，如肩、膝、髋等关节活动的幅度，这对任何运动项目都是必要的。专门柔韧素质是指专项运动所需要的特殊柔韧性，专门的柔韧素质是掌握专项运动技术必不可少的重要条件。

2 负荷强度：柔韧素质练习大多数情况下是采用自身用力的拉伸法，自身用力的大小应依练习者自我感觉来安排。如：肌肉酸痛时可以减轻一点用力；肌肉胀痛时可以坚持一下；当肌肉感到麻时，则应停止练习。进行柔韧性练习有时也采用负重练习，负重量不能超过被拉长肌肉力量的 50%。一般地讲，长时间中等强度拉伸练习的效果优于短时间大强度练习的作用。

3 负荷量：为保持关节运动的最大幅度，应根据关节的不同特点，确定适宜的练习次数。运动员的年龄与性别不同，练习的次数也应有所区别。少年练习者（12—14 岁）练习的重复次数，应为成年练习者的 30%—40%，女子应比男子少 10%—15%。每组持续练习的时间为 6—12 秒，摆动动作可稍长一些。在做静力性练习时，当关节角度伸展到最大限度时，可停留固定 30 秒钟左右的时间。

4 间歇时间：应保证运动员在完全恢复的条件下完成下一个练习。休息时间与练习的性质、动作持续时间密切相。例如，多次完成提高脊柱活动的躯干弯曲动作，比完成 15 秒钟踝关节的强制伸展练习，休息时间要长很多。休息时应安排肌肉放松练习或进行按摩等。

5 练习方法：采用拉伸法，分动力拉伸法和静力拉伸法。在这两种方法中又都有主动拉伸和被动拉伸两种不同的练习方式。

6 练习手段：发展肩部、腿部、臀部和脚部的柔韧性的主要手段有：压、搬、劈、摆、踢、绷及绕环等练习。发展腰部的柔韧性的主要手段有：站立体前屈、俯卧背伸、转体、甩腰及绕环等练习。

四 准备活动的生理学原理及负荷

1 生理机理:通过预先进行的肌肉活动在神经中枢的相应部位留下了兴奋性提高的痕迹,这一痕迹产生的生理效应能使正式比赛时中枢神经系统的兴奋性处于最适宜水平,调节功能得到改善,内脏器官的机能惰性得到克服,新陈代谢加快,有利于机体发挥最佳机能水平。但痕迹效应不能保持很久时间,准备活动后间隔 45 分钟,其痕迹效应将全部消失。

2 具体作用:(1)对神经系统:准备活动可以提高中枢神经系统的兴奋性,调节不良的赛前状态,使大脑反应速度加快,参加活动的运动中枢间相互协调,为正式练习或比赛时生理功能迅速达到适宜程度做好准备。(2)对心血管和呼吸系统:准备活动可使肺通气量及心输出量增加,心肌和骨骼肌的毛细血管网扩张,使工作肌能获得更多的氧,同时增强皮肤的血流量有利于散热,防止正式比赛时体温过高。(3)对骨骼肌系统:准备活动可使体温升高,体温升高可降低肌肉粘滞性,提高肌肉收缩和舒张速度,增加肌肉力量;在体温较高的情况下,血红蛋白和肌红蛋白可释放更多的氧,增加肌肉的氧供应;体温升高可增加体内酶的活性,物质代谢水平提高,保证在运动中有较充足的能量供应;体温升高还可以提高中枢神经系统和肌肉组织的兴奋性;同时体温升高使肌肉的伸展性、柔韧性和弹性增加,从而预防运动损伤。

3 准备活动的负荷:准备活动的强度通常心率达 100—120 次/分,或最大摄氧量强度的 45% 为宜,时间在 10—30 分钟之间。具体负荷应根据项目特点、个人习惯、练习水平和季节气候等因素适当加以调整,通常以微微出汗及自我感觉已活动开为宜。准备活动结束到正式练习开始的时间间隔一般不超过 15 分钟,在一般性教学中通常间隔 2—3 分钟。

五 运动后饮水

1 内环境与渗透压:细胞外液是细胞直接生活的环境,包括血浆和组织液。为了区别人体生存的外界环境,把细胞外液称为机体的内环境。机体内环境理化性质的相对稳定,如渗透压、酸碱度的相对稳定,细胞新陈代谢才能正常进行。渗透压是一切溶液所固有的一种特性,它是由溶液中溶质分子运动所造成的。溶液促使膜外水分子向内渗透的力量即为渗透压或渗透吸水力,也就是溶液增大的压强,其数值相当于阻止水向膜内扩散的压强。血液的渗透压一般指血浆渗透压。血浆渗透压由两部分组成,即晶体渗透压和胶体渗透压。血浆渗透压主要为晶体渗透压,胶体渗透压虽小,但可防止过多水分渗透出毛细血管外,对水分出入毛细血管具有调节作用。

2 溶血:血浆渗透压相对稳定是维持血细胞正常机能活动所必需的条件。在剧烈运动大量出汗后,血浆晶体渗透压会升高,红细胞会由于血浆晶体渗透压的升高而失水,发生皱缩,功能下降。如果这时大量饮用纯净水,会使血浆晶体渗透压突然下降,会使水分进入红细胞内过多,引起红细胞膨胀,最终破裂。红细胞解体,血红蛋白被释放,这一现象总称为红细胞溶解,简称溶血。

3 氧气的运输:进入血液的氧气只有约1.5%溶于血浆,98.5%进入红细胞,与血红蛋白结合进行运输。如果发生溶血现象,会影响氧气的运输能力,不利于练习者耐力素质的提高,因而在剧烈运动大量出汗后,应少量多次饮水,并且要补充少量盐水,以避免血浆渗透压的突然下降。

概念图作业五

一 持球突破运球上篮技术

1 如何防守外线队员

(1) 进攻姿势

三威胁姿势要求两脚脚跟稍稍离地,重心落在前脚掌上。两脚分开与肩同宽. 两脚尖指向篮圈方向。膝关节微微弯曲,上身稍前倾。肘关节弯曲,上臂和前臂成 L 形,手腕与前臂在间一水平线上。投篮手指根以上部分持球,肩膀与篮筐垂直。头保持不动与篮筐水平面垂直,两眼注视篮筐,见图 1,图 2。

(2) 防守姿势

两脚分开与肩同宽，重心前移，脚后跟微微离地，膝关节弯曲，后背挺直，伸出手臂和手指，两眼注视进攻人的臀部而不是光盯着球看。"一臂距离"的原则，即距离进攻人一臂距离防守，见图2，图3。

图1 三威胁姿势 　　图2 防守姿势

图3 举手臂封堵传球

2 如何防守内线队员

(1) 站位：建议在内线队员的前侧方防守，见图4。

(2) 防接球：要领是快速的移动，紧紧跟防进攻人，与对手始终保持在一臂距离之内，始终伸出一只手臂封堵进攻人和持球人之间的传球路线，见图5。

(3) 防空切：首先要预测到空切的发生，通过移动到空切路线上来封堵空切，这样就能迫使进攻人只能向远离球篮的无人防守区域移动接球，见图6。

（4）防运球突破：如果内线队员接到球,通过横向滑步、变向撤步等步法防突破投篮,见图7。

图4　站位 　　　　　图5　防接球

图6　防空切 　　　　图7　防运球突破

二　战术部分

1 符号图示和战术图例

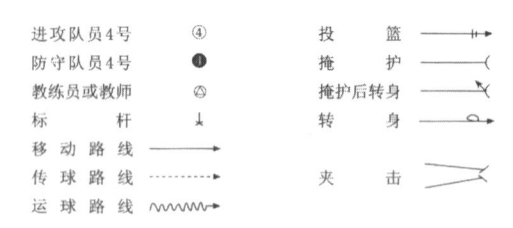

进攻队员4号	④	投　　篮
防守队员4号	●	掩　　护
教练员或教师	○	掩护后转身
标　杆	▲	转　　身
移动路线	→	
传球路线	⇢	夹　　击
运球路线	⤳	

图14　符号图示

2 防守战术基础配合

（1）挤过配合：进攻者⑤传球给⑥后,移动去为无球者⑦做掩护,

防守队员⑦主动挤到⑤之前继续防守进攻队员⑦,如图9。

（2）穿过配合：⑥传球给⑦后去给⑤做掩护,防守队员⑤当⑥掩护到位的一刹那主动后撤一步,从防守队员⑥和进攻队员⑥中间穿过,继续防守⑤,如图10。

（3）绕过配合：⑦传球给⑥后,移动去为⑥做侧掩护,⑥传球给⑤后利用⑦的掩护向篮下切入,防守队员⑥后撤一步从防守队员⑦和进攻队员⑦后面绕过,如图11。

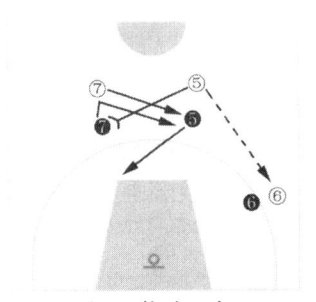

图9 挤过配合 　　　　图10 穿过配合

图11 绕过配合

请根据以上符号图示和战术图例,画出挤过、穿过和绕过战术配合图,空白图如下。

图12 挤过配合 　　　图13 穿过配合 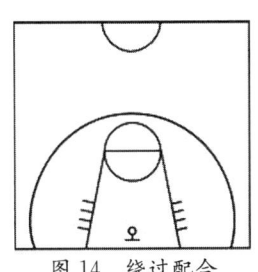　　　图14 绕过配合

三 灵敏素质的概念分类与练习方法

灵敏素质是指在各种突然变换的条件下,练习者能够迅速、准确、协调地改变身体运动的空间位置和运动方向,以适应变化着的外环境的能力。灵敏素质可分为一般灵敏素质和专门灵敏素质两类。一般灵敏素质是指在完成各种复杂动作时所表现出来的适应变化着的外环境的能力。专门灵敏素质是指根据各专项所需要的,与专项技合密切关系的,以及适应变化着的外环境的能力。

负荷强度:发展灵敏素质主要采用变换训练法。练习强度一般较大,速度较快。负荷量:练习次数不宜过多,练习时间不宜过长,因为机体疲劳,力量就会下降、速度变慢、反应迟钝,不利于灵敏素质的发展。间歇时间:每次练习之后应有足够的休息时间,以保障氧气的补充和肌肉中高能物质的再合成;但休息时间过长,又会使神经系统的兴奋性下降,一般练习时间与休息时间之比为 1:3。

练习手段:

(1) 让练习者在跑、跳当中迅速、准确、协调地做出各种动作,如快速改变方向的各种跑、各种躲闪和突然起动的练习,各种快速急停和迅速转体的练习等。

(2) 各种调整身体方位的练习,如利用体操器械做各种较复杂的动作等。

(3) 专门设计的各种复杂多变的练习,如立卧撑、十字变向跑及综合变向跑等。

(4) 各种改变方向的追逐性游戏和对各种信号作出复杂应答的游戏等。

四 不同性质负荷的恢复时间

相关研究表明,一次大负荷后,需要 48—72 小时才能出现超量恢复。无氧磷酸原供能的练习,如反应速度、动作速度、移动速度、最大力量、快速力量(爆发力)练习,需要 48 小时才能出现超量恢复。无氧糖酵解供能的练习,如 400 米、800 米跑,需要 48—72 小时才能出现超量恢复。有氧氧化供能的练习,如中长跑,需要 72 小时才能出现超量恢复。

因而进行大负荷的健身锻炼,每周2—3次为宜,且速度力量、速度耐力、有氧耐力练习在每周内交替进行,有利于恢复。

概念图作业六

一 抢篮板球技术

如何抢篮板球

(1) 防守队员抢篮板球:1)快速地向你所防守的对手移动并与他有一定的身体接触,用手掌或手臂轻轻地触摸对手,来感觉他在场上的移动路线,如图1。2)保持这种接触背靠对手转身面向球篮,如图2。3)转身挡人后,立刻举起你的双臂,如图3。4)当球弹离篮圈时,向球的方向伸展手臂并跳离地面,双手抓住篮板球,如图4。

图1　　　　图2　　　　图3　　　　图4

(2) 进攻队员抢篮板球:1)转身能够帮助进攻队员摆脱防守人的阻挡。进攻队员确定一只中枢脚,当球从篮圈反弹回来的时候迅速向无人防守的篮下空当方向转身。把两手伸得很高来准备接球,利用转身至少可以使进攻人从侧向获得一个抢到篮板球的空间,而不至于被防守人完全地挡在身后,如图5和图6。2)虚晃绕步能够帮助进攻队员摆脱防守人的阻挡。当防守人转身阻挡进攻人的时候,进攻人向一个方向迈出一到两步。当防守人还没降低重心的时候,快速向另一个方向迈出大大的一步,至少保证有一条腿在防守人的前面落位,这个绕步有助于你在防守人的身前或一侧抢占一个抢篮板球的有利位置,如图7和图8。3)当不能用双手抓住球时,可以用单手挑拨球补篮,如图9。

图 5

图 6

图 7

图 8

图 9　挑拨球补篮

二 战术部分

1 符号图示和战术图例

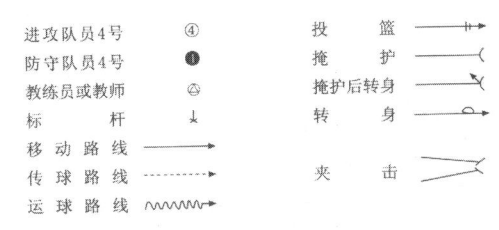

```
进攻队员4号      ④           投    篮    ———→
防守队员4号      ●           掩    护    ———⊣
教练员或教师     △           掩护后转身  ———⊃
标       杆     ⊥           转    身    ⌒→
移 动 路 线    ———→
传 球 路 线    - - - →         夹    击    ⟩———⟨
运 球 路 线    ∼∼∼→
```

图 10 符号图示

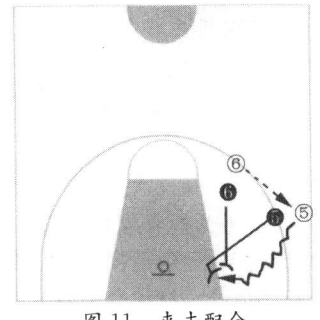

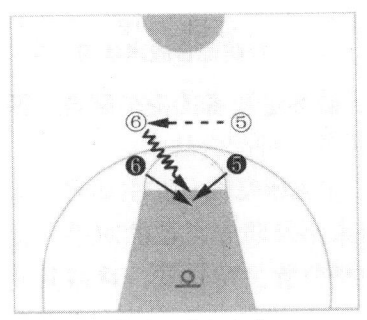

图 11 夹击配合　　　　图 12 关门配合

2 防守战术基础配合

（1）夹击配合：⑥传球给⑤，⑤向底角运球，防守队员❺封堵底线，迫使⑤停球，同时防守队员❻迅速跑去与防守队员❺协同夹击⑤，封堵其传球路线，迫使其违例或失误，见图 11。

（2）关门配合：⑤传球给⑥，⑥向中路运球突破，防守队员❻紧追防守和防守队员❺及时移动堵截，两人协同形成"关门"配合，见图 12。

（3）练习：请画出夹击和关门战术配合图。

图 13 夹击配合　　　　图 14 关门配合

三 为什么立定跳远起跳前要"快速屈膝、快速起跳"？

肌肉、肌腱和关节囊中分布有各种各样的本体感受器（肌梭与腱器官），其中肌梭的结构，见图15。

肌梭内的肌纤维称梭内肌，肌梭外的肌纤维称梭外肌。梭内肌是感受器，当肌肉被拉长时，梭内肌兴奋，神经冲动通过 r 神经元传入到脊髓，然后通过 a 运动神经元能反射性地引起梭外肌加强收缩。

这一反射弧称为 r-环路。肌肉收缩除受高位脑中枢直接控制外，还受 r-环路间接控制。立定跳远起跳前的膝屈动作，是利用牵张反射的原理牵拉跳跃的主动肌，使其收缩更有力。因此立定跳远起跳前要"快速屈膝、快速起跳"，不应缓慢屈膝，不应屈膝后停顿再起跳。

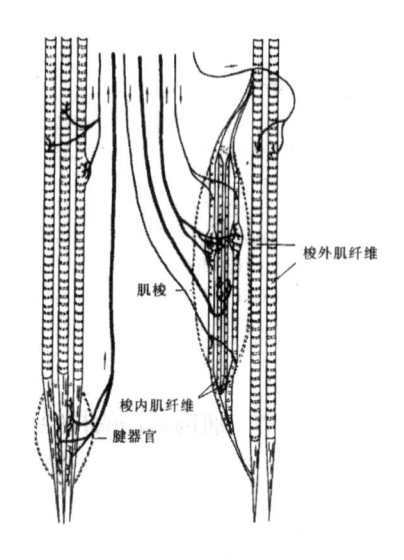

图 15 肌梭与腱器官模式图

四 肌纤维类型与运动能力

根据肌肉收缩速度，肌纤维可以分为快肌纤维和慢肌纤维。快肌纤维受大 a 运动神经元支配，收缩力量大，收缩速度快。慢肌纤维受小 a 运动神经元支配，收缩力量小，收缩速度慢，但不易疲劳。

运动能否引起肌纤维类型发生改变？相关研究显示，速度力量项目运动员的肌肉中快肌纤维所占比例高，耐力项目运动员的肌肉中慢肌纤维所占比例高，速度耐力项目运动员的肌肉中快慢肌纤维的比例相当。但这不能说明运动会改变肌纤维的类型，因为运动员在接受训练前的肌纤维比例并不清楚，速度力量、速度耐力和耐力项目运动员肌肉中的肌纤维比例不同，可能在训练前已经存在。

也有观点认为，快肌纤维能转化为慢肌纤维，而慢肌纤维不能转化为快肌纤维。其依据是：如果用耐力训练的负荷强度和负荷量来训练速度力量项目的运动员，其耐力成绩提高，但速度力量成绩下降。如果用速度力量训练的负荷强度和负荷量来训练耐力运动员,其速度力量成绩很难提高,但耐力成绩不会下降。

不管运动能否引起肌纤维类型发生改变,运动应该遵循专项化原则,应根据运动的目的选择相应的负荷强度和负荷量,不能用耐力训练的负荷强度和负荷量去发展速度力量,也不能用速度力量训练的负荷强度和负荷量去发展耐力。

对于力量、速度、耐力、柔韧和灵敏素质的练习方法,前面已经提供,在此不再赘述。

概念图作业七

一 裁判手势

图1 得两分

图2 三分试投

图3 三分投篮成功

图4 替换

图5 暂停

图 6　带球走 　　　　　　图 7　两次运球

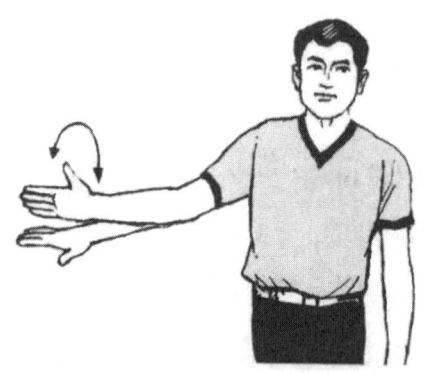

图 8　携带球 　　　　　　图 9　三秒违例

图 10　五秒 　　　　　　图 11　八秒

图 12　二十四秒 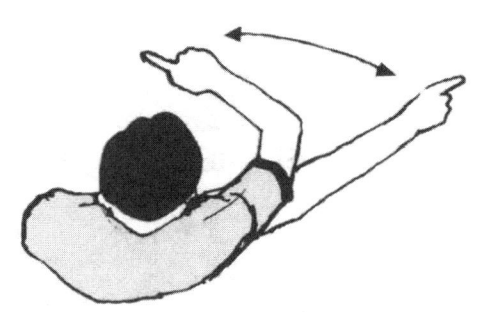　　　图 13　球回后场

图 14　故意脚球 　　　图 15　出界或比赛方向

图 16　跳球 　　　图 17　非法用手

图 18　阻挡 　　　　　　　图 19　过分挥肘

图 20　拉人 　　　　　　　图 21　推人或不带球撞人

图 22　带球撞人 　　　　　图 23　控制球队犯规

图24 双方犯规　　图25 技术犯规

图26 违反体育道德　　图27 取消比赛资格

二 战术部分

1 符号图示和战术图例

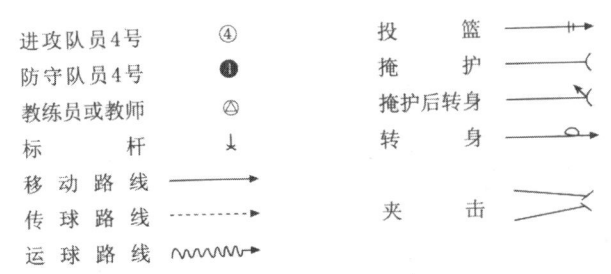

进攻队员4号	④	投　　篮
防守队员4号	●	掩　　护
教练员或教师	△	掩护后转身
标　　杆	⊥	转　　身
移 动 路 线	→	
传 球 路 线	---→	夹　　击
运 球 路 线	∿→	

图28 符号图示

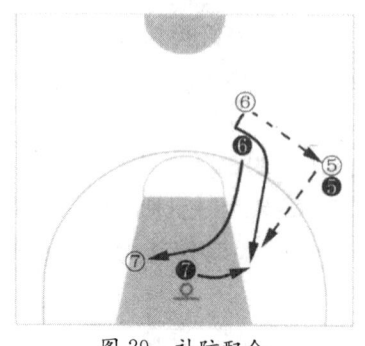

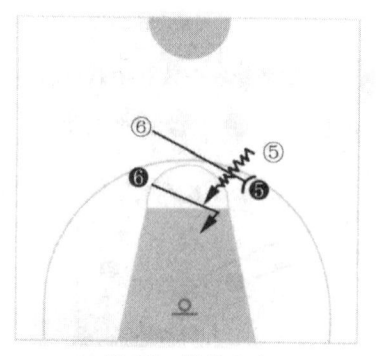

图 29　补防配合　　　　图 30　换防配合

2 防守战术基础配合

(1)补防配合:⑥传球给⑤,突然摆脱防守队员⑥的防守直插篮下,接⑤的回传球,防守队员⑦放弃对⑦的防守去补防⑥,防守队员⑥去补防⑦,保持防守的连续性,见图 29。

(2)换防配合:⑥主动给⑤做掩护,⑤运球突破,当⑤向篮下运球突破时,防守队员⑤来不及队守自己的对手,提示同伴防守队员⑥进行交换防守,防守队员⑥及时调整位置去防守⑤,堵截其向篮下切入的路线,见图 30。

图 31　补防配合　　　　图 32　换防配合

(3)练习:请画出补防和换防战术配合图。

三　运动与体重控制

一般认为,最适宜的体脂含量:男性为体重的 6%—14%,女性为 10%—14%。充沛的脂肪贮备为机体提供了丰富的能源。但若男性体脂大于 20%、女性大于 30% 则属肥胖。肥胖增加机体负担,并易发高血压、冠心病等疾病。

体脂的积聚是由于摄入食量高于人体所需的能量,过多的能量会在体内转化成脂肪,而且机体储存脂肪的能力几乎没有限度。所以,只有设法保持摄入量与消耗量两者间的平衡,才能保持人体的正常体重。

运动减肥通过增加人体肌肉的能量消耗,促进脂肪的分解氧化,降低运动后脂肪酸进入脂肪组织的速度,抑制脂肪的合成而达到减肥的目的。因此,减肥的方式一是参加运动.二是控制食物摄入量。

近年的研究认为,采取单纯运动或单纯节食的方式减肥效果均不如采取运动与节食相结合的方式,因为,运动加节食在减少体脂重量的同时,亦增加了瘦体重。

减体重的运动量,通常根据要减轻体重的数量及减重速度决定。许多学者提出.每周减轻体重 0.45 公斤较适宜,每周减轻体重 0.9 公斤为可以接受的上限,但不宜超过此限度,约相当于每日亏空能量 500—1000 千卡,每周累计的热能短缺量为 3500—7000 千卡。具体措施为:每周运动 3—5 次,每次持续 30—60 分钟,运动强度为 50%—85%最大摄氧量或最大心率的 60%—70%。

四 酸碱平衡

正常人体液的 pH 值约为 7.35—7.45,平均值为 7.4,人体生命活动所能耐受的最大 pH 值变化范围为 6.9—7.8。体液的 pH 值的相对稳定受三大系统的调节和控制。

消化系统:小肠是首先参与酸碱平衡调节的器官,它能根据食物的成分来调节对胰液中碱的再吸收,从而来调节血液中碱的浓度。此外,小肠还可以通过调节对食物中碱离子,比如镁、钙、钾的吸收来维持酸碱平衡。

呼吸系统:肺在调节酸碱平衡时堪称效率最高的器官,它时时刻刻都在工作着,不断地将二氧化碳排出体外,因为我们吃进去的糖、脂肪和蛋白质经过体内代谢反应后的最终产物之一就是二氧化碳,它能与水结合生成碳酸,这是体内产生最多的酸性物质。

排泄系统:主要依靠肾,它一方面通过过滤把身体代谢产生的酸性物质排出体外,另一方面会回吸一部分碱性物质,维持身体的酸碱平衡。

美国一位病理学家经过长期研究指出，只有体液呈弱碱性，才能保持人体健康。正常人体液呈弱碱性，人在体育锻炼后，感到肌肉、关节酸胀和精神疲乏，其主要原因是体内的糖、脂肪、蛋白质被大量分解，在分解过程中，产生乳酸、磷酸等酸性物质。这些酸性物质刺激人体组织器官，使人感到肌肉、关节酸胀和精神疲乏。

而此时若单纯食用易产生酸性物质的肉、蛋、鱼等，会使体液更加酸性化，不利于疲劳的解除。而食用蔬菜、甘薯、柑橘、苹果之类的水果，由于它们的成碱作用，可以消除体内过剩的酸，降低尿的酸度，增加尿酸的溶解度，可减少酸在膀胱中形成结石的可能。

强酸性食品：牛肉、猪肉、鸡肉、金枪鱼、牡蛎、比目鱼、乌鱼子、柴鱼（肉类）；糖、饼干、面包、奶酪、米、小麦、酒类、薄肠、蛋黄、白糖做的西点或柿子等（碳水化合物）。

中酸性食品：火腿、培根、鲔鱼、鳗鱼、马肉等（肉类）。

弱酸性食品：龙虾、章鱼、鱿鱼、鳗鱼、河鱼、文蛤、泥鳅（肉类）；白米、花生、酒、油炸豆腐、海苔、鸡蛋、荞麦、奶油、豌豆、巧克力、葱、空心粉、炸豆腐等。

强碱性食品：柿子、黄瓜、胡萝卜、萝卜、菠菜、柑橘类、葡萄、芋头、海带、海带芽（蔬果类）；牛乳、无花果、葡萄干、恰玛古、茶叶。

中碱性食品：柠檬、萝卜干、大豆、红萝卜、番茄、香蕉、橘子、番瓜、草莓、蛋白、梅干等。

弱碱性食品：红豆、萝卜、甘蓝菜、洋葱、豆腐、马铃薯、卷心菜、笋、香菇类、油菜、南瓜、豆腐、苹果、梨、香蕉、樱桃等。

食用酸性食品，尤其是肉类，一定要同时食用充足的蔬菜，蔬菜中的钙和钾化合物可中和肉类中的硫酸和磷酸。

附录9 实验数据收集手册

一 数据收集细则

在半年的研究计划中,有四类数据需要收集。为让受试者保持正常的心理状态,保证数据的可靠性,数据的收集需按下面的细则进行。

(一) 能量消耗监测

1. 身高体重数据收集

(1) 测量地点在体质测试房。

(2) 测量时间在第一次课。

(3) 测前准备好纪录表和测试工具。

(4) 测试前让学生填写姓名、学号、性别、出生年月等基本信息。

(5) 测试前检查仪器。

(6) 测试各班全部学生。

(7) 按体质测试要求对学生分别进行测量,记录使用厘米、公斤为单位。

附表9-1 身高体重测试记录表

序号	姓名	出生年月	性别	身高(厘米)	体重(公斤)	备注
1						
2						
3						
4						
5						
6						
7						
8						
9						
10						

2. 能量消耗数据收集

(1) 课前从每个班选取 20 学生作为测试对象,这些学生必须是不同体型(身高体重)的学生,并且以后每次课固定测试这些学生,为防止意外,同时确定相同体型学生作为候补。

(2) 课前将能量监测仪充满电。

(3) 课前将学生姓名、学号、性别、年龄、身高、体重等基本信息记录在表上。

(4) 课前将运动能量监测仪与计算机连接,在计算机上将事先收集好的基本信息输入到运动能量监测仪软件中,以此校准运动能量监测仪。

(5) 记录能量监测仪起始数据。

(6) 课前迅速将能量监测仪垂直别在学生的腰带上,学生立即回到课堂。

(7) 当课程结束时,迅速收回记录仪,记录结束时数据。

(8) 课后计算结束数据与起始数据之差。

(9) 测试下个班时,重复上述操作步骤。

(10) 测试 4 次(第 2、4、6、8 次课)。

附表 9-2 能量消耗记录表

篮球课程　　　　　第次　第_节　　　　　日期

序号	姓名	学号	装置代码	身高	体重	出生年月	性别	起始(千卡)	结束(千卡)	之差
1										
2										
3										
4										
5										
6										
7										
8										
9										
10										

（二）体育知识、技能和体能测试

1. 健康知识

（1）课前打印好试题，并按班级进行包装。

（2）测试时间在第一次课。

（3）测试要求学生独立完成。

（4）测试后原任课教师阅卷，统计成绩。

（5）第十次课测试一次。

附表 9-3　体育知识测试题

姓名：_____　　　学号：_____　　　秋季学期

序号	问题
1	在进行短时快速用力的运动时，心血管系统无法提供足够的肌肉所需的氧气供应。这种运动称为 a 有氧运动　　　　b 无氧运动　　　　c 肌肉耐力
2	从事长时间不间断的体育活动中，身体能得到充足的氧气供应，这种运动称为 a 有氧运动　　　　b 无氧运动　　　　c 肌肉力量
3	当进行身体锻炼时，一个人能够有效的发挥心脏、肺、血管等功能的能力代表了 a 肌肉耐力　　　　b 目标心律区间　　c 心肺功能健康
4	锻炼时体液过分丧失的现象称为 a 合成水　　　　　b 出汗　　　　　　c 脱水
5	关节活动范围的大小是 a 有氧能力　　　　b 腰腹运动　　　　c 柔韧性
6	当一块肌肉收缩时使身体的某一关节产生弯曲，这块肌肉称为 a 伸肌　　　　　　b 屈肌　　　　　　c 腹肌
7	肌肉能持续多次收缩，或能长时间静力收缩的能力是 a 肌肉力量　　　　b 有氧耐力　　　　c 肌肉耐力
8	快速动用最大肌肉力量的能力是 a 爆发力　　　　　b 能量　　　　　　c 健康体能
9	为进一步提高健康体能水平，锻炼时的运动量应高于原有的水平。此原则称为 a 循序渐进原则　　b 特异性原则　　　c 超量负荷原则
10	体育锻炼中运动的量和强度应逐渐提高的原则是 a 循序渐进原则　　b 特异性原则　　　c 超量负荷原则

(续表)

序号	问题
11	运用特殊(专门)的练习方法以改善提高相应部位的健康体能或肌肉力量的原则是 a 循序渐进原则　　　　b 特异性原则　　　　c 超量负荷原则
12	一个人关节运动的程度是 a 肌肉耐力　　　　　　b 关节力量　　　　　　c 动作范围
13	通过饮水以补充身体活动中流失的液体称为 a 补水　　　　　　　　b 脱水　　　　　　　　c 渴
14	一种对抗肌力的力 a 爆发力　　　　　　　b 能量　　　　　　　　c 阻力、抵抗力
15	不参加运动或很少参加体育运动的现象是? a 坐定不动　　　　　　b 肥胖　　　　　　　　c 超重
16	尽可能慢的没有疼痛的伸展肌肉 a 超常性伸展　　　　　b 动力性伸展　　　　　c 静力性伸展
17	用快速、柔和的振动动作来伸展肌肉 a 超常性伸展　　　　　b 动力性伸展　　　　　c 静力性伸展
18	健康体能可以影响 a 身体健康　　　　　　b 社会健康 c 心理和情感健康　　　d 以上全部
19	超量负荷原则是指 a 增加你通常进行的身体活动和锻炼的量 b 改善你所希望的运动效果 c 改变你身体的原有的形态 d 增加身体对锻炼的不良反应
20	随着健康体能的提高,你锻炼的 FITT 因素也应随之调整的原则是 FITT 是频度(Frequency)、强度(Intensity)、时间(Time)和类型(Type)这四个英文单词的缩写, a 特异性原则　　　　　b 循序渐进原则 c 超负荷　　　　　　　d 锻炼模式
21	青少年要保持良好的健康,适度的运动量应是 a 保持在最高心律的 60%～90%的范围 b 保持在最高心律的 45%水平 c 最大吸氧量的 60%～90% d 最大吸氧量的 45%

(续表)

序号	问题
22	进行伸展动作时,你的目标应是 a 几乎没有被拉长肌肉或结缔组织 b 肌肉和结缔组织的伸展刚刚超过静止状态下的水平 c 肌肉和结缔组织被充分伸展超过了它们的静止状态 d 以上答案都不正确
23	体育锻炼金字塔顶峰所描述的活动你应当 a 减少　　　　　　　　b 每星期做2～3次 c 每天都做　　　　　　d 以上无这确
24	肌肉能产生的所有力量叫 a 肌力　　　　　b 有氧耐力　　　　c 肌肉耐力

附表9-4　体育知识测试题

姓名:_____　　学号:_____　　冬季学期

序号	问题
1	测量食物中的能量和身体活动中所消耗能量的热量单位是 a 卡路里　　　　b 温度　　　　c 碳水化合物
2	在淀粉和糖中提供能量的营养成分是 a 卡路里　　　　b 蛋白质　　　　c 碳水化合物
3	加强躯干肌肉力量并帮助身体维持良好姿势的练习是 a 躯干练习　　　b 有氧练习　　　c 柔韧性练习
4	肌肉收缩时,肌肉的长度不变,这种收缩为 a 等长收缩　　　b 等张收缩　　　c 等动收缩
5	牵动骨骼并使身体某部位产生位移的肌肉收缩称为 a 等长收缩　　　b 等张收缩　　　c 完全收缩
6	身体内脂肪百分比高的状况称 a 肥胖症　　　　b 体重指数　　　c 身体成分
7	一个人连续重复做一个动作的数量被称为 a 练习组数　　　b 练习次数　　　c 循环练习
8	多次重复一组相同练习的数量称为 a 练习组数　　　b 练习次数　　　c 循环练习
9	影响运动强度的主要因素是 a 健康水平　　　b 健身目标　　　c 每次锻炼的长短　　　d 以上全部

(续表)

序号	问题
10	如果你的体能健身的目的是要减少脂肪,但增加体重。哪一类的体育锻炼对你来讲是特别重要的? a 柔韧练习　　　　b 跳深练习　　　　c 有氧　　　　d 力量训练
11	经常从事有氧练习对以下几方面都能起到锻炼效果,除了 a 增强心脏功能　　b 增强肺部功能　　c 加强手臂肌肉　　d 增加心律
12	影响心肺耐力的影响因素包括 a 年龄　　　　　　b 性别　　　　　　c 遗传　　　　　　d 全部
13	以下都是有氧运动,除了 a 跑阶梯　　　　　　　　　　　　b 30 米冲刺跑 c 100 米游泳　　　　　　　　　　d 30 分钟脚踏车
14	下面哪一个是最能反映锻炼肌肉耐力的练习? a 用 20 磅的重量进行五次手臂屈伸练习 b 15 次 75 磅推举练习 c 10 次仰卧起坐 d 一个 15 秒的等长收缩
15	下面哪一项是不能从力量训练中获益的? a 显著增加心血管系统的效率 b 增加骨强度和骨密度 c 减少身心压力 d 加快新陈代谢和提高自信心
16	林琳正在考虑她的力量训练计划。在制定锻炼目标前她应考虑哪些因素? a 她现有的肌肉力量的水平 b 她的每日作息时间 c 伤病史 d 以上全部
17	如果你连续做了 10 个俯卧撑,是下面哪一种组合? a 一组十次 b 十组,每组一次 c 十组的一个练习 d 以上都不是
18	你的柔韧性受到了以下因素的影响,除了 a 遗传　　　　　　　　　　　　　b 身高 c 体育运动的水平　　　　　　　　d 心肺循环系统效率

(续表)

序号	问题
19	影响柔韧性的最不利因素是 a 缺少体育锻炼 b 多余的体脂 c 受伤的关节 d 你的性别
20	运用克服自身体重的力量训练方法是 a 徒手操　　　　　b 杠铃练习　　　　　c 弹力带练习

附表 9-5　体育知识测试题三

姓名：_____　　学号：_____

序号	问题
1	肌肉、骨头、脂肪等其他身体组织的组成称作 a 体重身高指数　　b 身体成分　　　　c 体重
2	一个估计身体成分的方法是 a 一英里跑　　　　b 身高体重指数　　c 俯卧撑
3	在完成一组练习后严格控制休息时间再进行下一组练习的体育训练的方法叫 a 间歇训练法　　　b 循环训练法　　　c 重复训练法
4	对体能要素测试结果的综合归纳是建立一个 a 健康体能档案　　b 健身指南　　　　c 健身处方
5	与休息时间相等的、多次交替进行的短时间、高强度的锻炼方法是 a 间歇训练法　　　b 循环训练法　　　c 重复训练法
6	能够供给人体生长和维持人体细胞的食物成分统称为 a 营养素　　　　　b 脂肪　　　　　　c 矿物质
7	一种常用来提高运动成绩的练习是先使肌肉拉长，然后通过快速的跳跃迫使肌肉快速收缩，这一类的练习被称为 a 间歇练习　　　　b 循环练习　　　　c 跳深练习
8	能够制造和修复细胞的营养物质是 a 碳水化合物　　　b 蛋白质　　　　　c 脂肪
9	使用举重器械来发展肌肉耐力或力量的练习 a 间歇训练　　　　b 力量训练　　　　c 循环训练
10	在碳水化合物作为能量供给人体使用前，它必须首先转换成 a 纤维　　　　b 葡萄糖　　　　c 脂肪　　　　d 电解质

(续表)

序号	问题
11	巧克力、甜饼、软饮料等都含有的营养成分是 a 简单碳水化合物　　　　　　　　　b 纤维 c 复合碳水化合物　　　　　　　　　d 脂肪
12	男性青少年体内必需的脂肪含量最少应是多少？ a 1%　　　　b 7%　　　　c 12%　　　　d 18%
13	女性青少年体内必需的脂肪含量最少应是多少？ a 1%　　　　b 7%　　　　c 12%　　　　d 18%
14	你的身体成分会受到以下哪些因素的影响 a 遗传　　　　b 年龄　　　　c 性别　　　　d 以上全部
15	如果你想要减体重，那么你的饮食计划应当包括 a 以碳水化合物为主　　　　　　　　b 以蛋白质为主 c 以高营养食物为主　　　　　　　　d 以维他命为主
16	如果你想减体重，每周减多少磅才不会影响你的健康？ a 1～2　　　　b 3～5　　　　c 5～7　　　　d 10
17	一个人的体重指数高于百分位数 95 的是 a 正常　　　　b 体重不足　　　　c 超重　　　　d 接近超重
18	一个人的体重指数低于百分位数 5 的是 a 正常　　　　b 体重不足　　　　c 超重　　　　d 接近超重
19	如想控制体重，多长时间你应当检查一次你的身体成分？ a 三个月一次　　b 每6～8周一次　　c 每3周一次　　d 1～2周一次
20	闲暇时的活动有益于以下活动，除了 a 提供一个社会交往的机会 b 保证健康体能或专项体能的提高 c 提供娱乐（休闲） d 燃烧卡路里
21	在举重锻炼时不间断的交换练习项目，这称为 a 对应组合练习　　b 超级组合　　c 多组练习
22	不断改变练习项目或不断改变练习程序的锻炼方法是 a 循环练习法　　b 交换综合训练法　　c 间歇练习法
23	建立在体育活动和锻炼的 FITT［Frequency（频数）、Intensity（强度）、Time（时间）以及 Type（类型）］基础上的详细健身计划被称为 a 健身档案　　b 健身指南　　c 健身处方

(续表)

序号	问题
24	用同样重量举 3~5 组的练习被称作 a 对应组合练习　　　b 超级组合　　　c 多组练习
25	在力量练习时轮流使用对抗肌并在交换之间没有休息的锻炼方法是 a 对应组合练习　　　b 超级组合　　　c 多组练习

2. 运动技能

(1) 运动技能数据收集遵循教考分离的原则,请原任课教师测试。

(2) 课前要准备好记录表和测试工具。

(3) 测量时间在第一次课。

(4) 测试地点在篮球馆。

(5) 课前准备好场地器材。

(6) 测试按照篮球技能考核的要求进行。

(7) 第九次课测试一次。

附表 9-6　运动技能考核记录表

序号	姓名	学号	投篮达标	投篮技评	上篮达标	上篮技评	比赛	备注
1								
2								
3								
4								
5								
6								
7								
8								
9								
10								

3. 体能

(1) 体能数据收集遵循教考分离的原则,请原任课教师测试。

(2) 测量地点在体质测试房和田径场。

(3) 测量时间在第一次课。

(4) 测前准备好纪录表和测试工具。

(5) 测试前让学生填写姓名、学号等基本信息。

(6) 测试前检查仪器。

(7) 测试各班全部学生。

(8) 按体质测试要求对学生分别进行测量,记录使用厘米、分秒为单位。

(9) 第十次课测试一次。

附表9-7 体能测试记录表

序号	姓名	学号	立定跳远(厘米)	1000米(分·秒)	备注
1					
2					
8					
9					
10					

(三) 体育意识(期望价值、锻炼态度和情境兴趣调查)

1. 期望价值量表

(1) 课前打印好量表。

(2) 测量地点在篮球馆。

(3) 测量时间在第一次课。

(4) 收集数据时,大声地朗读各项条目,并给学生足够的时间来回答(15—30秒),在朗读下一个条目前,确认全部的学生都已经完成了上一条目的选择。

(5) 每次测试时,向学生解释无论怎样回答都没有错误、正确之分,让独立诚实地回答每一个问题,并向学生解释回答不会影响体育课的成绩。

(6) 第十次课测试一次。

期望价值量表

请填写下列信息,学号:_____ 性别:_____ 出生年月:_____

我们邀请您参加体育课中期望价值的调查,您的配合对我们研究工作很有帮助,这不是一项学校课程的考试或测试,你的回答不会影响你的考分。请仔细阅读下面每一道题,选择您认为最合适的选项。第一感觉很重要,请独立完成,不要与别人讨论。谢谢!

1 你的体育课成绩好吗?
  很好   5 4 3 2 1 不好

2 假如在体育课中,给表现最好的学生"5"分,给最差的学生"1"分,那么你会给自己打多少分?
  最好   5 4 3 2 1 最差

3 一些学生某一门课程的成绩比另一门课程更好。例如你的数学成绩比语文成绩好。那么与别的课相比,你的体育课成绩怎样?
  好得多   5 4 3 2 1 差得多

4 在体育课中学习体育知识时你学得怎样?
  很好   5 4 3 2 1 很差

5 在体育课中身体活动量如何?
  很大   5 4 3 2 1 很小

6 你认为体育课很重要吗?
  很不重要 1 2 3 4 5 很重要

7 与数学、语文、外语等相比,你认为在体育课中所学科学知识的重要程度怎样?
  很不重要 1 2 3 4 5 很重要

8 你认为你的体育课的趣味性怎样?
  很乏味   1 2 3 4 5 很有趣

9 你喜欢体育课吗?
  非常不喜欢 1 2 3 4 5 非常喜欢

10 你在学校里学到的知识能较好的提高你在校外的实践活动能

力。称之为"学有所用"。例如,在校学到的有关植物的知识能让我在家把花养的更好。你认为在体育课中学到的知识概念对你有用吗?

  一点用没有 1 2 3 4 5 很有用

 11 与其他课程相比,在体育课中所学的技术、技能对你有用?

  一点没有用 1 2 3 4 5 很有用

 12 假如在体育课中有你不喜欢的东西,那是什么?是什么原因让你不喜欢?

 13 假如所有学生可以选择上或不上体育课吗?你会做怎样的选择?为什么?

2. 锻炼态度量表

(1) 课前打印好量表。

(2) 测量地点在篮球馆。

(3) 测量时间在第一次课。

(4) 收集数据时,大声地朗读各项条目,并给学生足够的时间来回答(15—30秒),在朗读下一个条目前,应确认全部的学生都已经完成了上一条目的选择。

(5) 每次测试时,向学生解释无论怎样回答都没有错误、正确之分,让独立诚实地回答每一个问题,并向学生解释回答不会影响体育课的成绩。

(6) 第十次课测试一次。

锻炼态度量表

亲爱的同学:

您好!本调查的目的是了解您在体育锻炼中的一些心理现象。请根据自己的真实情况,认真回答问题。无论您的答案是什么,都十分重要,并无对错之分。谢谢您的合作!

出生年月:_____ 性别:_____ 文化程度:_____

下列句子是描述锻炼的,共 70 个问题,每个问题有 5 个可选择答案(完全不符合、不符合、说不清、符合、完全符合)。请根据您的真实情况在每个句子的 5 个"□"中选择一个最合适的并在上面划"√"。

	完全不符合	不符合	说不清	符合	完全符合
1 我不赞成自己把时间花在锻炼上。	□	□	□	□	□
2 我认为锻炼是很好的娱乐活动。	□	□	□	□	□
3 锻炼可以舒缓焦虑、烦躁的情绪。	□	□	□	□	□
4 我有锻炼的习惯。	□	□	□	□	□
5 我愿意把钱花在锻炼方面。	□	□	□	□	□
6 锻炼时我感到心情舒畅。	□	□	□	□	□
7 我不知道自己该怎样锻炼。	□	□	□	□	□
8 我参加锻炼是因为我的朋友也这样做。	□	□	□	□	□
9 我认为自己不进行锻炼也很好。	□	□	□	□	□
10 我认为锻炼是无所事事的表现。	□	□	□	□	□
11 锻炼可以使人得到宣泄。	□	□	□	□	□
12 我总是自觉地进行锻炼。	□	□	□	□	□
13 我会说服周围的人同我一起锻炼。	□	□	□	□	□
14 在锻炼中我感到十分放松。	□	□	□	□	□
15 天气太热我就会不去锻炼。	□	□	□	□	□
16 对于锻炼我受朋友的影响比较大。	□	□	□	□	□
17 我喜欢每天都进行锻炼。	□	□	□	□	□
18 我认为锻炼的作用并不大。	□	□	□	□	□
19 锻炼课增强人的意志。	□	□	□	□	□

题号	题目					
20	锻炼在我的生活中是不可缺少的。	□	□	□	□	□
21	我总是全身心地投入到锻炼中。	□	□	□	□	□
22	我因锻炼而自豪。	□	□	□	□	□
23	即使天气冷,我也会去锻炼。	□	□	□	□	□
24	对于锻炼我受父母的影响比较大。	□	□	□	□	□
25	我不热衷于身体锻炼。	□	□	□	□	□
26	我觉得锻炼非常好。	□	□	□	□	□
27	锻炼于己、于家、于国都是有益的。	□	□	□	□	□
28	在锻炼中,无论做什么动作我都轻松自如。	□	□	□	□	□
29	不论遇到多少困难,我都会坚持锻炼。	□	□	□	□	□
30	我总能找到锻炼的乐趣。	□	□	□	□	□
31	我经常不能完成锻炼计划。	□	□	□	□	□
32	父母经常嘱咐我要进行锻炼。	□	□	□	□	□
33	我并不喜欢锻炼。	□	□	□	□	□
34	锻炼与我没有关系。	□	□	□	□	□
35	我认为锻炼越来越被人所接受。	□	□	□	□	□
36	我不习惯没有锻炼的生活。	□	□	□	□	□
37	我对自己坚持锻炼很满意。	□	□	□	□	□
38	每次锻炼我都能有新的体验与感受。	□	□	□	□	□
39	一疲劳我就很难再坚持锻炼。	□	□	□	□	□
40	是否进行锻炼我会采纳多数好友的意见。	□	□	□	□	□
41	我不愿意进行锻炼。	□	□	□	□	□
42	我对锻炼活动感兴趣。	□	□	□	□	□
43	提倡"全民健身"是明智之举。	□	□	□	□	□
44	锻炼是我的一个爱好。	□	□	□	□	□
45	一到锻炼的时间,我就不由自主地想去锻炼。	□	□	□	□	□
46	我满足于锻炼所带来的快乐。	□	□	□	□	□

47	事情一多起来,我就会忘记锻炼。	□	□	□	□	□
48	是否进行锻炼我会采纳父母的意见。	□	□	□	□	□
49	我宁肯睡觉也不去锻炼。	□	□	□	□	□
50	我参与锻炼是正确的。	□	□	□	□	□
51	我赞成人人参与锻炼。	□	□	□	□	□
52	我喜欢参与锻炼活动。	□	□	□	□	□
53	我喜欢一切与运动有关的事物。	□	□	□	□	□
54	在锻炼中我可以找回我自己。	□	□	□	□	□
55	我有时很懒,不愿意锻炼。	□	□	□	□	□
56	周围的人认为我应该锻炼。	□	□	□	□	□
57	我对锻炼没有什么情感体验。	□	□	□	□	□
58	我认为自己没有必要进行锻炼。	□	□	□	□	□
59	在闲暇时间,我尽可能多地参与锻炼。	□	□	□	□	□
60	不论多忙,我总能挤出时间去锻炼。	□	□	□	□	□
61	看到有人锻炼,我也想锻炼。	□	□	□	□	□
62	只要一累了,我就会停止锻炼。	□	□	□	□	□
63	锻炼对我没有什么帮助。	□	□	□	□	□
64	一说要锻炼我就感到很兴奋。	□	□	□	□	□
65	我认为进行锻炼符合我的身份。	□	□	□	□	□
66	我认为自己不适合进行锻炼。	□	□	□	□	□
67	我觉得进行锻炼很容易。	□	□	□	□	□
68	我认为锻炼是我应做的事情。	□	□	□	□	□
69	我从未想过进行锻炼。	□	□	□	□	□
70	我感觉锻炼是枯燥无味的。	□	□	□	□	□

3. 情境兴趣量表

(1) 课前打印好量表。

(2) 测量地点在篮球馆。

(3) 测量时间在第5次课结束前5分钟。

(4) 收集数据时,大声地朗读各项条目,并给学生足够的时间来回答(15—30秒),在朗读下一个条目前,应确认全部的学生都已经完成了上一条目的选择。

（5）每次测试时,向学生解释无论怎样回答都没有错误、正确之分,让独立诚实地回答每一个问题,并向学生解释回答不会影响体育课的成绩。

情境兴趣量表

请填写下列信息,学号：＿＿＿＿＿＿＿＿＿＿ 性别：＿＿＿＿
出生年月：＿＿＿＿＿＿＿＿

我们邀请您参加体育课中情境兴趣的调查,您的配合对我们研究工作很有帮助,这不是一项学校课程的考试或测试,你的回答不会影响你的考分。衷心感谢对我们工作的支持！请仔细阅读下面每一道题,根据您今天体育课上的感受,选择您认为最合适的选项。第一感觉很重要,请独立完成,不要与别人讨论。谢谢！

1 今天体育课的内容真令人兴奋。
　　（不同意）1　　2　　3　　4　　5(同意)
2 今天体育课的内容挺复杂的。
　　（不同意）1　　2　　3　　4　　5(同意)
3 完成今天体育课的练习挺麻烦的。
　　（不同意）1　　2　　3　　4　　5(同意)
4 在练习中我始终保持注意力。
　　（不同意）1　　2　　3　　4　　5(同意)
5 今天体育课的内容令我感兴趣。
　　（不同意）1　　2　　3　　4　　5(同意)
6 我始终专心致志地做各种练习。
　　（不同意）1　　2　　3　　4　　5(同意)
7 我不断琢磨完成练习的更好方法。
　　（不同意）1　　2　　3　　4　　5(同意)
8 今天的体育课真是不一般
　　（不同意）1　　2　　3　　4　　5(同意)
9 我不断分析体育课上所学的内容,希望更好掌握它。

　　　　(不同意)1　　　2　　　3　　　4　　　5(同意)

10　今天体育课真有吸引力。
　　　　(不同意)1　　　2　　　3　　　4　　　5(同意)

11　尝试今天体育课的内容真有趣。
　　　　(不同意)1　　　2　　　3　　　4　　　5(同意)

12　今天体育课的内容新颖、时尚。
　　　　(不同意)1　　　2　　　3　　　4　　　5(同意)

13　今天体育课的练习令我感到愉快。
　　　　(不同意)1　　　2　　　3　　　4　　　5(同意)

14　今天的课上我们尝试了很多窍门。
　　　　(不同意)1　　　2　　　3　　　4　　　5(同意)

15　今天体育课的内容有新奇感。
　　　　(不同意)1　　　2　　　3　　　4　　　5(同意)

16　今天体育课的内容是我以前没做过的。
　　　　(不同意)1　　　2　　　3　　　4　　　5(同意)

17　今天体育课的练习要求我高度专注。
　　　　(不同意)1　　　2　　　3　　　4　　　5(同意)

18　今天体育课使我全神贯注。
　　　　(不同意)1　　　2　　　3　　　4　　　5(同意)

19　今天体育课的练习做起来很有趣。
　　　　(不同意)1　　　2　　　3　　　4　　　5(同意)

20　对我来说,今天体育课有难度。
　　　　(不同意)1　　　2　　　3　　　4　　　5(同意)

21　今天体育课的内容激发我运动的欲望。
　　　　(不同意)1　　　2　　　3　　　4　　　5(同意)

22　今天体育课的内容有趣味性。
　　　　(不同意)1　　　2　　　3　　　4　　　5(同意)

23　今天体育课的练习我做起来有困难。
　　　　(不同意)1　　　2　　　3　　　4　　　5(同意)

24　我还想更多了解今天体育课所学的内容。

(不同意)1　　　2　　　3　　　4　　　5(同意)

请提供以下的信息：

1 你是你们学校运动队的运动员吗？
　　　是　　　　　　　　不是

2 你是否参加过任何形式的课外训练？
　　　是　　　　　　　　不是

(四)体育行为(课外体育活动调查)

有三份调查问卷的数据需要收集：分别是《周五课外体育活动调查表》、《周六课外体育活动调查表》和《周日课外体育活动调查表》。

(1) 课前打印好调查表。

(2) 填写地点在篮球馆,也可以让学生将《课外体育活动调查表》带回去填写。

(3) 发放时间在第一次课。

(4) 要求学生第二次课交上调查表,学生经常会忘记交回调查表,可以通过短信提醒。

(5) 填写时可以让同学或家人帮助回忆自己的活动情况,以真实地回答每一个问题。

(6) 要解释回答不会影响体育课的成绩。

(7) 第十次课填写一次。

课外体育活动调查表

此表把每小时分成4个15分钟的单元。请你填写周五下午3：00至10：00和周六、周日上午8：00至晚上10：00的活动,分别填写进每15分钟的单元中(请参照举例)。你可以划一条线来表示在超过15分钟的时间段里你所做的相同的活动。每一栏都必须填写,请不要留下任何空格。你可以请你的父母或朋友帮助回忆昨天的活动,以便尽快完成这项填写,请如实填写。此表不被用于计算和评定任何学习成绩,填表时请仔细阅读举例,谢谢！

举例：

附表 9-8 课外体育活动调查例表

上午 7:00—7:15	上午 7:16—7:30	上午 7:31—7:45	上午 7:46—8:00
吃饭	——	阅读	上网

活动举例：吃饭、作业、小睡（打盹）、乘公交或轿车、阅读、睡觉、看电视、打羽毛球、打棒球、打篮球、骑自行车、打保龄球、跳舞、踢足球、打高尔夫、做体操、空手道、打乒乓球、跑步、英式足球、游泳、打网球、打排球、散步。

附表 9-9 课外体育活动调查表

姓名_____ 学号_____ 日期：_____

上午 8:00—8:15	上午 8:16—8:30	上午 8:31—8:45	上午 8:46—9:00
上午 9:00—9:15	上午 9:16—9:30	上午 9:31—9:45	上午 9:46—10:00
上午 10:00—10:15	上午 10:16—10:30	上午 10:31—10:45	上午 10:46—11:00
上午 11:00—11:15	上午 11:16—11:30	上午 11:31—11:45	上午 11:46—12:00
下午 12:00—12:15	下午 12:16—12:30	下午 12:31—12:45	下午 12:46—1:00
下午 1:00—1:15	下午 1:16—1:30	下午 1:31—1:45	下午 1:46—2:00
下午 2:00—2:15	下午 2:16—2:30	下午 2:31—2:45	下午 2:46—3:00

(续表)

下午 3:00—3:15	下午 3:16—3:30	下午 3:31—3:45	下午 3:46—4:00
下午 4:00—4:15	下午 4:16—4:30	下午 4:31—4:45	下午 4:46—5:00
下午 5:00—5:15	下午 5:16—5:30	下午 5:31—5:45	下午 5:46—6:00
晚上 6:00—6:15	晚上 6:16—6:30	晚上 6:31—6:45	晚上 6:46—7:00
晚上 7:00—7:15	晚上 7:16—7:30	晚上 7:31—7:45	晚上 7:46—8:00
晚上 8:00—8:15	晚上 8:16—8:30	晚上 8:31—8:45	晚上 8:46—9:00
晚上 9:00—9:15	晚上 9:16—9:30	晚上 9:31—9:45	晚上 9:46—10:00

二 数据收集注意事项

为保证数据收集工作的顺利进行,应注意以下几点:

1 每次数据收集的前一天,应准备好各种测试工具和登记表,明确上课的时间、地点等。

2 测试前必须留有足够的路上时间,保证课前 15 分钟到达,并做好一切准备工作。

3 应注意着装整洁,教态自然大方,言行符合教师规范。

4 应遵守实验学校的教学规章制度,准备好相关教学文件,认真备课,按时上下课等。

5 应尊重实验学校原任课教师的指导意见和建议,认真完善实验方案。

6 应尽一切努力争取实验学校师生的配合,完成数据的收集工作。

7 授课前应与管理员协调好场地、器材等工作。

8 在数据收集任务完成的前提下,如原任课教师需要协助,应做好助手工作。

9 协调好与实验学校相关人员之间的关系,遵守实验学校的相关规定。

附录10　上海大学体育教学大纲

男生篮球专项课教学大纲

一　理论部分

第一讲：1. 篮球历史简介。2. 当前篮球运动发展的特点和趋势。3. CBA的简介与NBA的发展简介。第二讲：篮球竞赛的主要规则与裁判法。第三讲：1. 区域联防的防守。2. 人盯人的防守。3. 混合防守。第四讲：1. 快攻。2. 攻守转换。3. 进攻区域联防战术。

二　基本技术部分

1. 基本步法：滑步、后撤步、后退跑、侧身跑、变向变速跑、急起急停。

2. 运球技术：原地左、右手高低运球、行进间运球、直线、曲线运球、变向运球（体前变向运球、背后运球、后转身运球）、运球急起急停。

3. 传、接球技术：原地双手胸前传、接球；双手头顶传、接球；单、双手反弹传、接球；单手肩上传、接球；体侧传、接球；行进间单、双手传、接球。

4. 投篮技术：原地单、双手投篮、运球上篮、接球后上篮（一、二步）、跳起肩上投篮。

5. 持球突破技术：突破后上篮、突破后分球、突破后急停跳投、同侧步突破上篮、交叉步突破上篮。

6. 篮板球技术：进攻篮板球、防守篮板球。

7. 个人防守技术：防守持球队员：传球、突破、投篮防守无球队员：掩护、策应、空切、反跑。

8. 判断技术：人的跑动路线、传球路线、球的落点。

三　基本战术部分

1. 进攻战术：

（1）二人一组一传一切。（2）二人一组策应配合。（3）掩护配合。（4）策应后的掩护配合。（5）快攻：短传快攻、长传快攻。（6）半场三对三攻防。（7）进攻区域联防（1—3—1 破 2—1—2）。

2. 防守战术：

（1）一防二、二防三。（2）半场人盯人。（3）2—1—2 区域联防。（4）全场、半场人盯人攻防。

四　素质部分

1. 速度和耐力：

（1）快速起动和急停。（2）篮球场上各种距离的滑步和折返跑。（3）定时、定量、二、三人一组的快攻上篮。（4）1000米跑。

2. 灵敏：

（1）各种球感练习。（2）看手势作脚步移动和作变向运球。

3. 弹跳：

（1）助跑单脚起跳手摸篮板。（2）原地双脚起跳双手交替连续摸篮板。（3）单脚着地单脚起跳（20M）或蛙跳。

4. 力量：

（1）原地双手胸前对墙传、接球练习。（2）长传球和接长传球（14M）。（3）俯卧撑。

五　专项技术：

技术考核：（40分）

体育（一）：（二选一）

内容 1:单手肩上投篮

1. 方法:在罚球线投篮 10 次,计命中率。2. 要求:不得踩线。

内容 2:半场运球上篮

1. 方法:从中线与右侧边线的交接处出发运球上篮,抢得篮板球后运至左侧边线与中线交接处,返回运球上篮,再运球至起点,计所用时间。2. 要求:两次上篮必须进球,不进需补篮。

体育(二):(二选一)

内容 1:多点投篮

1. 方法:在限制区左右第一、三分位线和罚球线上各设一点,每点投篮 2 次,共投篮 10 次;分位线上投篮进球得 1 分,罚球线上投篮进球得 2 分,计进球得分和。2. 要求:按顺序逐个点投篮,不得在同一点上连续投篮,采用单手肩上投篮。

内容 2:全场运球绕杆上篮。

1. 方法:从端线出发,绕过 4 个标志物后上篮。2. 要求:绕标志物必须换手,投篮必须进球,不进要补篮,得到篮板球为计时结束。

体育(三):(二选一)

内容 1:1 分钟限制区外投篮。

1. 方法:限制区外投篮,限时 1 分钟,计进球数。2. 要求:自投自抢,踩线无效。

内容 2:全场运球绕杆折返上篮

1. 方法:从端线出发,绕过 3 个标志物后折返再绕杆上篮。2. 要求:绕标志物必须换手,投篮必须进球,不进要补篮,得到篮板球为计时结束。

体育(四):(二选一)

内容 1:单手肩上投篮

1. 方法:在罚球线投篮 10 次,计命中率。2. 要求:不得踩线。

内容 2:半场运球上篮

1. 方法:从中线与右侧边线的交接处出发运球上篮,抢得篮板球后运至左侧边线与中线交接处,返回运球上篮,再运球至起点,计所用时间。2. 要求:两次上篮必须进球,不进需补篮。

体育(五):(二选一)

内容1:三点投篮

1.方法:在距离篮圈中心投影点4.8米的左右45度及罚球线处设三点,共投篮12次。2.要求:每点投篮4次,均采用单手肩上投篮。

内容2:全场运球绕杆上篮。

1.方法:从端线出发,绕过4个标志物后上篮。2.要求:绕标志物必须换手,投篮必须进球,不进要补篮,得到篮板球为计时结束。

体育(六):(二选一)

内容1:1分钟限制区外投篮。

1.方法:限制区外投篮,限时1分钟,计进球数。2.要求:自投自抢,踩线无效。

内容2:全场运球绕杆折返上篮。

1.方法:从端线出发,绕过3个标志物后折返再绕杆上篮。2.要求:绕标志物必须换手,投篮必须进球,不进要补篮,得到篮板球为计时结束。

专项素质考核(30分)

一年级:

1.考核内容:篮球场四线折返跑。2.考核方法:以篮球场的端线为起点线→第一条罚球线(或它的延长线)折返→起点线折返→中线折返→起点线折返→第二条罚球线(或它的延长线)折返→起点线折返→端线折返→起点线(终点)。3.考核要求:每次到达折返线必须手触线。

二年级:

1.考核内容:四角滑步。2.考核方法:沿限制区的线滑步先后经过限制区的四个角,从左分位线下角出发,先后经过罚球线左角,罚球线右角,右分位线下角,然后返回,共2个来回,计时。3.考核要求:整个动作不得使用交叉步,向前用前跨步完成,向后用后撤步完成,罚球线用横滑步完成,手必须触摸放置在分位线下角上的标志物,始终面向对面篮架。

女生篮球专项教学大纲

一 理论部分

第一讲:1.篮球历史简介。2.当前篮球运动发展的特点和趋势。3.CBA的简介与NBA的发展简介。第二讲:篮球竞赛的主要规则与裁判法。第三讲:1.区域联防的防守与进攻。2.人盯人的防守与进攻。3.混合防守与进攻。

二 基本技术部分

1. 脚步移动：

①基本站立姿势。②滑步。③攻击步与后撤步。④侧身跑、变向跑。⑤急停。⑥转身。

2. 传、接球：

①原地双手传接球。②单手肩上传接球。③勾手传球。④背后传球。⑤行进间两人或三人传接球。

3. 运球：

①原地各种运球。②直线运球。③体前变向运球。④介绍背后运球、后转身运球。

4. 投篮：

①原地单手肩上投篮。②原地双手胸前投篮。③行进间运球单手肩上投篮。④行进间传、接球单手肩上投篮。5.持球突破。

三 基本战术部分

1. 进攻战术:(1)传切配合(2)快攻战术(3)"1—3—1"进攻区域联防。2.防守战术:(1)一防二 (2)二防三 (3)"2—1—2"区域联防。

四 素质部分

1. 速度素质:快速多方位移动、直线跑、变向跑、突然起动做各种距离的快跑练习、加速冲刺跑。2.耐力素质:全场反复快速运球投篮、中长距离跑、定时跑。3. 力量素质：发展手指手腕力量，快速连续传接球练习、仰卧举腿、立定跳远。4. 弹跳素质：跳绳练习、单、双摇跳、弱脚跳绳练习、收腹跳、多级跳。

五 专项技术：

专项达标（40分）

第一学期：（二选一）

内容1：篮下一分钟投篮。

1. 方法：篮下持球，听口令开始投篮，一分钟内计投进篮次数。2. 要求：自投自捡球。

内容2：30秒原地胸前传接球

1. 方法：两人相距四米，相互胸前传接球，30秒内计传接球次数。2. 要求：可自由组合，但每人只能有一、二个组合。

第二学期（二选一）

内容1：3点投篮。

1. 方法：左、右45度角在限制区线外，中点在罚球线前1米处，每点投篮5次，共计15次计命中率。2. 要求：投篮时球可有同学供给，脚不能踩线。

内容2：全场8字运球。

1. 方法：从底线出发，以右手运球开始绕罚球圈、中圈、罚球圈至底线。计所用时间。2. 要求：运球时脚不能踩圈的线，同时要用圈的外侧手运球。

第三学期：（二选一）

内容1：五点投篮。

1. 方法：左、右零度角和左、右45度角在限制区线外，中点在罚球线前1米处。每个点投篮3次，共计15次。2. 要求：投篮时球可有同学供给，脚不能踩线。

内容2：全场变向运球。

1. 方法：在全场范围内设障碍物6个，6个障碍物的放置如下：1个在中圈的圆心上，1个在底线前1.5米处，2个在前场的罚球线的延长线与三分投篮线的交点处,另二个在后场的罚球线的延长线与三分投篮线的交点处。从底线中点出发,在障碍物前做各种变向运球,计完成动作所用时间。2. 要求:不得二次运球。

第四学期:(二选一)

内容1:篮下一分钟投篮。

1. 方法:篮下持球,听口令开始投篮,一分钟内计投进篮次数。2. 要求:自投自捡球。

内容2:30秒原地胸前传接球。

1. 方法:两人相距四米,相互胸前传接球,30秒内计传接球次数。2. 要求:可自由组合,但每人只能有一、二个组合。

第五学期(二选一)

内容1:3点投篮。

1. 方法:左、右45度点角在限制区线外,中点在罚球线前1米处,每点投篮5次,共计15次计命中率。2. 要求:投篮时球可有同学供给,脚不能踩线。

内容2:全场8字运球。

1. 方法:从底线出发,以右手运球开始绕罚球圈、中圈、罚球球圈,计所用时间。2. 要求:运球时脚不能踩圈的线,同时要用圈的外侧手运球。

第六学期:(二选一)

内容1:五点投篮。

1. 方法:左、右零度角和左、右45度角在限制区线外,中点在罚球线前1米处。每个点投篮3次,共计15次。2. 要求:投篮时球可有同学供给,脚不能踩线。

内容2:全场变向运球。

1. 方法:在全场范围内设障碍物6个,6个障碍物的放置如下:1个在中圈的圆心上,1个在前场底线前1.5米处,2个在前场的罚球线的延长线与三分投篮线的交点处,另二个在后场的罚球线的延长线与三分投篮线的交点处。从底线的中点出发,在障碍物前做各种变向运球,计完成动作所用时间。2. 要求:不得二次运球。

专项素质考核内容

体育(一)

1. 内容:篮球场15×6往返跑。2. 方法:学生从篮球场的边线跑至另一边线往返3次计时。3. 要求:跑至边线用脚踩线再折返,测2次择优记录成绩。

体育(二)

1. 内容:多级蛙跳。2. 方法:学生从起点开始双脚连续蛙跳5次后记录成绩。3. 要求:双脚同时用力,蛙跳中不可颠步、前移或停顿,测2次择优记录成绩。

体育(三)

1. 内容:1分钟跳绳。2. 方法:单脚轮换或双脚跳,计1分钟内完成的总次数。3. 要求:以绳触地过绳为1次。

体育(四)

1. 内容:篮球场15×6往返跑。2. 方法:学生从篮球场的边线跑至另一边线往返3次计时。3. 要求:跑至边线用脚踩线再折返,测2次择优记录成绩。

体育(五)

1. 内容:多级蛙跳。2. 方法:学生从起点开始双脚连续蛙跳5次后记录成绩。3. 要求:双脚同时用力,蛙跳中不可颠步、前移或停顿,测2次择优记录成绩。

体育(六)

1. 内容:1分钟跳绳。2. 方法:单脚轮换或双脚跳,计1分钟内完成的总次数。3. 要求:以绳触地过绳为1次。

合球专项课教学大纲

一 理论部分

第一讲:合球运动的发展概述。第二讲:合球运动的特点及发展趋势。第三讲:合球竞赛的主要规则与裁判法。第四讲:合球的进攻与防守。

二 技术部分

（一）传接球

1. 双手传球。2. 单手传球。3. 传反弹球。4. "喂球"。5. "V"形移动传接球。6. 抢断传球。

（二）投篮

1. 单手投篮。2. 定位双手投篮。3. 双手低手投篮。4. 罚球。5. 传球切入上篮。6. 自由球。7. "V"形投篮。

（三）助攻、防守

1. 助攻。2. 卡位。3. 防守卡位。4. 人盯人防守（1对1防守）。5. 后位防守。6. 防守角色变换。7. 抢篮下球。

三 战术部分

1. 4—0阵型战术。2. 3—1阵型战术。3. 2—2阵型战术。

四 素质部分

1. 速度和耐力："V"形快速移动、直线跑、变向跑、突然起动的快速跑、长距离跑。2. 灵敏性："V"形快速移动传、接球投篮。3. 力量：快速移动长距离传、接球，俯卧撑。4. 弹跳：助跑单脚起跳摸高，跳绳，多级跳。

五 专项技术和专项素质

体育（一）

专项达标（40分）

1. 内容：罚球；距离篮柱2.5米的罚球线。2. 方法：连续罚球15次，计投中次数。3. 要求：两人一组，一人罚球，一人传球。

专项技评（30分）

1. 内容：两人一组定位单手传、接球。2. 考核标准：根据完成动作的各个基本环节、技术要求和出现典型错误等具体情况进行评定。

专项素质(30分)

1. 内容：多级蛙跳。2. 方法：学生从起点开始双脚连续蛙跳5次，丈量距离(米)。3. 要求：双脚同时用力，蛙跳中不能颠步、前移或停顿，测2次，记最佳1次成绩。

体育(二)

专项达标(40分)

1. 内容：传球切入上篮，连续15次，计投中次数。2. 方法：两人一组。切入上篮的球员距篮柱10米左右位置持球，将球传给位于篮柱前方约1米位置的同伴，快速向篮下跑动接回传球上篮。3. 要求：两人一组，一人上篮，一人传球。

专项技评(30分)

1. 内容："V"形移动传、接球；距离4米—6米。2. 考核标准：根据完成动作的各个基本环节、技术要求和出现典型错误等具体情况进行评定。

专项素质(30分)

1. 内容：20米折返跑。2. 方法：从合球场地的端线起跑至中场线(20米)，之后折返跑回端线，再折返跑至中场线，再折返跑回端线。3. 要求：脚要踩线。

体育(三)

专项达标(40分)

1. 内容：一分钟定位双手投篮；女同学：3米—3.5米距离，男同学4米—5米距离。2. 方法：听口令开始投篮，计一分钟内投中次数。3. 要求：两人一组，一人投篮，一人传球。

专项技评(30分)

1. 内容："V"形投篮；女同学：3米—4米距离，男同学4米—5米距离。2. 考核标准：根据完成动作的各个基本环节、技术要求和出现典型错误等具体情况进行评定。

专项素质(30分)

1. 内容：一分钟跳绳。2. 方法：单脚交替或双脚跳，记一分中内跳的次数。3. 要求：以绳过脚底为一次。

体育(四)

专项达标(40分)

1.内容:罚球;距离篮柱2.5米的罚球线。2.方法:连续罚球15次,计罚中次数。3.要求:两人一组,一人罚球,一人传球。

专项技评(30分)

1.内容:两人一组定位单手传、接球。2.考核标准:根据完成动作的各个基本环节、技术要求和出现典型错误等具体情况进行评定。

专项素质考核(30分)

1.内容:多级蛙跳。2.方法:学生从起点开始双脚连续蛙跳5次,丈量距离。3.要求:双脚同时用力,蛙跳中不能颠步、前移或停顿,测2次,记最佳1次成绩。

体育(五)

专项达标(40分)

1.内容:传球切入上篮,连续15次,计投中次数。2.方法:两人一组。切入上篮的球员距篮柱10米左右位置持球,将球传给位于篮柱前方约1米位置的同伴,快速向篮下跑动接回传球上篮。3.要求:两人一组,一人上篮,一人传球。

专项技评(30分)

1.内容:一分钟"V"形移动传、接球;距离4米—6米。2.考核标准:根据完成动作的各个基本环节、技术要求和出现典型错误等具体情况进行评定。

专项素质(30分)

1.内容:20米折返跑。2.方法:从合球场地的端线起跑至中场线(20米),之后折返跑回端线,再折返跑至中场线,再折返跑回端线。3.要求:脚要踩线。

体育(六)

专项达标(40分)

1.内容:一分钟定位双手投篮;女同学:2.5米—3米距离,男同学4米—5米距离。2.方法:听口令开始投篮,计一分钟内投中次数。3.要求:两人一组,一人投篮,一人传球。

4. 考核标准

专项技评(30分)

1. 内容:"V"形投篮。2. 考核标准:根据完成动作的各个基本环节、技术要求和出现典型错误等具体情况进行评定。

专项素质(30分)

1. 内容:一分钟跳绳。2. 方法:单脚交替或双脚跳,记一分中内跳的次数。3. 要求:以绳过脚底为一次。

排球专项课教学大纲

一 理论课部分

1. 体育的概念、相关分类和现状的概述。2. 身体健康的定义及运动处方的制订。3. 排球的起源、发展现状及基本技战术。4. 排球的锻炼价值及规则裁判法。

二 基本技术部分

1. 准备姿势、移动步法。2. 双手垫球。3. 双手传球。4. 侧身下手发球、正面上手发球。5. 扣球。6. 单人拦网。

三 基本战术部分

1. 进攻战术:

(1) "中一二"站位进攻战术。(2) "边一二"站位进攻战术。

2. 防守战术:

(1) "心跟进"防守战术、"边跟进"防守战术。(2) 自由人防守战术。

3. 阵容配备:

(1) "四二"配备。(2) "五一"配备。

四 素质部分

1. 速度素质:反应速度、各种距离跑、短距离反复跑。2. 耐力素质:中长距离跑、折返跑、定时跑、变速跑。3.力量素质:各种类型的跳跃练习、腰腹练习、上下肢练习。4.灵敏素质:各种急起急停、左右前后移动、反应能力练习。

五 考核内容

专项达标:(40分)

体育(一)

1.内容:传球。2.方法:一人在6号位5m线处抛球,受试者在3号位向4号位传抛来球,传入标志杆以内2m进攻线以内范围。3.要求:受试者连续传球10次,传球高于网上沿1m以上,计有效数。

体育(二)

1.内容:垫球。2.方法:一人在网前3号位隔网抛球,受试者在6号位5m线后垫抛来球,垫入距右边线5m至2m内,进攻线以内的范围。3.要求:受试者连续垫球10次,球须高于网上沿,计有效数。

体育(三)

1.内容:正面上手发球。2.方法:在发球区内将球发入对方4m后半场区。3.要求:每人连续发球10只,计有效数。

体育(四)

1.内容:对传球。2.方法:两学生进行对传,相距3m以上进行。3.要求:一个来回计一次,计有效数。

体育(五)

1.内容:对垫。2.方法:两学生进行对垫,相距3m以上进行。3.要求:一个来回计一次,计有效数。

体育(六)

1.内容:发球。2.方法:在发球区自己固定位置,将球发入对方场区左右半场个5只。3.要求:受试者连续发球10只,计有效数。

技术评定:(30分)

动作的正确性、协调性、准确性等。

专项素质评分标准(30分):

一年级:50米跑。二年级:引体向上(男)。1分钟跳绳(女)。

网球专项课教学大纲

一 理论部分

第一讲：网球运动的发展史，国际性网球机构的概况，现代网球运动的社会价值。第二讲：网球的基本规则，司线裁判、主裁判的基本工作方法。第三讲：网球四大公开赛、大师赛的概况，戴维斯杯和联合会杯的概况。ATP、WTA 的赛事介绍。

二 基本技术教学内容

初级学生：

正手击球技术：1. 握拍方法（介绍数种，推荐一种）。2. 正手击球基本技术。3. 原地完整击球技术。

反手击球技术：1. 握拍方法（介绍数种，推荐一种）。2. 反手击球基本技术。3. 原地完整击球技术。4. 反手削球基本技术。

发球技术：1. 下手发球技术。2. 上手发球技术。3. 高压球技术。

中级学生：

正手击球技术：1. 移动完整正手击球技术。2. 正手上旋球击球技术。3. 正手直线、斜线击球技术。4. 挑高球技术（介绍内容）。

反手击球技术：1. 移动完整反手击球技术。2. 反手上旋球击球技术。3. 反手直线、斜线击球技术。4. 反手放小球技术（介绍内容）。

发球技术：1. 提高发球技术，具备更高的发球成功率。2. 侧旋发球技术。3. 上旋发球技术。

网前截击技术：1. 正手截击技术（介绍内容）。2. 反手截击技术（介绍内容）。

三 基本战术教学内容

初级学生：1. 正手交替击出一个直线一个斜线球。2. 反手交替击出一个直线一个斜线球。3. 正手、反手交替击球。

中级学生：1. 正手连续击出三次斜线球接着击出一次直线球。

2.反手连续击出三次斜线球接着击出一次直线球。3.发球上网。

四 专项素质(30分)

1.力量素质:(体育一至三考核内容)

1)内容:多级蛙跳。方法:学生从起点开始双脚连续蛙跳5次后记录距离。2)要求:双脚同时用力,蛙跳中不可颠步、前移或停顿,测2次择优记录成绩。

2.灵敏素质:男生、女生:"米"移动测试(体育四至六考核内容)

1)测试方法:将五个网球放在如图位置,将一个网球拍放置在端线后发球中点位置,测试者从球拍位置处出发,依次将五个网球运至球拍上,每次只能运送一个,记录全部完成时所用时间。

五 专项考核(40分)

体育(一)

1.内容:原地正手击球深度测试。2.考核办法:由抛球学生在考核学生反手一侧,用手抛斜线球给考核学生,考核学生站立于端线之后的中间位置,用正手击球技术将球击至对面场地的单打区域内,依据球的第一落点的位置获取相应的得分,依据球的第二落点的区域获取击球力度的加分。如果球的第一落点在单打区域以外或击球下网则得0分,球的第二落点没有超过端线则击球力度加分得0分。每名考核者击球10次,累计每次击球的得分。如累计得分超过40分则计为40分。3.技术评定办法:对考核学生的每次击球依据下表进行评定技术分,累加十次的分值即为该学生的技术评定分。

体育(二)

1.内容:原地反手击球深度测试。2.考核办法:由抛球学生在考核学生正手一侧,用手抛斜线球给考核学生,考核学生站立于端线之后的中间位置,用反手击球技术将球击至对面场地的单打区域内,依据球的第一落点的位置获取相应的得分,依据球的第二落点的区域获取击球力度的加分。如果球的第一落点在单打区域以外或击球下网则得0分,球的第二落点没有超过端线则击球力度加分得0分。每名考核者击球 10 次,累计每次击球的得分。如累计得分超过 40 分则计为 40 分。3. 技术评定办法:对考核学生的每次击球依据下表进行评定技术分,累加十次的分值即为该学生的技术评定分。

体育(三)

1. 内容:上手发球。2. 考核方法:左右各区各发四分球(依据比赛规则,每分有二次机会),无论每分的第一或第二发球,只要为有效发球可得 5 分。要求:无论是一发还是二发都要求有一定的力度,抛物线很高的发球可计为无效发球 3. 技术评定办法:对考核学生的每次击球依据下表进行评定技术分,累加十次的分值即为该学生的技术评定分。

体育(四)

1. 内容:原地正手击球精度测试。2. 考核办法:由抛球学生在考核学生反手一侧,用手抛斜线球给考核学生,考核学生站立于端线之后的右侧位置,用正手击球技术将球击至对面场地的单打区域内,要求五个击出直线球,五个击出斜线球,依据球的第一落点的位置获取相应的得分,依据球的第二落点的区域获取击球力度的加分。如果球的第一落点在单打区域以外或击球下网则得 0 分,球的第二落点没有超过端线则击球力度加分得 0 分。每名考核者击球 10 次,累计每次击球的得分。如累计得分超过 40 分则计为 40 分。3. 技术评定办法:对考核学生的每次击球依据下表进行评定技术分,累加十次的分值即为该学生的技术评定分。

体育(五)

1. 内容:原地反手击球精度测试。2. 考核办法:由抛球学生在考核学生正手一侧,用手抛斜线球给考核学生,考核学生站立于端线之后的左侧位置,用反手击球技术将球击至对面场地的单打区域内,要求五个击出直线球,五个击出斜线球,依据球的第一落点的位置获取相应的得分,依据球的第二落点的区域获取击球力度的加分。如果球的第一落点在单打区域以外或击球下网则得 0 分,球的第二落点没有超过端线则击球力度加分得 0 分。每名考核者击球 10 次,累计每次击球的得分。如累计得分超过 40 分则计为 40 分。3. 技术评定办法:对考核学生的每次击球依据下表进行评定技术分,累加十次的分值即为该学生的技术评定分。

体育(六)

1. 内容:上手发球精度测试。2. 考核办法:将发球区平均划分成右区外角、右区内角、左区外角、左区内角四个区域。学生分别向这四个区域各发二分球,如第一发球发入指定的区域则得四分,如第一发球失误后第二发球发入指定区域则得二分,无论是第一发球还是第二发球没有进入指定区域但在同一个半区时则得分减半。另外依据球的第二落点可获得加一分或得分加倍的力度奖励分。3. 技术评定办法:对考核学生的每次击球依据下表进行评定技术分,累加十次的分值即为该学生的技术评定分。

高尔夫专项课教学大纲

一 理论部分

1. 高尔夫起源发展以及技术讲解。2. 高尔夫礼仪。3. 高尔夫文化。4. 高尔夫规则。

二 基本技术部分

1. 高尔夫铁杆技术。2. 高尔夫切杆,推杆技术。3. 高尔夫木杆技术。

三 身体素质部分

1. 协调性练习。2. 力量练习。3. 柔韧性练习。

四 考核内容与考核标准部分

体育(一)

专项达标(40分)

1. 内容:打击目标靶。2. 方法:每人10球,使用7号铁杆距离目标靶4米打击目标靶,击中目标靶外圈以内有效。3. 要求:击中目标靶痕迹明显。

专项技评(30分)

优秀(26分—30分):技术动作合乎规范,自然协调,击出球准确有力度。良好(20分—25分):技术动作规范较好,比较协调,击出球有一定力度。一般(10分—19分):技术动作规范尚可,欠协调,击出球缺乏力度,不够稳定差(0分—9分):技术动作规范性差,不协调,击出球稳定准确性差。

体育(二)

专项达标(40分)

1. 内容:推杆。2. 方法:每人10球推杆练习器推入1.5米小洞有效 3. 要求:动作连贯杆头推球。

专项技评(30分)

优秀(26分—30分):技术动作合乎规范,自然协调,击出球准确力度合适。良好(20分—25分):技术动作规范较好,比较协调,击出球稳定性较好。一般(10分—19分):技术动作规范尚可,欠协调,击出球不够稳定。差(0分—9分):技术动作规范性差,不协调,击出球稳定准确性差。

体育(三)

专项达标(40分)

1. 内容:短切杆。2. 方法:每人8米距离10次切球,目标点1.5米内有效。3. 要求:球必须切起,推球无效。

专项技评(30分)

优秀(26分—30分):技术动作合乎规范,自然协调,击出球准确。良好(20分—25分):技术动作规范较好,比较协调,击出球欠稳定。一般(10分—19分):技术动作规范尚可,欠协调,击出球不够准确。差(0分—9分):技术动作规范性差,不协调,击出球稳定准确性差。

体育(四)

专项达标(40分)

1. 内容:打击目标靶。2. 方法:每人10球,使用7号铁杆距离目标靶4米打击目标靶,击中目标靶中圈以内有效。3. 要求:击中目标靶痕迹明显。

专项技评(30分)

优秀(26分—30分):技术动作合乎规范,自然协调,击出球准确有力度。良好(20 分—25 分):技术动作规范较好,比较协调,击出球有一定力度。一般(10 分—19 分):技术动作规范尚可,欠协调,击出球缺乏力度,不够稳定差(0 分—9 分):技术动作规范性差,不协调,击出球稳定准确性差。

体育(五)

专项达标(40 分)

1. 内容:推杆。

2. 方法:每人 10 球推杆练习器推入 2 米小洞有效。3. 要求:动作连贯杆头推球。专项技评(30 分)

优秀(26 分—30 分):技术动作合乎规范,自然协调,击出球准确力度合适。良好(20 分—25 分):技术动作规范较好,比较协调,击出球稳定性较好。一般(10 分—19 分):技术动作规范尚可,欠协调,击出球不够稳定。差(0 分—9 分):技术动作规范性差,不协调,击出球稳定准确性差。

体育(六)

专项达标(40 分)

1. 内容:短切杆。2. 方法:每人 10 米距离 10 次切球,目标点 1.5 米内有效。3. 要求:球必须切起,推球无效。

专项技评(30 分)

优秀(26 分—30 分):技术动作合乎规范,自然协调,击出球准确。良好(20 分—25 分):技术动作规范较好,比较协调,击出球欠稳定。一般(10 分—19 分):技术动作规范尚可,欠协调,击出球不够准确。差(0 分—9 分):技术动作规范性差,不协调,击出球稳定准确性差。

羽毛球专项课教学大纲

一 理论部分

第一讲:羽毛球运动概述。(1)羽毛球运动起源和发展。(2)主要世界大赛介绍。(3)羽毛球运动的价和特点。第二讲:羽毛球运动的基本技术。(1)羽毛球运动术语。(2)击球的动作环节。(3)基本技术的动作规范。第三讲:羽毛球运动的基本战术。(1)战术的释义。(2)基本技术的战术应用和作用。(3)各类战术的应用原则。第四讲:羽毛球比赛的规则裁判法。(1)场地和器材。(2)比赛的规则和裁判法。

二　基本技术

(1)正、反手握拍。(2)高、吊、杀、挑、挫、放、推、勾技术动作。(3)上网步伐、后场步伐、两侧移动步伐和起跳腾空步伐。

三　基本战术

(1)单打战术:发球抢攻战术、接发球抢攻战术、压后场战术、压反手战术。(2)双打战术:发球战术(发球的站位、发球的落点、发球的时间变化、发球战术的选择)第三拍战术(主动、摆脱)攻人战术(二打一、攻右肩)攻区域战术(攻中路、攻直线、攻大对角、攻后场)。(3)混双战术:发球的站位和分工

攻女选手战术。

四　身体素质

各种力量、速度、耐力、柔韧、灵敏、协调性专项身体素质练习。

五　专项达标(40分)

体育(一):

内容:发高远球。方法:男生在距前发球线1M处、女生在前发球线后进行10次发高远球测试,要求球飞行弧线要高,球落在如图所示的区域进行相应分值的计分。10次发球累积总分为专项达标的成绩。

体育(二):

内容:定点击高远球。方法:在后发球线处进行10次击高远球测试,要求球飞行弧线要高,球落点的区域进行相应分值的计分。10次发球累积总分为专项达标的成绩。

体育(三):

内容:定点吊球。方法:陪考者发高远球至Ⅰ区域,考试者将来球吊直线5次,斜线5次,球落点的区域进行相应分值的计分。10次发

球累积总分为专项达标的成绩。要求：吊球的弧线要低，陪考者送球的弧线要高。

体育（四）：

内容：移动挑球。方法：陪考者站在距网1M处用下手抛球的方法分别将球抛至Ⅰ、Ⅱ区域内，考试者从Ⅲ区域开始用上网步法至Ⅰ区反手挑直线5次、至Ⅱ区正手挑斜线5次。球落在如图所示的区域进行相应分值的计分。10次发球累积总分为专项达标的成绩。要求：待考试者回到Ⅲ区方可抛球，挑球的弧线要高。

体育（五）：

内容：后退击高远球。方法：陪考者发高远球分别将球Ⅰ、Ⅱ区域，考试者从Ⅲ区用正手后退步法至Ⅱ区击斜线高远球后回到中心位置，用头顶后退步法至Ⅰ区击直线高远球，球落在如图所示的区域进行相应分值的计分。10次发球累积总分为专项达标的成绩。

体育（六）：

内容：移动吊球。方法：陪考者发高远球至Ⅰ区域，考试者将来球吊直线5次，斜线5次，球落在如图所示的区域进行相应分值的计分。10次发球累积总分为专项达标的成绩。要求：吊球的弧线要低，陪考者送球的弧线要高。

六 专项技评(30分)

评定方法：将班级学生随机分为四组，在组内进行教学比赛，各组的比赛名次决出后，将1、2名组成a组，3、4名组成B组，5、6名组成C组，其余学生组成D组。然后在各组内组织比赛，每打一轮将后一小组的1、2名晋升到前一小组，前一小组的7、8名降至后一小组，每学期比赛的轮次不得少于3轮。根据学生在比赛中技术动作规范性和合理性在该组的分数段内进行综合评定。

七 专项素质(30分)

一年级：5次直线进退跑。方法：受试者在双打后发球线后，听到动令（开表）后采用上网步法直线上网，当前跨腿踏过前发球线后，再采用后退步法直线后退至原位为完成一次,在移动过程中不得出现背对球网,如此反复进行5次,计时。对应成绩见下表。

二年级:5次左右两侧跑。方法:受试者站在中线处,听到动令(开表)后采用向右侧移动的步法至单打边线处,用持拍手触及单打边线后退回到中线处,面向球网,再按照上述方式向左侧边线移动后回到中线位置。再进行下一轮的移动,如此反复5次,计时。

乒乓球专项课教学大纲

一 理论部分

第一讲:一、乒乓球运动的发展概述和改革创新。二、乒乓球运动的特点及健身价值。三、乒乓球基础理论知识。第二讲:一、乒乓球基本技术的动作要领规范。二、乒乓球基本技术的练习方法。第三讲:乒乓球基本战术和练习方法。第四讲:一、乒乓球基本规则和裁判法。二、乒乓球竞赛组织和编排。

二 技术部分

1. 基本步伐:(1)单步;(2)跨步;(3)侧身步。
2. 基本技术:(1)发球和接发球;(2)推挡;(3)正手攻球;(4)搓球。

三 战术部分

(1) 左推右攻;(2)发球抢攻;(3)搓攻战术。

四 身体素质

1. 速度素质:(1)提高击球挥拍速度。(2)提高步伐移动速度。2. 专项力量上、下肢力量。

五 考核内容和标准

专项素质(30分)

一年级:1. 内容:双手交叉摸台角(30秒)。2. 方法:1)测试者站在乒乓桌的左边线或右边线和端线开始。2)并步,左手摸右角,右手摸左角。

二年级:1.内容:绕半个乒乓桌子单手放球(30秒)。2.方法:1)测试者站在乒乓桌中间开始;2)只能用一只手完全拿球,绕到对面放球;3)并步、跨步、交叉步都可以。

专项技术考核:

体育(一)

一、专项达标(40分)

1.内容:推挡球(1分钟)。2.方法:学生左路斜线对推。3.要求:允许失误,可用备用球,每组二次机会。

二、专项技评(30分)

男、女生评分标准:优秀:(26～30)技术动作正确,力量大,球速快,步法灵活。良好:(20～25)推挡动作较正确协调,力量、球速中等,步法尚可。一般:(10～19)动作尚可,不够协调,力量较轻,步法较差。差:(0～9)动作不正确,不协调,力量轻,球速慢,步法移动差。

体育(二)

一、专项达标(40分)

1.内容:正手攻球(1分钟)。2.方法:1)陪考者用推挡送球,考试者正手攻球,记攻球次数;2)正手对攻,同时记二人攻球回合数。3.要求:1)送球者右路斜线送球,受试者按正手攻技术要求击球;2)正手对攻打右路斜线;3)允许失误,可用备用球,次数累计,每人或每组二次机会。

二、专项技评(30分)

评分标准:优秀:(26～30)正手攻动作正确协调,力量大,球速快,攻球到位,步法灵活;良好:(20～25)攻球动作较正确协调,力量、球速中等,攻球到位,步法尚可;一般:(10～19)动作尚可,不够协调,力量较轻,步法较差;差:(0～9)动作不正确,不协调,力量轻,球速慢,步法移动差。

女生:

一、专项达标(40分)

1.内容;2.方法;3.要求;同男生一样;4.考核标准:女生。

二、专项技评(30分)

评分标准:优秀;良好;一般;差;同男生一样。

体育(三)

一、专项达标(40分)

1. 内容:左推右攻(1分钟)。2. 方法:1)陪考者用推挡球送受试者的左右两点,测试者完成左推右攻;2)二人同时打左推右攻,一人打二条直线,另一人打二条斜线。3. 要求:1)陪试者将球推至对方两侧近边线处,测试者一推一攻为一次;2)同时打左推右攻,直线、斜线线路要清楚,必须打在近边线处,各完成一推一攻为一次,同时记成绩;3)允许失误,可用备用球,次数累计,每人或每组二次机会。

二、专项技评(30分)

评分标准:优秀:(26~30)技术动作正确协调,力量大,球速快,推、攻球到位,步法灵活;良好:(20~25)推挡、攻球动作较正确协调,力量、球速中等,步法尚可;一般:(10~19)动作尚可,不够协调,力量较轻,步法较差;差:(0~9)动作不正确,不协调,力量轻,球速慢,步法移动差。

女生:一、专项达标:(40分)。二、专项技评(30分)同男生一样。

体育(四)

一、专项达标:(40分)

1. 内容:正手跑动攻(1分钟)。2. 方法:陪试者推挡送球至测试者右路及中路两点,测试者跑动攻打对方一点。3. 要求:1)陪试者推球至对方右半台近边线、左半台近中线处;2)测试者必须在步法移动中完成一左一右两次正手攻球计为一次;3)允许失误,可用备用球,次数累计,每人二次机会。

二、专项技评(30分)

评分标准:优秀:(26~30)技术动作正确协调,力量大,球速快,攻球到位,步法灵活。良好:(20~25)攻球动作较正确协调,力量、球速中等,步法尚可。一般:(10~19)动作尚可,不够协调,力量较轻,步法较差。差:(0~9)动作不正确,不协调,力量轻,球速慢,步法移动差。注:男、女生一样专项技评。

体育(五)

一、专项达标(40分)

1.内容:推挡侧身攻。2.方法:1)陪考者用推挡球送至受试者的左路两点;2)测试者完成推挡侧身攻球。3.要求:1)陪试者将球二次推至对方左侧边线,测试者一推一侧身攻为一次。2)受试者打斜线线路要清楚,必须打在近边线,各完成二次为一次;3)允许失误,可用备用球,次数累计,每人二次机会。

二、专项技评(30分)

评分标准:优秀:(26～30)技术动作正确协调,力量大,球速快,推、攻球到位,步法灵活。良好:(20～25)推挡、攻球动作较正确协调,力量、球速中等,步法尚可。一般:(10～19)动作尚可,不够协调,力量较轻,步法较差。差:(0～9)动作不正确,不协调,力量轻,球速慢,步法移动差。注:评分标准:男、女生一样。

体育(六)

一、专项达标(40分)

1.内容:推挡侧身扑正手(1分钟)。2.方法:1)陪试者推挡送球至测试者二个左路线,一个右路线三点;2)测试者打对方一点。3.要求:1)陪试者推球至对方二个左半台近边线,一个右半台近中线处;2)测试者必须完成一推一侧身再步法移动一扑正手球,三次计为一次;3)允许失误,可用备用球,次数累计,每人二次机会。

二、专项技评(30分)

评分标准:男、女生一样。优秀:(26～30)技术动作正确协调,力量大,球速快,侧身、扑球到位,步法灵活。良好:(20～25)推挡侧身扑球动作较正确协调,力量、球速中等,步法尚可。一般:(10～19)动作尚可,不够协调,力量较轻,步法较差。差:(0～9)动作不正确,不协调,力量轻,球速慢,步法移动差。

游泳专项课教学大纲

一 理论部分

第一讲:游泳运动发展概述。游泳技术的基本原理和概念。蛙泳基本技术分析。游泳保健知识。第二讲:蛙泳技术分析。自由泳、仰泳、蝶泳简介。游泳保健知识。第三讲:自由泳基本技术分析。游泳竞赛的主要规则及裁判法。第四讲;游泳救生的基本知识。

二 技术部分

熟悉水性(水中行走、呼吸、漂浮与站立、蹬边滑行接站立)。蛙泳完整配合技术。先分解后配合;包括腿的分解、手的分解、手与呼吸配合的分解、完整配合。技术的分解。蛙泳的出发、转身技术、自由泳完整配合技术。先分解后配合;包括腿的分解、手的分解、手与呼吸配合的分解、完整配合技术的分解。自由泳的出发、转身技术。

三 专项素质

速度素质:以短距离跑为主。力量素质:主要发展腿部、手臂及腰腹力量。柔韧素质:肩关节与踝关节的柔韧性,如压腿仰卧、反背体前屈。耐力素质:以长距离跑为主。

蹬边滑行考核内容与评分标准:

1. 内容:蹬边滑行。2. 方法:背靠池边站立水中,深吸气后低头,双腿向上抬起,身体成俯卧姿势后,两脚同时蹬离。池壁,双臂夹紧头部,两腿并拢,身体充分伸展,腰背保持适当的张力,形成良好的流线型向前滑行,直至站立停止测定所滑行的距离。3. 要求:在滑行过程中,手、腿、腰等不允许有任何辅助动作。

四 专项考核(选择考核)

蛙泳专项达标:(40分)

1. 内容:50米蛙泳。2. 方法:从水下出发以蛙泳动作游进,不计时间,记录到第一次途中站立所游进的距离。3. 要求:以蛙泳1:1:1动作游进,即一次划手、一次蹬腿加一次呼吸动作,基本掌握蛙泳完整配合技术。

自由泳专项达标:(40分)

1. 内容:自由泳。2. 方法:从水下出发以自由泳动作游进,不计时间,记录到第一次途中站立所游进的距离。3.要求:游泳动作技术规范化,中间不停顿,基本掌握自由泳完整配合技术。

武术专项课教学大纲

一 理论部分

第一讲:1.武术运动的概述及最新发展动态。2.武术运动的特点及锻炼价值。第二讲:1.武术段位制的考评内容及考评方法。2.武术礼仪的内涵的讲解。第三讲:1.武术拳法、器械的技法特点。2.武术技术图解的方法及应用。第四讲:1.武术的主要竞赛规则及裁判法。2.武术的观赏指导。

二 技术部分

1.基本手型:拳、掌、勾。2.基本手法:长拳(冲拳、推掌)、太极手势(棚、捋、挤、按、采、列、肘、靠)、剑术(刺、点、撩、劈、剑舞花)、刀术(刺、砍、绕、刀舞花、缠头裹脑)。3.基本腿法:正踢腿、侧踢腿、里合腿、外摆腿、弹腿、蹬腿。4.平衡动作:提膝平衡、燕式平衡、控腿平衡。5.跳跃技术:腾空飞腿、旋风脚。

三 身体素质部分

1.柔韧素质:正压、侧压、竖叉、横叉。2.速度、耐力素质:快速正踢腿;长时间冲拳、刺剑、刺刀。3.协调素质:(1)拳术:拳、掌、勾组合练习。(2)剑术:剑舞花组合练习。(3)刀术:缠头裹脑组合练习。(4)平衡素质:1分钟提腿平衡、30秒控腿平衡。

四 专项达标和专项技评部分

体育(一)

1.专项达标 40 分

(1)内容:一段长拳。(2)要求:按一段长拳的动作规格和路线演练。(3)标准:礼仪、规格、动作路线与要求轻微不符、动作出现轻微遗忘,每出现一次扣两分;未做礼仪、动作规格、动作路线与要求严重不符、动作出现严重遗忘,每出现一次扣四分。

2. 专项技评 30 分

(1)内容:长拳。(2)要求:动作的精、气、神体现;动作的手、眼、身法、步型的协调配合;动作劲力的顺达;动作节奏的处理;动作与演练者的身形、身法、手法的配合。(3)标准:动作演练时,与要求轻微不符者,每出现一次扣两次,严重不符者,每出现一次扣3分。

体育(二)

1. 专项达标 40 分

(1)内容:二段太极拳。(2)要求:按二段太极拳的动作规格和路线演练。(3)标准:礼仪、规格、动作路线与要求轻微不符、动作出现轻微遗忘,每出现一次扣两分;未做礼仪、动作规格、动作路线与要求严重不符、动作出现严重遗忘,每出现一次扣四分。

2. 专项技评 30 分

(1)内容:太极拳。(2)要求:动作的精、气、神体现;动作的手、眼、身法、步型的协调配合;动作劲力的顺达;动作节奏的处理;动作与演练者的身形、身法、手法的配合。(3)标准:动作演练时,与要求轻微不符者,每出现一次扣两次,严重不符者,每出现一次扣3分。

体育(三)

1. 专项达标 40 分

(1)内容:三段剑术。(2)要求:按三段剑术的动作和路线演练。(3)标准:礼仪、规格、动作路线与要求轻微不符、动作出现轻微遗忘,每出现一次扣两分;未做礼仪、动作规格、动作路线与要求严重不符、动作出现严重遗忘,每出现一次扣四分。

2. 专项技评 30 分

(1)内容:剑术。(2)要求:动作的精、气、神体现;动作的手、眼、身法、步型的协调配合;动作劲力的顺达;动作节奏的处理;动作器械与演练者的身形、身法、手法的佩合。(3)标准:动作演练时,与要求轻微不符者,每出现一次扣两次,严重不符者,每出现一次扣3分。

体育(四)

1. 专项达标 40 分

(1)内容:二段长拳。(2)要求:按长拳二段长拳的动作和路线演练。(3)标准:礼仪、规格、动作路线与要求轻微不符、动作出现轻微遗忘,每出现一次扣两分;未做礼仪、动作规格、动作路线与要求严重不符、动作出现严重遗忘,每出现一次扣四分。

2. 专项技评 30 分

(1)内容:长拳。(2)要求:动作的精、气、神体现;动作的手、眼、身法、步型的协调配合;动作劲力的顺达;动作节奏的处理;动作与演练者的身形、身法、手法的配合。(3)标准:动作演练时,与要求轻微不符者,每出现一次扣两次,严重不符者,每出现一次扣三分。

体育(五)

1. 专项达标 40 分

(1)内容:三段太极剑。(2)要求:按三段太极剑的动作和路线演练。(3)标准:礼仪、规格、动作路线与要求轻微不符、动作出现轻微遗忘,每出现一次扣两分;未做礼仪、动作规格、动作路线与要求严重不符、动作出现严重遗忘,每出现一次扣四分。

2. 专项技评 30 分

(1)内容:太极剑。(2)要求:动作的精、气、神体现;动作的手、眼、身法、步型的协调配合;动作劲力的顺达;动作节奏的处理;动作器械与演练者的身形、身法、手法的配合。(3)标准:动作演练时,与要求轻微不符者,每出现一次扣两次,严重不符者,每出现一次扣 3 分。

体育(六)

1. 专项达标 40 分

(1)内容:三段刀术。(2)要求:按刀术三段刀术的动作和路线演练。(3)标准:礼仪、规格、动作路线与要求轻微不符、动作出现轻微遗忘,每出现一次扣两分;未做礼仪、动作规格、动作路线与要求严重不符、动作出现严重遗忘,每出现一次扣四分。

2. 专项技评 30 分

(1)内容:刀术。(2)要求:动作的精、气、神体现;动作的手、眼、身法、步型的协调配合；动作劲力的顺达；动作节奏的处理；动作器械与演练者的身形、身法、手法的配合。(3)标准：动作演练时，与要求轻微不符者，每出现一次扣两次，严重不符者，每出现一次扣三分。

五　专项素质(30分)

(一) 体育(一)~(三)

1. 内容：30秒原地正踢腿。2. 正踢腿的测试方法(左脚为例)：要求被测试者预备时右脚在前，左脚在后站立，左手立掌伸直，右手扶栏或墙，上体挺直，开始时左脚勾脚尖腿膝关节伸直上踢，要求每次碰地，高至少过肩，测量被测试者连续30秒踢的次数。3. 要求：身正、腿直，踢腿过肩。

(二) 体育(四)~(六)

1. 内容：30秒左右仆步抢拍。2. 仆步抢拍的测试方法：要求被测试者预备时左仆步左手拍地站好，上体挺直，开始时要求按武术中仆步抢拍的标准要求做，拍地一次计一次，测量被测试者连续30秒仆步抢拍的次数。3. 要求：动作舒展，协调，仆步到位。

散打专项课教学大纲

一　理论部分

第一讲：1. 散打运动的概述及最新发展动态。2. 散打运动的特点及锻炼价值第二讲：1. 散打段位制的考评内容及考评方法。2. 散打的基本礼节及武德教育。第三讲：1. 古今散打名家介绍。2. 散打运动的基本训练方法。第四讲：1. 散打的主要竞赛规则及裁判方法。2. 散打的观赏指导。

二　基本技术部分

1. 实战姿势。2. 基本步伐。3. 基本拳法。4. 基本腿法。5. 基本摔法。6. 基本防守法。

三 基本战术部分

1. 直攻战术。2. 佯攻战术。3. 强攻战术。4. 迂回战术。5. 制长战术。6. 攻短战术。7. 多点战术。8. 体力战术。9. 防守反击战术。

四 身体素质部分

1. 柔韧素质:正压、侧压、竖叉、横叉;肩、胯、踝韧带。2. 力量素质:(掌、指、拳、拍手)俯卧撑;立卧撑挺身跳;腹肌、背肌。3. 速度灵敏素质:击速度球;短跑。4. 耐力素质:跳绳;长跑。

五 专项达标和技评

(一) 专项达标(40分)

体育(一)

(1) 内容:直拳、摆拳二选一。(2)要求:击手靶。(3)评分标准:按完成动作的质量分为8级(女生标准降50%)。

体育(二)

(1) 内容:正蹬腿、边腿二选一。(2)要求:击脚靶。(3)评分标准:按完成动作的质量分为8级(女生标准降50%)。

体育(三)

(1) 内容:接正蹬腿、边腿摔二选一。(2)要求:两人一组互换攻防。(3)评分标准:按完成动作的质量分为8级(女生标准降50%)。

体育(四)

(1) 内容:勾拳、鞭拳二选一。(2)要求:击手靶。(3)评分标准:按完成动作的质量分为8级(女生标准降50%)。

体育(五)

(1) 内容:侧踹腿、转身侧踹腿二选一。(2)要求:击脚靶。(3)评分标准:按完成动作的质量分为8级(女生标准降50%)。

体育(六)

(1) 内容:背摔、夹颈摔、夹背摔三选一。(2)要求:两人一组互换攻防。

体育(一)～(六)

1. 内容：实战。2. 要求：两人一组攻守互换各一分钟。3. 评分标准：按实战的具体发挥情况分四档评分(女生标准降50％)。

六　专项素质(30分)

体育(一)：一分钟俯卧撑。

体育(二)：一分钟仰卧起坐(双腿伸直固定)。

体育(三)：一分钟仰卧两头起(手拍脚面)。

体育(四)：一分钟握拳俯卧撑。

体育(五)：一分钟仰卧起坐(双手抱头左右转体为一次)。

体育(六)：一分钟立俯卧撑接挺身跳。

跆拳道专项课教学大纲

一　理论部分

第一讲：1. 跆拳道运动的概述及最新发展动态。2. 跆拳道运动的特点及锻炼价值。第二讲：1. 跆拳道的练习方法。2. 跆拳道晋级升段的考评内容及考评办法。第三讲：1. 跆拳道运动的基本技、战术。2. 跆拳道运动的主要竞赛规则及裁判法。第四讲：1. 跆拳道运动的观赏指导。2. 学习跆拳道的注意事项。

二　基本技术部分

1. 跆拳道基本功：腿功、腰功、肩功。2. 基本手型：拳、手刀、贯手。3. 基本手法：拳击打、正冲拳、正手刀、反手刀、上段格挡、中段内格挡、中段外格挡、下格挡。4. 基本步法：前滑步、后滑步、垫步、跳换步、交叉步、上步、撤步。5. 基本腿法：前踢、横踢、侧踢、下劈、后踢、推踢、勾踢、后旋踢、旋风踢、双飞踢、组合腿法等。6. 平衡：提膝平衡、控腿平衡。7. 跳跃：腾空前踢、腾空后踢、腾空横踢、腾空侧踢。8. 跆拳道品势：太极一章、太极二章、太极三章、太极四章、太极五章、太极六章。

三　基本战术部分

进攻战术、防守战术、防守反击的战术、跆拳道的自卫防身方法。

四　身体素质部分

1.柔韧素质:(1)各种压腿的方法。(2)竖叉、横叉。2.速度和耐力素质:(1)快速起动踢腿。(2)长时间快速击打脚靶、沙包。3.灵敏素质:(1)进攻防守技术。(2)条件实战。4.力量素质:(1)正拳支撑俯卧撑。(2)腿法击打脚靶。5.协调性素质:(1)组合腿法。(2)跆拳道品势。

五　考评内容与评分标准部分

体育(一)

(一)专项技术评定

1.考评内容:①前踢脚靶;②横踢脚靶。2.考评要求:①从实战姿势开始,使用正确的腿法技术、准确、有力地踢中脚靶;②左右脚连踢;③左右势各踢一次;④每踢一腿喊叫一声。3.评分方法(40分)礼仪、手、眼、身、步法、气势和喊叫声等与技术动作规格要求出现不符,每出现一次轻微错误扣1分,每出现一次显著错误扣2—5分。

(二)专项规定品势评定

1.考评内容:跆拳道品势——太极一章。2.考评要求:按规定势的动作和路线演练。3.评分方法(30分):礼仪、手、眼、身、步法、气势和喊叫声等与动作规格、演练要求出现不符,每出现一次轻微错误扣1分,每出现一次显著错误扣2—4分。

体育(二)

(一)专项技术评定

1.考评内容:①横踢脚靶;②下劈踢脚靶。2.考评要求:①从实战姿势开始,使用正确的腿法技术、准确、有力地踢中脚靶;②左右脚连踢;③左右势各踢一次;④每踢一腿喊叫一声。3.评分方法(40分):礼仪、手、眼、身、步法、气势和喊叫声等与技术动作规格要求出现不符,每出现一次轻微错误扣1分,每出现一次显著错误扣2—5分。

(二)专项规定品势评定

1.考评内容:跆拳道品势——太极二章。2.考评要求:按规定品势的动作和路线演练。3.评分方法(30分)礼仪、手、眼、身、步法、气势和喊叫声等与动作规格、演练要求出现不符,每出现一次轻微错误扣1分,每出现一次显著错误扣2—4分。

体育(三)

(一)专项技术评定

1.考评内容:①横踢脚靶;②旋风踢脚靶。2.考评要求:①从实战姿势开始,使用正确的腿法技术、准确、有力地踢中脚靶;②左右脚连踢;③左右势各踢一次;④每踢一腿喊叫一声。3.评分方法(40分)礼仪、手、眼、身、步法、气势和喊叫声等与技术动作规格要求出现不符,每出现一次轻微错误扣1分,每出现一次显著错误扣2—5分。

(二)专项规定品势评定

1.考评内容:跆拳道品势——太极三章。2.考评要求:按规定品势的动作和路线演练。3.评分方法(30分)礼仪、手、眼、身、步法、气势和喊叫声等与动作规格、演练要求出现不符,每出现一次轻微错误扣1分,每出现一次显著错误扣2—4分。

体育(四)

(一)专项技术评定

1.考评内容:①横踢脚靶;②后踢脚靶。2.考评要求:①从实战姿势开始,使用正确的腿法技术、准确、有力地踢中脚靶;②左右脚连踢;③左右势各踢一次;④每踢一腿喊叫一声。3.评分方法(40分)礼仪、手、眼、身、步法、气势和喊叫声等与技术动作规格要求出现不符,每出现一次轻微错误扣1分,每出现一次显著错误扣2—5分。

(二)专项规定品势评定

1.考评内容:跆拳道品势——太极四章。2.考评要求:按规定品势的动作和路线演练。3.评分方法(30分)礼仪、手、眼、身、步法、气势和喊叫声等与动作规格、演练要求出现不符,每出现一次轻微错误扣1分,每出现一次显著错误扣2—4分。

体育(五)

(一)专项技术评定

1.考评内容:①横踢脚靶;②后旋踢脚靶。2.考评要求:①从实战姿势开始,使用正确的腿法技术、准确、有力地踢中脚靶;②左右脚连踢;③左右势各踢一次;④每踢一腿喊叫一声。3.评分方法(40分):礼仪、手、眼、身、步法、气势和喊叫声等与技术动作规格要求出现不符,每出现一次轻微错误扣1分,每出现一次显著错误扣2—5分。

(二)专项规定品势评定

1.考评内容:跆拳道品势——太极五章。2.考评要求:按规定品势的动作和路线演练。3.评分方法(30分)礼仪、手、眼、身、步法、气势和喊叫声等与动作规格、演练要求出现不符,每出现一次轻微错误扣1分,每出现一次显著错误扣2—4分。

体育(六)

1.考评内容:①横踢脚靶;②双飞踢脚靶。2.考评要求:①从实战姿势开始,使用正确的腿法技术、准确、有力地踢中脚靶;②左右脚连踢;③左右势各踢一次;④每踢一腿喊叫一声。3.评分方法(40分):礼仪、手、眼、身、步法、气势和喊叫声等与技术动作规格要求出现不符,每出现一次轻微错误扣1分,每出现一次显著错误扣2—5分。

(二)专项规定品势评定

1.考评内容:跆拳道品势——太极六章。2.考评要求:按规定品势的动作和路线演练。3.评分方法(30分)礼仪、手、眼、身、步法、气势和喊叫声等与动作规格、演练要求出现不符,每出现一次轻微错误扣1分,每出现一次显著错误扣2—4分。

六 专项素质(30分)

(一)体育(一)和(四)

1.内容:30秒原地单腿快速高横踢。2.测试方法(左脚为例):被测试者实战姿势站立,开始时左脚快速高横踢,测量被测试者连续30秒单腿快速高横踢的次数,可找一人持一靶,靶心与被测试者人中平,要求被测试者连续准确、有力高横踢脚靶。3.要求:每踢一腿喊叫一声,转髋充分,动作协调,每踢一次腿下触地、上过肩。

(二) 体育(二)和(五)

1. 内容:30秒左右腿内摆踢。2. 测试方法:被测试者实战姿势站立,开始时左右脚交换快速内摆踢,测量被测试者连续30秒。左右腿内摆踢的总次数。可找一人持一靶与被测试者肩平,要求被测试者内摆踢过脚靶。3. 要求:每内摆踢一腿喊叫一声,左右脚轮换,动作协调,高过肩。

(三) 体育(三)和(六)

1. 内容:30秒左右腿腾空跳前踢。2. 测试方法:被测试者实战姿势站立,开始时左右脚交换快速腿腾空跳前踢,测量被测试者连续30秒左右脚交换快速腿腾空跳前踢的总次数。可找一人持一靶与被测试者头顶平,要求被测试者连续准确、有力高腾空跳前踢脚靶。3. 要求:每跳前踢一次喊叫一声,动作协调连贯,高与头顶平。

男生健身健美专项课教学大纲

一 理论部分

第一讲:1. 健美运动概念、分类、特点、功能、作用。2. 健美运动的发展概况。3. 健美运动中人体各部位肌肉群的训练方法及健美锻炼的基本知识:动力训练法。4. 初级个人健身健美锻炼计划的制定方法。5. 观看全国健身健美比赛VCD光盘。第二讲:1. 有氧训练和无氧训练对健身的作用。2. 健美运动中人体各部位肌肉群的训练方法及健美锻炼的基本知识:循环训练法。3. 健美运动训练计划的制定:训练目的、训练时间、注意的要求。4. 中级个人健身健美锻炼计划的制定方法。5. 观看全国健身健美比赛VCD光盘。第三讲:1. 健美运动训练计划的制定:周训练计划的制定。2. 健美锻炼的卫生保健与饮食、营养的关系。3. 健美比赛规则和裁判法。

二 技术部分

(一) 肌肉力量训练

1. 颈肩部动作:直立提肘拉、上推举、俯立飞鸟、负重耸肩、站立侧平举。2. 胸部动作：平卧推举、上下斜卧推举、飞鸟、仰卧曲臂上拉、双杠双臂屈伸、夹胸、俯卧撑。3. 背部动作：俯立划船、哑铃单跪单臂划船、引体向上、颈后下拉。4. 臂部动作：各种弯举、各种屈伸。5. 前臂屈伸腕肌动作：正反握腕弯举、站立背后弯举。6. 腿部动作：腿屈伸、深蹲、半蹲、箭步蹲、腿弯举、负重提踵。7. 腹部动作：仰卧起坐、仰卧举腿、仰卧两头起、悬垂屈膝举腿、负重体侧屈、仰卧转体起坐。

（二）规定动作技术训练

1. 前展肱二头肌。2. 前展背阔肌。3. 侧展胸肌。4. 后展肱二头肌。5. 后展背阔肌。6. 侧展肱三头肌。7. 前展腹肌及腿部。

三　素质部分：30 分钟的有氧慢跑及俯卧撑练习。

四　考核内容与评分标准：

体育（一）：

一、专项技术考核（40 分）

1. 内容：卧推。2. 方法：仰卧在卧推凳上，可采用不同的握距（中、宽、窄）握住杠铃，将杠铃自头部拿至胸上，两臂用力控制住杠铃，缓缓地将杠铃放于胸部乳头上，然后用力将杠铃向垂直上方推起直至两臂伸直。3. 要求：胸部始终隆起，两肩胛下沉，快起慢放，杠铃始终要保持平稳，不能左右、前后摇晃。

注：按体重分为：67 公斤以下推 35 公斤，73 公斤推 40 公斤，73 公斤以上推 45 公斤。评分相同。

二、专项技评标准：（30 分）

技评要求：胸部始终隆起，两肩胛下沉，快起慢放，杠铃始终要保持平稳，不能左右、前后摇晃。在完成动作时，如有一次出现错误扣 2 分。

体育（二）

一、专项技术考核（40 分）

1. 内容：斜板弯举。2. 方法：坐在斜板器械上，两臂持杠铃下垂，掌心向前，将肘关节固定在斜板上，然后屈臂将杠铃弯举至胸前，再缓慢还原。3. 要求：手腕平直，掌心向前，弯举至上臂与前臂的夹角小于

20度角。注：按体重分为：70公斤以下举17.5公斤，70公斤以上举20公斤。评分相同。

二、专项技评标准：(30分)

技评要求：手腕平直，弯举至上臂与前臂的夹角小于20度角，肱二头肌用力，两臂要保持杠铃平稳，上举时吸气，下放时呼气，在完成动作时，如有一次出现错误扣2分。

体育(三)

一、专项技术考核(40分)

1. 内容：1分钟斜板仰卧起坐。2. 方法：斜躺于15度斜板的凳上，下支固定，屈膝、两手抱头并用腹肌收缩使躯干向上并靠近大腿，两肘尖必须要碰到膝盖。3. 要求：起身时臀部不能离开垫板，整个过程两手必须要抱头，每一次两肘尖必须要碰到膝盖，整个过程不得抬头。

二、专项技评标准：(30分)

技评要求：起身时臀部不能离开垫板，整个过程两手必须要抱头，每一次两肘尖必须要碰到膝盖，整个过程不得抬头，在完成动作时，如有一次出现错误扣2分。

体育(四)

一、专项技术考核(40分)

1. 内容：深蹲。2. 方法：将杠铃放在肩上，两臂用力控制住杠铃，两脚左右站立与髋同宽，挺胸收腰，下蹲至大小腿夹角小于90度。然后用力将横杠垂直向上方蹲起直至两脚伸直。3. 要求：两脚尖平行或内扣，抬头挺胸腰收紧，慢慢下蹲快起立，站立时臀部不能先动。注：按体重分为67公斤以下蹲50公斤，72公斤推55公斤，75公斤以上推60公斤。评分相同。

二、专项技评标准：(30分)

要求：两脚尖平行或内扣，抬头挺胸腰收紧，慢慢下蹲快起立，站立时臀部不能先动，在完成动作时，如有一次出现错误扣2分。

体育(五)

一、项技术考核(40分)

1. 内容：卧推。2. 方法：仰卧在卧推凳上，可采用不同的握距(中、宽、窄)握住杠铃,将杠铃自头部拿至胸上,两臂用力控制住杠铃,缓缓地将杠铃放于胸部乳头上,然后用力将横杠向垂直上方推起直至两臂伸直。3. 要求:胸部始终隆起,两肩胛下沉,快起慢放,杠铃始终要保持平稳,不能左右、前后摇晃。

注:按体重分为:67公斤以下推40公斤,75公斤推45公斤,75公斤以上推50公斤。评分相同。

二、专项技评标准:(30分)

技评要求:胸部始终隆起,两肩胛下沉,快起慢放,杠铃始终要保持平稳,不能左右、前后摇晃。在完成动作时,如有一次出现错误扣2分。

体育(六)

一、专项技术考核(40分)

1. 内容:斜托弯举。2. 方法:坐在斜板器械上,两臂持杠铃下垂,掌心向前,将肘关节固定在斜板上,然后屈臂将杠铃弯举至胸前,再缓慢还原。3. 要求:手腕平直,掌心向前,弯举至上臂与前臂的夹角小于20度角。注:按体重分为:68公斤以下、75公斤和75公斤以上三个级别;68公斤以下举17.5公斤,75公斤举20公斤,75公斤以上举22.5公斤。评分相同。

二、专项技评标准:(30分)

技评要求:手腕平直,掌心向前,肱二头肌用力,把杠铃弯举至上臂与前臂的夹角小于20度角,两臂要保持杠铃平稳,上举时吸气,下放时呼气,在完成动作时,如有一次出现错误扣2分。

专项素质考核标准

体育(一)

1. 内容:多级蛙跳 2. 方法:学生从起点开始双脚连续蛙跳5次后记录距离。3. 要求:双脚同时用力,蛙跳中不可垫步、前移或停顿,测2次择优记录成绩。

体育(二)

1. 内容:1分钟跳绳。2. 方法:单脚轮换或双脚跳,计时:1分钟内完成的总次数。3. 要求:绳触地面,身体跳过绳为1次。

体育(三)

1. 内容:仰卧起坐。2. 方法:仰卧垫上双腿弯曲,双手抱头,上体抬起置双肘触及膝盖为一次,上体抬起时吸气,还原时呼气。计时:1分钟内完成的总次数。

体育(四)

1. 内容:20米折返跑。2. 方法:在场地上每5米划一条线,从起点出发到第一条线折返跑回起点,然后再折返跑到第二条线折返,依次类推跑过第四条线折返回到起点。3. 要求:用脚踩线。

体育(五)

1. 内容:30秒原地高抬腿。2. 方法:身体直立,双肘弯曲约90度,前后摆臂,摆动腿前摆大腿抬平,另一腿的大腿积极下压,小腿自然伸开并用前脚掌着地。3. 要求:摆动腿抬起时,大腿与上身之间、大腿与小腿之间达到90度。

体育(六)

1. 内容:50米跑。2. 方法:按照田径竞赛规则测试,每人考两次取最好成绩。3. 要求:两人一组采用站立式起跑。

女生健美操专项教学大纲

一 专项理论

第一讲 健美操运动概述。1. 健美操运动的起源与发展。2. 健美操运动的概念与分类。3. 健美操运动的特点与功能。4. 健美操各种类型课程的介绍。第二讲 健美操音乐与编排、运动损伤。1. 健美操音乐。2. 健美操的编排。3. 健美操的运动损伤。第三讲 健美操比赛的组织、裁判与欣赏。1. 健美操比赛的种类、特点、形式与内容。2. 健美操比赛的组织。3. 健美操比赛的裁判。4. 健美操比赛的欣赏。

二 基本技术

1. 基本步伐:(完成任何步伐时上体必须处于标准位置状态)。
2. 上肢动作:(常用手型:掌型 Blade、拳型 Fist、五指张开型 Jazz)。
3. 健美操组合内容:每学期可根据学生所需具体情况和要求从中选择

和调整课程组合内容。4. 身体素质及体质部分：＊身体素质：柔韧素质、一般力量素质、身体核心部位的力量。＊体质：身体形态、身体成分、心肺功能。

三 考试内容与评分标准

＊考核形式：(专项考核形式每学期根据学生开课情况由专项组制定)。

专项考核形式：规定式、晋级式、自由式、通级式。规定式：按专项教学中所规定的组合内容进行考试。其特点是考试形式内容固定不变。晋级式：学生参加初级、中级考试，不必事先编排动作，只要跟着老师做动作即可。其特点是同时参加考试的人数可多可少，考试方式轻松活泼，可反映学生学习过程的真实水平与能力。自由式：由老师提供考试音乐，并在考试前规定好每位同学的考试时间如(30秒或10个八拍)，比赛中音乐不停顿，学生以次上场考试。其特点是更能发挥学生的创造力和表现力。考试可连续进行，节省时间，气氛活跃。通级式：对学习了健美操大众锻炼标准1—6级的同学，经过培训后，举行对通级考核，对通过其中任何一级者，颁发相应级别的健美操大众锻炼标准等级证书。

＊专项考试内容：规定动作：(1)自编教材中动作组合。(2)健美操大众锻炼标准。自编动作：学生按照老师的教学要求自编动作组合。

＊考核方法

规定动作：1. 自编教材中动作组合2人为一组，分组考试。2. 晋级式考试形式中采用10—15人为一组集体考试。每一组分别由2—3位老师分编号评分。自编动作：规定考试要求，人数、音乐时间、对形变化等，按要求进行编排，统一考试。(如：4—6人为一组；时间为45秒—1分；4次以上对形变化等)。

专项素质考核

体育(一)

1. 内容：多级蛙跳。2. 方法：学生从起点开始双脚连续蛙跳5次后记录距离。3. 要求：双脚同时用力，蛙跳中不可垫步、前移或停顿，测 2 次择优记录成绩。

体育（二）

1. 内容：1 分钟跳绳。2. 方法：单脚轮换或双脚跳，计时：1 分钟内完成的总次数。3. 要求：绳触地面，身体跳过绳为 1 次。

体育（三）

1. 内容：仰卧起坐。2. 方法：仰卧垫上双腿弯曲，双手抱头，上体抬起置双肘触及膝盖为一次，上体抬起时吸气，还原时呼气。计时：1 分钟内完成的总次数。

体育（四）

1. 内容：20 米折返跑。2. 方法：在场地上每 5 米划一条线，从起点出发到第一条线折返跑回起点，然后再折返跑到第二条线折返，依次类推跑过第四条线折返回到起点。3. 要求：用脚踩线。

体育（五）

1. 内容：30 秒原地高抬腿。2. 方法：身体直立，双肘弯曲约 90 度，前后摆臂，摆动腿前摆大腿抬平，另一腿的大腿积极下压，小腿自然伸开并用前脚掌着地。3. 要求：摆动腿抬起时，大腿与上身之间、大腿与小腿之间达到 90 度。

体育（六）

1. 内容：50 米跑。2. 方法：按照田径竞赛规则测试，每人考两次取最好成绩。3. 要求：两人一组采用站立式起跑。

女生形体健美专项课教学大纲

一 理论部分

1. 健美运动的概念、特点、功能、作用、分类。2. 健美运动的发展概况。3. 女子形体训练的概念、特点和意义。4. 有氧训练和无氧训练、把心率的测定的科学性。5. 形体训练的原则。6. 形体训练的内容和手段。7. 个人形体健美锻炼计划的制定方法。8. 形体健美与营养。9. 健美、形体健美竞赛规则及裁判法。

二 基本技术

（一）肌肉力量训练

1.胸部动作：平卧推举、仰卧飞鸟、坐姿夹胸器夹胸、站立拉力器夹胸、双杠双臂屈伸、俯卧撑。2.肩部动作：站姿侧平举、站姿前平举、躬身侧平举、坐姿颈前推举、坐姿颈后推举、坐姿颈前下拉、坐姿颈后下拉、站姿提肘上拉、站姿持铃耸肩。3.臂部动作：站姿反握弯举、坐姿反握弯举、坐姿斜托反握弯举、站姿颈后双臂上拉等各种屈伸及弯举。4.腹部动作：仰卧收腹直腿上举、仰卧两头起、斜板仰卧起坐、两臂支撑悬垂收腹举腿。5.腰背动作：负重体侧屈、负重持铃转体、躬身持铃划船、斜板卧转体起坐。6.腿部动作：负重提踵、俯卧腿弯举、拉力器内、外、后举腿等。

（二）形体训练

1.柔韧素质训练。（压、拉、摆、甩、踢、搬、控、绕环、瑜珈）。2.协调性的训练（有氧操、拉丁、街舞等各种不同风格的操化套路）。3.姿态调控能力内气的训练。（主要有静动两部分，静：芭蕾的姿态练习、把杆练习，造型练习、各种平衡练习。动：身体的前后波浪、华尔兹、变换步、交叉步、弹簧步、足尖步、滚动步、跨跳、转体等。）4.增重和减肥练习。（有氧、无氧的间歇训练）。5.把杆、舞蹈组合的练习。6.跑跳的练习。7.垫上运动（混合支撑练习）。8.恢复整理练习。

三 考试内容和评分标准

专项达标考核：(40分)

体育（一）

1.内容：夹胸器械考核。2.方法：在夹胸器械上进行，重量10Kg，夹胸次数10次。（发达肌肉：完成动作时快夹、慢还原完成，选择重量重。减脂肪：完成动作时中速夹、慢还原，选择轻重量或中重量多次数完成。）3.要求：身体的臀部、背部、后脑贴在靠背上，两手握立棒，两手肘间夹角保持(170°—100°—120°)，用力收缩时吸气，还原时呼气。在完成动作时，如有一处出现错误扣2分，以此类推。

体育(二)

1. 内容:1分钟斜板仰卧起坐。(或选择:双臂支撑悬垂收腹举腿与身体保持90°评分以秒计算满分28秒)2. 方法:在腹肌练习器上下斜45°进行,满分28次。3. 要求:上体抬起时臀部不能离开垫板、两肘尖触及膝盖,还原时背要贴在垫板上,上体抬起时吸气,还原时呼气。在完成动作时,如有一个部位出现错误扣2分,以此类推。

体育(三)

1. 内容:旋转盘后举腿。2. 方法:在旋转盘器械上进行,重量10kg,后举腿10次。3. 要求:两手握在把杆上与肩同宽,两臂伸直,身体直立,右腿(左腿)的后侧紧贴转盘海绵棒,上体保持抬头挺胸,后举腿时吸气,用意念控制臀部肌肉和骨二头肌收缩,还原时呼气。在完成动作时,如有一处出现错误扣2分,以此类推。

体育(四)

1. 内容:夹胸器械考核。2. 方法:在夹胸器械上进行,重量10Kg,夹胸次数12次。(发达肌肉:完成动作时快夹、慢还原完成,选择重量重。减脂肪:完成动作时中速夹、慢还原,选择轻重量或中重量多次数完成。)3. 要求:身体的臀部、背部、后脑贴在靠背上,两手握立棒,两手肘间夹角保持(170°—100°—120°),用力收缩时吸气,还原时呼气。在完成动作时,如有一处出现错误扣2分,以此类推。

体育(五)

1. 内容:1分钟斜板仰卧起坐。(或选择:双臂支撑悬垂收腹举腿与身体保持90°评分以秒计算满分30秒)2. 方法:在腹肌练习器上下斜45°进行,满分30次。3. 要求:上体抬起时臀部不能离开垫板、两肘尖触及膝盖,还原时背要贴在垫板上,上体抬起时吸气,还原时呼气。在完成动作时,如有一个部位出现错误扣2分,以此类推。

体育(六)

1. 内容:旋转盘后举腿。2. 方法:在旋转盘器械上进行,重量10kg,后举腿12次。3. 要求:两手握在把杆上与肩同宽,两臂伸直,身体直立,右腿(左腿)的后侧紧贴转盘海绵棒,上体保持抬头挺胸,后举腿时吸气,用意念控制臀部肌肉和骨二头肌收缩,还原时呼气。在完成动作时,如有一处出现错误扣2分,以此类推。

专项技评考核:(30分)

1. 内容:个人特长表演(最多4人组合,有2次队形变化,人少者要有2次方向变化)。2. 要求:体现个人特色、要有激情、富有表现力、编排有创新、音乐选择恰如其分。3. 分值的分配:有特色编排的合理10分,综合能力10分,完成情况10分。

四 考核内容和标准

体育(一)

1. 内容:多级蛙跳。2. 方法:学生从起点开始双脚连续蛙跳5次后记录距离。3. 要求:双脚同时用力,蛙跳中不可垫步、前移或停顿,测2次择优记录成绩。

体育(二)

1. 内容:1分钟跳绳。2. 方法:单脚轮换或双脚跳,计时:1分钟内完成的总次数。3. 要求:绳触地面,身体跳过绳为1次。

体育(三)

1. 内容:仰卧起坐。2. 方法:仰卧垫上双腿弯曲,双手抱头,上体抬起置双肘触及膝盖为一次,上体抬起时吸气,还原时呼气。计时:1分钟内完成的总次数。

体育(四)

1. 内容:20米折返跑。2. 方法:在场地上每5米划一条线,从起点出发到第一条线折返跑回起点,然后再折返跑到第二条线折返,依次类推跑过第四条线折返回到起点。

体育(五)

1. 内容:30秒原地高抬腿。2. 方法:身体直立,双肘弯曲约90度,前后摆臂,摆动腿前摆大腿抬平,另一腿的大腿积极下压,小腿自然伸开并用前脚掌着地。3. 要求:摆动腿抬起时,大腿与上身之间、大腿与小腿之间达到90度。

体育(六)

1. 内容:50米跑。2. 方法:按照田径竞赛规则测试,每人考两次取最好成绩。3. 要求:两人一组采用站立式起跑。

男生手球专项课教学大纲

一 理论部分

第一讲:手球运动的起源与发展概述。1.世界手球运动的发展过程。2.中国手球运动的发展过程。3.手球运动的发展趋势。第二讲:手球技、战术简介。1.手球的基本技术。2.手球的基本战术。第三讲:主要规则及裁判法。1.场地和设备。2.规则介绍。3.临场裁判员的分析与判断。4.犯规情况的分析与判罚。第四讲:手球比赛的组织与欣赏。1.手球的锻炼价值。2.比赛的组织与编排。3.经典比赛介绍。

二 基本技术部分

1.基本步法:侧身跑、后退跑、急起急停、变向变速跑、滑步、折返跑。2.传接球:单手肩上传接球、体前摆传、行进间传接球、单手反弹传接球。3.运球技术:原地高低运球、行进间运球、变向运球、运球急起急停。4.射门技术:垫步射门、交叉步射门、向前跳起、向上跳起射门、小角度转身射门、跑动中射门。5.防守技术:基本姿势、防无球队员、防有球队员。6.守门员技术:准备姿势、位置选择、脚步移动、封、挡、传球。7.突破:徒手突破、持球突破、运球突破。

三 基本战术部分

1.进攻战术

(1)二人一组传切配合。(2)二人一组交叉换位配合。(3)三人一组交叉换位配合。(4)掩护配合。(5)策应后的掩护配合。

2.技评

(1)射门有力、动作协调、技术运用合理(30—27)。(2)射门较有力、动作较协调、技术运用较合理(26—24)。(3)射门无力、动作较协调、技术运用基本合理(23—18)。(4)射门无力、动作较不协调、技术运用不合理(17—0)。

3. 达标

二、素质(30分)：手球掷远。要求：助跑三步后将球掷出，落在宽十米范围内有效，测二次后择优计算球落地的距离。

第二学期

专项(70分)

（一）内容：垫步及向前跳起射门。（二）方法：距离球门8M，射球门一上角标志，5次垫步射门，5次向前跳起射门。（三）要求：起跳前不得踩线；在脚落地前射中球门一个上角标志算进球有效。（四）考核标准

1. 技评(30分)

(1)射门有力、动作协调、技术运用合理(30—27)。(2)射门较有力、动作较协调、技术运用较合理(26—24)。(3)射门无力、动作较协调、技术运用基本合理(23—18)。(4)射门无力、动作较不协调、技术运用不合理(17—0)。

2. 达标(40分)

第三学期

专项(70分)

（一）内容：转身射门。（二）方法：球门区外向左转身5次、向右转身5次，射球门左右两个上角标志。（三）要求：射门时脚不得踩球门区线，转身射门时，在脚落地前射中球门左右上角标志算进球有效。（四）考核标准

1. 技评(30分)

(1)射门有力、动作协调、技术运用合理(30—27)。(2)射门较有力、动作较协调、技术运用较合理(26—24)。(3)射门无力、动作较协调、技术运用基本合理(23—18)。(4)射门无力、动作较不协调、技术运用不合理(17—0)。

2. 达标(40)

二、素质(30分)：手球掷远。要求：助跑三步后将球掷出，落在宽十米范围内有效，测二次后择优计算球落地的距离。

第四学期

专项(70分)

（一）内容:7M线原地射门。（二）方法:在7M线后射球门两个上角标志,左右上角各射5次共40分。（三）要求:按罚7M球的规则;射中球门左右上角标志算进球有效。（四）考核标准

1. 技评(30分)

(1)射门有力、动作协调、技术运用合理(30—27)。(2)射门较有力、动作较协调、技术运用较合理(26—24)。(3)射门无力、动作较协调、技术运用基本合理(23—18)。(4)射门无力、动作较不协调、技术运用不合理(17—0)。

2. 达标(40)

二、素质(30分):手球掷远。要求:助跑三步后将球掷出,落在宽十米范围内有效,测二次后择优计算球落地的距离。

第五学期

专项(70分)

（一）内容:垫步及向前跳起射门。（二）方法:距离球门8M,射球门一上角标志,5次垫步射门,5次向前跳起射门。（三）要求:起跳前不得踩线;在脚落地前射中球门一个上角标志算进球有效。（四）考核标准

1. 技评(30分)

(1)射门有力、动作协调、技术运用合理(30—27)。(2)射门较有力、动作较协调、技术运用较合理(26—24)。(3)射门无力、动作较协调、技术运用基本合理(23—18)。(4)射门无力、动作较不协调、技术运用不合理(17—0)。

2. 达标(40)

二、素质(30分):手球掷远。要求:助跑三步后将球掷出,落在宽十米范围内有效,测二次后择优计算球落地的距离。

第六学期

专项(70分)

（一）内容:转身射门。（二）方法:球门区外向左转身5次、向右转身5次,射球门左右两个上角标志。（三）要求:射门时脚不得踩球门区线,转身射门时,在脚落地前射中球门左右上角标志算进球有效。（四）

考核标准

1. 技评(30 分)

(1)射门有力、动作协调、技术运用合理(30—27)。(2)射门较有力、动作较协调、技术运用较合理(26—24)。(3)射门无力、动作较协调、技术运用基本合理(23—18)。(4)射门无力、动作较不协调、技术运用不合理(17—0)。

2. 达标(40)

二、素质(30 分):手球掷远。要求:助跑三步后将球掷出,落在宽十米范围内有效,测二次后择优计算球落地的距离。

击剑专项课教学大纲

一 理论部分

第一讲:击剑运动发展概述。第二讲:击剑(花剑)主要技术、战术分析及练习方法。第三讲:

主要规则和裁判法。

二 基本技术部分

1. 剑的握法、立正、稍息、敬礼、实战姿势、有效部位及其划分。2. 基本步法:(1)向前一步;(2)向后一步;(3)弓箭步;(4)向前垫步;(5)向后垫步;(6)向前跃步;(7)向后跃步;(8)复合步。3. 防守基本姿势:第一~八防守姿势(以二、四、六防守还击为主)4. 主要防守方法:(1)距离防守;(2)直接防守;(3)半圆防守;(4)击打转移刺;(5)交叉刺;(6)弓箭步刺。5. 主要进攻技术:(1)直刺;(2)转移刺;(3)击打直刺;(4)击打转移刺;(5)交叉刺;(6)弓箭步刺。6. 主要防守还击的路线:(1)直接还击;(2)水转转移;(3)垂直转移;(4)对角转移。7. 一般进攻形式:(1) 直接进攻;(2)重复进攻;(3)连续进攻;(4)延续进攻。8. 对练套路:(1)单边上下击打(左、右);(2)击打进攻、防守还击;(3)垂直攻防;(4)水平攻防。(5)综合攻防(6)全方位攻防(7)圆四防六攻防(8)圆六防四攻防(9)不定点攻防。9. 实战。

三　基本战术部分

1. 进攻战术:(1)创造、捕捉有利时机的简单快速进攻战术。(2)击剑线接枪靠战术。2. 防守战术:(1)紧逼防守还击战术。(2)紧逼进攻战术。3. 特殊战术:近战战术。4. 心理战术。

四　素质部分

1. 速度、各种步法、反应速度(前、后移动速度、单一弓步速度)。2. 耐力、折返跑、中长距离跑。3. 力量、下肢练习、上肢练习、腰腹练习(击打、弓步)。4. 灵敏、快速反应、应变能力、看信号做动作、观察转移、跳绳等。

五　考核内容与考核标准部分

体育(一):专项达标:(40分)内容:击打弓步直刺(三人一组一分钟)。专项技评:(30分)

体育(二):专项达标:(40分)内容:第四、六、二联合防守还击(三人一组一分钟)。专项技评:(30分)

体育(三):专项达标:(40分)内容:击打进攻接防守还击(三人一组一分钟)。专项技评:(30分)

体育(四):专项达标:(40分)内容:快速击打弓步直刺(三人一组一分钟)。专项技评:(30分)

体育(五):专项达标:(40分)内容:快速第四、六、二联合防守还击(三人一组一分钟)。专项技评:(30分)

体育(六):专项达标:(40分)内容:快速击打进攻接防守还击(三人一组一分钟)。专项技评:(30分)

专项素质评分标准

第一、四学期:60米跑。第二、五学期:5\9\14米往返跑(2次)。第三、六学期:30秒仰卧起坐。

攀岩专项课教学大纲

一 理论部分

第一讲:攀岩运动的发展概况。1.攀岩运动的起源、特点。2.攀岩运动的国内外现状。3.攀岩运动的分类。第二讲:攀岩运动的装备、结绳技术和保护方法。1.攀岩运动的装备及使用方法。2.保护方法的种类、要求和原则。3.常用的结绳技术和用途。第三讲:攀岩运动的竞赛规则。1.攀岩运动的基本要点、基本原则、基本方法。2.攀岩运动的体能练习。3.攀岩运动的竞赛规则。第四讲:野外生存。1.生存的基本需要。2.水源的寻找和水的收集。3.食物。动物性食物、植物性食物。4.取火。5.方向的辨别。6.野外救护。7.国际通用求救识别标志。

二 基本技术

1.手的动作;2.脚的动作;3.保护技术;4.绳结操作;5下降技术。

三 基本战术

1.速度攀登中的战术运用;2.难度攀登中的战术运用;

四 体素质

1.上肢力量 2.下肢力量 3.柔韧;4.平衡。

五 考核内容与评分标准

专项考核:40分;专项素质:30分。

第一学期:

1.内容:横移。2.方法:攀岩壁,高度在三块板内,规定手点和脚点,横向攀爬,距离12块板,从第三块板起计分。3.要求:运用所掌握的技术,中途不得掉下,掉下重来。不限时。

第二学期:

1.内容:顶绳攀登。2.方法:攀岩壁,三块板宽度内,不规定手点和脚点,顶绳保护攀爬,抓到第十块板最高一个点满分。3. 要求:运用所掌握的技术向上攀爬,尽可能做到轻松省力。

第三学期:

1. 内容:顶绳攀登。2. 方法:攀岩壁,三块板宽度内,规定手点和脚点,顶绳保护攀爬,后十块板计分。3. 要求:运用所掌握的技术向上攀爬,尽可能做到轻松省力。

第四学期:

1. 内容:横移。2. 方法:攀岩壁,高度在三块板内,规定手点和脚点,横向攀爬,距离12块板,从第三块板起计分。3. 要求:运用所掌握的技术,中途不得掉下,掉下重来。不限时。

第五学期:

1. 内容:顶绳攀登。2. 方法:攀岩壁,三块板宽度内,不规定手点和脚点,顶绳保护攀爬,抓到第十块板最高一个点满分。3. 要求:运用所掌握的技术向上攀爬,尽可能做到轻松省力。

第六学期:

1. 内容:顶绳攀登。2. 方法:攀岩壁,三块板宽度内,规定手点和脚点,顶绳保护攀爬,后十块板计分。3. 要求:运用所掌握的技术向上攀爬,尽可能做到轻松省力。注:四、五、六学期考核形式与标准同一、二、三学期相同,但难度增加。男女生难度要求不同。

六、专项素质考核内容与评分标准

一年级:男生

1. 内容:引体向上。2. 要求:上拉下巴过杠,下放手臂伸直。

女生

1. 内容:直臂悬垂。2. 要求:正握单杠,两臂伸直,两脚悬空;计时(秒)。

二年级:

1. 内容:一分钟立卧撑。2. 要求:记次。由立正姿势开始,下蹲、双手撑地,两脚后伸成俯撑;两脚收回站立成立正姿势;为一次。计时一分钟。

男生橄榄球专项课教学大纲

一 介绍

橄榄球是流行于世界许多国家的饶有趣味,且具欣赏性的一项体育运动。参与人数多,场地大,技、战术复杂多样。在我国橄榄球是一项新兴的体育项目。通过教学,使学生掌握橄榄球的基本技、战术,对橄榄球运动有初步的了解。

二 目的、任务

1.掌握橄榄球的基本技、战术,会欣赏高水平的比赛。2.增强体质,提高人体各系统功能。3.通过运动,培养学生勇敢顽强,机智果断,具有高尚人格,绅士风度。

三 考核内容与评分标准

专项达标:(40分)

体育(一)

1.内容:踢定位球。2.方法和要求:球的落点必须在20米宽的范围内,以第一落点丈量距离,连续踢3个球,取最好成绩。

体育(二)

1.内容:传球。2.方法和要求:两人相距5米,在1分钟内记个人的传球次数。

体育(三)

1.内容:教学比赛。2.方法和要求:综合评定。

体育(四)

1.内容:踢平抛球。2.方法和要求:球的落点必须在20米宽的范围内,以第一落点丈量距离,连续踢3个球,取最好成绩。

体育(五)

1.内容:长距离旋转传球。2.方法和要求:向侧方进行长距离旋转传球,记个人的传球次数。

体育(六)

1. 内容:教学比赛。2. 方法和要求:综合评定。

专项技评:(30分)根据完成动作的各个基本环节、技术要求来进行评定。

专项素质:(30分)

体育(一、四):1. 内容:20米折返跑。2. 方法:在场地上每五米划一根线,从起点出发到第一根线折返跑回起点,然后再折返跑到第二根线折返,依此类推跑过第四根线折返回起点。3. 要求:用脚踩线。

体育(二、五):

1. 内容:50米(30分)。2. 方法:按照田径竞赛规则测试,每人考两次取最好成绩。3. 要求:两人一组采用蹲距式起跑。

体育(三、六):

1. 内容:绕桩跑。2. 方法和要求:在起跑线外2米设置1个标志杆,以后每隔1.5米设置1个标志杆,共10个标志杆成一直线,测试者从起点出发后,分别从各个桩旁蛇行绕过,并返回,共来回2次,计时。

体育舞蹈专项课教学大纲

一 论部分

1. 第一讲:体育舞蹈运动起源与发展概况。2. 第二讲:运动特点、训练方法与原则。3. 第三讲:体育舞蹈基本礼仪、赏析与审美级竞赛组织和裁判法。

二 基本技术

1. 音乐感悟与节奏。2. 气质、把杆意识训练。3. 基本舞姿:基本舞步、转体舞步和身体动作。4. 摩登系列、拉丁系列套路组合。

三 专项素质

1. 速度与耐力:移动速度、动作速度和专项耐力。2. 力量:下肢力量、躯干力量与上肢力量。3. 柔韧素质:肩胸部柔韧,躯干柔韧和腿部柔韧。4. 灵敏、协调性素质。5. 节奏和乐感。

四 基本技术(40分)

五 艺术表现力(30分)

六 考核内容和标准

体育(一)

1. 内容:多级蛙跳。2. 方法:学生从起点开始双脚连续蛙跳5次后记录距离。3. 要求:双脚同时用力,蛙跳中不可垫步、前移或停顿,测2次择优记录成绩。

体育(二)

1. 内容:1分钟跳绳。2. 方法:单脚轮换或双脚跳,计时:1分钟内完成的总次数。3. 要求:绳触地面,身体跳过绳为1次。

体育(三)

1. 内容:仰卧起坐。2. 方法:仰卧垫上双腿弯曲,双手抱头,上体抬起置双肘触及膝盖为一次,上体抬起时吸气,还原时呼气。计时:1分钟内完成的总次数。

体育(四)

1. 内容:20米折返跑。2. 方法:在场地上每5米划一条线,从起点出发到第一条线折返跑回起点,然后再折返跑到第二条线折返,依次类推跑过第四条线折返回到起点。3. 要求:用脚踩线。

体育(五)

1. 内容:30秒原地高抬腿。2. 方法:身体直立,双肘弯曲约90度,前后摆臂,摆动腿前摆大腿抬平,另一腿的大腿积极下压,小腿自然伸开并用前脚掌着地。3. 要求:摆动腿抬起时,大腿与上身之间、大腿与小腿之间达到90度。

体育(六)

1. 内容:50米跑。2. 方法:按照田径竞赛规则测试,每人考两次取最好成绩。3. 要求:两人一组采用站立式起跑。

现代舞专项课教学大纲

一　介绍

现代舞主要是指借鉴了外国现代舞动作素材和创作理念所进行的创作和表演。现代舞追求突破古典芭蕾艺术的固定模式,它的舞姿简练,动作活跃、舒展、自由、奔放、热烈,内涵丰富。现代舞课程的主要目标是让学生学习芭蕾的形体训练、现代舞的基本功、以及现代舞技巧和组合,更好地发挥学生的创意以及自我形体表达能力。让学生能为将来学习其它舞蹈打下稳固的根基。现代舞专项课有强身健体、健心的功能,同时还能提高人的协调、灵敏,改善人的心肺功能、新陈代谢和身体机能。现代舞的主要授课内容包括:现代舞理论知识、形体训练、形体组合、芭蕾手位和脚位、现代舞的个人、双人、集体组合。

二　课程内容部分

1. 理论部分:(1)现代舞的起源、发展、特点、代表人物。(2)现代舞的音乐、编排、欣赏等。(3)运动与健康的基本知识。2. 实践部分:通过掌握简单的现代舞基本功、现代舞的组合学习,培养学生独立、经常锻炼的习惯,进一步树立终身体育的思想。(1)通过芭蕾基本功练习、培养学生良好的形体和人体审美观。z 身体的基本方位及站立姿态;z 芭蕾的基本手位和脚位:7 种手位、3 种脚位;z 把杆练习:擦地、划圈、控腿、柔韧组合。(2)通过形体组合练习,培养学生良好的形体、韵律感和表现力。z 舞姿组合练习;z 地面形体组合。(3)通过现代舞的基本功练习,培养学生的节奏感、动作发力和一些舞蹈技巧。z 头、颈、肩、胸、腰、髋、腿、踝的律动;z 手波浪、身体波浪;z 现代舞的大跳、转身、双飞燕。(4)通过现代舞的基本动作、组合,通过学习和创编,培养学生的创意、形体表达和舞蹈能力。z 个人组合(街舞为主);z 双人组合(现代舞男女双人配合为主);z 集体组合(影视表演舞蹈为主)。(5)学生终身体育锻炼培养的素质练习。z 力量:上肢力量、下肢力量、躯体力量、小肌肉力量;z 耐力:6/12 分钟跑等;z 速度:10 米/20 米往返跑;z 柔软:上肢、下肢、躯干。

三 专项考核内容和评分方法部分

规定组合考核(40 分):1. 动作正确性。2. 音乐节奏。3. 力度幅度。4. 表现力。(规定组合考核的音乐长度 1 分 30 秒—2 分钟;多人分组考试,教师评分)。创编组合考核(30 分):1. 创新新颖性。2. 节奏、力度、幅度、表现力。3. 总体完成。(创编组合组合考核的音乐长度 1 分钟左右;单人考试,教师评分)

四 专项素质考核

体育(一)

1. 内容:多级蛙跳。2. 方法:学生从起点开始双脚连续蛙跳 5 次后记录距离。3. 要求:双脚同时用力,蛙跳中不可垫步、前移或停顿,测 2 次择优记录成绩。

体育(二)

1. 内容:1 分钟跳绳。2. 方法:单脚轮换或双脚跳,计时:1 分钟内完成的总次数。3. 要求:绳触地面,身体跳过绳为 1 次。

体育(三)

1. 内容:仰卧起坐。2. 方法:仰卧垫上双腿弯曲,双手抱头,上体抬起置双肘触及膝盖为一次,上体抬起时吸气,还原时呼气。计时:1 分钟内完成的总次数。

体育(四)

1. 内容:20 米折返跑。2. 方法:在场地上每 5 米划一条线,从起点出发到第一条线折返跑回起点,然后再折返跑到第二条线折返,依次类推跑过第四条线折返回到起点。3. 要求:用脚踩线。

体育(五)

1. 内容:30 秒原地高抬腿。2. 方法:身体直立,双肘弯曲约 90 度,前后摆臂,摆动腿前摆大腿抬平,另一腿的大腿积极下压,小腿自然伸开并用前脚掌着地。3. 要求:摆动腿抬起时,大腿与上身之间、大腿与小腿之间达到 90 度。

体育(六)

1.内容:50米跑。2.方法:按照田径竞赛规则测试,每人考两次取最好成绩。3.要求:两人一组采用站立式起跑。

图书在版编目(CIP)数据

大学公共体育"个性化"改革的完善研究/王建涛著.
—上海:上海三联书店,2019.
ISBN 978-7-5426-6715-1

Ⅰ.①大… Ⅱ.①王… Ⅲ.①体育教学—教学改革—高等学校 Ⅳ.①G807.4

中国版本图书馆 CIP 数据核字(2019)第 128951 号

大学公共体育"个性化"改革的完善研究

著　　者　王建涛

责任编辑　钱震华
装帧设计　陈益平

出版发行　上海三联书店
　　　　　(200030)中国上海市漕溪北路 331 号

印　　刷　上海新文印刷厂

版　　次　2019 年 7 月第 1 版
印　　次　2019 年 7 月第 1 次印刷
开　　本　700×1000　1/16
字　　数　580 千字
印　　张　39.75
书　　号　ISBN 978-7-5426-6715-1/G·1534
定　　价　88.00 元